U0731014

追梦路上

100个秦皇岛人的精彩人生

李胜友 刘 剑◎主编

燕山大学出版社
·秦皇岛·

图书在版编目（CIP）数据

追梦路上：100 个秦皇岛人的精彩人生 / 李胜友，刘剑主编 . —秦皇岛：燕山大学出版社，2021.12
ISBN 978-7-5761-0230-7

Ⅰ . ①追… Ⅱ . ①李… ②刘… Ⅲ . ①人物—访问记—秦皇岛—现代 Ⅳ . ① K820.822.3

中国版本图书馆 CIP 数据核字（2021）第 216359 号

追梦路上——100 个秦皇岛人的精彩人生

李胜友 刘 剑 主编

出 版 人：陈 玉
责任编辑：孙志强 唐 雷
封面设计：方志强
出版发行：燕山大学出版社 YANSHAN UNIVERSITY PRESS
地 址：河北省秦皇岛市河北大街西段 438 号
邮政编码：066004
电 话：0335-8387555
印 刷：英格拉姆印刷(固安)有限公司
经 销：全国新华书店

开 本：787mm×1092mm 1/16	印 张：25.5	字 数：507 千字
版 次：2021 年 12 月第 1 版	印 次：2021 年 12 月第 1 次印刷	
书 号：ISBN 978-7-5761-0230-7		
定 价：98.00 元		

—编委会—

主　　编：李胜友　刘　剑

策　　划：刘　剑

特约编辑：袁秀峰　李冬梅　李金钟　李　蓄　刘建楠

　　　　　张戎飞　张　茗　郭若梅　付元龙　侯宇萍

　　　　　杜　楠　卢纪锋　卢冀明　陈秋艳　王山勇

　　　　　王亚非　田　媛　张　颖　冯芒洲　冯　军

　　　　　伊　娃　刘英泽

每一个人都是大时代里的正能量

大江东去，风流人物淘尽，
沧海横流，英雄本色方显。

2021 年，值此中国共产党建党一百周年之际，我们推出《追梦路上——100 个秦皇岛人的精彩人生》一书，既是为党的百年诞辰献上的一份礼物，也是对本土优秀人物进行的一次集中盘点和展示，在这一特殊且有纪念意义的时刻，此书付之桑梓，意义深远。

创新之道，唯在得人。一个国家的历史，也是人民群众创造的历史，世上一切事物中人是最宝贵的，一切创新成果也都是人做出来的。硬实力、软实力，归根到底要靠人才实力。习近平总书记曾提出过"聚天下英才而用之"的人才观，他提出："人才是第一资源。古往今来，人才都是富国之本、兴邦大计。要把我们的事业发展好，就要聚天下英才而用之。要干一番大事业，就要有这种眼界、这种魄力、这种气度。"

改革开放以来，作为我国十四个沿海开放城市之一的秦皇岛得到了长足的发展，欣欣向荣、蓬勃向上的生存环境，也给人才培养创造了良好的土壤，各行各业涌现出一批又一批的优秀人物。这些人物或在自己的岗位上兢兢业业、无私奉献；或在人生的道路上坚守情操、激扬正气；或在创新的路上艰苦奋斗、上下求索；他们不但取得了出色的成绩，为城市的发展贡献了力量，也像一股涓涓清流、一曲脉脉清音，为城市注入了正能量，唱响了主旋律。

从 2018 年开始，我们对秦皇岛近年来各行各业、各个岗位上的优秀人物进行了采访，并发布在"精彩秦皇岛人"公众号上，三年来共采访过一百多位在秦皇岛作出成绩的家乡人，产生了较大的影响。我们采访的人物既有为祖国科技事业作出贡献的科学家，也有在学术领域取得辉煌成绩、为秦皇岛争得荣誉的专家、学者，还有一心扑在工作岗

位上兢兢业业、受到国家领导人接见的优秀党员、优秀公仆、优秀工人；既有新时期的农民革新能手、返乡创业人才，在精准扶贫中作出突出贡献的第一书记群体，也有为了秦皇岛经济事业作出创新型贡献的企业家、创业者，以及在家乡的建设中奉献力量的普通劳动者。在他们身上，我们既看到了秦皇岛日新月异的变化，也读到了在这片热土上的一个个精彩的人生故事。他们的事迹也曾通过我们的推荐和创作，登上学习强国、新华社等全国知名传媒，以及《河北日报》《秦皇岛日报》等地方媒体。

秦皇岛，人杰地灵，是可以让人放飞梦想的宝地。在中国共产党的正确领导下，通过培育和践行社会主义核心价值观，弘扬劳动光荣、技能宝贵、意识创新的理念，一定能够创造伟大的时代风尚，形成人人皆可成才、人人尽展其才的良好环境，让精彩秦皇岛人的追梦之旅一直在路上，不断地焕发出璀璨的光彩。

不愧家乡情，不负大时代。

目　录

赵永生："神秘"团队助力航天奇迹

1

◎赵永生，博士研究生导师，全国优秀教师，现任燕山大学党委常委、副校长，河北省并联机器人与机电系统重点实验室主任，燕山大学一级学科国家重点学科——机械工程学科学术带头人之一。

2018 年 11 月 1 日 23 时 57 分，我国西昌卫星发射中心，长征三号乙运载火箭成功将第四十一颗北斗导航卫星暨北斗三号高轨首发星（GEO-1）"吉星"送入了太空，11 月 8 日上午，卫星上两幅大型构架式可展开天线顺利展开，随即有效载荷开通，此次卫星发射任务取得了圆满成功。

这是航天科研领域的一次重大突破。随后，燕山大学收到了一封来自中国航天科技集团五院（中国空间技术研究院）、西安分院（空间电子信息技术研究院）空间天线技术研究所的感谢信，在这封信中，承制单位对燕山大学赵永生教授团队所作出的突出贡献表示感谢。

中国北斗卫星导航系统是我国自主研发、独立运行的全球卫星导航系统。我国已在 2000 年年底和 2012 年年底分别建成北斗一号和北斗二号卫星导航系统，分别实现面向中国和亚太服务。正在建设之中的北斗三号卫星导航系统则面向全球服务。"吉星"是北斗三号卫星导航系统的首颗 GEO 卫星（地球同步轨道卫星，"吉星"取其 GEO 卫星谐音），距地面 3.6 万千米，也是北斗三号卫星导航系统中功能最强、信号最多、承载最大、寿命最长的卫星。

星载可展开天线是卫星最为关键的载荷，承载着在轨卫星与地面基站进行通信与数

据传输的重要任务，此次任务发射的星载大型构架式可展开天线，其机构构型属于空间多闭环耦合机构，是最为复杂的一类空间机构，其构型的创新设计、机构的分析与优化要比传统的空间并联机构更为复杂。赵永生教授团队凭借多年来在机构学领域深厚的学术积淀，自 2015 年开始与航天五院西安分院合作，在星载构架式可展开天线机构的构型综合、展开运动学、展开动力学等方面与航天五院西安分院项目组联合攻坚克难，创新建立了一套构架式可展开天线机构的构型综合与机构分析理论体系，为今后研发更高水平星载构架式可展开天线奠定了重要的理论与技术基础。

一石激起千层浪，伴随着这颗卫星的升空，伴随着这封感谢信的到来，一直在科研领域里埋头研究、默默无闻的赵永生团队，也随之揭开了"神秘"的面纱，进入了人们的视野，也让更多的人发现，原来在秦皇岛高校安静的一隅，其实一直"潜伏"着一支拥有国际先进水平、在国防民生领域中发挥着重要作用的研究团队。

植根燕大沃土，走上自主研发之路

燕山大学机械工程学院机械电子工程系，是赵永生任职的单位。在这里，他度过了几十年的光阴。

从一个普通的学生到教师，再到校领导和科研带头人，赵永生的履历表如同一个简单的直线，其间几乎没有任何的波折与曲线。

赵永生出生于吉林省龙井市一个普普通通的工人家庭。虽然并非出生于书香门第，但他从小就是一个好学上进的孩子，学习成绩一直很优秀。1979 年，他考上东北重型机械学院，也就是燕山大学的前身。

赵永生说："我是全国恢复高考后比较早的一批大学生，当时学的就是机械制造装备及工艺专业。那个时候我们的技术比较落后，机械装备水平很低。"

1983 年赵永生本科毕业留校，1984 年在校读研究生，之后又读博士。38 年来，从助教做起，一直到成为科研团队带头人，他从没离开燕山大学一步，三尺讲堂、办公室和实验室，就成了他生活的全部。

赵永生难忘燕山大学老一辈教师们对他的教诲。他的硕士和博士导师是国内和国际上最早从事并联机器人研究的国际知名专家黄真教授，在导师的带领下，赵永生接触到了当时十分前端的机器人研究领域。

从读研究生进入多足步行机器人研究领域开始，赵永生与时代同步，进行了他的自主研发之路。1989 年他和导师联合发表论文，以六足步行机器人为研究对象，应用影响系数理论建立了步行机的动力学协调方程，引入了加权系数的概念，建立腿关节驱动力矩加权平方和目标函数，运用代数最优化理论完美地解决了多足步行机器人驱动力矩分配的超确定输入（冗余驱动）难题。

很多年后，随着网络信息技术的发展和普及，他们通过相关的文献检索研究发现，这篇论文是国际上最早全面系统地研究机构冗余驱动难题的学术论文。这篇论文在当时引起了国内机构学界的关注，也让他的研究开始迈上了一个新台阶。

正是因为在并联机器人研究领域的积淀和突破，也让燕山大学机械电子工程专业的这批学者拓宽了视野，开始向更高、更广阔的航空、航天、国防领域迈进。

在当时，我国的科技相对落后，与发达国家的科研水平差距较大，赵永生等科研人员既以此为耻，也以此为激励，把科研领域的自主研发、创新发展，作为研究与奋斗的方向。针对航空航天领域急需的军用装备快速投送用大型机载携行装卸平台、航天器装配操作机器人、航天器大型结构件加工用混联机器人、星载构架式可展开天线、机载广角域火控雷达等装备研发的迫切需求，赵永生和他的同事们深入研究空间多闭环耦合机构的基础理论和关键技术，攻克了这类机构存在的结构过约束等难题，在机构的构型综合（机构创新）原理、力学载荷分配机理、机构性能分析与尺度优化等基础理论研究方面取得一系列突破性成果。

他们还攻克了多维复杂系统的功能设计、机电集成、测控一体化等一系列技术难题，将理论研究与工程实践完美结合，取得了突出效果，为用户解决了产品制造和装备研发中遇到的重大瓶颈和难题，在相应的特种装备研发领域走在了国内和国际的前沿。

开发团队，担负家国情怀

赵永生所担任带头人的燕山大学并联装备基础与机电集成技术团队，包括教师10人（博士生导师4人，副教授3人，博士8人），在读的博士和硕士研究生106人。教师中70%都是40岁以下的年轻人。

从最初只有几个人，发展到如此规模，他们靠的是一点一滴的积累、日夜不分的研究探索，以及一次次成功的交卷。

赵永生至今难忘他们在国家航天领域的一个成功研究案例。

"几年前，国家某重点型号卫星的星载构架式可展开天线在轨展开过程中出现问题，面临卫星功能受到严重影响的关键时刻，天线承制单位提出借助星上的运动部件解决故障的策略，他们了解到我们团队在空间并联机构学研究领域具有深厚的研究基础和工程实践，找到我们共同研究实施方案。经过双方缜密的研究分析，从理论上验证了所提出策略的可行性，并共同开展实施方案中运动规划算法的研究，最终为该星载构架式可展

开天线的在轨故障处置及成功展开提供了有力的理论支撑。任务的成功创造了国际宇航历史上少有的复杂机械系统故障拯救的经典案例，更为国家重大型号工程的成功奠定了扎实的基础。"

这次的成功，也让赵永生团队开始进入航天可展开天线研究领域。正是通过他们的一次次成功，他们的研究开始从民用向海军、空军和航天领域迈进。

揽月登天，无愧精英团队称号

赵永生团队做出了很多值得骄傲的事迹——

他们承担完成了上海65米口径全方位可动大型射电望远镜（上海天马射电望远镜）天线副反射面精密调整系统的研制。该射电天文望远镜是一台国内领先、亚洲最大、国际先进的全天线可转动的大型射电望远镜。其建成后，成为探月二期和三期工程的VLBI测定轨和定位以及深空探测平台。上海天马射电望远镜于2012年10月28日正式落成后，该副反射面精密调整系统运行状况良好，完全满足高运动精度、恶劣环境适应性以及工作可靠性等要求。

他们还曾参与了国家大工程项目——500米口径球面射电望远镜（FAST）的有关研制工作。FAST是世界最大单口径射电望远镜，也是国家科教领导小组审议确定的"国家九大科技基础设施之一"，被誉为"天眼"。其中FAST项目中高精度定位的接收机——馈源舱，是望远镜系统的一个关键核心部件。馈源舱最大直径13米、高7.6米、重30吨，是集复杂结构、多自由度混联机构、高精度多维测量、多轴精密控制等多种技术于一体的光机电复杂系统。赵永生团队在馈源舱系统的方案确定、机构分析、结构设计、力学建模、特性仿真等方向上为承制单位提供了强有力的理论指导和技术支撑，为馈源舱的研制成功作出了突出贡献。

赵永生说："如果把馈源当作天眼里面的眼球，我们参与研发的馈源位姿精密调整系统保证了眼球正常的聚焦和转动，让眼睛看得更远、更清晰。"

赵永生团队作为技术总负责，花费5年多时间为空军某部创新研究开发的大型机载携行装卸平台，对提升我军军用装备的大规模快速投送能力具有重要意义。他们团队为海军某部研发的导引头自稳跟踪平台为保障海军某部2016年全军年度重大联合训练活动作出突出贡献。

他们团队参与研制的机载有源相控阵广角域火控雷达亮相2018年珠海航展，这款具有国际领先水平的广角域雷达适用于装备我国目前先进的三代及三代改进型战斗机。他们团队研发的重载卫星调姿机器人、卫星太阳翼自动对接定位机器人，极大地提高了对安全性要求极高的卫星装配工作的安全性、稳定性和工作效率。他们团队创新研发的航天器大型结构件加工用混联机器人已经完成加工制造和装配调试，即将通过科技部专家组验收。针对核电装备制造领域提出的需求，他们团队还为中国一重研发了大型核岛蒸汽发生器水室封头加工用变位机、核电锻件180度自动翻转机、大型自动探伤机……

赵永生自豪地说："很多研发项目都是合作单位过来找我们的，我们的团队在国内的同行中已经具有了较高的知名度和信誉度。绝大多数的研发项目都是基于我们团队的机构创新、原理创新或系统集成创新等成果，团队在空间多闭环并联装备领域的原始创新和研发水平处于国际先进行列，这是国家进步的标志。"

而对于取得的成绩，他更多地归功于团队："所有的成果都是团队老师和研究生们共同努力的结果，团队里高手云集，团队的周玉林教授、姚建涛教授、许允斗副教授等都是倾心奉献在教学科研第一线的高水平学者，我主要在其中起到了一个指导、协调作用。"

千帆过尽，百舸争流，赵永生和他的同事们，在家国情怀的大责任面前，勇挑重担，创新进取，这支技术过硬的团队，也必将为国家的发展和建设奉献更多的知识能量与动力。

近，卢勇带着技术人员没日没夜熬在车间反复试验，最终利用磁力原理，发明了"机械加工手"，成功解决了这个难题。没有节假日，人停机不停，交货期的前一天，订单如数完成。客户验收，所有产品一次性合格！

星箭公司打赢了上阵以来的第一次大仗，震撼了国内特种玻璃加工行业。星箭为我国航空航天附属品加工赢得了国际威望，卢勇的名字开始不容小觑。

每一个客户都知晓他的胆大心细、说到做到。人家一个月工期都无法完成的订单，卢勇敢于接手，并承诺一周做完。库存原料不够，他会边做边买；机器设备不够，他会日夜加班；时间紧迫，他会在正式签单前提早开始加工。

既如履薄冰，又命悬一线。其实卢勇又何尝不后怕，但是星箭要生存、要发展，没有退路，就得拼和闯！卢勇的勇气以及信念，成了星箭人的精神支柱，也令星箭公司具备了与卢勇一样的企业性格！

质量就是生命

最能显示国家科技水平和综合国力的航天事业，对配套产品的技术含量要求非常高。为此，卢勇始终坚持质量第一、责任第一。每年投入销售的 10% 作为技术研发，而在各个环节的检测上，高度细化了行业标准，为此检测费每年都会多支出几十万元。

卢勇说："航天是个大事，上到国家的形象，下到多少科研人员一辈子的心血，航天产品出了质量问题，咱吃不了也兜不走。这绝对是一个严肃的行业，只有反复强化责任和产品质量，做良心活儿，才对得起国家对我们的信任。"

2003 年，星箭公司获得 ISO9001：2000 国际质量管理体系认证，2010 年通过 2008 转版质量管理体系认证。

2008 年，星箭公司被中国航天科技集团评为全国同行业中唯一一家合格供应商。

2011—2013 年，星箭公司获得三项国家发明专利。其中 OSR 玻璃基片的研制成功，打破了国外技术的垄断局面，填补了我国航天技术的一项空白。公司所制定的一系列产品质量标准，彻底更新并提升了国内行业标准，为我国航天附属产品加工掀开了崭新的一页。星箭公司的产品被广泛用于包括东方红系列、风云系列、神舟系列载人飞船以及嫦娥一号、二号、三号探月卫星等在内的高、中、低轨道飞行器上。通过中国航天科技集团整体出口，远销欧洲市场。

如今的星箭特种玻璃有限公司，在秦皇岛经济技术开发区，像一颗耀眼的明星，熠熠生辉。它吸引着世界上关注航天事业的一双双眼睛，亦得到国家、省、市领导高度关注和支持，先后被评为河北省高新技术企业、河北省诚信企业、秦皇岛市经济技术开发区自主创新企业先进单位，获得河北省科学技术进步奖和国家重点新产品奖，秦皇岛市科学技术进步奖，获得三级保密资格单位证书，被中国航天科技集团评为中国航天科技集团公司航天型号物资优秀供应商。星箭公司目前已拥有2项发明专利、2项实用新型专利，其中柔性抗辐照玻璃盖片、超大超薄高强度抗辐照玻璃盖片"OSR"玻璃基片等填补了国内空白，打破了国外技术垄断，现在国家发射的每一颗卫星、飞船以及国外的部分卫星都用上了星箭的产品。

心怀感恩，不忘初心

卢勇常说："我最大的财富，不是目前星箭取得的成绩，而是我们这个团队！"

早年学过企业管理的卢勇，早就将管理升华为"精益求精、止于至善"的企业精神和"以人为本、以家为先"的经营理念。他对企业职工的呵护和关爱，令每一位员工受益匪浅并念念不忘。他的人格魅力和远大理想，他的睿智缜密和坚韧不拔，每每被星箭人津津乐道，并成为企业成立以来无一人辞职的重要原因。

随着星箭声望日益提高，有些地方政府部门甚至给出极其优厚的条件，想让卢勇将星箭搬迁。而卢勇不止一次地说："秦皇岛是我的第二故乡，是星箭的起点和根基所在。没有秦皇岛市委市政府以及开发区各级部门的关心和扶持，不会有今天的星箭。星箭既要奋发向前，又要心存感恩。扎实做好分内事，才对得起国家和地方对星箭的持续支持和信任。"

星箭部分产品维持的是20世纪80年代价格，而这期间工人的工资涨了四五倍，原材料价格也在不断上涨，星箭公司虽然在业内有绝对的话语权，但是却从未跟客户谈条件，因此生产成本一直居高不下。而提高公司效益、为员工谋福利，曾是卢勇心心念念的愿望。2014年建成的民品蓝玻生产线曾是前景无限的高效益项目，运营一段时间后，竟然被卢勇狠心放弃。面对多人的不解，卢勇说："我们真的无法一心二用。国家赋予的航天任务，担子太重，无法辜负；责任太大，无法估量！我们需要钱，但国家利益至上，航天产品容不得一点差错，我们怎可分心！做航天特种玻璃，只能是星箭唯一的使命！"

这就是卢勇，一个将中国航天事业跟自身命运紧密相连，为梦想以及道义赋予高度的责任，被星箭公司员工称为"伟大"的秦皇岛人。为国家航天事业争光，为祖国繁荣尽力，成为他和星箭公司最大的动力。

尹福在：一个优秀院长的人生路

◎尹福在，河北省秦皇岛市第一医院院长、党委副书记，主任医师、教授、博士研究生导师、省政协委员。国务院政府特殊津贴专家、河北省省管优秀专家、河北省有突出贡献中青年专家。先后荣获全国五一劳动奖章、全国百姓放心示范医院优秀管理者、2020 年度和 2016 年度中国医院协会优秀医院院长、河北省抗击新冠肺炎疫情先进个人、全省优秀共产党员等荣誉。

3

　　全国五一劳动奖章、国务院政府特殊津贴专家、中国医院协会 2016 年和 2020 年两届优秀医院院长、河北省省管优秀专家、河北省有突出贡献中青年专家、全省卫生系统创先争优先进个人、河北省抗击新冠肺炎疫情先进个人、河北省优秀共产党员……所有荣誉叠加在一名共产党员身上，他就是秦皇岛市第一医院院长尹福在。

　　作为新时期医疗系统的杰出代表，从普通医生成长为"明星院长"，尹福在所走过的每一步，都和秦皇岛医疗事业的发展、专业技术的提升融为一体，他也成为新时期的时代榜样。

　　对这位院长和他的团队来说，过往的荣誉是汗水铸成的历史，现在每天都是新的征程。尹福在说："认真学习，努力工作，刻苦钻研，当一个好院长、好同事、好老师，这就是我的初心，是我一辈子的追求。"

疫情面前：冲锋陷阵的战士

　　在尹福在的办公室里，记者一进门就看见他正在和相关工作人员一起进行医护人员穿脱防护服的考核。从 2020 年年初开始，因为疫情的出现，这位全市最具权威性医院的领头人，一直坚守在疫情防控的第一线，除了院内的日常工作外，还同时兼任着秦皇岛市疫情专家组总指挥、医疗救治团队副组长、设备器械团队副组长等职务，同时他也是一名党员、一名院长、一名专家，一肩挑多责，"疫情防控"这根弦，就始终不能松下来。

抗疫时期，第一医院肩负两大重任：一方面作为技术权威单位，要负责全市各项会诊、院感防控、患者救治工作；另一方面作为救援部门，要派遣防疫团队，支援武汉、新疆、南京、唐山等地区。

接到疫情防控通知的第一时间，尹福在就带领团队开始排兵部署，打出一套"组合拳"。

2020 年 1 月 23 日，秦皇岛市第一医院成立新型冠状病毒感染肺炎疫情防控和救治工作领导小组，院长尹福在、党委书记魏鹍任组长，副院长王益民任执行组长。围绕医疗工作、疫情防控、院感控制、综合协调、后勤保障、宣传引导、卫生监督等方面成立了专项工作组；在人员配置方面，医院紧急扩充发热门诊，进而抽调呼吸重症等骨干科室人员力量投入战"疫"……

疫情来袭时，正值春节期间，响应上级号召，第一医院要求全员放弃春节休假，全面启动疫情防控和救治准备工作；抽调 400 多人次投入战"疫"；疫情高峰时，腾空 7 个病区、289 张床位；2020 年年初首批派出 4 名医护人员加入河北省赴武汉医疗队，赴武汉第七医院重症病房支援；后又安排 2 名医护人员赴唐山市传染病医院支援、25 名医护人员去市第三医院支援；2021 年疫情在石家庄出现后，又派遣 43 人赴石家庄支援……

新冠肺炎病人一经发现，第一时间就被转移至市第三医院集中隔离救治，作为全市新型冠状病毒肺炎专家组组长，尹福在在三院"驻扎"了一个月，三院的会诊室成了他的家。为创新诊疗方式，在秦皇岛市第三医院启用远程会诊系统，每天两次省级专家远程会诊；加强协调联动，与北京地坛医院、朝阳医院、东南大学附属中大医院等国内知名医院建立远程联系，并针对重症患者"一人一策"精准施治……他与国家、省、市 18 家单位 50 名专家会诊 120 余次，抽调人员 150 余名，协调设备器械 30 台件。

此外，他还组织加强防控工作，进行日常培训，包括穿脱防护服等基本保障工作都亲自抓。在他们的努力下，创造了全市没有 1 例在院内和社区感染的纪录。

2020 年 9 月 11 日，由中国医院协会主办的"2020 中国医院大会"在北京会议中心隆重召开，来自全国各地的抗疫英雄、优秀院长齐聚北京出席了本次盛会。在这次大会上，尹福在荣获"2020 中国优秀医院院长"荣誉称号，这是尹福在继 2016 年获得"中

国优秀医院院长"之后，再次获得此项殊荣。

医院建设：卓有成效的管理者

从普通医生到优秀院长，从一名战士到一名管理者，从医科大学生到优秀共产党员，尹福在用三十多年的时光，不断转换自身角色、提升自身能力、创造人生价值，用实际行动带领全院干部职工打出一场场的"漂亮仗"。

1984 年 8 月，尹福在从河北医学院医疗系毕业，作为河北医学院优秀毕业生被选招到秦皇岛市第一医院工作。

他还记得当时医院的情景：一个三层的工字楼，只有 200 多张床位，门诊楼当时还正在修建中，医院各种设施非常简陋。然而这一切，对于这个刚走出校门、出身于农村家庭的大学生来说，却是实现人生梦想的一个新天地。

2005 年 4 月，尹福在担任第一医院党委书记，开始走上主要领导岗位，他能担任这个职务，也是一个历史性的突破，医院过去党委书记的职务外派较多，他是第一个由医院内部产生、具有专业技术背景的党委正职。

2013 年 12 月，尹福在接任院长，37 年时光他也亲眼见证和亲手创造了第一医院的辉煌。从三四间平房，到占地面积 8 万多平方米、建筑面积 18 万多平方米；从一开始只能接纳 200 名病人到医院开设床位 1744 张、年门诊量 168 万余人次、出院患者 7.4 万余人次、开展手术 3 万余例、职工人数 3112 人，第一医院已经当之无愧地成为全市最有权威、医疗水平最高、技术设备最先进的医院，在省内外也有了一定品牌和知名度。对此，尹福在认为是乘上了改革开放的春风，在党的政策方针指引下，第一医院进入了与时俱进的快车道。

1997 年第一医院晋升为三甲医院，但尹福在却一直有危机意识。他认为，我们是在夹缝中生存的三甲医院。这个夹缝指的是上有国家级、省级的医院，下有县区医院，如何在这夹缝中生存和发展、特别是医疗制度改革之后，市级公立医院如何高质量发展、赢得病患的信任、为病患提供更好的治疗条件，也是一个院领导必须要引起重视的课题。

对此，尹福在有一个清醒的认知：十八大以前，医院靠规模取胜，是典型的粗放式管理，后来变成内涵式，推行精细化管理。而过去的人工管理，也逐步走向智能化。正是在这个认知下，尹福在带领团队对医院的管理进行了改革和优化，他提出了学习型、创新型、节约型的医院经营理念，要求无论是临床还是科教及管理，都要创新，要控制成本。

从 2007 年开始，第一医院已经连续五年当选全国文明单位称号，这在河北省卫健系统是首届一指的，在全国也不多见。

病患口中：尽职尽责的好医生

在采访尹福在院长的过程中，不断地被他的手机铃声打断，有的是院内事务、有的是病患咨询病情，每次接到病患的电话，尹福在院长都会客气地回答："是，我是尹大夫。"一句"我是尹大夫"，拉近了医生和病患的距离，那种亲切感油然而生。

1984年尹福在分配到市第一医院内科，1992年开始，主攻内分泌科，当时内分泌科室只有4名医生，在医院里算是一个不太起眼、也不重要的科室。但这些却成为尹福在努力前行的动力，为了能够打造一流科室，他几乎放弃了所有的节假日和业余爱好，钻研业务知识、提高业务能力，带领内分泌科不断进步，成为全省内分泌系统的先进科室。

为了可以随时观察病情变化，他经常吃住在病房，有时一住就是大半个月，直到患者病情稳定。从医37年，每天都早到半小时看病人，下班后再到病房巡视一遍才回家，这已经成为尹福在日常工作中的一部分。担任了院领导后，虽然院内工作繁杂，但他也挤出时间坐诊，从未间断，工作时间不行就利用节假日出诊。他说："看到远道慕名而来的病患期盼的眼神，我真的没有办法拒绝。"

不断学习是提高医术水平的前提，尹福在看病之余，大部分时间用来学习。在他看来，当一个好医生，不仅仅是要会看病，更要会学习，还要会科研教学，不断充电，持续提升自己。

在内分泌科的时光，除了获得病人的赞誉外，尹福在也取得了学术上的成就，他先后多次被医院选派到北京、天津、上海等国内著名医院进修学习，并先后两次到新加坡、澳大利亚访问交流，技术水平得到了很大提高。尤其是对糖尿病、甲状腺疾病、肥胖、骨质疏松症、不明原因高血压、不明原因不孕不育、更年期综合征等诊治方面有较深入的研究和较高的造诣。其间，他主持的"青少年空腹血糖受损及胰岛素抵抗相关性研究"获河北省科技进步二等奖；"秦皇岛市12岁至18岁青少年肥胖及代谢综合征调查"获河北省科技进步三等奖；"儿童高血压病诊断新方法"获河北省科技进步三等奖等荣誉，在同行中树立了较高的威望。

他对垂体炎、甲状旁腺疾病、胰岛素自身免疫综合征、胰岛素细胞瘤、巴特综合征等少见病、疑难病有独到见解，在诊治上达到了国内先进水平，也提高了科室、医院、秦皇岛市在这一领域的整体水平。正是因为这些成绩，年轻的尹福在工作没多久，就担任了内分泌科负责人的职务，1998年更是被破格选为第一医院副院长，兼内分泌科主任，而这时，他才36岁，是秦皇岛市第一医院建院以来最年轻的院级业务领导。

而他领导的内分泌科，则从名不见经传的小科室，跃升为省级重点学科，年门诊量达 12 万多人次，在省内同专业科室排名前列，在院内十几年排名第一，现在有医生 25 名，均为研究生以上学历，其中博士研究生 4 名，在读博士研究生 5 名，正高级职称 12 人，博导 1 人，硕导 8 人，享受国务院政府特殊津贴专家 2 人，省管优秀专家 2 人，省政府特贴专家 2 人。2000 年还组建了内分泌实验室，使大多数病人在本市就能被妥善诊治。

内分泌科 2007 年被确定为省级医学重点发展学科，2011 年被确定为省级医学重点学科，2013 年被确定为省级临床重点专科建设单位。尹福在还组织创建了秦皇岛市内分泌学会，建立了秦皇岛市糖尿病防治中心、市糖尿病康复协会等，他本人也成为秦皇岛市卫健系统有史以来第一位博士生导师。

教学基础：科研领域的带头人

为把科研教学做大做强，在河北省地市级医院中，第一医院第一个把科研处和教育处分设开来，成立了专门的科室，引领督导各科室产出创新成果，并提出"学习是创新的第一动力，发展是解困的第一动力"的理念。对于创新成果的课题，尹福在舍得投入，也给予比较大的奖励。

为了更好地让学习和创新成为医院的特色，尹福在非常重视对人才的培养，建立了青年骨干人才库，对于人才库里的人员，每三年至少出国学习一次、每年国内学习两次，并提供相应的待遇，学习期间工资、奖金全额发放。对于引进人才，有专门住房补贴和科研基金，提职务时不占科室指标。对引进的博士家属则特别关注，解决生活、工作等问题，目前第一医院有毕业的在院博士 70 名，还有 50 名在职在读，有博士生导师 4 名，硕士生导师 146 名，有高级职称者 540 人，其专业团队的人才层次仅次于燕山大学。对于一个地市级医院来说，这个数字已经很惊人了。

在临床的基础上，尹福在也一直没有停止过领导本院的教学和科研。从 2006 年开始，他们就招收硕士研究生，从刚开始第一年的几个人，发展到 2018 年一年过百人，2017 年又开始招收博士生。近年来，第一医院投入了 1.5 亿元资金，在北部工业区打造了 23000 平方米建筑面积的教学基地。

打造学习型医院。尹福在提出"每天要改进一点点"的口号，每周至少组织一次业务学习，并把学习计划备案，管理上则要求出成果，每年都要在国家级专业杂志上发表文章，对此，院里还有专门的奖励。

尹福在骄傲地说，我们第一医院在教学上是有能力的！而他也坚信，教学是医学的传承，是医院腾飞的翅膀，而科研则是临床工作的升华。

正是在这一系列努力下，第一医院成了专家的基地、人才的海洋、名医的天下，医院现在有研究生以上学历的医生800多人，技术水平大大提高，很多高精尖的手术都能独立开展，慕名而来的病人越来越多，成为全市病患者的首选。

从一个优秀的医生到一个优秀的管理者，尹福在并不认为自己的人生与别人相比有什么不同，问及一个好医生的标准，他总结了一句话：白天好好看病，晚上好好看书，周末科研讲学。

在尹福在看来，一个优秀的医生至少有四方面的素质：宽厚的理论基础，良好的逻辑思维，个性化的诊疗方案，娴熟的操作技巧。但作为一个学术带头人，这个标准就有点低了，好的学术带头人，还要有狼性的团队精神，以及对学术前沿敏锐的洞察能力。

他用一句朴素的话总结了好院长的标准：紧盯国家政策法规，做好战略谋划，把班子团结好，把中层调动好，把基层使用好。

在医疗领域作出突出成绩的尹福在其实还有很多梦想，都是和医院有关的：他想要将来在城市的西部建立一个分院，改善就医环境，方便西部就医；想建一个创伤医学中心和康复医学中心；想在旅游胜地北戴河建一个分院；而在"十四五"期间，还想让第一医院这个市级医院在全国有一个名次上的飞跃，并吸引更多的博士团队入驻……

有了梦想，才敢于逆风飞翔，从一个医生到一个专家，从一个部门负责人到全院的院长，追梦的路上，尹福在带领着他的团队，一直扬起风帆，勇敢前行。

田纯刚：让秦皇岛的品牌走遍世界

◎田纯刚，汉族，1962年出生于河北省秦皇岛市，现任秦皇岛中秦兴龙投资控股有限公司董事长、总裁，十三届全国人大代表、河北省总商会副会长、河北省优秀民营企业家、秦皇岛市工商联副主席、秦皇岛市优秀民营企业家、秦皇岛市企业家协会副会长、秦皇岛慈善协会副会长。

4

　　田纯刚，一个坚守于实业与民生的创业者；中秦兴龙，一个与时代同发展共进步的民族企业。在秦皇岛这个碧波千顷的渤海明珠之畔，田纯刚和中秦兴龙的过去、现在与未来，从某种意义上来讲，也折射出秦皇岛当代民营企业的发展之路。

　　用科技制造的轮毂，助力汽车产业的蓬勃发展；用绿色品质的家居，提升人居生活体验；用优质的商品与服务，连接千万家庭美好的生活；用全域旅游的新思路，打造城市幸福中心。在中秦兴龙成长、发展和壮大的历程中，田纯刚不仅是创业家，更是梦想家、实干家，他将一个个梦想化成现实，用奔跑的姿势不断向前。

　　经历了30余年的砥砺奋进，今天的中秦兴龙拥有四大产业板块，20余家子公司，11000名员工，年产值近105亿元，年纳税额5亿元，位列河北省百强民营企业之一。

　　作为全国第十三届人大代表，刚从全国"两会"会场赶回来的田纯刚，在百忙之中接受采访时，一再强调："不要花太多的笔墨写我，要让人们记住企业，不是我。"于是，在他的娓娓道来中，我们走近了一个蓬勃发展的企业——中秦兴龙。

一步一个脚印，积跬步致千里

1990 年，改革开放春云渐展，一家名为秦北议价粮油店的小店悄然在港城建国路开张，谁也没想到，这家小小的粮油店，后来会逐渐发展成为一个享誉港城的企业品牌。

从创业伊始，田纯刚就坚守诚信经营的原则，也正是靠着诚信经营，粮油店积攒了很好的口碑，市场逐渐打开。1993 年，田纯刚筹建了兴龙源门窗厂，这是"兴龙"两个字第一次出现在秦皇岛。

回想起创业那个时候，条件艰苦，环境简陋。田纯刚带着几个人既要跑市场，又要忙生产，还要探索和研究新产品，忙起来是没日没夜。靠着这股子拼劲和过硬的产品，兴龙门窗系列产品很快在市场上站稳了脚跟，到 1995 年年底，公司开始出现盈利，员工达到 12 人。

从创业那个时候开始，对于技术研发的探索和研究就一直贯穿在中秦兴龙的经营活动中。今天，兴龙源门窗厂已经转型升级成为中秦智能装备有限公司，是公司旗下的一个产业。

从 1990 年到 1997 年，中秦兴龙完成了企业成长与发展的第一步。董事长田纯刚对此总结了三大收获：一是完成了最早的原始资本积累；二是积累了管理经验；三是企业创建时的一些弯路、教训，为企业积累了丰富的经验。虽然历经磨难，但在这些过程中，中秦兴龙积累了充足的能量，使它能够向着更远、更高的目标不断前行。

坚守实业利民初心，"兴龙制造"跑遍全球

从 1998 年到 2003 年，中秦兴龙在董事长田纯刚的带领下，连续抓住了四个机遇。

1998 年 4 月 14 日，抓住国家房地产市场变革的机遇，兴龙房地产公司成立，并在短期内迅速成长为区域重要的房企，相继开发了兴龙香玺海、御墅龙湾、紫云府等众多高品质的住宅项目。之后，兴龙在产业链上延伸，分别成立了兴龙建设、兴龙置家、兴龙物业三家公司。以质量做品牌，专注专业，中秦兴龙地产集团目前拥有国家一级房地产开发资质、建筑工程总承包一级资质、装饰装修工程总承包一级资质、钢结构工程一级资质、市政工程总承包一级资质、物业管理一级资质六个国家一级资质，在建筑新材料、新技术方面的应用走在区域房企前列，成为推动城市面貌日新月异发展的重要力量。

2001 年，抓住城镇化和居民消费升级的趋势，具有一定商贸经营经验的田纯刚，又开始筹建兴龙广缘商业连锁有限公司。当年 10 月 1 日，兴龙广缘超市第一家店在太阳城开业。如今，其已经发展成为连锁零售的商业集团，总营业面积达 30 余万平方米，员工 5000 余人，年销售额超过 20 亿元，经营品种 10 余万种，业务涉及超市连锁、百货、影

院、大家电、大药房、物流配送、建筑钢材销售等，在秦皇岛和唐山两地开设了五十余家连锁门店。

2003 年，中秦兴龙成立戴卡兴龙轮毂有限公司，开始涉足轮毂制造，几年间，又相继发展了 9 家子公司。2017 年，中秦兴龙产业园投入使用。经过十余年的探索，兴龙工业集团已经形成以铝合金轮毂研发制造为主，集材料研发、装备、模具研发制造、产品检测于一体的全球领先的汽车零配件及配套装备生产企业。整个集团占地总面积 1285 亩，员工 4000 多名，年产值近 40 亿元，铝合金轮毂年产能达到 1300 万只。与全球四大汽车集团及九大公司建立了长期合作伙伴关系，旗下"SINOLION 及图形"商标为中国驰名商标。

文化铸就企业灵魂，时代引领战略发展

三十年来，中秦兴龙走的是一条不断创新、转型升级之路。2010 年，在中秦兴龙创业二十年之际，田纯刚提出了二次创业的奋斗目标，并在工商局注册了一个全新的商标——中秦兴龙。从此，中秦兴龙四个字开始在港城大地四处传播。

中秦兴龙代表着三层含义：中是中国，秦是秦皇岛，兴龙是自己的公司品牌。这个名字寄托着田纯刚的梦想，他希望这个诞生于秦皇岛的民族品牌，不仅走向全国，还能走向世界。

三十年来，中秦兴龙已经形成了独特的企业文化，其企业精神归纳为八个字：仁和、诚信、务实、求新。正是有了这样的企业精神，中秦兴龙一步步构建起多元化的商业版图。

"仁和"，就是仁义为怀，和气聚财；"诚信"，就是内诚于心，外信于人；"务实"，就是脚踏实地，扎实做事；"求新"，就是锐意创新，开拓进取。这里面既有中秦兴龙的人格追求，也有中秦兴龙的作风追求。

依靠"仁和、诚信"的企业人格，中秦兴龙实现了由小到大的量变式跨越。从 1993 年介入金属加工行业、兴办门窗厂开始，到 1998 年进军房地产市场，2001 年以广缘超市为源头创办以多种业态连锁经营为特点的商贸行业，2003 年成立秦皇岛戴卡兴龙轮毂有限公司，2017 建立中秦兴龙产业园区，无不是这一精神的体现。

依靠"务实、求新"的企业作风，中秦兴龙实现了由弱到强的质变性飞跃。中秦兴龙的汽车零部件加工产业，以铝合金汽车轮毂制造为核心，通过各项技术指标和国际认证，达到了世界最先进的轮毂制造技术水平；中秦兴龙的房地产产业、商贸物流产业均以高质量、高满意度居于城市的龙头位置，且数十年如一日保持着高品质的服务。

2010 年在开发区管委会会展中心召开的"兴龙成立 20 周年庆祝大会"上，田纯刚

提出了"兴龙未来的五个追求"：要做一个有远大抱负的企业，要做一个有核心竞争力的企业，要做一个高品质的企业，要做一个有责任感的企业，要做一个受人尊重的企业。

在这五大追求的指引下，中秦兴龙重新梳理品牌运营，在既有的地产集团板块、工业集团板块、商业集团板块三大版图基础上，勾画出全新的商业蓝图。2015年，中秦兴龙创建文旅版块，并做出了一系列的动作：收购集发农业观光园，把集发从以往的单一绿色种植经济观光园，升级改造为集农业科技展示、农耕文化旅游、自然亲子娱乐、研学科普于一体的综合性亲子主题乐园，此后，又成功筹开运营了中秦兴龙香玺海亚朵酒店、北戴河洲顿亚朵酒店、洲顿庄园、耕读客栈，以及集发印象餐厅、真味海鲜坊、肆悦主题餐厅、肆悦粮品餐厅、秦家味、索伦旗等多家主题餐饮门店。

2019年，根据秦皇岛城市发展战略，中秦兴龙开始涉足康养健康产业，先后成立了秦皇岛中秦兴龙康养健康产业有限公司、秦皇岛中秦兴龙科创孵化器有限公司，并与北京工道风行智能技术有限公司合作，成立秦皇岛风行兴龙智能康复技术有限公司，向产业园区运营、众创孵化空间、康复辅具开发制造等方向发展。

田纯刚说："小锅里烙不出大饼来。"除了原来的工业、商业、地产三大主业，布局文旅、康养，变为"3+X"的产业格局，体现了中秦兴龙企业转型升级后的高度凝缩。

心怀感恩，企业的发展离不开员工和社会

来到中秦兴龙，会深深沉醉于浓厚的企业文化氛围。中秦兴龙有自己的会刊、报纸，也有职工活动室、休闲中心、健身中心、食堂和班车，甚至还有自己的图书馆、减压室、心理咨询室、母婴活动室。

作为一家民营企业，这里党组织非常健全，从党总支到各支部、基层党小组，共青团组织也很完善，而且经常定期地组织各种活动。

"社会是企业的衣食父母。对员工负责是企业承担社会责任的底线。"2006年8月，公司成立了兴龙管理学院，连年开设新员工"铸就卓越"精英特训营、基层管理者"向日葵"员工导师研修班、中层管理者"成就卓越"管理研修班、高级经理人"领军人物"特训营、培训师"引领卓越"特训营，使中秦兴龙学习型企业建设在系统性、全面性、针对性、实效性上实现了质的跨越。

为了满足快速发展带来的更多的人才需求，中秦兴龙从2005年开始大规模招聘储备大学生，并制订了大学生储备的"雏鹰计划"，将大学生作为公司人才培养的重要目标，每年都要招聘百余名应届毕业生。经过几年的培养锻炼，绝大部分大学生已经走上管理岗位或关键技术岗位，为中秦兴龙发展注入新的活力，积蓄了强足的后劲。

中秦兴龙始终把保障和提高员工的福利待遇放在首位，无论企业经营多么困难，从

未拖欠过员工的工资。即使在2008年严重金融危机的重压之下，中秦兴龙依然坚持做到"人员不裁减，工资标准不降低"，并积极主动为全体员工缴纳基本养老、基本医疗、失业、工伤、生育等保险以及住房公积金，将其列为雷打不动的必备资金和刚性支出。先后在本公司承建的青馨家园、明日星城、龙溪御园、紫云府等住宅小区为1500多户员工家庭以优惠价格解决住房难题。每年组织全体员工免费进行个人全面体检，定期组织员工春游、秋游，举办运动会、长跑比赛、春节晚会、悦享会，丰富员工的业余生活等，已经成为中秦兴龙员工建设的常态化工作。

中秦兴龙已连续7年为员工家庭子女中新录取的本科大学生每人发放5000元的奖励资金，并于2008年成立"阳光志愿者协会"，以企业高级管理人员和员工自愿的方式筹集阳光志愿基金超100万元，先后资助了近百名生活困难或身患重病的职工。

2020年，在中秦兴龙成立三十年的历史时刻，新老员工以激情和感恩的笔，写下了对企业的深情和感谢。他们用"一路感恩，一路成长"来形容与集团甘苦与共的岁月。

"社会是企业的衣食父母。企业必须像感恩父母那样回报社会。"在董事长田纯刚纯朴的话语里，写出了一个民营企业三十年如一日的公益之路、回馈义举。几十年来，中秦兴龙在教育、卫生、体育、城市和新农村建设、扶危济困等社会公益事业方面累计捐款达2200多万元。

中秦兴龙始终心系乡村振兴，自2016年"百企帮百村"活动开展以来，中秦兴龙共捐助近30万元，用于村民住宅修缮和村庄道路、河道、饮水等基础设施的维护，建立高庄村农村合作社，扶持农户种养殖，带动农民致富。2017年、2019年，中秦兴龙以高于市场、村民满意的价格收购了全村滞销的谷子和小米近16万斤，精加工制成青龙精装小米，解决了村民的燃眉之急，也提升了青龙小米品牌度。

2020年，面对新冠肺炎疫情，中秦兴龙捐款捐物700余万元，在全城封闭期间，超市坚持正常营业，关键民生商品甚至负毛利销售，为医务人员配送营养餐共计130余万元。

在三十年创业期到来之际，当问及企业未来有什么设想时，田纯刚这样寄语："民营企业的发展，绝不仅仅是民营企业家个人奋斗的成果，而是社会为民营企业提供了发展的空间，民营企业财富的积累来自社会的馈赠。民营企业家绝不能把追求利润作为唯一的目标，只有在服务社会中才能体现自身的社会价值。"对董事长田纯刚来说，他也希望中秦兴龙人与他一道，在企业做大做强后，把企业的发展上升为对国家、对民族的一种情怀、一种责任、一种担当，因为没有我们的国家，哪能有我们的企业！

刘恩国：用梦想连接起生命之桥

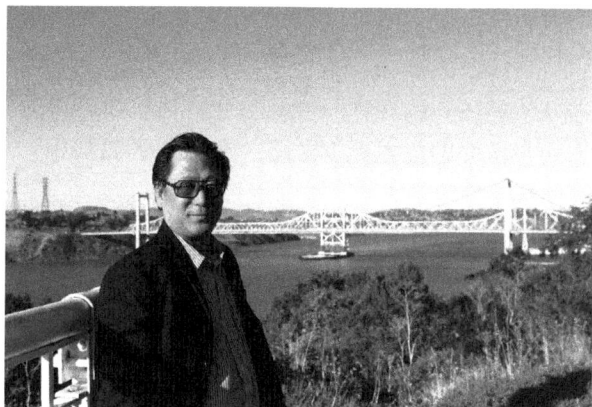

5

◎刘恩国，中铁山桥集团有限公司原董事长，工商管理硕士，教授级高级工程师。曾获 2011 年中国建设施工行业优秀建造师、2011 年度秦皇岛十大经济人物和 2014 年中国年度十大桥梁人物等称号。

刘恩国的一生，注定与中国的工业领域密不可分。

他出生于唐山，这里，有中国最初的自开煤矿区——开滦煤矿。刘恩国的父亲，就是开滦矿上的一名工人。10 岁的时候，父亲早逝。母亲一手将他们姐弟几个拉扯大。

1982 年，刘恩国 22 岁，作为改革开放初期最早的一批大学生，他从大连铁道学院焊接专业毕业。他要走和父辈一样的路，于是，根据自己所学的专业，刘恩国选择了山海关桥梁厂。他离开了家乡，踏上了用生命连接路与桥的征程。

来山桥，见证中国桥梁的历史

历经两个甲子，跨越三个世纪。从官办造桥厂到国有支柱型企业，山桥有傲人的历史，而对刘恩国来说，山桥与他，更有着一层情缘。山桥厂当年是随着开滦煤矿的诞生应运而生，他的父亲就是开滦煤矿的工人，他又来到山桥，父子之间，似乎在百年传承之中，走上了同样的路。

对山桥的了解，除了这些百年传承的故事，刘恩国听到更多的则是关于造桥的传说。

"山桥历史上制造过四座里程碑式的公路铁路两用桥梁，也可以说，体现了中国钢桥的历史。我来的时候，就听说过武汉长江大桥的建造史。"

武汉长江大桥，建于 1954 年，是中国建在长江上的第一座大桥，也是中国第一座公、铁两用特大桥。这座大桥通车后，毛泽东主席还兴奋地写下了"一桥飞架南北，天堑变通途"的不朽名句。在这种士气感召之下，没用几年的时间，他们就完成了第二个里程碑式的跨越——建设南京长江大桥。

从武汉长江大桥到南京长江大桥，中国人也开始寻找着脱离外国专家、国外技术的依赖与扶助的自力更生之路。在这个大趋势下，刘恩国完成了从一个毕业学生到技术骨干的转变。

刘恩国难忘让他一举成名的那次焊接工艺。1983 年，他参加工作第二年，上海锅炉厂委托他们生产大型发电站需要的厚板焊接技术的锅炉钢架结构产品。那是当时山桥人印象中最厚的一块钢板，达到 120 毫米，钢材料是日本进口的，供上海一个大型的发电站使用。

刘恩国记得当时的设计图纸是美国 CE 公司提供的，焊这样的钢板，山桥厂从未接触过，后来请上海锅炉厂的工人来帮忙焊接，几次试验都未能得到理想的效果。面对这种情况，厂领导决定自己研发，把这个任务交给焊接实验室。当时的基础资料都是手写的，全是英文，刘恩国根据美国提供的技术标准，翻阅了大量的有关资料，结合自己的所学所长，提出了优化方案，最终用最小的代价取得了成功。

这个年轻人就此进入了山桥领导层的视线。而接下来，伴随着他的将是一场又一场惊心动魄、可歌可泣的"战役"。

1989 年，中国桥梁建造史上的第三个里程碑——九江长江大桥开工，终于让刘恩国赶上了，这一次，他不但见证着奇迹，也创造着奇迹。九江大桥是一座双层式铁路、公路两用特大桥，全长 1806 米，桥跨由四联十一孔组成，中孔跨度 216 米，是当时国内跨度最大的公路铁路两用钢桁桥。

"这次我是全程参与了。我们在 16Mn 的基础上加了钒和氮元素，形成了 15MnVNq 桥梁钢，我在高强度厚板焊接工艺中的技术，这次也派上了用场。同南京长江大桥相比，这次是全部采用高强螺栓连接，并首次在特大桥梁中全部采用拴焊结构技术，这在中国桥梁制造史上是具有开拓性的！"

九江长江大桥，创造了钢梁全长 1806 米、合龙误差仅 0.2 毫米的世界纪录，荣获了全国科技进步一等奖和詹天佑奖，被誉为我国铁路桥梁史上第三座里程碑。

因为在这次工作中的杰出表现，1995 年 6 月，刘恩国被提拔为山桥厂钢结构分厂副厂长，1997 年 10 月又当选为厂长。在这期间，他作为制造工程的负责人，开始了中国第四座里程碑式的大桥——芜湖长江大桥的制造工程。

芜湖长江大桥，是中国第一座公铁两用钢桁梁斜拉桥。它于1997年开工，2000年建成通车，荣获中国建筑工程鲁班奖、国家科技进步一等奖。

刘恩国说："这座大桥，它的建造技术和制造工艺至少影响了中国二十年。"

四座大桥，从最初多依靠苏联、美国、日本等技术，到最后完全自力更生地制造出具有世界水准的钢桁桥、斜拉桥，见证了中国桥梁发展的历史。

建大桥，你行，我们也行！

因为常年计划经济的思维，山桥厂曾经走过一段弯路。在建造芜湖大桥期间，因为过于自信，轻视了对手，在投标的过程中，山桥厂竟然第一次走了麦城，没有能参与到最重要的部分，当招标结果出来以后，大家都不相信，一直认为是桥梁老大的山桥，输给了"小兄弟"——后起之秀宝桥。

2000年年底，刘恩国从钢结构分厂调任桥梁厂生产处处长。2001年6月，山桥厂改制，成立中铁山桥集团有限公司，刘国恩被提拔为中铁山桥副总经理兼生产处处长。这个时候，身居山桥厂重要位置的他，憋着一口气，一定要把几年前丢失的东西找回来。

2001年，一个机会来了。天津塘沽海河大桥招标，这是一座独塔斜拉桥，全长500米，主跨310米，是当时国内最大跨度的独塔斜拉桥。

时任总经理下令："必须拿下来！"

在各种努力下，山桥中标了，从而领到了进入公路钢梁桥梁领域的第一张入场券，也开启了山桥独立制造大型公路钢箱桥梁的历史。

而这个时候，因为中国高铁的高速发展，让山桥厂的传统工业——铁路道岔的制造也迎来了一个春天。

从桥梁到铁路，山桥开始一步步走向发展。从制造排名中国排位第一、世界排名第三的苏通长江大桥，世界最长最宽的多塔斜拉桥嘉绍跨海大桥，世界第一大跨径钢桁桥重庆朝天门大桥等，再到中国第一组提速道岔，第一颗高锰钢辙叉，第一批地铁道岔，山桥，在蒙尘多年后，又成为中国工业领域里的一颗明珠。

2008年1月，刘恩国提名当选为总经理，2015年1月当选为董事长。在他从副总到担任董事长的十几年里，山桥厂从2000年以前的销售收入几亿元，达到2007年年底的十多亿元，而在刘恩国2016年年底从董事长任上离开时，销售收入更高达45.7亿元。17年的时间，山桥销售收入翻了十倍，利润从几千万元到最高时的3.5亿元，成为山海关排名第一的利税大户。

收山之作，我们要做引领者

在刘恩国的人生历程里，写下这样几个数字：30 座跨长江大桥，17 座跨黄河大桥，10 座跨海大桥。

而这其中，令他鼓舞、振奋的，是被他称为"收山之作"的港珠澳大桥。

港珠澳大桥被称为世界桥梁的巨作，作为连接香港、澳门、珠海三地的世界级跨海大桥，全长 49.968 千米，主体桥梁长 22.9 千米，总重约 40 万吨，主要包括三座通航桥、浅水区非通航桥梁及深水区通航桥梁三大部分，中铁山桥承担深水区非通航孔桥、跨越崖和青州航道桥三部分的钢梁总计 18 万吨的制造任务。

港珠澳大桥是中国建筑史上里程最长、设计寿命最长、投资最大，也是工程难度最大的一座桥。投资超过 1000 亿元，设计使用寿命 120 年。大桥建成后，对香港、澳门、珠海三地经济社会一体化具有深远意义，也备受国际瞩目。在得知要制造这一桥梁时，时任总经理的刘恩国放下一句狠话："若不能拿下这座桥，就枉称领军企业！"

为了拿下这个工程，他们做了充分的准备工作，积攒了全部的技术力量，也冒了巨大的风险。

为了提前进行技术储备，除了在山海关产业园新建钢结构厂房外，他们还斥巨资在广州中山市建立了钢箱梁总拼装厂房和大型港池，开发引进了当代造桥业最先进的板单元自动化生产设备，最先进的板单元待焊接区域打磨、除尘和自动组装、自动定位焊系统以及板单元变形船位机器人自动焊接技术等多项新技术。

在那个时候，全国钢桥制造企业没有一家用机械人来进行焊接。山桥首开先河，在没进行招标之前，就已经如此大动干戈，有人担心，拿不到项目怎么办。刘恩国提出："山桥要走集团化、现代化、国际化之路，即使没有港珠澳这个项目，我们也要上，因为我们总要发展。不发展是不行的。"面对上级领导的质疑，刘恩国说："若拿不下这个项目，我辞去总经理这个职务。"

这是他真实的想法。中铁山桥的书记深受鼓舞，也说："老刘辞职，我也辞职。"

看似孤注一掷，然而刘恩国是不会打无准备之仗的。相反，正因为做了精心的准备和谋划，他们才最终拿下了港珠澳大桥的标。

2011 年到 2015 年，几年的时间，无数次磨难和耕耘，港珠澳大桥主体工程终于完工。这是山桥历史上用时最长、规模最大的一个工程，在世界上也产生了巨大的影响。

2014 年，刘恩国当选为中国十大桥梁人物，在他众多的荣誉中，这是他比较看重的一个，在他看来，这不是他个人的荣誉，这荣誉属于中铁山桥，属于中国桥梁。

刘恩国开始了他用山桥厂引领世界先进水准之路。他率领的山桥团队走向海外，在美国、德国、日本、挪威、安哥拉等国家造桥，把山桥的旗帜插到世界各个角落。在国际桥梁大会上，他多次发言，反响热烈，还承办了国际桥梁会议，组织世界各国的桥梁专家来山桥参观；在美国建桥时，他们的建桥工艺得到了当地专家的高度认可，为阿拉斯加制造的钢桥还上了美国主流杂志的封面……

而通过一次次的国际交流，刘恩国发现，山桥的制造工艺已经走到世界的领先地位。那个因为落后而求助于别人的年代，已经彻底成为过去。

2016 年年底，因为工作需要，刘恩国被调任中铁高新工业股份有限公司担任监事会主席职务，离开了他效力 34 年的中铁山桥集团。

临行之前，他有无限感慨，但更多的还是对山桥的寄托：

"山桥人是有精神力量的，山桥人比较务实，有北方人的实干精神。还有就是创新精神，创新精神一直融化在企业文化当中。第三个是不服输的精神。山桥人，永远也忘不了我们的企业精神，那就是自强不息、百折不挠，这才是百年山桥的魂。"

严升杰：他缔造了中国第一瓶干红

严升杰，现任中粮集团长城葡萄酒总酿酒师，高级工程师，国家级评酒委员，中国第一瓶干红葡萄酒主研成员，于 1988 年创建中国首家干型葡萄酒专业生产企业——中粮华夏长城葡萄酒有限公司。

6

喜欢喝干红葡萄酒的中国人，都知道一个品牌——长城。

在希腊神话中，葡萄酒技术是万神之主宙斯之子酒神狄奥尼索斯传授给人类的，这使葡萄酒在源头便被赋予了神奇的力量，充满浪漫和神秘色彩。而长城干红，在希腊神话传说之外，还有一个强烈的中国元素，长城是中华民族优秀历史的象征。

今天的长城，作为中国最早也是最著名的葡萄酒品牌，声名赫赫，早已经走向了世界，成为红男绿女桌上的爱物，也成为优雅浪漫的时尚文化的代表。而缔造长城这一著名品牌的开创者，却是一个面容祥和的老人，他淡定、低调地生活在秦皇岛这座小城里，与寻常退休老人没有什么区别。

他就是中国酿酒大师，被称为中国干红第一人，也是华夏长城的缔造者——严升杰。

在"一穷二白"下，创造中国的"第一"

1972 年尼克松总统访华后，面对着喜喝红酒的外国领导人，我国领导人深深地认识到，要尽快解决中国没有干红的局面。面对这一现状，生产中国自己品牌的葡萄酒，成为国家轻工业部的一个使命。

为了改变我国与国际先进的葡萄酒酿造业长期脱轨的境况，1979 年，国家轻工业部审时度势，派出了由国内酿酒专家、学者组成的赴法国的葡萄酒、白兰地考察小组，分别考察了法国的葡萄酒产区、葡萄园和红酒的生产情况。此次赴法考察活动，主要目的就是研究如何借鉴法国酿造干红葡萄酒的先进工艺和设备，结合本国的实际情况，选取国际知名酿酒葡萄，酿造中国本土的干红葡萄酒，结束我国没有自主酿造干红葡萄酒产品的历史。

考察结束之后，在当时国家轻工业部食品发酵研究所高级工程师郭其昌先生的指导下，位于河北省秦皇岛市的昌黎县果酒厂承担起了轻工业部重大科研项目"葡萄酒新技术工业性实验"，并组成了科研小组。科研组长就是时任酒厂技术副厂长的严升杰。

严升杰原籍河北省乐亭县，于 1958 年到昌黎果酒厂工作。历任车间主任、技术科长、技术副厂长、工会主席等职务，对于葡萄酒生产，可谓行家里手。然而，在接受了这项任务之后，他深深地感受到了在干红制造业上中国与世界的差距。

1980 年，昌黎果酒厂被国家轻工业部批准更名为"昌黎葡萄酒厂"，建立了基地科，并设置专人负责新的酿酒葡萄基地建设工作。同时，开始组织有关人员筹划修建新工艺红酒生产车间。面对横在脚下的这座酿酒新山峰，严升杰按照葡萄产地气候学的要求，把目光锁定在世界公认的北纬 40° 葡萄黄金生长带，在生长带上找到了昌黎碣石山下亿年前火山坡地留下的葡萄最喜爱的沙砾土壤。也就在这一年，昌黎葡萄酒厂在昌黎县城东偏北的后营等村建立厂、队挂钩关系，新辟 800 亩葡萄园林，开始栽植赤霞珠、品丽珠、梅鹿辄、霞多丽、佳醴酿、贵人香等 20 多个新品种的葡萄秧苗。

当时的情况，被严升杰称为"一穷二白"。他和他的将士们在 40 亩荒冢般的石坡上开山建厂，他们吃住在山地上，饿了啃馒头，渴了喝凉水，困了打个盹……创造了 10 天安装、10 天投产的奇迹。

当年建厂当年投产之后，历经数年的苦心孤诣，他们在相继完成了从葡萄品种选育到酿酒专业设备制造等 22 个课题之后，于 1983 年攻克了国家重大项目"葡萄酒新技术工业性实验"，成功酿造出"北戴河"牌干红葡萄酒，填补了中国干红葡萄酒的历史空白，中国第一瓶干红葡萄酒诞生了。

1984 年，这一新生的酿酒成果立刻在业界掀起冲击波。特别是在轻工业部全国酒类评比大赛上夺得金杯奖后，全国各地纷纷派人前来学习，中国干红葡萄酒在严升杰所带团队的酿酒智慧中掀开了新的一页，昌黎也因此成为中国干红葡萄酒的起源地。

执掌华夏，夺得第一个"金奖"

1988 年，一直致力于发展中国葡萄酒业的全球 500 强企业——中粮集团，凭借昌黎

的优良葡萄基地和雄厚酿酒技术实力，建立了中国第一家生产高档干红葡萄酒的出口型企业——华夏葡萄酿酒有限公司。从此，让昌黎红酒产业进入了高速发展期，中国著名品牌"长城"的名字也开始走进千家万户。

中粮集团慧眼识珠，选中了为创造中国第一瓶干红作出杰出贡献的严升杰担当华夏干红的掌舵人。

然而摆在严升杰面前的，并非一片大好的局面。当时国内干红市场正处于冰点状态，干红与传统的白酒、啤酒相比，并未得到人们认可，只有"三精一水"的低质酒大行其道，干红销量一度陷入低谷。但严升杰纵观全球酒市，坚信发达国家普通家庭都以干红为日常饮品，在经济文化全面走向复兴的中国，干红必将成为未来酒业的发展方向，成为千家万户桌上常备之物。

严升杰有这个自信，是因为他深深了解昌黎这片土地，在这片与法国波尔多纬度一致的热土之上，孕育着独特的、得天独厚的葡萄产品，是干红酒赖以生存和发展的基础。但他立足于此，却并未默守成规。1986年，他担任葡萄酒厂厂长期间，率先从法国引种赤霞珠、霞多丽、黑比诺等5万株国际名种葡萄脱毒苗木。1988年担任华夏总经理后，他再次大规模引种20万株国际葡萄名品种，选在今天中国唯一的葡萄酒原产地昌黎凤凰山，培育出了三大特色产区，开创"原料基地化、基地良种化、良种区域化"的华夏葡园种植模式，成为中国最早最优的红酒葡萄良种园。

之后几年在葡萄苗木上加大科技创新力量，研发出具有中国自然环境特色的酿酒葡萄苗木，并不断扩植。在中国大地上从此诞生了蔚为壮观的万亩华夏葡园。华夏葡园的出现，改变了中国葡萄酒业先建厂后补葡萄园的本末倒置的病态发展模式，不仅催生了昌黎国家葡萄酒原产地保护区，富了一方果农，而且使华夏位居农业产业化龙头企业。全国各地都争先到华夏购买葡萄苗木。

1989年，严升杰率领酿酒团队以华夏葡园的纯法国赤霞珠葡萄为原料，采用世界领先工艺酿造出了中国第一瓶国际标准"长城牌"干红葡萄酒，在法国第29届国际评酒会上赢得全球400位评酒大师的推崇，一举夺得中国干红葡萄酒有史以来的第一个国际特别奖。

打破常规，让品牌占领市场

这一荣誉让国际酿酒专家对中国干红刮目相看。但当时国内的干红市场仍是一片萧条，国内也一直没有废除与国际标准相背离的中国半汁葡萄酒标准，人们把价位偏高的华夏高档干红拒之门外，低质的饮料酒却十分走俏，这使严升杰酿造的正宗产品在早期被半汁酒重重围困，企业只能靠出口到法、日、美等国的收入勉强生存。

也有人劝严升杰降低成本，生产一些低档酒渡过难关。但严升杰却说："就是饿死也不生产低质酒！"

严升杰坚信，干红酒的春天一定会到来的。从1988年到1996年，他称之为"八年抗战"的艰苦时光开始了。这8年期间，华夏度过了资金短缺的艰难岁月，在内部，尚未全部到位的700万元总投资、一座被圈定为厂址的46亩荒山坡和12名员工是严升杰手中的全部家当；在外部，以法国、意大利为首的旧世界葡萄酒国已步入巅峰，而美国、智利等新世界葡萄酒国也雄霸一方。

这期间发生的两件事让他终生难忘，一是为了给员工发工资，被迫卖给法国70吨原酒，这些珍贵的原浆酒，让他心疼得就像卖掉了自己的孩子。二是一家大型红酒厂以年薪50万元的重金聘请严升杰主抓全面工作，但他没有动摇，他相信华夏的星星之火可以燎原。

严升杰在应对市场激烈竞争的同时，在内部开始狠抓管理。他为企业制定了"以科技为先导，以质量求生存，向管理要效益"的经营方针，突破了过去中国葡萄酒业的僵化状态，率领科研团队取得了一系列带有专利性色彩的科研成果；打破了过去中国葡萄酒企业按资排辈的弊端，实行全员合同制和竞争上岗的人事制度，同时从专业院校选拔技术骨干，开展全员培训。

在硬件上，他克服困难，大批引进国际葡萄名种建立万亩华夏葡园后，又引进国际高科技前沿酿酒设备，分八期建立起了亚洲最大的地下花岗岩酒窖。短短8年时间，一座现代化的酿酒工业园区拔地而起。

1996年，随着人民生活水平的提高，在全球酒市场趋向一体化的背景下，中国干红市场开始复苏，并迅速升温。特别是伴随着香港回归的脚步，与香港毗邻的深圳最先领略到了对岸飘来的干红酒香，干红开始大量地出现在各高档酒店和人们的餐桌。严升杰从这种蛛丝马迹中看到了中国干红葡萄酒市场的突破口，当即集中销售力量，提出"全力以赴冲击洋酒，抢占广东市场"的口号，并与当地金牌经销商建立起了华南区域市场独家代理制，以深圳为龙头辐射华南。

由他肖家开创的区域独家代理制，建立了牢固的华夏长城销售网络，这一选择也终于迎来了华夏干红的腾飞。1997年仅广东市场就突破30万箱，相当于过去全国市场两年的总销量。

深圳，这座现代化的、一直走在时尚前沿的城市，成了华夏长城的福地，由此乘势而上，华夏长城开始在华南重地如鱼得水，并迅速延伸到全国市场。

首战告捷后，严升杰又转战另一重要的现代化大城市——上海。1999年，严升杰制定了"直指高端，垂直破局"的营销策略，在品牌宣传上主张"高起点定位，系统化推广，整合化传播"，终于拿下上海市场。

攻克上海的同时，北京、成都等中心市场也胜券在握，严升杰的红酒地图上形成了合围之势：以广东为中心辐射华南、以北京为中心辐射华北、以四川为中心辐射西南、以上海为中心辐射华东。

华夏是中国的，也是世界的

从华南市场起步，严升杰与他的团队用不到20年时间走完了欧美名牌葡萄酒几百年的历程，创造了永载中国葡萄酒史册的华夏速度。

跨入21世纪，严升杰的酿酒科研步伐不断加快，先后主持了"AOC级葡萄酒原产地——赤霞珠""AA级绿色食品葡萄酒""葡萄酒生产废水深度处理技术"等一系列填补葡萄酒界空白的国家科研项目。而严升杰的另一得意之作是首家与江南大学、中国农业大学、西北农林科技大学合作，实现了产学研一体化的科研链整合，从中国农大长城葡萄酒学院到长城葡萄酒科技发展中心，为中国葡萄酒探索如何使科研成果转化为企业生产力提供了成功蓝本。

伴随着国内红酒市场高峰期的到来，走进千家万户的红酒，也进入了竞争激烈的"战国时代"。在这个大趋势下，严升杰清醒地认识到，未来葡萄酒全球化竞争的焦点不仅是酒品质、酒风格的竞争，更是酒文化的竞争。他致力于中国葡萄酒文化建设，表现出了极强的前瞻力和紧迫感，并把酒文化形成了华夏长城的又一个品牌。

从建厂之日起，严升杰便在总体布局上同步设计"华夏酿酒生态文化园"。葡萄名种区、名人珍藏酒窖、奥运冠军酒窖、古代酒具长廊、地下品酒厅等景点群，无不凝聚他的酒文化创意。华夏酒庄已成为中国葡萄酒界集葡萄种植、生产、科研和旅游观光于一体的气势恢宏的酒文化传播基地，荣获首批"全国工业旅游示范点"和"国家AAAA级旅游景区"，每年接待游客数万人，许多中国人葡萄酒知识的第一课便是从这里开始的。独具魅力的华夏观光同样为中国葡萄酒文化注入了软实力，为中国葡萄酒文化、旅游文化都写下了浓重的一笔。

华夏是民族的品牌，但它也是世界的。在国际酿酒师眼中，长城干红葡萄酒已成为中国葡萄酒界的风向标。国际葡萄与葡萄酒组织OIV把严升杰设计的中国葡萄酒文化"第一苑"指定为亚洲区酿酒实习基地。OIV秘书长Michel Bourqui评价严升杰是"葡萄酒界一位凤毛麟角的通才"。

长城美酒也开始进入更高端的场所，曾一直担当外交部驻华使领馆专用酒，在北京奥运盛宴上款待各国元首和皇室成员。多位国家领导人以及 OIV 主席、国际奥委会市场开发委员会主席、智利总统顾问等，还有很多文化名人都先后慕名到华夏酿酒生态园视察品酒，为长城干红葡萄酒注入了名人文化。

如今，华夏长城已经风靡世界，作为中国最著名的红酒民族品牌，我们为它落户在秦皇岛而骄傲，对已经退休的中国酿酒大师严升杰为创立民族品牌而做出的一系列成绩，更应该致以诚挚的敬意与谢意。

李成才：他用纪录片写意中国

◎李成才，中国纪录片导演。CCTV李成才纪录片工作室发起人，中国纪录片协
会理事，清华大学、北京理工大学、格局商学院、德鲁克学院兼职教授，曾荣获
国际纪录片奖、中国政府奖、中国金融启蒙杰出贡献奖等奖项。

7

与李成才相遇，结缘于书。

当时他刚刚拍摄了轰动一时的纪录片《大国崛起》。同名图书也刚刚上市，迅速成为
坊间颇具话题性的畅销书。

与李成才相遇，第一感受他不像是一个神采飞扬、随性不羁的电视人，而更像一个
我们在大学校园里常常见到的、即将出现在讲台上的中文系教师。

一个安静的读书人，这是李成才给人的第一感觉。就是这个安静的读书人，拍摄出
了一系列理性缜密、充满家国情怀的作品。

母亲是我第一个观众

在金融街李成才的工作室，逼仄狭窄的空间里塞满了人，而属于他的那个办公室里，
除了一张桌子，就是一堆书。

"我老家在遵化。家里一个搞艺术的人也没有。我父亲是个工人，也是遵化县多年
的县级劳模。他在食堂工作，是个养猪能手。那时他一个人喂的猪能供上千人吃肉。他
一直干到60多岁，到了退休年龄也退不了，因为没人能替代他。"

与父亲相比，母亲对李成才的影响更大。

"母亲1925年出生，她没有职业，也没有文化，但她支持我的任何决定。"

李成才从小学二年级时开始喜欢上了音乐，最初学板胡，后来又练二胡。这种民乐，一开始学的时候，拉起来相当难听。但每当李成才拿起二胡准备练时，母亲总是让他不用着急，她会把手头活全都干完，拿个板凳坐下来听儿子咿咿呀呀，拉不成调的曲子。

李成才觉得，她很享受这个过程。母亲是他的第一个观众，他那时根本没有想到，有一天，他的观众会成千上万，遍布世界各地。但无论后来取得多少成就，在他心中，母亲这个观众，仍然是最珍贵的。

除了母亲，班里还有一个老师支持他。当时班里有很多学生，老师说，只有李成才唱歌是从不跑调的。李成才学的板胡、二胡这些乐器，也都是这位老师教的。这些特长，后来一直带到了初中，从上初一开始，李成才的生活里不是学习，而是排练，他一直在乐队里，演奏乐器，也担任过合唱团的主唱。

少年时代的乐队经历，让李成才拥有了一颗心向艺术的心，而父亲对土地的热爱、母亲对他音乐天分的支持和肯定，成为他成长道路上重要的精神力量。

从部队到电视台，光与影的选择

初中一直在乐队，高中学习则很吃力，高考失败，不得不参军，曲线上学。这段经历，也给他的人生之路留下了深刻的烙印。

他在南京炮兵指挥学院学习，毕业后作为军官分到北京炮兵某团八连当排长。因为歌唱得好，还能写写画画，也喜欢照相，李成才顺利进了政治部，成了一名文化干事。

1990年年底，李成才转业，分到距北京只有三百多公里的海滨小城秦皇岛，在当时刚刚成立不久的广播电视局工作。他先在局办公室当秘书，但是因为喜欢电视，在他的主动要求下，进了电视台一线采访阵地，当记者。

与电视艺术的情缘，就由此开始。

上班不到一年的时间，他赶上了一个好机会，拍摄了他个人的第一部纪录片《捏面人的姑娘》。而在他拍摄这部片子的时候，中国电视纪录片的市场刚刚起步，无意中，李成才竟与中国电视艺术的发展历史走上了契合的轨道。

这个片子反映了三个农村姑娘来到北京，从捏面人卖工艺品谋生开始，一步步走上创业之路。三个姑娘中的一个后来又回到家乡——河北省秦皇岛市昌黎县，创立了一个小公司，把产品销到了国外。片子的主题、立意完全符合当时特定时代人们在市场经济大潮下自主创业、寻求发展的主旋律。而且时长达到了电视台创台以来的最长，足足有20分钟。

　　在拍摄的过程中，李成才和同事们住在与主人公相近的昌黎县城，每天最近距离地接触人物，配音、文稿、摄影都是由他来完成的，甚至片中有些旋律都是他打着口哨吹出来的。这部制作上略有些粗糙的片子，却因为原汁原味的时代特色引起了人们的关注，在1993年上海国际纪录片节上获得银奖。这也是秦皇岛电视台创台以后，当时在历史上获得的最高奖。

　　坐着飞机去领奖，还得了6000元的"巨额"奖金，这让李成才倍感鼓舞，从此后一发而不可收。短短两三年时间，他拍摄了《伟人的足迹》等一系列纪录片，又荣获了河北省"五个一工程奖"等多项奖项，有人称他为台里的"得奖专业户"。成为一个电视纪录片人的梦想，也在他心里从酝酿到逐渐生根发芽。

　　1995年，为了追求更好的发展，李成才放弃了秦皇岛电视台令人羡慕的编导工作，去当时的北京广播学院读研究生班。有天回来，发现宿舍的门上贴了个条，是一个叫关世缘的人留下的。条上留言，要他速与其联系。

　　关世缘是当时中央电视台下属的中央新闻电影制片厂的一个领导，也是上海纪录片电视节的评委会成员之一。他当时看了《捏面人的姑娘》这部获奖作品，一心想认识一下这部片子的编导。正好新影要推出一个农村题材的纪录片，需要召集创作人员，他想到了李成才。为此把电话打到秦皇岛电视台，听说他去北京上学了，又辗转找到北广，赶上李成才不在，就留下了便条。

　　一个全新的机会就此出现了。因为关世缘这个伯乐，李成才得以与当时门槛最高的专业部门有了近距离的接触。但是进入剧组之后，他却是从配音开始做起，十集纪录片《大界河》以及《兵站三部曲》等均出自他的配音。因为从小对于声乐的专长和训练，李成才优雅、清晰的声音，吸引了很多央视电视人。

　　从北广上学开始，李成才边学习边工作，参与了多部纪录片的拍摄。

　　他后来拍摄了纪录片《秋天的故事》。1996年中国面临下岗的高峰，这部纪录片讲述了在那个特定时期，国人面临的选择与机遇。李成才在这部片子中表现出来的执导能力，获得了新影和央视的肯定，并纷纷抛出了要他留下来的橄榄枝。

　　1997年，央视《经济半小时》节目开播，总制片人任学安招兵买马。从北广完成学业的李成才最终决定留在北京，成为央视经济频道电视纪录片开创者中的一员。

从实现"大腕"梦想，到学会讲"中国故事"

　　从地方到首都，从地市级电视台到央视，李成才认为，他最大的改变不是生活上的，而是视野与眼界的开阔。

"当时任学安问我，来央视的目的是什么？我很简单地告诉他，就是想当大腕。"

李成才以一副"少年意气"的姿态回答了央视领导的问话。然而，在央视不断的学习、工作与成长中，他发现了自己想法中的狭隘。

1998 年的一个深夜，在军博地下室机房，李成才和他的伙伴熬得两眼通红，昼夜不停地工作着。他们并不知道，他们在这一刻的工作，将会被写进央视乃至中国纪录片界的历史。

当时大家正在编辑的是献给改革开放二十周年的纪录片——《20 年，20 人》，这部献礼之作执行总导演的重担落在李成才身上。他自己还承担了《吴敬琏》和《王石》两集片子的拍摄和编辑。

《20 年，20 人》记录了中国改革开放以来，二十年间出现的二十位代表人物。就是从这次拍摄开始，李成才认识了后来在中国大地上响当当的一些人物：鲁平，柳传志，张瑞敏，王石，吴敬琏，鲁冠球，吴仁宝，陈章良，王选……他也由此成为吴敬琏和王石的多年挚友。

《20 年，20 人》拿到了当时中国政府纪录片类的最高奖。对李成才来说，比奖项更重要的是，他找到了一条用纪录片来讲述中国故事的途径。

2000 年，李成才拍摄了《人在单位》。这是他在看了一本名叫《中国单位制度》的书之后产生的灵感。在中国，单位是研究中国社会结构的一个重要文本。随着中国改革开放的深入，单位体系的解体和转型，已经成为摆在人们面前的一个具有时代特色的课题。

《人在单位》也与《20 年，20 人》一起，成为李成才纪录片创作轨迹中重要的节点，促使他从"大腕梦"中醒来，开始思考中国社会的发展轨迹与生存现状。

站在世界巅峰，搜寻科学与文明的进程

在央视经济类节目的舞台上，李成才交出了一份份令人瞩目的"答卷"。

42 岁拍《大国崛起》, 45 岁拍《华尔街》, 48 岁拍《货币》，从学会拍摄中国故事开始，李成才一步步走出家门，他和他的团队足迹遍布世界各地，站在世界视角，再重新俯瞰中国。

"中国当前最大的事情就是社会转型与创新发展，我希望能用自己的方式参与进来。从纪录片的角度，把世界上最先进的思想与经验，作为中国转型时期的借鉴与参考。"

这样的理想，来源于 2004 年，纪录片《大国崛起》的拍摄由头。

2004 年，中共中央常委会成员中间建立了定期学习的制度。在当年常委会成员第 14

次学习时，请了国际史的学者钱乘旦，作了一次讲座——《大国的兴衰》，并提出中国若要崛起，一定要借鉴世界发达国家的经验和教训。任学安听到这个新闻，认为这是可以做成的项目。于是，任学安、李成才这对老搭档，就开始策划方案。

当时正好是中共十五大报告刚发布不久，十五大报告中提出"中华民族伟大复兴要借全人类的文明成果"，在这个精神的指导下，任学安、李成才又提出了第二个课题——"世界文明从哪里来？"。他们把时间定在1492年，这一年，海洋联起世界，世界文明史进入了一个全新的阶段，影响至今。

《大国崛起》拍了三年，李成才和他的团队走访了九个国家。为了拍这部电视纪录片，李成才购买了大量书籍，在拍美国那部分时，他说，他几乎购买了国内所有用汉字来纪录美国历史的书。至今，这份长长的书单，仍让很多人望而生畏。

《大国崛起》让李成才第一次用世界视角来环顾人类的文明发展，在央视的经济频道，也开创了第一次大规模海外拍摄纪录片的先河，具有划时代的经典意义。

从《大国崛起》开始，李成才用了十多年的时间，带着他的团队，相继拍摄了《华尔街》《货币》等一系列经济类的纪录片，在创作这些作品时，采取不批评、不指责、不奚落、不凌驾的语境，用温和的语言表达了明确的态度。

历史的中国，现实的中国，都存在许多问题，带着中国的疑问，为一个国家的崛起，在世界范围内寻找方法与方向，开始成为李成才创作纪录片的初衷。

2014年，李成才有了自己的工作室，也创立了自己的公司。

在成立公司之后，他开始了对于人类文明本源及未来发展的更深层次探索，提出了一个观点："让科学在纪录片中生动地流淌。"

在这种基调下，他拍摄了在央视二套播出、深具话题效应的《创新之路》。

今日的中国，创新成为一条发展必行之路。创新的思维，是推动人类进步的前提。这部纪录片和国家主旋律的契合度产生了极强的化学作用。世界上发达国家的创新是什么样的？那些国家的制度源头是怎么来的？而中国人能借鉴什么？全面系统地梳理要想办一个创新型的社会，又需要哪些条件？

从《大国崛起》到《创新之路》，李成才开始学习把世界的故事讲给中国人听。完成了《创新之路》的拍摄，李成才马上要面对的，是两部全新领域的纪录片。

《百年金融》，体现中国现代金融史。

《改变世界的中国植物》，则又开始了一个新的征程。从讲中国故事给中国人听，到把世界故事讲给中国人听，现在则又重新要把中国故事讲给世界听。

这又是一个开创性的东西，通过植物的故事来讲中国的文明史，第一次用植物视角来梳理农耕文明。

李成才为此又列了一系列长长的书单，全是与植物有关的。这一次，他仍要求他团队的所有成员，必须首先完成这漫长的阅读。如今，这部纪录片也已经杀青，和全国观众见面了。

"长期以来，我和我团队的人，已经建立了一种习惯，必须要不停地读书。"

读书成为李成才创作路上的源泉。而对于书的热爱，已经不是一种爱好，而是生命中的一部分。

李成才最爱的是俄裔美国作家安·德兰的《源泉》。这部长达 900 多页的书，讲述了一个青年，寻找自我，捍卫自我，呼唤个性独立与自由，大胆打破常规，与陈旧的、保守的社会观念不屈斗争的故事。

李成才在书上写上了他献给记者，也是在世界读书日献给所有团队成员的话：

"分享《源泉》，一起劳作，一起奔跑。"

倪明：创造美好生活的建筑大师

◎倪明，秦皇岛市建筑设计院党委书记、院长，河北省勘察设计大师、国家一级注册建筑师、正高级工程师（建筑学）。2020年"倪明创新工作室"被评为第七批秦皇岛市级劳模和工匠人才创新工作室。

8

河北省建筑设计大师只有11人，可谓凤毛麟角。11位建筑设计大师10人在省会石家庄，只有1人在秦皇岛，他就是秦皇岛市建筑设计院院长倪明。

能称得上建筑设计大师称号，必有得意之作，倪明自然也不例外。

山海关区石河镇的北七村迁建项目，突破了人们对农村面貌的固有印象，取而代之的是依山就势、错落有致的新式民居，太阳能洁净能源采暖、生态沼气和污水生态净化循环再利用等高新科技的应用，村落与周边优美生态环境的融合，让很多城里人都羡慕不已；秦皇岛市体育训练馆，应用预应力钢筋混凝土技术实现跨度达32米的多层大跨度空间，并和建筑造型完美结合，创新设计出当时全国功能最复杂、规模最大和最优美的体育训练馆；承建国际旅游港和自由贸易港起步区一期建筑改造工程，是秦皇岛市西港东迁项目的起步工程，设计中充分保留老旧工业建筑，在完善功能、优化环境的基础上，利用厂区废旧钢材和现代的建筑材料创新赋予老旧建筑新的服务、休闲和展示等旅游建筑功能；开发区的绿色建筑展示中心，集成展示了当下最前沿、环保的混凝土装配式技术、钢结构装配式技术、装配式装修和GRC外装修装配式技术，成为秦皇岛市装配式建筑的示范基地。

近30年的建筑设计历程，倪明用一个又一个经典设计，在秦皇岛大地上，刻下自己的名字，他带领的建筑创作工作室被秦皇岛市工会评为市级劳模和工匠人才工作室。

痴迷绘画，结缘建筑

有人说，设计靠的是某种与生俱来的天分。然而，建筑设计大师倪明的天分源自对绘画的热爱。

他自幼和爷爷奶奶生活，爷爷好书法，叔叔爱绘画。受他们熏陶，小倪明潜移默化地喜欢上了绘画，并表现出一定的天赋。报考大学的时候，具有理工科优势的他难以割舍对绘画的热爱，反复权衡之下，报考了河北工业大学建筑学专业，因这个专业有美术课程，能满足他继续绘画的愿望。虽然没有专业学习，但倪明凭借多年的"自我修炼"，顺利通过了建筑学专业加试美术考试。

就这样，酷爱绘画的倪明与建筑学结缘。和预想的一样，建筑学专业的确可以尽情放飞绘画的梦想，随着大学美术课的专业学习，倪明对绘画的热爱升华到狂热的程度，老师要求每周交一幅作品，他交两幅。

那年冬天，天降大雪。望着漫天飞雪，他按捺不住内心的冲动，背起画夹，冲到学校旁边的西沽公园，在严寒和飞雪之中，倪明激情迸发，创作了一幅飞雪图。老师和同学们看到这幅画无不竖指称赞。

在疯狂痴迷绘画的同时，倪明对建筑学也开始了兴趣盎然的探索。

他第一次看到天津第五大道美轮美奂的欧式建筑，便被建筑这个"凝固的音乐"深深触动和震撼，当时就想，"总有一天，我也要设计出传世的建筑"。心之所向，是最好的老师。设计集中周让很多同学叫苦不迭，倪明却乐此不疲。"几乎每天都要干到半夜，结果宿舍都锁了门，只好半夜三更地跳窗户回宿舍。"自身的孜孜以求，再加上教授们的严谨教学和悉心教导，倪明专业成绩非常优秀。大学四年时间，倪明如饥似渴地汲取着建筑美学和美术学的知识，寻找着二者的完美契合点。

多年以后，倪明依然感慨当年作出"两全其美"的选择，绘画和建筑学似乎就是天生的合体。

初露身手，挑战机遇

1992年，倪明以优异的成绩从河北工业大学建筑学专业毕业。当时，正值改革开放初期，带着成就一番事业的愿望和对沿海开放城市的向往，他来到了秦皇岛玻璃工业设计研究院。从此，他便用一张张设计图纸与这座城市深度结缘。

刚到玻璃院不久，他就接了一个广州的大项目，50多栋别墅和4栋高层。改革开放

初期，放眼全国，高层建筑还不多见，况且玻璃院的主业是玻璃工业项目，高层建筑设计缺少经验和实践，倪明对于实际工程的历练更是空白。

为了顺利完成这个大项目，院里专门成立了一个项目小组，几个人分头做方案。这个项目极具挑战性，倪明非常兴奋，激情投入。那段时间，他几乎天天干到晚上12点，一门心思、不知疲倦地反复构思和推敲，设计方案在一张又一张的设计图中千呼万唤始出来。功夫不负有心人，倪明拿出的建筑创作方案让大家耳目一新，得到一致认可。后来，倪明又带着五六个人，紧锣密鼓地将设计方案完善细化，这个设计方案最终通过并落地。

这是倪明毕业后的第一个落地项目，对他来说既是挑战又是机遇，项目的成功让他信心倍增。随着一个个富有创意的设计方案的完成，他的设计能力得到了各个方面的一致认可，但凡有挑战的项目，都少不了他的参与或主持，在不断的设计求索中，倪明成长为秦皇岛市颇有名气的建筑设计师之一。

突破瓶颈，坚持原创

倪明在玻璃院收获满满的时候，由于工业院项目的局限性，在建筑学的进一步发展方面遇到瓶颈，想在专业方面实现突破性发展，需要换一个更加专业的发展平台和成长环境。他徘徊在人生选择的十字路口。

这个时候，秦皇岛市建筑设计院总建筑师徐建德因对他专业能力的认可而抛来橄榄枝，诚邀他来秦皇岛市建筑设计院工作。经过一番深思熟虑，1998年8月，倪明来到了秦皇岛建筑设计院。

建筑设计院有好几个设计所，有能力的设计师也多，倪明感觉竞争压力陡然增加。他毅然选择了并不被大家看好的设计二所，一如既往的勤奋，天天工作到半夜两三点，在倪明的积极带动之下，设计二所悄然发生了改变，全所一片生机勃勃的发展景象。2001年，因业务能力突出、敢于担当作为，他被二所同事全票推选为所长。经过几年努力，设计二所从最不被看好，蝶变成全院的"标杆所""王牌所"，项目最多、效益最好，完成多个秦皇岛市的经典建筑。

中央胜境小区便是其中之一。该项目是由几家设计院合作设计，包括秦皇岛建筑设计院。原始户型是由一家北京设计院设计的，倪明看到后，觉得有不合理之处，便提出自己的设计方案，得到了甲方的首肯。结果，该设计方案销售最好。事实胜于雄辩，其他设计院看到这个设计方案如此受欢迎，也按此方案修改了设计，中央胜境小区最终成为秦皇岛市最具升值潜力的小区。

2011 年倪明做了院长，他依然坚持在设计一线，每年都要亲自做几个项目设计，承担着全院百分之八十以上的原创设计指导工作，而且一直在鼓励年轻设计师们要做原创设计。他相信，唯有原创设计才能成就经典建筑。

从痴迷临摹连环画的懵懂少年，到河北省建筑设计大师，一路走来，倪明一直"痴迷"于心中美好的事物，建筑无疑是他最好的表达载体。用他自己的话说就是"建筑创造美好"，而这种美好，包括城市生态环境的友好、建筑形式品质的完好、人们生活质量的美好。

关于生活质量的美好，倪明特意提到了人与人之间的交往，"以前的那种四合院儿，大家住在一起，人与人之间关系融洽、路不拾遗、夜不闭户，随着高楼大厦不断侵蚀，邻里之间的关系变成了点头之交，甚至有的老死不相往来"。在倪明看来，过于封闭的建筑让人情味越来越淡薄。

"现在，我在建筑设计中会更多地思考邻里关系的互动，因为人和人之间的沟通总需要一定公共空间完成，而现在的设计中，这种空间匮乏。"倪明希望更多的设计师能够意识到这一点，多考虑供人们交往的公共空间、半开敞空间、共享空间，形成城市广场和居住客厅的概念。

在倪明以往的建筑设计作品中，他已经做出了一些改变，尝试着设计尊重自然、呼应自然和环境友好共生的建筑。卢龙职业学校便是一个很好的例子。项目充分利用自然地形，设计出不同标高的群落建筑，不同标高的台地由造型丰富的大台阶联系，既减少土方量又形成趣味空间，自然地产生交流的活动空间，为学习交流、敞开报告会、小舞台等多种活动提供可能的场所。

建筑创造美好生活，除了环境、城市、建筑、空间和功能等设计外，倪明认为，以保护生态环境为目标的绿色建筑和建筑产业化也同样重要，如近几年国内如火如荼开展的星级绿色建筑、被动式低能耗建筑、装配式建筑等，他非常看好这些新技术，在建筑设计中进行不断的尝试和探索。

留住时代，顺应自然

也许对建筑设计倾注了太多热爱，在倪明看来，每一处建筑都是有生命的，都镌刻着某个时代的印记，他对毫无保留的大拆大建很是反感，面对中国城市日趋雷同、"千城一面"的现象，呼吁城市建设者们要深刻反省。

每每有一处有意义的老建筑被拆掉，倪明总是会感到痛惜。在设计北戴河省办办公楼的时候，为了保留几棵百年老松树，他的设计有意识避让老松，顺势形成了"拧巴"

的建筑形态，异形的建筑"环抱"着老松，苍翠的老松"映衬"着建筑，反而让建筑和环境在和谐统一中共生，形成了别有情调的建筑风趣。

他认为，大拆大建就要破坏性地对待生态环境，原本颇有韵味和沧桑感的老建筑被移平、本来起伏的地势被推平、可以保留的树木被拔除、弯曲优美的河道被取直等"人定胜天"的行为，可以避免，应该顺其自然。

最近，倪明带领团队设计了秦皇岛市西部地标建筑——位于市政府东北侧的金岳秦皇广场项目，此项目既充分考虑地域特色、自然景观、地形地貌、视线通廊、交通组织、空间构成、商物流线与周边建筑和谐统一等因素，又突出时代感、现代化的标志性，同时运用装配式建造模式建设，得到社会各个层面的一致好评和认可。

每个城市都是由形形色色的建筑单体构成的，每一个建筑单体都应该是设计师精心设计的作品，但建筑单体必须和谐地融入城市肌理和脉络。作为一名建筑设计大师，倪明正孜孜不倦地探寻建筑设计的本源，实践着"建筑创造美好生活"的理念。

陈忠林：从漂泊诗人到健康卫士

9

◎陈忠林，现任秦皇岛开发区前景光电技术有限公司董事长、秦皇岛市惠斯安普医学系统有限公司董事长。2009 年 4 月，被河北省政府授予"河北省杰出青年企业家"称号。2012 年 11 月，获得由国家发改委、国家科技部、国务院国资委联合颁发的"2011—2012 年度科技标兵"荣誉称号。2017 年 4 月，荣获"河北省十佳软件企业管理人才"。2018 年 4 月，被评为河北省"巨人计划"领军人才。2020 年 9 月，被中央文明办授予"中国好人"荣誉称号。

　　诗意并不总是以语言的形式呈现。也就是说，一个人的诗意，并不仅仅在于他会写几句诗，更在于他的创造能让更多的人真切地感受到这种诗意。

　　他曾是少年诗人，曾是策划高手，如今是两家企业的老总，一家生产电梯配件，一家生产医疗设备。

　　颇为传奇的经历，让我们从他身上看到诗意的另一种表达。

少 年 诗 人

　　20 世纪 60 年代末，出生在陕西省咸阳市旬邑县底庙乡陈家村的陈忠林，是个地道的农民儿子。对于那个年代当地农村生活的穷苦，他有着深深的记忆。

　　陈忠林 10 岁那年，体弱多病的母亲离他而去。童年的快乐，生活的色彩，随着母亲一同远去。孤独的环境使陈忠林的性格也变得孤独。13 岁那年，他考上了当地唯一的初中——底庙中学。学校那间除了他几乎没人会去的阅览室，成了怕到同学中去的他的避

难所。在这间避难所里，陈忠林把日子交给了书。书，使他忘却了孤独，忘却了烦恼。

都说"苦难出作家"，那是因为苦闷的心灵需要一条纾解的渠道。1985年，在底庙中学上初二的陈忠林写了一篇小童话《幸福寻母记》，并发表在当年《儿童文学》的第四期。

杂志社寄来的稿费竟有两块钱，这对于平时只能见到几分钱的陈忠林来说，真是一笔莫大的财富。他仿佛一下发现了一座金矿，并发现了挖掘这座金矿的方法——写作。

陈忠林的文学天赋，也让他成为学校的宠儿。随着一篇篇作品的发表，他先后被《语文报》《少年月刊》《学生作文报》等十余家报刊聘为特约记者、通讯员，加入了中国中学生诗人协会，担任了中国校园文学会理事。

1988年，旬邑县中学、旬邑县文化馆联合出版了陈忠林的第一本文学集《柳笛声声》，收录了他的诗歌、散文诗及童话作品。1990年，《学生作文报》社编辑出版了陈忠林的又一本文学集《哦，这个季节》。

1989年，陈忠林被共青团陕西省委授予"新长征突击手"称号。著名作家冰心十分赏识他，委托他和南方少年诗人冯桢炯等少年名人在全国中学生中成立一个文学会，并挥笔为文学会的《新潮文学报》题写了报头。

还没毕业的陈忠林就接到了陕西师范大学、西北大学、复旦大学等7所大学抛出的橄榄枝。

"只要我能活一天，我就得用我的作品向生活证实一天我的存在，用我的笔尖去开凿生活这块肥沃的诗壤。"这是陈忠林去上大学前，在故乡旬邑写下的宣言式自白。

策 划 高 手

作为村子里走出的第一个大学生，陈忠林进入了复旦大学中文系。

大学毕业后的陈忠林开始四处流浪，到处打工。陈忠林先是在《西安晚报》下属的一个周刊做记者，后来又到了《学生作文报》。在《学生作文报》期间，一次坐火车，他偶然间遇到了秦皇岛新闻中心一位工作人员。两个人在火车上聊得很投机，看了陈忠林的作品集《哦，这个季节》，这位工作人员说可以帮他再出一本书。

当陈忠林感觉自己应该离开黄土高原、想要远行的时候，他第一个想到前往投奔的城市就是秦皇岛。

但等陈忠林联系到那个要找的人，却已是几个月以后。见面之后，这个人告诉陈忠林，出版他的作品集是当时一时的想法，现在早已时过境迁。不过秦皇岛新闻中心正在招聘，可以介绍他在新闻中心工作。

来到新闻中心之后，陈忠林才知道，原来所谓的新闻中心其实是新闻协会下属的一个三产企业。他所在的贸易部，大到石油、煤炭，小到挂历、文化用品，总之，什么生意赚钱做什么。

到新闻中心工作时间不长，新闻中心因经营不善解散了。"树倒猢狲散"，陈忠林这个刚入门不久的"小猢狲"更是早早被清出了门。

旦夕之间，陈忠林又成了这个城市里的一个无业游民。

干点什么养活自己？这个安身立命的现实问题又一次摆在了陈忠林面前。

之前到批发市场批发服装、挂历的经历这时发挥了作用，陈忠林开始倒腾服装和挂历。从摆地摊到租铺位，曾经有过被人骗得只剩下5块钱的经历，辛辛苦苦两三年下来，陈忠林挣了7000块钱。

1996年，陈忠林创办了自己人生中的第一家公司——秦皇岛剑桥企划营销有限公司。公司的名头不小，实际上却只有他一个人。在汇源大厦租了一间房，装了一部电话，付了一年的房租，交了电话费，7000块钱所剩无几，连招待客户的沙发都再也买不起。

经过对秦皇岛市场一番深入的研究与考察，陈忠林发现，作为旅游城市，酒店业在秦皇岛蓬勃兴起，但酒店的开业、经营缺乏文化创意。于是，他把目标首先瞄准了这个行业。

当时《秦皇岛晚报》刚刚创刊，各个版面都缺少有质量的稿件。陈忠林找来许多酒店方面的书研读之后，连续写了十多篇与酒店业经营管理相关的稿子，署名"秦皇岛剑桥企划有限公司首席企划代表 陈忠林"，在《秦皇岛晚报》上陆续刊载。

感觉到准备得差不多的时候，陈忠林找到了当时正在装修、准备开业的凯伦商务酒店。用报纸发表的文章做"敲门砖"，一口气做了32份不同创意的开业形象广告，打动了酒店经理……

从凯伦商务酒店到运通大厦，再到佳伦酒店，很快连给酒店送酒的烟酒公司也知道了秦皇岛有这么一家"做一家，火一家"的策划公司。

于是，当东北的清老酒业要进入秦皇岛市场时，也选择了陈忠林的公司。

陈忠林在《秦皇岛日报》上推出整版的策划：版面上方是各种事例讲述假酒对人身体的危害，版面下方是一行通栏的大字——"谁发现清老酒不是纯粮酒，奖励100万元！"

3个月时间，清老酒在秦皇岛的销售额就突破了500万元。清老酒业的老总立刻把陈忠林招到自己的麾下，担任销售副总。

陈忠林再次创造了神话一般的奇迹：短短5年时间，清老酒的销售额就从500万元飙升到 7 亿元。全国生产厂家达到 17 个, 每个厂家门前都排着长长的等着拉酒的车队……

电梯专家

在清老集团的时候, 陈忠林的年薪是 150 万元。

"当年在秦皇岛, 10 万块钱可以买一套房子, 150 万可以买 15 套房子。如果我把当年赚的钱都用来买房子, 赚的钱一定比我用来做企业赚得多。"陈忠林笑言。

陈忠林却把当年赚的钱都用在了做企业上, 而且一投就是 7 家企业。可 7 家企业家家赔钱, 没有一家赚钱的。

陈忠林及时吸取了教训:"一个人专心做一件事会做得很好, 同时兼顾两件事可能会做得一般好, 同时做多件事就一定做不好。"

1999 年前后, 他关掉了自己注册的 4 家公司, 从两家公司撤股, 决定自己亲自来做他比较看好的前景光电公司。

前景光电公司原本是一家生产智能磁卡电表的企业。随着我国各大城市房地产业的蓬勃发展, 对于电梯的需求, 无论数量还是质量, 都在不断攀升。

2002 年, 陈忠林带领企业正式转入前景无限的电梯行业。面对这个之前已是强手林立的行业, 面对这个行业的上万家企业, 怎样才能后来居上、脱颖而出?

只有跨越式、超常规的发展。

怎样才能实现这样的发展? 秘诀只有两个字: 超前。只有具有超前的意识、超前的眼光, 才能进行超前的设计, 生产超前的产品, 创造潮流, 引领潮流。

诗人的敏锐和想象力, 让他具有灵敏的触觉, 总是能够先人一步捕捉到创新的灵感。

超前摸准市场需求脉搏, 他组织技术人员研发了用于高档电梯的精确称重装置。这种装置首先应用于号称"世界第一梯"的湖南张家界百隆电梯, 之后, 沈阳世博园百合塔、印尼海伦大厦、法国地铁等著名建筑均安装使用了这种装置。最让陈忠林自豪的是, 这种装置经过严格的技术指标检测, 安装到了世界瞩目的中国航天工程神舟五号、神舟六号飞船发射塔的防爆电梯上。

超前与国家绿色可持续发展战略相结合。受广播中偶然听来的新闻启发, 从一个简单的节能想法开始, 他让电梯变得可以发电。2008 年, 前景光电成功推出世界首创科技成果——电梯电能回馈装置产品。这种装置将储存在电梯变频器电容中的直流电能 (电梯每一次上升下降过程中产生的多余机械能转换而来) 转换成交流电能, 回馈给区域交流电网, 直接循环使用。

超前意识到电梯检测、维保不到位导致电梯安全事故频发，他提出研发电梯应急救援检测车。电梯应急救援检测车行驶在道路上，可随时检测附近建筑物中电梯的安全状况，实现对电梯故障的及早发现，同时，可以大大减少当前因人力严重不足所导致的电梯装上以后长年累月无人监管的状况……

从电梯精确称重、电梯能量回馈，到电梯远程监控、电梯地震监测，再到电梯应急救援检测车，前景光电永远是"第一个吃螃蟹的人"。

健康卫士

"科技企业研发新产品就像农民种地一样，不同时期种不同的庄稼，才能避免忍受饥饿之苦。"在电梯之后，陈忠林将目光投向了国民健康。

"惠斯安普"是陈忠林于 2011 年推出的健康品牌，其主打产品便是目前国内唯一具备医疗器械市场准入资格的健康风险评估设备——HRA。

2008 年北京奥运会期间，陈忠林在北京一家公司第一次接触到健康风险评估，当时他看到的是给外国运动员做赛前体检。

在国外，HRA 主要用于宇航员、运动员、核研究人员的日常健康评估及饮食指导，但是已经于 2000 年实现民用化。而在国内，人们几乎还不知道健康风险评估是什么东西。

陈忠林又一次敏锐地觉察到，这是一次从疾病体检到健康体检的革命。他提出研发思路，研发人员经过 3 年技术攻关、临床试验，终于研制出国内首个 HRA 健康风险评估系统。

HRA 就像电影《超能陆战队》中的"大白"一样，是一位"超级健康管理师"，只不过它侧重于检测的是人体物理意义上的健康。它采用生物电感应技术，结合人体电阻抗测量技术，应用计时电流统计分析法，对人体组织器官进行 3D 重建，可直观地看到全身脏器变化趋向，判断早期疾病及潜在风险，从而对人体健康状况作出评估。同时，它附带的健康指导系统还可以根据各器官细胞的电生理活性水平，给出科学健康的饮食指导。

HRA 颠覆了传统体检方式对每个人的"有病"假定，不用抽血、空腹，不用提供尿样，没有创伤，没有任何辐射，只需 5 分多钟，就可把全身 220 项指标的状况梳理清楚，让大多数健康和"亚健康"状态的人保持了应有的尊严。

2013 年，HRA 被央视科教频道的《走近科学》栏目报道。2016 年大年初一，HRA 又走进了央视体育频道的《运动大不同》节目。

HRA 仅仅是"惠斯安普"健康大家族中的一员。如今，陈忠林关注的重点又放在了

PMA（微循环修复系统）上，他认为 PMA 将引发一场慢性病干预和康复的革命。

陈忠林的梦想是，通过自己的健康产品，实现全生命周期的健康卫护管理。

2016 年 8 月 9 日，"惠斯安普"作为中国第一支功能医学概念股票登录新三板。无论"前景光电"还是"惠斯安普"，陈忠林都不是简单地把它们当作赚钱的工具，而是把它们看成是有生命、有灵气的生命体，用心跟它们交流。

诗意化有形，想象无极限。21 世纪创造价值的最佳途径就是将创造力与科技结合起来，在"前景光电"，在"惠斯安普"，在无数个这样的企业，想象力的跳跃与高超的科学技术结合在一起，那是真正的诗意，为人类造福的诗意。

董耀会：一生奔走为长城

10 ◎董耀会，中国长城学会副会长，著名长城专家，中央宣传部宣教局核心价值观100名特聘讲师，长城国家文化公园专家咨询委员会委员，河北地质大学长城研究院院长，燕山大学中国长城文化研究与传播中心主任，中国社会科学院旅游研究中心特约研究员。

长城是中华民族的象征，是中国的世界名片；长城也是中华民族精神的象征，熔铸了勤劳勇敢、自强不息的民族精神。但是长期以来，长城遭受的破坏至今仍没有停止，野外大部分的长城时刻面临着自然和人为两方面因素的破坏威胁，急需全面而有效的保护。

30多年前，秦皇岛人董耀会就开始了他的长城保护事业，他从老龙头出发走上了一条光荣的长城之路。他献身长城研究和长城保护，呕心沥血，无怨无悔，从一名普通的工人成长为著名的长城专家。如今，他的长城事业终于迎来了久违的春天。

好汉出世，徒步长城第一人

1957年1月5日，董耀会出生于美丽的海滨城市秦皇岛。1975年6月，董耀会正式成为电业局的一名外线工。长期在野外工作，使他对群山中的长城产生了浓厚兴趣，有了探寻长城秘密的强烈愿望。

1982年，董耀会产生了一个影响一生的大胆设想：长城是历史上分阶段修的，长城守卫也是分段守卫，在长城上肯定没有一行完整的足迹。如果自己走一遍，在长城上留

下人类第一行完整的足迹，肯定是一件很有意义的事。这个想法让他热血沸腾。

1984 年 5 月 4 日，"五四"青年节这一天，董耀会和吴德玉组成的"华夏子"长城考察团队正式出发，开始了他们的万里长征。他们赶在外国人徒步中国长城之前出发，捍卫了中国人的自尊和荣誉。但是，董耀会他们的行动没有一丝盲目和仓促，他们早已准备充足，他们的成功也向国际探险界展示了中国人的实力和魄力。

1984 年 5 月 4 日从老龙头出发，第二年 9 月 24 日胜利到达嘉峪关，他们整整走了508 天，历经万般辛苦和旅途孤独、酷暑寒冬和风雨冰冷，他们终于完成了人类第一次徒步长城的时代壮举，成为大众崇敬的英雄。

北大进修，长城之子诞生

走完长城之后，董耀会在 1986 年完成第一部专著《明长城考实》。这部著作结合文献和实地考察资料，突破了传统"以史写史"的研究法，是一次全面的创新。

但是，他没有满足现状，他还有更远大的目标——对长城的全面深入研究。为了这个目标，他需要更深厚、更全面的知识积累，他必须系统学习历史、考古、地理等专业知识。最终，他决定到大学深造，为长城研究打下最好的基础。

全国人大常务委员会副委员长黄华，著名长城学者罗哲文，这两位伯乐欣然答应了他的求助，他们亲自给北京大学的历史地理学家侯仁之先生写信推荐。侯仁之先生高兴地接受了董耀会和吴德玉这两个学生。

董耀会到了北大，如同一座渴望知识的海绵之山投入浩瀚的大洋之中，他刻苦而不知疲倦地吸取着所有可以吸取的营养之水。

1987 年 6 月 25 日，中国长城学会正式成立。学会的第一任名誉会长习仲勋，第一任会长国务院副总理、外交部部长黄华，都是热心长城保护事业的老一辈领导人。中国长城学会确定了主要任务，即研究、保护、宣传和开发长城。

董耀会是长城学会诞生的见证人，也是重要的参与者。他的才学和组织能力很快显露出来，被推选担任副秘书长。1996 年，他接任秘书长，后来又任常务副会长。

长城学会的成立，为中国的长城保护增添了一股强劲的力量。当时，国内的长城保护现状让董耀会心痛不已。他们徒步长城的过程，就是一个亲眼看见、亲身经历长城的残破和悲鸣的痛苦历程，他们甚至看到了正在破坏长城的行为。

1987 年，长城列入《世界遗产名录》，成为我国第一批世界遗产。从此，董耀会感觉自己的责任更重了。他立足长城学会这个富有声望的组织，一方面潜心长城研究，一方面在长城沿线奔波。

在罗哲文先生的指导下，他对长城学的学科建设从各方面作了细致的理论构建，初步奠定了长城学的理论基础，义无反顾地承担起研究"向导"的重任。

董耀会对照古代墨子的和平理念，阐明了长城蕴含的和平思想。长城的诞生和墨家和平学说的成型，都是在春秋战国时期，都是因为战争而出现。长城作为军事防御工程，诞生之初就发挥了保卫和平的作用。

"和平是人类永恒的主题"，董耀会还利用一切机会，将这个和平的观点进行对外宣传。他作为国家指定的长城专家，曾经陪同两位美国总统登上了长城，即1998年访华的克林顿和2002年访华的布什。此外，他还陪同其他很多国家的领导人和部长们游览长城。

在为外国领导人和朋友们解说长城的时候，董耀会总是要阐述长城象征中华民族爱好和平的寓意，他希望长城成为中外交流的一个和平纽带。长城是外国游客高度关注的一个中国名片，他希望外国游客从这个名片上读出一个最重要的含义：和平。

1998年，在慕田峪长城，克林顿问董耀会："为什么要耗费这么大的人力和物力修筑长城？"

董耀会非常自信地回答："长城是作为防御工程存在的。中国人修长城，说明中国人爱好和平。"

2002年，董耀会陪同布什总统游览八达岭长城时，他告诉布什："中国万里长城是人类和平之路的里程碑，象征着中华民族追求和平的精神。长城的每一块砌砖，每一块垒石上都凝结着中华民族的和平愿望。"布什高兴地表示，他将把中国人民的美好愿望转告美国人民，让人们都来参观象征和平的中国长城。

第一卫士，长城酷似父老乡亲

对长城的研究和考察，让董耀会感到长城保护刻不容缓。长城如同他满身病痛的"老父亲"，时刻需要精心的照顾。但是，文物管理体制的落后以及地方政府部门的漠视态度，使得长城保护举步维艰，无法避免的破坏事件让董耀会痛苦而无奈。

于是，他研究着、设计着各种有效的办法——

他奔走呼吁长城保护法早日出台，从而为苍老的长城树立起一层自卫的"铠甲"。2006年，《长城保护条例》的颁布让他为之振奋。

他倡议成立长城保护基金会，接纳国内和国外热心人士的捐助，为长城保护解决急需的资金问题。但是，客观的因素让基金会拖延长达十年。2014年，中国文物保护基金会长城保护专项基金终于在人民大会堂设立。

他积极推广秦皇岛抚宁县创立的长城保护员制度，希望早日在所有长城区域实施，让长城脚下的农民承担起保护长城的重任，这个制度经济而实用，同时也推动了当地的扶贫工作。可喜的是，现在有很多地方开始实施这项制度。

他认真研究国外的文化遗产保护经验，为国内长城保护的进步尽心尽力，例如意大利的文物宪兵制度。很多客观原因让他的热情遭遇寒流，但他没有放弃，依然奔走着。

他对长城旅游开发研究倾注了心血，从最早提出秦皇岛长城特种游建议，到近年呼吁对野长城热点地区尽早开发保护。他希望所有长城都得到保护，为后代留下一份珍贵的文化遗产。

长城保护，这个董耀会为之付出心血最多、也让他经历痛楚最深的事业，总让他感到痛苦无奈。2002年，他组织专家进行了一次万里长城考察活动，呼唤长城保护的春天，但是遇到的长城破坏事件让他愤怒。考察活动结束后，他的长城考察报告受到国家领导人的高度重视。2003年，董耀会又组织了一次长城调查，再次向国家提交了报告。国家领导人批示后，推动了国家"长城保护工程"的启动。2006年，《长城保护条例》颁布前，董耀会又组织一次长城考察和宣传，迎接长城保护的春天。

做好长城保护工作，最需要的是大众的保护意识。而大众保护意识的提高，则需要加强长城的宣传。在这方面，董耀会有着不亚于高级策划师的才智，他的宣传策略有的令人钦佩，有的则令人拍案称奇。

2007年7月8日，世界"新七大奇迹"评选结果揭晓，长城名列第一。评选过程中，因为短信投票、网络投票以及主办方权威性等方面遭到质疑，董耀会承受了太多的舆论压力。他顶着压力站在舆论的风口浪尖上，理直气壮地呼吁为长城投票。

这是当时媒体对长城最关注的一年，长城引起国内国际的空前关注，宣传长城的目的达到了。

为了更好地宣传长城，董耀会还与国家邮政局合作发行长城纪念邮票、长城纪念封。他长年坚持到大学、中小学义务举办长城讲座，把未来长城保护的希望寄托于青少年身上。2014年暑假，他策划了全国97所高校大学生志愿者参加的"千名学子长城保护宣传大型徒步活动"，传播了长城文化，激发了大众的长城保护意识。2014年7月5日，董耀会参与策划的"中国长城保护日"倡议大会在山海关举行，倡议将每年7月5日设为"中国长城保护日"，呼吁全社会加强对长城的保护。

树碑立传，主编《中国长城志》

为长城事业奔走了三十年，最让董耀会满意的是主持完成国家"十二五"项目

《中国长城志》。为中国长城做一部史是他多年的一个愿望，他利用八年的时间实现了这个愿望。

《中国长城志》是我国也是世界上第一部全面记述长城历史文献的史志体大型学术著作，共 11 卷，采用述、记、志、传、图、表、录七种文体编纂，是一部全面反映长城及其区域风貌的权威工具书。

为长城留下内容全面、有价值的史志性专业化的长城历史文献，是董耀会的一个宏伟的梦想。起初，大部分朋友都认为这个梦想很难实现。但是，董耀会的梦想感动了凤凰出版传媒集团。2007 年 7 月 1 日，《中国长城志》编纂出版项目在北京人民大会堂正式签约启动。作为总设计师，董耀会当之无愧地担任《中国长城志》总主编。

《中国长城志》是新中国历史上第一部针对专项文物编纂的大型文物志，没有现成经验可以借鉴，编纂工作需要处处探索试验，虽然任务繁重，但也赋予了这项工作一个令人自豪的特点，即它的历史创造性，因为它填补了历史空白。董耀会没有依靠国家出资，他以民间行为成功编纂《中国长城志》，开创民间编纂大型文物志的先例。

2015 年，长城保护的春天来了！习近平总书记对长城保护作了重要批示。8 月 9 日，国务院副总理刘延东主持召开全国长城保护工作座谈会，并对长城保护提出七个方面的具体要求。8 月 26 日，国家文物局下发《长城保护规划编制指导意见（征求意见稿）》，确定 2016 年内完成国家和省（区市）两级长城保护规划；在"十三五"期间启动并逐步完成长城重要点段保护详细规划。

长城保护的春天，不仅是董耀会长期以来期盼的七彩家园，更是全国大众所希望的一座美丽花园。

但愿春天永驻！但愿长城之子不再孤独！

何启东：走进人民大会堂的扶贫书记

◎何启东，男，1975 年 9 月出生，籍贯山东省菏泽市单县，1997 年 8 月参加工作，现任秦皇岛市文化市场综合行政执法局一级主任科员。2018 年 4 月担任青龙满族自治县安子岭乡吉利峪村第一书记、驻村工作队队长。

11

2021 年 2 月 25 日上午，全国脱贫攻坚总结表彰大会在北京隆重举行。这次大会对全国脱贫攻坚先进个人、先进集体进行了表彰，河北省 71 名先进个人、54 个先进集体获此殊荣，在先进个人的获奖名单中，来自秦皇岛青龙满族自治县安子岭乡吉利峪村的扶贫第一书记何启东，赫然在其列。

这一荣誉的取得，也是他两年来不辞辛苦、砥砺奋进、奔波在脱贫攻击第一线的结晶。

何启东，来自秦皇岛市旅游和文化广电局，是一名文化战线上的普通干部，从小生活在城市里的他，在驻村扶贫之前，其实并无农村生活的经验，作为该单位第二批驻村工作组组长，何启东深入扶贫一线，勇做扶贫先锋，在他的带领下，吉利峪村不仅实现所有贫困户全部脱贫，百姓生活也发生实质变化——生活改善，思想转变，设施提升，产业发展，保障有力，而这其中的一桩桩、一件件实事、好事，既让百姓受益，也被乡亲称赞。

修山路，筑起致富之基

吉利峪村位于河北省青龙满族自治县安子岭乡最南部，总面积 19.5 平方公里，耕地 2071 亩，共有 11 个生产组，25 个自然村，793 户，2477 人。村庄大，人口多，呈树叶叶脉形状分散居住。

一入村，何启东就被吓了一跳，村口堆满了柴草垛和垃圾，把本来就狭窄的地面堵得满满的。和山上的美景比起来，脏、乱、差的感觉反差太大了。

这个"见面礼"给何启东带来了很大的震撼，也让他下了一个决心：必须要改变这里的村容村貌。通过走访，何启东发现许多问题：农业生产基础薄弱，设施急需改善；人口素质偏低，思想守旧；留守妇女赋闲，没有赚钱之道；产业结构单一，科技含量低；农业技术欠缺，林果收入少；文化活动单调，文化生活匮乏；乱堆乱放现象严重，全村"脏、乱、差"；村集体没有收入，发展后劲不足……

俗话说，要致富，先修路。通常理解的修路是村村通公路，可对吉利峪村来说，难题和难度要大上好多倍。

"这个山村的耕地基本都在山上，有的蜿蜒数里，农用车上不去，运输都得靠双腿，乡亲们日日夜夜都盼着能把上山的路给修了。"何启东说。

可是修路谈何容易，更何况蜿蜒崎岖的山间羊肠土路，宽处1米左右，窄处几十厘米，有的地方甚至要蹚水跨沟。

何启东带领队员，逐沟步量，并取得了吉利峪村扶贫帮扶单位秦皇岛市军分区的大力支持，经过五个多月的准备，全村40多条沟、23.6公里生产作业路路基平整，包括4座作业桥项目正式施工。

青龙县历史上从来没有哪个村修了这么长的生产路，为了让乡亲们满意，何启东发动全村百姓参与，严格执行"四议两公开"，所有工作受村民监督，在阳光下运行。

他们组成了由军分区、包村干部、村两委、工作组和村民代表共同组成的领导小组，负责整个工程。为了节省成本，施工队伍都是在村民中间找人，何启东坚持一个原则，整个过程必须要完全公开、透明，从制订施工方案，到组织招标，再到监督验收，都要老百姓参与全过程，一个组一个组地举手表决，必须全部同意，无任何不同意见，才能进行验收。

修路的过程，也曾有过质疑，有人给他打电话："何书记，修路的时候我得监督，差十厘米都不行。"何启东说："随时欢迎你来监督！"

齐心修路，合力攻坚。经两个多月施工，吉利峪村生产作业路顺利建成。如今，村民可以驾驶三轮车到达自家田地，改写了祖祖辈辈肩担手推的历史。

路修好了，产业发展就有了希望。根据地域的特点，发展板栗产业是首选。

"如何在短时间内发展板栗产业，让全村步调一致？我们与村两委研究，决定协调栗苗免费发给农户，带动栽种。"何启东介绍说。"两委牵头，组长统计，自愿申请，免

费发放"的办法行之有效，"垫付押金，验收退还"也避免了弄虚作假。经过努力，4 万棵板栗树苗全部栽下，扩大板栗规模 700 亩。

树有了，技术还要跟得上。吉利峪村板栗管理技术落后是树多果少的主要原因，可村民却将其归结为山地贫瘠。为了转变旧观念，工作组邀请高校教师、农业专家来村授课，组织农户外出学习参观。渐渐地，村民们有了亲眼看到差距和不足后的感慨：很多栗园的条件不如吉利峪，收入却多几倍。从此，村民参加工作组组织的培训的积极性空前高涨。两年来，十余期培训，参加农户一千余人次，全村板栗管理水平迈上了新台阶。高密度培训使乡亲们管理技术有了长足进步，剪枝时都能自己上手，节省了雇工费，栗树管理也越来越规范。目前，全村空地都栽满板栗，何启东相信，10 年后漫山遍野的"摇钱树"将结出压满枝头的"金疙瘩"。

工作组还着力推广中药种植，采取"政策支持，大户带动"模式开展北苍术种植，流转土地 150 亩，整个项目投资近百万元，带动 50 余户剩余劳动力就业。在发展农业产业规模化种植的基础上，工作组还在全村推广使用农用酵素，引领他们走上绿色循环发展之路。

建车间，扶贫更要扶志

夜深人静，在农家院里，疲累困乏的何启东的思维仍在不停地运转："工作组不可能永远住在村里，父老乡亲们要想从根本上脱贫，根本还是思想意识和职业技能。发展不能只靠一条腿走路，还要多个方面共同发力，要善借力，聚合力。"

针对村里留守妇女较多，且多数没有工作的现状，通过多方协调，工作组与法咪丽（北京）文化公司达成合作意向，公司提供布艺、材料、技术，村里赋闲的妇女负责制作加工，产品由公司回收，村民每月可增收千余元。

说起建手工车间，何启东感慨颇多："入户走访时，有些妇女跟我说，让我们帮着找些在家能干的手工活。我也希望村里能有个扶贫车间，带动更多的人脱贫。这是个一本万利的好项目，乡亲们不花一分钱，只要学会手艺，就有回报。但有些农户却不这么认为，觉得做一个才几块钱，宁愿待着，也不爱挣这个小钱。我挨家挨户地动员，起初有七八个妇女想试试，成立车间，七八个人哪够呀，我又苦口婆心地做工作，几轮下来，有二十来个人跟着做了。"

说起来容易，真做起来，难！公司离得远，鞭长莫及，何启东就自己先学会，代替老师挨户指导，还担任了开车运送产品的任务。习惯了粗针大麻线的村妇们有时一个工序要改个四五次，觉得太难了，打起了退堂鼓。"好不容易凑齐的二十来人，如果因为困难都退出，那车间又黄了。"何启东只好又一轮轮耐心地做工作，增加大家信心。

在他的细心指导下，妇女们技术越来越好，返工率大大降低，收益也越来越多。何启东协调资金为村里购置了专业机器，加入者达到 40 余户。乡亲们多次分红，逐渐品尝到手工制作带来的喜悦，纷纷表示这是炕头上的"聚宝盆"。

妇女们不再喊累了，也不再有怨言了，积极性高涨。有次为了赶制一批活，村民刘月香大姐两晚没睡觉，还让爱人冒着大雪扛着裁好的布料走了一个多小时山路送下山，供大家制作，这一举动也深深地感动了合作公司。

疫情期间，何启东创造性地将车间搬到炕头，村民在家即可制作，防疫和脱贫两不误。新华社、学习强国等国家媒体相继报道。日前，该车间生产的文创产品"十二生肖"系列，在河北省文创和旅游商品创意设计大赛一举夺魁，荣获最具商业价值奖，并荣获中国特色旅游商品大赛银奖，被河北省档案馆永远收藏。消息传来时，妇女们都流下了激动的眼泪。

在何启东的努力下，村里还陆续接下了市内多个大型箱包企业订单。村部现有厂房一间，6 个自然村都有加工点，培训出娴熟工 40 多名，其中 30 余人是建档立卡户。这里面有不少当年的贫困户，还有聋哑人。而接下来还将建一间帐篷厂，与开发区一间帐篷厂合作建厂，目前这一项目已经开工。

修村史，传承文化血脉

吉利峪村地处革命老区凌青绥革命根据地腹地，是抗日战争时期重要的枢纽交通站。村党支部的创建与发展，经历了与日本侵略者曲折、复杂的斗争，有力地支援了当地的游击战争，19 位吉利峪村民献出了宝贵生命。为了纪念这段历史，传承红色精神，经过 18 个月的走访、收集和整理，何启东带领工作组建设了吉利峪村革命历史展馆，并免费向群众开放。日前，该展馆已被确定为市级国防教育基地。

如今，这座村史馆已经成为吉利峪村的文化地标，两年来，多次接待前来参观的领导、专家和游客。

如今，新修的双拥广场干净漂亮，乡亲们乘着树荫，坐在休闲椅上唠着家常、下着棋，孩子们在广场追逐着、戏耍着。夜幕降临，四周的村民涌向广场，吹起唢呐，扭起秧歌，欢歌一片。

修桥、修路、种树，送书、送医、送戏，产业带动，教育支撑，一桩桩、一件件实事好事，让乡亲们感受着党和国家的关怀，体验着扶贫给生活带来的变化。驻村工作组的工作得到广泛关注与好评，2018 年被评选为"河北省扶贫脱贫先进驻村工作队"。2019 年，何启东被评为"河北省扶贫脱贫优秀驻村第一书记"。

汪自强：被总书记、国务院总理接见的公务员

◎汪自强，现任秦皇岛市交通运输局驻市政务中心窗口首席代表，军队中校副团领导职务转业。曾获全国"人民满意的公务员"，河北省"全省优秀共产党员""全国交通运输行业文明职工标兵""河北省文明家庭"等荣誉称号，所带领的交通窗口被省委、省政府授予"河北省先进集体"荣誉称号，先后被评为"全国交通运输行业文明示范窗口""全国质量信得过班组""全国交通系统优秀质量管理小组"。

12

　　2020年端午节，汪自强在朋友圈留下了这样的话："今天是传统节日——端午节，同时也是我终生难忘的日子！"

　　一年前的这个时候，汪自强被评为全国"人民满意的公务员"，在人民大会堂受到了习近平总书记、国务院总理李克强、中央政治局常委王沪宁的亲切接见，与之握手并合影。他成为秦皇岛历史上第一个，也是秦皇岛至今唯一一个获此殊荣的公务员，这是公务员奖励的最高荣誉。

　　如此荣光的背后，没有轰轰烈烈的事迹，只有一个基层公务员数十年如一日的兢兢业业、恪守职责、细致周到，而这一切的基础，来自那几个字——"心中装着群众"。

从军人到窗口首席代表

　　汪自强1981年从黄山南麓素有"桃花源里人家"美誉的西递村参军入伍，先后在第二炮兵部队多个岗位工作，他从事过导弹操纵员、发信台台长、载波助理工程师、宣传干事、政治协理员、政治处主任、直政处副处长等职，两次荣立三等功。2002年8月从部队转业到秦皇岛市交通局工作，进入了一个完全陌生的领域。

部队里养成的忠诚敬业、严谨缜密的良好素养，让他迅速地适应了新的岗位。从在纪委工作到担任驻村工作队队长，汪自强均作出了突出的成绩，为此，2005年2月初，他担任了市交通局驻市政务服务中心首席代表、党支部书记，进入了与人民群众面对面打交道的第一线。

从在部队里受人尊敬的部队领导，到为群众实际办事的工作人员，汪自强给自己定下了"俯身低头"的标准，也给自己定义为给群众办事、解决事儿的人，而没有想到的是，自此他扎根窗口一线，为群众办事，竟然一干就是16年。

提速，让群众别再等

在窗口办事，群众最大的不满，来源于"慢"。

例如，办理途经秦皇岛的大件运输通行证，按法律规定是15个工作日，可有的时候经常因为各种原因，还会拖得更长。2010年交通窗口进行了提质提速改革，把交通窗口所有审批时限由原来法律法令规定的30或20个工作日一律压缩到3个工作日，极大地方便了办事群众。

但即使如此，汪自强还是觉得慢，能不能更快一些？于是他开动脑筋想办法，得到治超处领导的支持，采取特事特办，省去必须材料原件才能办理和现场勘查这两项规定，允许车主传真所需材料或邮寄复印件委托代理人办理，当超限车进入秦皇岛地界时，代办已经将通行证送到车前，车主拿着通行证就可以直接走了，到治超检查站接受检查时，执法人员核对原件与传真件是否一致，一致放行，如果造假造成不一致，则留下接受处罚。

从三天变成一天，但能不能更快？2018年6月29日，汪自强又推出大件运输网上审批，工作人员深入企业搞好宣传，教会他们怎样网上申请，并将手机绑定网上审批系统平台，中午下班和晚上回家，都适时关注有没有待审批件，做到了第一时间审批。从而使大件运输通行证的审批由法律规定的15个工作日压缩到网上"不见面"渠道即时办理。尤其是不断探索，走出了一条大件运输审批的新路子，做到大件运输审批完美"三部曲"。第一部曲：从15个工作日到"提前办，抵达取"；第二部曲：手机绑定网上审批平台"网上办，当天结"；第三部曲：运用微信功能实现"跑一次，一分钟"，真正做到全时日、全天候，营造出亲商、利企、便民的交通运输新环境，得到省市领导的充分肯定。仅2018年一年的时间，他们就在网上办理了审批1915件。

2020年虽有疫情，但半年仍办理大件运输通行证审批1845件。

省事，让群众少跑腿

过去群众反映多的，除了慢，还有麻烦，一件事要反复去窗口跑几次，累心劳力。

能不能减少群众跑腿的次数，让群众一次性就解决所有问题？这也成了汪自强考虑于心的课题。

于是，也就有了后来在交通系统享誉一时的"八大发明"，开了全国交通系统的先河。

如：道路运输从业资格证换证或丢失补证后，诚信考核专用章和继续教育专用章直接在交通窗口加盖，办事群众不用再跑运管处的法规科、培训科，实现"最多跑一次"。又如：看到一些群众因没注意有效期而造成从业资格证超期，经协调刻了一枚醒目的有效期章，在每个从业资格证的封二上加盖，填好日期，只要一打开证件，就能看到什么时间到期的提示，有效地避免了证件的超期作废问题……

"八大发明"没有多么高明的手段和技术，就是实实在在地从群众角度出发，让群众少跑腿、少走路，而这些都是以增加窗口单位工作人员的工作量为代价的。

全市有九万多道路运输从业人员，每年都有不少丢失从业资格证的。补证按规定需办事群众到报社登报声明作废，30天后拿着报纸到交通窗口补办。汪自强想：30天不能营运他们吃什么？于是与主管部门沟通后，简化办事流程，压缩审批时限，只要登报声明作废，第二天买一份报纸来补证即可。从30天缩短到2天，这大大为群众节省了时间。可是他们又看到有些从偏远山区来补证的，今天来登报，明天来补证，来回两次，耽误两天时间不算，来回的路费也要不少钱，在家熘两个馒头就对付一顿饭，在市里买个盒饭也要十来块钱，还吃不饱。于是他们进一步简化、升级。办事群众到窗口后，由工作人员在电脑系统里查找到丢失证件号填在审批表上，办事群众拿着审批表去报社窗口登报作废的同时，工作人员就将从业资格证打好了，等办事群众从报社窗口回来，拿着证就可以回家了，第二天由工作人员将报纸上的挂失声明剪下来贴在审批表上存档。从而使补证由原来的30天变成当天现场办结，在交通窗口不超过1分钟。

车辆营运证到期换证，车主应提供一张营运车辆照片。工作人员发现旧营运证上的照片还可以继续使用，就每次都小心翼翼地剪开塑封，取出照片再用到新证上，为车主节省了时间，也节约了开支。

……

事情小，但取得的效果却是良好的。群众满意度得到大大提高。

新冠肺炎疫情暴发以来，他千方百计提高办事效率，使便民举措不断更新。春节过后，疫情严重，社区封锁，有 200 余名在春节前已经参加网约车从业资格考试的驾驶员未能按期领取到《从业资格证》，为减少办事群众聚集、接触环节及感染的概率，交通窗口积极出主意、想办法，决定由原来的被许可人取证，变为培训机构派出专人前往交通窗口代领后直接快递到被许可人家中。

为了防控疫情，交通窗口采取六重措施解决办事群众的《从业资格证》换证难题。一是对从业资格证即将到期的，允许提前一个月换证；二是从业资格证超期的允许不超过 180 天，不吊销、不处罚，随到随换（从提前 1 个月换，到允许超期半年，前后有 7 个月的有效时间）；三是取消应本人前来换证的要求，允许他人携带从业人员的身份证、驾驶证原件前来代办；四是如果从业人员在外地没法将身份证、驾驶证原件捎来的，允许传真件或复印件，找他人帮忙办理，确保在允许的有效期内打印出从业资格证，而不至于被系统锁定造成作废，等从业人员方便的时候携带原件前来领取；五是从业人员既不能亲自前往办理，也找不到他人帮忙的，可以打电话给交通窗口工作人员，说明情况并告知证件号，工作人员会将证件先打印出来，避免超过 180 天，等从业人员方便时携带原件前来领取；六是可以电话预约服务。

顺心，让群众别烦恼

来窗口单位办事，让群众郁闷的是工作人员的态度，有时有"门难进，脸难看"的说法……

让群众顺心，不光要提速、简化手续，还要有暖心与关心。而这一切，既需要一张张笑脸，也需要一次次细致与周到。

剪刀、老花镜、填表示范牌……柜台上摆放的寻常物件暗含着交通窗口工作人员的细致与周到。在汪自强的倡导下，窗口在服务语言、服务仪表、服务态度等多方面进行职业道德和礼仪知识培训，汪自强提出了"两个开开心心"和"两个高高兴兴"的管理理念，即让工作人员开开心心上班、高高兴兴回家；让办事群众开开心心办事、高高兴兴回去，"微笑服务"成为窗口密切联系群众的"黏合剂"。

汪自强不仅一心为办事群众着想，也注重培养窗口工作人员的思想素质和工作能力，他所领导的交通窗口，也成为输送人才的摇篮，先后有 19 人次被派出单位提拔任用，走上领导岗位。

窗口每年办理业务七万余件，群众满意率达 100%。而做到这一切，汪自强认为没有什么秘诀，只有那几个字——"心里时刻装着群众"。

常占平：奋战在抗击传染病毒的第一线

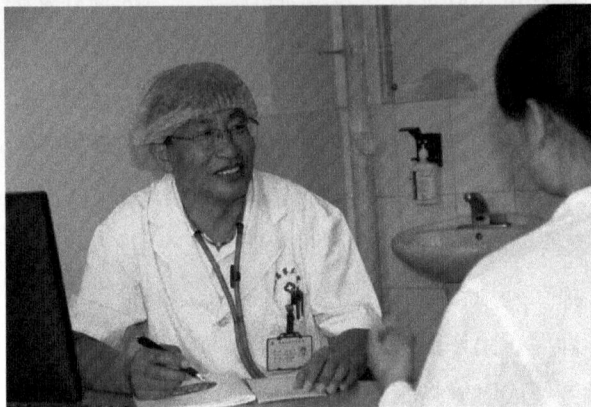

◎常占平，秦皇岛市第三医院肺病二科主任，临床党支部书记。2003 年 SARS 疫情期间，就任 SARS 病房主任。2020 年 1 月新型冠状病毒肺炎疫情暴发后担任抗击新型冠状病毒肺炎病区主任、秦皇岛市诊治专家组组长、常规救治组组长、重症组副组长、秦皇岛市传染病区专家会诊特需团队组长。

13

"我愿尽我之所能，与判断力之所及……无论置于何处，遇男遇女，贵人及奴婢，我之唯一目的，为病家谋幸福。"

以上这些话，出自医学界广为人知的"希波克拉底"誓言。1990 年，大学毕业后进入医院担任临床医生的常占平，因为当年曾经立下的誓言，让他一直坚守自己的职责：我是一名医生，救死扶伤，是我的天职。

因为家人的病痛，临时改变了高考志愿

1984 年，行医了大半辈子的常耀福"下放"到卢龙木井镇乡，从一个药铺的掌柜，变成了乡里的一名会计。对于与中药、病人打了多年交道的他来说，心中有几分留恋，也有几分不屈。

尽管父亲常耀福是一个好医生，然而常占平从小并无学医的想法。他喜欢机械，高考时一心想考取的是工业类学校。然而，家里突生变故，既让他改写了填好的志愿，也让他的人生方向有了颠覆性的改变。

这个变故就是母亲突然病倒了。那年，母亲得了肝硬化，送到唐山时因为误诊，被

"确认"为"肝癌",瞬间,如一团突然袭来的乌云,遮住了原本碧蓝的晴空。看着母亲在病床上因肝硬化疼痛难忍的表情,常占平热泪盈眶,心痛如绞。在这危难的时候,父亲站了出来,说:"医院治不了,我们来!"

父亲和当地一位曾经担任过军医的街坊一起,担负起了为母亲治病的重任。看着忙碌、焦虑又在他们面前保持镇定的父亲,常占平的心里下了一个决心:家里不能再有人如此轻易地被病痛打倒了。而作为家里最受疼爱的小儿子,他也应该担起这个重任,保护家人。

虽然常占平在高考中取得的优异成绩符合了他填写工科的第一志愿,但他毅然改变了自己的志愿,填上了承德医学院的名字。从此,他的工程师之梦结束了,从医之路由此开始。

仿佛有奇迹出现,经过二十多天的治疗,母亲竟然临床痊愈了,面对着满心欢喜的父亲和家人,常占平明白了一件事:其实母亲并没有得癌症,只是因为医疗技术的不发达,导致了很多病人得不到正确的诊断。亲眼见到了家人因病痛而遭受的种种痛苦,刚刚走进校门的常占平,就深知肩上的责任之重。

临危受命,他战胜"非典"狂魔

五年的专业学习之后,他在学校入了党,毕业之后以党员身份下基层锻炼,又回到了老家卢龙县,在城关镇医院成为一名临床医生。一年后,因为出色的工作表现,调入秦皇岛市第三医院。按照所学的专业,可以成为一名内科医生。

在分配工作之时,他主动要求去放射科工作。院长很奇怪,问他为什么。他说了一个简单的理由:"因为可以看片子。"

"我是三院涉猎最多的医生,从看片子、介入治疗开始,到心电图、B超、血常规、血气分析等,各种化验、操作,我都干过,这些标本怎么来的,是什么情况,我也都接触过。"

对各科工作的接触,让他拥有良好的综合能力。从最基层干起,一步步到大内科、呼吸科,最后直至天天与重病患者打交道的负压病房,常占平在三院里完成了一个本科毕业生到成熟医生的前进之路。

而在他从医生涯的几十年里,无法绕过去的记忆却总是与那一年有关。那就是2003年,"非典"肆虐的日子。

那一年,因为"非典",人群惊恐,山河失色,乌云蔽日,人人自危。在那些让人恐惧的日子里,年轻的常占平,却完成了人生的一次洗礼和飞跃。

2003 年 5 月 11 日，就在人人谈"非典"色变的时候，秦皇岛传出了一个消息，一名老者，因为去北京伺候患病的女婿，染上了"非典"，他害怕传染给家人，独自躲到了秦海酒店，后病重无法自理，在家人的劝说下，只得住进了传染病的定点医院——秦皇岛市第三医院。

当时常占平担任着内科主任助理的职务，此时正在北京协和医院进修，临危受命，他返回医院，接受救治任务。

"非典"是非常厉害的传染病，所以进入"非典"隔离病房，就像进入了一个生化武器实验室，要穿三层衣服，戴三层手套，还要戴三个十八层的口罩，相当于脸上蒙上五十四层纱布。五、六月的天气，人们穿一件半袖衬衫都觉得热，他们却要裹得像个宇航员一样地出入，还要进行操作、治疗，衣服热尚能忍受，最可怕的是喘不上气的窒息感……

与这些相比，更大的恐惧，还在于与病人直接接触后，是否会因传染而发生意外。这是摆在每个医护人员眼前的问题。为此，常占平进入"非典"病房之前，给父亲、妻子和孩子写了三封不同内容的遗书。

常占平和他的团队进驻"非典"病房，连续十八天，他们没有走出病房，而如魔鬼一般出现的 SARS 病毒终于露出了退却的脚步，十几天以后，两位患者痊愈出院了。

病人痊愈，值得庆贺，然而更让常占平欣喜的是，因为防护得当，所有与病人接触的医生、护士均无感染，病人安全，医疗人员也安然无恙，他们战胜病魔，靠的不仅是意志，还有技术和经验。

2008 年奥运会举办之际，又赶上手足口病发病的高峰期，作为奥运会分会场之一的秦皇岛，绝不能允许手足口病的肆虐，那会影响我国作为奥运会主办国对内对外的外交形象。

2008 年 5 月，秦皇岛市第一例危重手足口病患儿住进三院。

时任卫生局局长的霍兴文，招集三院领导及专家开现场动员会，留下一句掷地有声的话："三院绝不许因这个病出现死人！"

国务院、卫生部派来了人员参加调研，国家、省及秦皇岛各大医院组织精英成立了专家组，全面会诊这位首例住院的孩子。然而，尽管来了若干专家，靠呼吸机维持着的孩子，仍未出现醒来的征兆。

时任肺病二科、负压病房主任的常占平，既是专家组的成员之一，也是主战场上的先锋官。眼看着 72 小时最后节点的到来，他的脑海里飞速运转着，调动起所有的经验、技能，思考着抢救这名孩童最稳妥、科学的方案，最终成功救治。

在全国手足口病一度高发的日子里，第三医院在常占平等医生和护士的努力下，在奥运会期间终于完成了领导交代的任务，2008 年没有出现一个病故者，胜利完成了这项政治任务。

新冠横行，但有我们就不用怕

作为疫情诊治专家，又担任着秦皇岛市级手足口病和甲型 H1N1 流感诊治专家组副组长，常占平常年奔波在疫情一线，30 多年的医生生涯里，他获得了无数荣誉——2009 年度被评为全国医药卫生系统先进个人，16 次被评为市级优秀共产党员，15 次被评为市级优秀工作者，荣立三等功 3 次，多次获得省市级科技进步奖……他几乎囊括了作为一名医生能收获的所有荣誉。

2020 年 1 月，新冠肺炎疫情暴发，秦皇岛市第三医院成为秦皇岛市抗击新冠病毒性肺炎定点医院，常占平再次临危受命，担任抗击新型冠状病毒肺炎病区主任、秦皇岛市诊治专家组组长、常规救治组组长、重症组副组长等职务。

2020 年 1 月 20 日，常占平主任带领全科医务人员在 1 小时内腾空负压病区，积极进入战备状态，作为新冠肺炎市级专家组组长及成员，他辗转会诊多家医院，曾经有一日会诊 9 家医院，24 小时仅进食一袋方便面。

2020 年 1 月 30 日 17 时 27 分，第一例新型冠状病毒肺炎患者收治负压病房。随后 10 个确诊新型冠状病毒肺炎患者相继收入负压病房，经 30 个不平凡的日日夜夜的全力救治，9 例治愈出院，1 例经全力抢救无效死亡。

为抢救每一个危重患者，他每天定时与国家、省市相关专家对接，视频连线，研究制订合理的治疗方案，并将最佳治疗方案、最好的药物、最好的处理措施传达到位，督导到位，执行到位，沟通到位。

进驻隔离病区的医护人员换了一批又一批，不变的只有常占平。有一天 23 时，他刚刚回到驻地，就接到抢救需要增援的电话，立即赶往医院参与抢救新型冠状病毒高暴露窒息患者。清除呼吸道分泌物，高流量吸氧，心脏按压，心电等多参数监护，准备气管插管，建立静脉通路，做心电图，抽血化验检查，予大剂量维生素 C，速效救心丸舌下含服……他的团队快速而有条不紊地执行着一条条指令。凌晨 4 时，患者经抢救终于转危为安，他简单休息 2 小时，继续第二天新的战斗。

2020 年 2 月 28 日最后一例新型冠状病毒肺炎患者出院，秦皇岛市新型冠状病毒肺炎第一次阶段性清零。

经过短暂休整，2020 年 3 月 16 日他的团队又恢复到常态化医疗防控工作，对 296

例发热、不明原因肺炎、腹泻、密切接触者逐一甄别。2020 年 3 月 25 日又开始接纳第二阶段新型冠状病毒肺炎第一例输入患者，前后再次收治输入确诊、复阳新型冠状病毒肺炎 7 人，从无症状感染者（新型冠状病毒核酸或 IgM 阳性），发展到轻型、普通型……

  无论是 2003 年的"非典"疫情，还是 2020 年抗击新冠状病毒肺炎疫情的严峻斗争中，常占平始终牢记人民利益高于一切的宗旨，弘扬救死扶伤、甘于奉献的精神，在希波克拉底的誓言面前，常占平无怨无悔无惧，也无愧。

张海波：光荣当选十九大代表的"大工匠"

14 ◎张海波，秦皇岛港杂货公司散粮站副站长、高级工人技师，30 年坚守港口设备维修第一线，先后主持完成创新技改 46 项，累计节约资金 4000 多万元。从一名普通的电工成长为国家技能大师、享受国务院政府特殊津贴的全国劳动模范，并曾光荣地当选为中国共产党第十九次全国代表大会代表。

金秋十月，正午的阳光将坐落于秦皇岛港的张海波国家级技能大师工作室照得明亮又温暖。刚刚吃过午饭的张海波没有休息，他要在下午上班前将工友上午托付修理的两台半导体收音机赶出来，下午他还要与燕山大学的教授一同研究交流项目的进展情况。宽敞的工作室、精密的实验台、陈旧的半导体收音机、专心致志的张海波，一幅看似有些突兀的画面却真实地反映了全国劳动模范、十九大代表日常的一个片段。

平凡之路上，他却不想平凡

没有更高的学历，没有显赫的家世，张海波，从小到大，走的是一条平凡的路。

1987 年，秦港职业高中毕业的张海波成为秦皇岛港第五装卸公司一名电气维修工。普通的学历，普通的工作，但这并未让张海波有妄自菲薄之感。碧波荡漾、海鸥飞翔、塔吊林立、巨轮成行，秦皇岛港波澜壮阔的蓝色画卷让张海波心潮涌动，父辈、兄弟、同学们又都在秦港工作，这里的一切都是那么的亲切。从那时起，他认定了，和身边的人一样，这里将是自己实现梦想的舞台。

孩提时代，受到做无线电技术工作的父亲的影响，张海波对那些大脑袋、小细腿，

既可以发光，又能发声的电子管、二极管产生了兴趣，慢慢长大，他知道了爱因斯坦、阿尔文、霍金，知道了浩瀚的宇宙就是一座硕大无比的磁场……张海波对神秘的电磁世界充满了无限遐想。琢磨电器设备，鼓捣电路板，成了他最大的爱好。上中学的时候，他就想组装一台黑白电视，虽然最后没有成功，但是在这个过程中学到了很多新技术、新元素，以至于初中毕业上职业高中时，他选择的就是电器维修专业。

张海波常说：自己是幸运儿，赶上了好社会、好时代、好企业、好领导……

事实也的确如此。20世纪八九十年代，正是国民经济大发展时期，秦皇岛港作为国家的主枢纽港，港口建设突飞猛进。德国西门子的电控设备、日本三菱的PLC系统、国际领先的港口电气技术让张海波如鱼得水。当很多同龄人在八小时之外沉醉于游山玩水、牌局酒桌之时，张海波却一头扎进他的电磁世界，码头、机房、图书馆，他像一块海绵贪婪地汲取着养分。无论是酷暑还是寒冬，无论是深夜还是节假日，只要设备出现问题，第一个到达现场的总是张海波。

一次，面对德国AEG门机的电器故障，面对全英文的图纸，张海波有些束手无策，他第一次感受到知识和技能的捉襟见肘。这件事深深刺痛了张海波的心，他暗暗发誓：一定用最短的时间弄懂它、吃透它。

从那以后，两台德国AEG门机的图纸便成了心爱之物，伴其左右。参照实物，他一个一个元器件地比对，查看英汉词典，他一个一个英文单词地抠。码头、图书馆、家，那些日子，张海波的生活轨迹就是一个简单的三角形。在钻研不同电子元件构造和原理时，他把家变成了电气实验室，每当在订阅的无线电杂志上看到各种电子元件的广告，只要是实验需要的，他都邮购回来研究，有时一次买一两百个，搭建各种电路，反复试验。与此同时，他不断丰富理论知识，先后自学了PLC控制系统、计算机原理等50多门专业课程，用了三年多的时间，取得了燕山大学"工业电气自动化专业"专科学历和"计算机科学与技术专业"本科学历，为将来大展宏图奠定了基础。

低学历却高水平的技术员

1997年，张海波调进杂货公司散粮站，成为技术组第一个非全日制本科毕业的技术员。

建成于1990年的散粮筒由筒仓群和工作楼、卸船机、输送设备等十多个系统组成，作业流程超过400个，而且全部实现自动化，代表了当时世界最先进水平。其中，PLC集成电路控制系统是中枢神经，只有驾驭它才能玩转这套设备。之前从未接触过PLC的张海波决定拿下它。冥思苦想、通宵达旦……加上身边高级工程师的点拨，张海波成为同龄人中最早熟练运用 PLC 技术处理散粮系统故障的佼佼者，并总结出了一套快捷、独到的维修模式。

耀眼的学历，在实践与探索面前并不重要，学以致用，才终于让张海波大显身手。

时隔多年，张海波对自己第一次单独夜间抢修仍记忆犹新，他用自己学到的知识在危急时刻攻克难题，为公司避免了一次重大损失。

2000 年夏天的一个深夜，张海波被单位紧急叫到码头，原因是卸船机大臂向上拔出时悬在半空不能动弹，导致船舱舱盖无法闭合。根据气象台通知，一场大雨顷刻将至，如果在大雨来临前不能修复故障，船舱内的货物就会被雨水浸泡，导致的损失将由港方全部承担。

11 时 20 分，在隆隆的雷声中，张海波按步骤先后检查了液压系统和远程配电系统，均没有发现故障。15 分钟过去了，稀疏的雨滴已经开始掉落，对讲机里的询问与催促也越来越急。紧急关头，新知识派上了用场，他想到了这套设备的 PLC 程序。张海波决定根据卸船机大臂抬起动作的逻辑关系对 PLC 进行故障查找。几分钟后，"病因"找到了，一个堵塞开关信号不正常导致卸船机大臂抬起动作条件不满足。顺藤摸瓜，张海波带领电工迅速找到卸船机大臂上的一段线路，正是这条老化的线路短路导致 PLC 收到假信号，造成大臂无法完成抬起动作。

23 时 45 分，装船机大臂缓缓抬起，当最后一个舱口缓缓闭合的瞬间，雨水渐续渐急，顷刻间大雨倾盆而下。

作为技术员，张海波不仅自己好学钻研，还乐于传授技艺。他把多年积累的知识和经验编纂成《设备维修保养手册》，利用开展技术培训和技术练兵的机会，为工友们讲授基础理论、操作要领和自己的"绝技绝活"，散粮站掀起了全员学技术的热潮，提高了职工队伍的整体素质。在他的带动下，大家齐心合力完成了对散粮紧急出口灯、电工设备保养程序、脉冲阀、散粮至金海粮油接口设备安全等多项技术改造，为企业创造了上百万元的经济效益。

张海波，在平凡之路上，终于走出了他的不平凡。

新时代的能工巧匠，拼的是创新不是体力

知识改变命运，实践收获真知。2008 年，工作成绩突出的张海波被提拔为散粮站副站长，实现了从一名技术员到中层管理人员的转变。面对新挑战，张海波想得更多的是如何用担当撑得起这份责任。针对逐年老化的设备，张海波把目光盯在了技术改造和创新上。

多少时日，码头上矗立的二号卸船机经常刺痛张海波的目光，它正是当年让他强烈震撼过的庞然大物之一，而如今，这台高耸入云的巨无霸却已濒临死地。

二号卸船机由日本三菱公司生产，投产使用近20年，卸船臂钢结构变形，设备老化，皮带机系统故障频繁，公司每年要在卸船臂上花费很多的维修费用。尤其是整机皮带更换要20天左右，且更换时整机不能进行大车行走，有可能致使整个泊位处于停产状态。

如果按这台卸船机的原有结构维修，则需重新设计、安装钢架结构，更换主皮带、盖带、托辊等，总计需要290万元。

有人提出弃旧换新，那样固然保险，但购买同样的产品需要3000万元以上。

面对这个问题，喜欢创新的张海波思索良久，夙兴夜寐，念兹在兹。深厚的积累让灵感悄然而至，一个大胆的计划诞生了：彻底更改原有的散粮输送方式！放弃易磨损、寿命短、价格高、难维修的皮带输送，改为链条传动刮板机输送。

这就像自行车的传动，如果是皮带传动，一旦断裂，就要整根更换。可如果是链条传动，发生断裂时只需更换断裂的那一节即可恢复如初。如果这一设想得以实现，不仅造价高昂的卸船机避免了被淘汰的命运，并且会因为工作效率提高、维修成本下降而拥有更高的价值。

宏观构思形成了，但真要改造谈何容易。这是一项系统工程，涉及机械和电气的问题多不胜数，要经过机械干涉设计、液压系统改造、电气系统改造、系统配重配平等工程环节，工作总量不逊于一个中型的机械设计制造厂。

曾子曰：士不可以不弘毅，任重而道远。张海波选择了这条重任远道。在公司支持下，由张海波担任主力的卸船机改造工程正式启动。

垂直臂改为垂直提升刮板机形式，驱动方式改为液压马达驱动，水平臂改为水平刮板机输送方式，尤其是电气改造部分，完全是张海波团队自主完成的。这项工作如果委托专业公司，仅仅电气设计安装费就需要48万元，他们将这笔费用全部省下。

经过两个多月的艰苦奋战，二号卸船机改造工作完美收官。改造总共耗资140万元，节约资金150万元。更重要的是，张海波使这套曾经立下汗马功劳的巨型设备起死回生。

相比体力奉献型的老一辈劳模，新时代的劳模具有更多的创新特点。大型国企，设备多数庞大而昂贵，现代科技日新月异的发展势头，往往使一些设备很快显得落伍，而升级或者更新它们，会付出巨大的财力物力。因此，如果设备管理者具有高超的技术创新能力，其创造的经济价值是无可估量的。但是，仅有技术能力还不够，同时更需要的是创新工作的自觉性。

张海波对此深有体会。他说:"一个人无论处于什么样的环境里,能够帮助自己持续变强的有效途径就是让眼界越来越宽广。"为了更好地创新,他参加了国家高技能人才赴瑞典培训团,在瑞典的 20 多天,他无心欣赏异国风光,而是拜访了很多机构、院校、企业,特别是在访问 scania 卡车技校、ABF 职工培训学校、阿卡德米迪亚教育集团所属海员学校等职业教育机构后,深深领略到瑞典作为高度发达国家,其劳动力技能水平、新技能更新速度等,我们与之相比还有较大差距。在瑞典的职业培训学校,处处都有青年学生和中年人共同学习探讨新知识、新技能的场景,也给张海波极大的震撼。

从瑞典回来后,张海波吸取经验,2013 年,由他领军的创新工作室正式挂牌,运行两年取得了 41 项创新成果,创造经济效益、节约资金累计 3000 多万元,在技改攻关的同时锻炼了一线职工队伍,取得了可喜成绩。后来又与燕山大学合作成立"港燕创新工作室",互相开放实验室,共享教育资源,有效开展技能人才培养。

在创新思维的影响下,张海波完成了从一个艰苦肯干的劳模向新时期技术工匠的转变。

家国情怀,铸就大港之梦

全国劳动模范、全国"五一劳动奖章"、全国技术能手、首届河北大工匠、河北省第七批"省管优秀专家"……张海波用心血与汗水换来的一项项创新技改项目得到了认可和肯定。

2013 年,以张海波名字命名的国家级技能大师工作室正式成立,这在秦皇岛市可谓开创先河。

"唯改革者进,唯创新者强",牢记习总书记的教导,张海波没有停歇,站在更高的起点,开始了新的征程。

大师工作室启动以来,先后完成了"散粮内部交换机维修改造""XC2 号卸船机大臂维修改造""己码头工具收发库照明系统改造""11 号后沿箱变开关改造"等创新技改 18 项,累计节约资金 1690 万元,为企业生产作出了突出的贡献。同时,工作室高度重视高技能人才技艺技能传承和青年技术人才培育,通过产学研、传帮带有机结合,促进机能大师工作室高效运行。此外,大师工作室开展与高校学习互访、外省市经验交流等活动,扩大了港口影响力,营造出技术工人学知识、重技术、搞科研的浓厚氛围。

张海波说:"攻坚克难是每一名技术工人的职业追求,牢记对党的誓言,勇挑重担更是每一名共产党员的坚定信念。"

收获过无数成绩与荣誉的张海波,是秦港的"大工匠",但骨子里,他依然是散粮

站那个普通电工,淡泊名利,甘于奉献。他利用"导师带徒"、开办技术业务培训班的时机,将自己多年累积的修理知识和经验,按照类别汇编成常规检查、保养和解决突发性故障三大类设备保养维修手册传授给大家。他用自己特有的影响力感召着身边的职工学习知识、掌握技术,并在这种感召与交流中同大家结成了亲密的战友。

"学习是生存的前提、发展的基础、创新的本钱",这就是张海波的人生信条,不断学习实践,不断挑战自我,他的创新创造之路远未停止。

田毅：在歌声中放飞家国情怀

15 ◎田毅，中国人民解放军空军政治部文工团青年歌唱家，全国青联委员。荣获第七届中央电视台全国青年歌手电视大奖赛通俗唱法金奖，多次随中国青年代表团以及中国侨联作为和平友谊的使者出访亚洲、欧洲、非洲等二十几个国家，受到国际友人及海外华人的高度赞誉。

2017年11月14日，一幅刊发在《秦皇岛晚报》头版的照片让很多秦皇岛市民为之动容。

照片中，田毅，这位离开家乡整整21年的秦皇岛籍军旅歌唱家眼含热泪，与簇拥在身边的迎秋里实验学校的孩子们深情对望……

这个月的11日和13日，田毅两次走进校园，走进迎秋里小学"小军号"电视台，走到孩子们中间，通过自己从一名普通工人成长为多次立功受奖、多次受到党和国家领导人的亲切接见、歌声飞遍全球五大洲的军旅歌唱家的励志故事，激励孩子们的爱国热情。

用田毅的话说，和孩子们在一起，自己像是做了一次心灵的透析，谈到与家乡孩子们在一起的难忘时刻，田毅又是那么的温暖与动情。满满的家国情怀、满满的家乡情结，让这位走南闯北的军人心潮澎湃，一个个没齿难忘的故事、一幕幕刻骨铭心的片段、一段段历久弥新的往事历历在目。

从 17 岁第一次登台到青歌赛冠军

田毅出生在一个有着军旅情结的艺术世家，父亲曾经是北京部队空军文工团的一名独唱演员，两个叔叔一个是部队文工团的舞美师，一个是部队文工团的艺术指导。

受家庭的艺术熏陶，在孩提时代，田毅就显现出独特的艺术天赋，从小学到中学，田毅的作文和画作多次在报刊发表也多次获奖，20 世纪 90 年代，作为秦皇岛新闻影院美术班和影评组的学员，很多挂在影院门前的电影海报和张贴在影评栏里的电影评论都是出自田毅之手。

然而，出乎很多人的意料，少年时代的田毅却很少开口唱歌，不知是大器晚成，还是机缘巧合，一直到 17 岁，田毅已经是美术中专二年级的学生时，学校的新年联欢晚会才把田毅推上了歌唱的舞台。一首轻摇滚曲风的《枫叶红》，让田毅演绎得兼具轻柔摇滚的质感与浪漫民谣的诗情画意。

这首被视为田毅演唱生涯的处女之作，唱出了心声，唱出了自信，唱响了学校的大礼堂。也就是因为这首歌的缘故，《枫叶红》的原唱、音乐人李杰后来成为田毅的良师益友。

1996 年央视举办的 CCTV 全国青年歌手大奖赛，对绝大多数秦皇岛人来说是一个难忘的事件。在青歌赛决赛的颁奖现场，一曲声情并茂的《星光灿烂》让一位来自秦皇岛的小伙子征服了评委，在强手如林的竞争对手中脱颖而出，荣获业余组通俗唱法金奖。一时间，秦皇岛人奔走相告，分享着喜悦与自豪，这位让秦皇岛人引以为荣的青年歌手就是田毅，当时他还是秦皇岛市电业局的一名普通职工。在此之前，中专毕业的田毅在仓库做过搬运工、在大酒店端过盘子、在建筑队刷过油漆……

在打工期间，田毅曾经代表所在的企业参加秦皇岛市的文艺比赛，1989 年，歌唱才艺突出的田毅被招入秦皇岛电业局，当年，田毅代表电业局参加秦皇岛市青年歌手大赛，拿到第一名。当时现场的一位评委也是河北电视台的一位文艺编导，他看上了田毅的文艺才华，推荐田毅参加省台的文艺晚会。从此，田毅的歌唱之路越走越宽，河北电视台又推荐田毅参加了 1996 年央视青歌赛。也就是在青歌赛获奖的那一天起，秦皇岛人多了一位关注的对象，田毅也成了这座小城的一张文化名片。

与满文军成为竞争对手，最终考入空政

央视青年歌手电视大奖赛曾经被誉为音乐风向标、音乐梦工厂，对于青年歌手来说，青歌赛是放飞青春梦想、展示艺术才华、提升声乐水平的重要阶梯。通过青歌赛，涌现出阎维文、毛阿敏、韦唯等一批蜚声海内外的歌唱家、流行歌星。

同样，拿到金奖之后，田毅有了新的更高的追求，他希望像父辈一样穿上让人羡慕的军装，成为一名部队文艺工作者。然而，好事多磨，田毅最为心仪的空政文工团当年只招一名独唱演员，与他竞争的恰恰是当年获得青歌赛通俗唱法专业组第一名的满文军，无论是从名气上还是社会关系上，当年的满文军都远远高于田毅，然而，享誉全国的空政文工团却向田毅抛来了橄榄枝。这件事，让当年很多圈内人都感到迷惑不解，多少年过去了，用当年空政文工团决策层的话来讲，是田毅性格中的坚韧与执着、歌声中的宽广与无私打动了他们。

空政文工团几乎与共和国同龄，是一个藏龙卧虎之地。68年来，歌舞团创作演出了许多享誉军内外的优秀作品，如歌剧《江姐》《雪域风云》，歌舞剧《长山火海》，舞蹈《起飞线上》《敦煌彩塑》，歌曲《我爱祖国的蓝天》《十送红军》《幸福在哪里》《敢问路在何方》《军营男子汉》《父老乡亲》《说句心里话》《长城长》等，更涌现出像阎肃、张士燮、石顺义、孟庆云、佟铁鑫、刘和刚、刘亚津等文艺大家。可想而知，作为一名独唱演员，田毅要想在这样一个艺术家云集的文艺团体里站稳脚跟将面临多大的挑战。

刚到空政的前几年，田毅也有过自卑、彷徨，然而，家乡赋予他的坚韧与执着再一次让他鼓起勇气，再苦再累也要坚持。

那些日子里，漂在北京，来自秦皇岛的音乐才子董赫男与田毅一样都处在音乐之路的瓶颈期。他们一个作曲一个演唱，为了心中最为神圣的音乐，为了突破自己，他俩同住一间地下室、同睡一张硬板床，可以一连几天只有面包和水。就是在这样的环境之下，董赫男与田毅一同创作了《海之子》《说你的宽广》等音乐作品。

有梦就有机会，付出就有回报。几年之后，两个志趣相投的小同乡在各自音乐之路上打开了一片属于他们自己的新天地，董赫男的音乐作品很快就被实力派的中天音乐看中，并成为该公司的签约作曲家，而田毅在部队大熔炉的锤炼下，歌唱水平、音乐理论也同样有了质的飞跃。

一首金曲，成为飞行员的代言人

自入伍的那一天起，田毅就把为兵服务、为兵演出作为自己的首要工作，每年空政文工团有100场下连队演出的任务，20年下来，田毅平均每年要参加70场，在整个文工团，田毅参加下连队演出的次数名列前茅。不仅如此，田毅还是团领导和词曲作家最为信赖的歌手之一，空政文工团有近七成的声乐新作品都是由田毅试唱，难怪空军政治部文化局的领导经常说：空军要是多几个田毅就好了。

2004年11月11日，是中国人民空军成立55周年的纪念日，也是田毅歌唱事业中

值得铭记的一天。这一天，田毅的首张个人专辑以一种别出心裁的特殊方式问世。

上午 10 时，一架长达一米的模型直升机轰鸣着飞上北京八喜大酒店会议厅的舞台，飞机上悬挂着空政歌舞团青年歌唱家田毅的个人专辑《天上由我说了算》。田毅希望，他能用一个合格的作品回报人民空军、感恩空政歌舞团、向广大空军指战员致敬。

正如田毅所想，《天上由我说了算》以其硬朗的曲风、激昂的旋律、明快的歌词，加上深情的演绎，很快就在空军官兵中广为传唱，田毅也因此成为人们心目中新时代空军飞行员音乐领域的代言人。

2000 年以来，田毅的名字也随着演唱水平的提高不胫而走，全国多家影视机构纷纷邀请田毅演唱主题曲，目前，田毅为近百部影视剧演唱过主题歌，唱功精湛，大气磅礴，被誉为影视剧主题歌的"无冕之王"。

秦皇岛人质朴豪爽的性格，让田毅有了文艺圈出了名的好人缘。谈笑有鸿儒、往来无白丁，朱军、佟铁鑫、腾格尔、李杰、车行、戚建波，许多文艺圈杰出的人士都是田毅的好朋友、铁哥们儿，他们同样也是田毅工作和学习中的良师益友。在田毅心里，他们都是扶自己上马的人。

2015 年央视春节晚会，由张丰毅、段奕宏、朱亚文联袂演唱的开场歌曲《中华好儿孙》以其雄壮激昂的旋律、民族气节浓烈的歌词，诠释了中华儿女的傲骨与正气，传遍大江南北。但很少有人知道，这首歌是曲作家戚建波专门为田毅量身定做的，田毅首唱。最初央视也是希望由田毅在春晚演唱，后来由于种种原因，田毅与春晚擦肩而过。但无论是在音乐圈内部还是在百姓的心里，田毅的演绎最为动人，田毅是名副其实的原唱。

田毅也非常喜欢这首大气磅礴的歌曲，从他首唱的那天起，《中华好儿孙》就成为出国演出的保留曲目，正是田毅的深情演绎，让更多的海外华人知道了这首歌曲、喜欢上了这首歌曲，增添了海外华人的民族自豪感。

要把最好的音乐留给家乡

作为全国青联委员，每年，田毅都会有很多场国内外文化交流与慰问演出，每到一地，特别是走出国门，田毅总是忘不了推介自己的家乡。一次田毅随全国侨联慰问团远赴菲律宾演出，在菲律宾第一大岛吕宋岛的演出开始前，面对台下成千上万的观众，面对远处一望无际的大海，田毅大声地向观众问好，然后他说，我的家乡就在大海的另一头，很早以前也是一座岛，她叫秦皇岛，同吕宋岛一样美，她还是全球最大的能源港，欢迎朋友们到大海的另一头去做客。

在北京、在上海、在香港，在美国、在新加坡、在澳大利亚，无论是盛大的演出现场还是小范围的私人空间，一有机会，田毅就会聊到家乡、聊到秦皇岛。当他得知市委市政府正在举全市之力创建全国文明城市、迎接省旅发大会之时，他想，作为家乡人也应该为创城、为旅发大会做点事情。很快，在海港区政府的大力支持下，由田毅牵头，组织秦皇岛本土和工作生活在外地的秦皇岛籍艺术家，准备共同完成一首高水准的音乐作品，为创城、为旅发大会鼓劲、助力。

炎炎的烈日下，田毅多次往返北京与秦皇岛之间，最终，由数十名老、中、青三代秦皇岛籍音乐人共同演绎完成的歌曲《逐梦海港》问世，它制作精良、反响强烈，是几代秦皇岛音乐人音乐才华的一个集合，也是秦皇岛音乐人的接续和传承。

周慧霞：这个"小巷总理"不简单

16

◎周慧霞，秦皇岛市海港区燕山大街街道天洋新城社区党委书记兼居委会主任，现为河北省第十三届人大代表，第十二届秦皇岛市党代表，第十三至十五届海港区人大代表。她本人先后被授予"全国第二届模范小巷总理""中国最美社工""河北省优秀党务工作者""河北省三八红旗手标兵""河北省首届最美社工"等荣誉称号。

在中国，有一个最基层的职位，职级不高，但管的事包罗万象，接触的人很多，却全是最普通的老百姓，工作的地点又在街头巷尾，在这个职位上的人，被人们戏称为"小巷总理"。

"小巷总理"也就是居委会主任的别称。

每一个城市，都有无数的"小巷总理"，海港区燕山大街街道天洋新城社区党委书记兼居委会主任，今年49岁的周慧霞就是中国千千万万个"小巷总理"中的一员。自2000年4月从事社区工作以来，周慧霞一直在社区这个平凡的岗位上书写着共产党员的初心和使命，被社区的党员群众誉为"党员的主心骨、群众的贴心人"。

20多年，她是社区工作改革的见证者

"我是海港区唯一一名见证和经历了社区工作制度3次改革的社区工作人员。"从事社区工作20多年的周慧霞对社区工作感触颇深。

2000年，周慧霞服务的第一个小区是燕山小区居委会，当时居委会只有3个人，每

人负责 100 户居民，主要工作是管理计划生育和环境卫生……

那时居委会的职责还相对单一，所以人们对居委会的印象，还停留在几位热心大妈组成的"小脚侦缉队"上；2001 年开始，各小区居委会冠名社区居委会，从此社区这一概念开始为人们所熟悉；2003 年 12 月，海港区面向社会公开选拔社区干部，管理水平大幅提升，居委会开始有了新面貌，社区工作越来越规范化和专业化，而这其中，周慧霞就是一个见证者。

2008 年 6 月，天洋新城社区成立，周慧霞被任命为社区党支部书记。"当时社区连个办公桌都没有，上厕所也不方便。"但凭着一股韧劲，她带领 3 名社区干部工作时间筹建社区，业余时间走访居民、登记信息。经过 100 多天没日没夜的奋战，入户走访了3000 余户，登记信息 7000 多人，终于把各项基础信息建立起来了。她说，那段时间工作格外辛苦，但也正是考验她意志和能力的时候。

通过入户登记调查，周慧霞和许多居民熟悉起来，了解到了社区存在的问题和居民的诉求。而这些，为社区下一步工作的开展提供了有效依据。

过邻里节，让大家心近了心暖了

上面千条线、下面一根针，群众大事小事都在社区。

周慧霞到天洋新城社区不久，就着手打造社区的特色亮点。她提出了"社区以民为本、民以社区为家"的工作理念，实施了"知民、育民、安民、助民、乐民、惠民"的六民工程。社区组建了党员志愿服务队、代办服务队、义工助老服务队等多个特色组织，随时满足居民各种需求。

天洋新城社区共辖三个小区，常住人口有 5000 多人，大多数社区居民之间相互不认识，有的即使住同一楼层也相互不来往。为了拉近居民间的距离，周慧霞到社区的第二年就提出了过"邻里节"的倡议。每年的腊月二十三，她都号召居民带着餐具到社区来一起包饺子过小年；元宵节，她发动居民以家庭为单位，由家长带着孩子做花灯，举办社区灯展猜灯谜活动；而到了端午节，又组织居民一起包粽子，包好的粽子还送给小区的老人和残疾人；中秋和国庆，她让居民每家炒两个菜，在社区摆上百家宴，大家一起聚餐叙谈，让大家切实感受到社区就是家；盛夏的晚上，社区还经常组织消夏晚会，居民自编自导自演娱乐节目。通过这些活动，居民们慢慢熟络起来了，特别是许多从外地到秦皇岛养老的老人，在小区从谁也不认识到和大家相熟、相知，社区成了联系大家的桥梁和纽带。

天洋新城社区的"邻里节"到现在已经持续了 13 个年头。周慧霞说："希望用我的

心、我的情，把大家的邻里之情黏合在一起，让大家的生活都有滋有味。"

除了"邻里节"，周慧霞为了让社区的空巢老人感受到家的温暖，她还带领社区志愿者们启动了"代理儿女"项目，帮助辖区老人解决实际困难。81岁的社区空巢老人李大妈突发中风，儿女又在外地工作，通过电话向社区求助后，周慧霞和同事们及时把老人送到了医院，还悉心照顾多日，让老人在病榻之上仍能感受到温暖和关爱。

前些年，周慧霞还分别引入和建立了全市首家政府主导、社会组织参与、市场化运作的医养结合的居家养老服务中心和青少年社会实践基地，以及婴幼儿早期发展活动中心，为辖区各类人群提供专业服务。

是主任，也是群众的服务员

为做好社区工作，周慧霞不断创新工作思路和方法，在多年的摸爬滚打中，她总结出许多独特有效的工作方法，如在社区管理上实施"望闻问切"工作法，在为民服务中推行"菜单式服务"，在议事协调中实施"五方联席"工作法，等等。这些措施既行之有效又接地气，她说："我就是群众的服务员，群众满意就是我的标准。"

白天，社区工作繁杂，很多事情来不及细细思考，周慧霞就在枕边放一个小本子，晚上睡前再梳理一下一天工作的得与失，有时灵感迸发，便马上记在本上。她说，她的好多工作法就是在晚上琢磨出来的。

"现在我们有了微信网格群，我给它起名叫'工作闹钟'，通过这个网格群，我们可以及时发现并帮助居民解决问题。"周慧霞说，"工作闹钟"随时"提醒"，加班加点就成了周慧霞工作的常态。自2010年起，她带领工作人员在海港区率先实行"错时、延时工作制"，实现了365天无假日办公。多年来，她经常加班加点，在工作任务繁重的时期，她每天工作都超过12个小时，每年延时服务达460小时以上，相当于每年义务奉献60天。

2017年7月20日早晨5点，一夜的暴雨导致辖区红星小区近70米的河堤护栏被雨水冲入护城河中，地面内陷近2米，造成极大的安全隐患。正在家中休病假的周慧霞，看到社区微信网格群里的视频信息，立即向上级汇报了情况，并第一时间赶到事故现场，迅速组织党员志愿者投入抢险。当居民早上8点多出门上班时，险情已得到了及时处置。

2020年年初，新冠肺炎疫情突发，给社区工作带来前所未有的压力和考验。周慧霞充分利用区委创新组建的由街道—社区—网格—楼栋—单元组成的"五级微信群"，每天在群内发布疫情防控信息、疫情防控科普知识和相关政策，及时答复居民的疑问，做到了群有所呼、我有所应，实现第一时间发现问题、第一时间解决问题、第一时间反馈问题的工作闭环。

当人大代表，她为社区管理献计献策

"自从去年新冠肺炎疫情发生以来，社区工作者感受到了前所未有的压力。准确摸排外来人员，精准掌握人员出行动态，是做好疫情防控的重中之重，这也对社区治理提出了新的要求。我深切感受到社区信息化、智能化建设迫在眉睫。"作为河北省人大代表，在今年的全省两会上，周慧霞针对社区工作中遇到的问题，提出了关于"加强社区治理，构建社区综合管理服务平台，提升治理效能"的建议。

"我们常说社会治理要现代化，现在我们面临的最大问题，是信息平台没有有效整合。"周慧霞说，随着信息化建设的飞速发展和大量政务服务下放社区，涉及社区社会救助、计划生育、流动人口管理、劳动保障、退役人员服务等8个管理系统已经成为社区为民服务的重要途径，而这些信息的来源完全是由社区工作人员利用中午、晚上入户登记采集来的，可让社区工作人员头疼的是每个系统信息并不能实现共享。

因此，周慧霞建议建立社区综合管理服务平台，将社区公共服务的民生信息系统进行整合。一方面，居民可以通过政务服务公共平台申请办理各项事务，实现动态互动，可查询、可追踪，有利于社区更好地做好基层服务群众工作，同时也为政府各部门开展工作提供了精准依据和数据参考；另一方面，可以追溯各级各部门落实网格化管理、服务群众的工作轨迹，作为考核基层单位的重要依据。

说起社区，周慧霞总是滔滔不绝，多年来，她先后获得第二届全国模范"小巷总理"、2012年度中国最美社工、河北省首届最美社工、秦皇岛市十佳社区工作者等多项荣誉称号。在她的带领下，所在的天洋新城社区先后获得"全国民主法治示范社区""全国科普优秀社区""国家人口和计划生育基层群众自治示范居""全国综合减灾示范社区""河北省人口和计划生育基层群众自治示范居""河北省妇联巾帼志愿服务示范基地""河北省妇联基层组织建设示范社区"等国家、省级荣誉称号。

荣誉等身，但她最喜欢的还是"小巷总理"这个荣誉，她说，她愿意在这个岗位上一直干到退休！

杨学东：这位农民成为万人专家计划中的一员

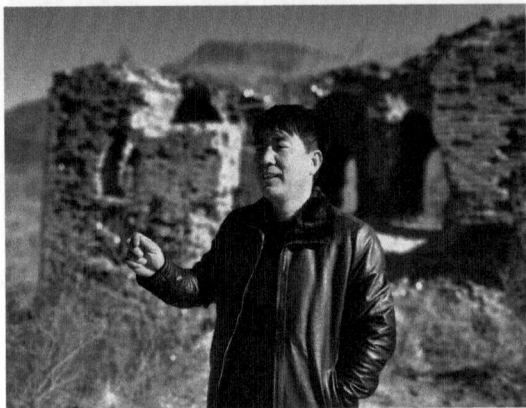

17

◎杨学东，现为青龙满族自治县头道窝铺村村委会书记、主任，青龙满族自治县鑫跃畜牧有限公司总经理。2011 年代表科技系统当选为秦皇岛市第十一次党代会党代表；2013 年被科技部评为科技领军创新创业人才；2015 年被河北省农业厅评选为省农村青年拔尖人才；2016 年入选中组部和人社部"万人计划"专家人选。

层次分明的梯田依偎在群山怀抱，蜿蜒的田间作业路顺势而上，株株梨树点缀在梯田当中犹如秀发上唯美的发簪。隆冬时节，青龙满族自治县官场乡头道窝铺村梨花沟的静谧风骨和秀丽景色美得如一幅山水画……

在村路中间，走过来的人是头道窝铺村村委会书记、主任杨学东，他此时正在通过监控察看疫情防控点和村中各街道的情况。这里是他的家乡，也是他施展拳脚、大展宏图的"战场"。

创立农业品牌，带动地方经济

这个外表看起来很纯朴的农民，其实毕业于河北大学，他身上背负着太多的荣誉：2011 年代表科技系统当选为秦皇岛市第十一次党代会党代表；2013 年被科技部评为科技领军创新创业人才；2015 年被河北省农业厅评选为省农村青年拔尖人才；2016 年入选中组部和人社部"万人计划"专家人选。现担任青龙满族自治县鑫跃畜牧有限公司总经理。

多年来，杨学东致力于家乡扶贫事业，他常说："看得见山，望得见水，记得住乡愁。"

从河北大学毕业后，杨学东曾经在石家庄的一家软件公司工作，有过营销经历，然而在他的心目中，忘不了老家的山山水水、长城与河流，还有那些在艰苦的环境中生活的人们。正是因为对家乡的眷恋，让他在异乡打拼了数年后，选择了重返家乡创业。

"哄，哄……"在鑫跃畜牧有限公司，皮毛黑亮、体型匀称的一群黑猪，吃着曲麻菜、油碟菜拌玉米、大豆等食料，喝着山中矿泉水，正在享受着"惬意时光"。

2007年，杨学东回乡创立了"青龙黑猪"品牌，并在七道河乡后水河村、石城子村和娄杖子镇娄杖子村建了三个养殖基地。养猪场实行现代化管理，将生产区、生产辅助区与管理生活区绝对分开，猪场内利用网络远程监控来观察黑猪的各种生活情况。

"青龙黑猪个头儿小，活动量大，加上我们只喂野菜和粮食，不喂饲料，所以肉质香而不腻，吃着有小时候猪肉的味道。"杨学东介绍。

有销售经验，有技术，再加上赶上党的扶贫政策，杨学东逐渐找到了致富的门道，2015年公司资产总额达600余万元，元实现销售收入1588万元。

自己富了不忘众乡亲，杨学东带领鑫跃畜牧公司秉承"做好一个企业，发展一方经济"的宗旨，充分利用青龙县山区自然资源发展生态农业，通过"龙头企业＋合作社＋基地＋农户"的模式，根据自愿互利的原则，与农户签合同。同时，采用统一管理、统一技术、统一标准、统一销售的模式，有效规避养猪的市场风险。

在鑫跃畜牧公司，农户通过养猪人均增收3000元，不仅成功带动了12个村共计1万余人脱贫致富，还解决了2000名农村剩余劳动力就业问题，切实走出一条农业兴乡、农业兴县之路。

深挖特色种植，推动中药发展

2014年，杨学东牵头成立了秦皇岛市中药材商会并担任副会长。2015年商会合资成立了秦皇岛市同盛医药有限公司，主要经营中药材种植、销售，中成药、化学药制剂销售，中药饮片加工、销售，填补了秦皇岛市中药行业种植、加工、销售一条龙的空白。

次年9月，同盛医药公司取得县发改局的备案证，项目投资3亿元建设年产2000吨的中药饮片厂、医药仓储中心、电子商务交易中心、物流配送中心，目前该项目被列入省级重点项目。

随后，青龙县调整农业产业结构，出台了诸多发展中药材种植产业的扶持政策，并把中药材种植列为农村脱贫、农民增收的支柱产业，同时重点培育中药材产业化龙头企业，对公司创建中药材产业园建设项目给予强有力的支持，与公司签订了全县中药材种植回收保障合同。

为了坚定农民种植药材的信心，杨学东将贫困村、合作社人员及农户组织起来，集中对他们进行种植技术培训，从安徽亳州、河北安国请来多名高级农艺师为他们授课，

手把手地教他们种植技术、田间管理、病虫害防治等，将培养的1300余名种植技术"明白人"带到公司药材基地参观，现场讲解种药情况、效益情况、优惠政策等，为他们把脉、答疑解惑，使他们大开眼界。

此外，公司还采取市场牵龙头、龙头带基地、基地连农户的机制，承诺为农户提供种子、种苗及栽培技术，以合同形式采取订单式生产、保护价收购方式化解种植农户的经营风险，调动了全县农民种植药材的积极性。

在杨学东的努力下，目前，全县25个乡镇的80多个贫困村，种植合作社和药材种植户纷纷来公司咨询、洽谈、签约，带动建档立卡贫困户4000余户，16000余人，到当年年底实现当年人均收入突破3000元，帮助贫困户及早稳定脱贫，达到了共同致富的目标。

杨学东的努力也被更多的人看见，2016年，在科技局的推荐下，他成功入选中组部和人社部"万人计划"专家人选。这是一个沉甸甸的荣誉，他也是唯一一位获得此荣誉的秦皇岛农民企业家，从致富带头人，到国家级专家，杨学东成功地完成了人生的一次飞跃。

依托地域优势，壮大集体经济

"官场梨花节"，相信市民不会陌生，而梨花节这个旅游项目的主要策划人就是杨学东，并且，在他的策划和运作下"官场梨花节"已经成功举办了12届，得到了游客和摄影爱好者的盛赞。

此外，杨学东发挥本村安梨种植面积大的优势，大力开发安梨深加工产品，制作出安梨酒、安梨汁等产品，壮大当地特色农产品。当包装精美、澄清透明的安梨酒被启封开盖之后，果香四溢，饮后唇齿留香。

"下一步，我们还将以头道窝铺村乃至周边村梨树资源为基础，深挖地域旅游开发，着力以浓情四季和观光体验为主题，开展各种节庆活动，打造四季皆宜游的梨花沟。"杨学东说。

眼下，头道窝铺村土地占补平衡治理项目正在开工建设，村内摸排闲置农房50余套，争取利用宅基地改革试点，通过盘活村内闲置土地、房屋、宅基地等资源，加强与旅游投资公司法人的沟通联系，吸引投资，使乡村闲置资产发挥其应有的价值，进而实现一定收益。同时，村内已成立内置金融合作社，吸引手艺人、技术员、专家等能人乡贤返乡创业带动合作社谋发展。

征途漫漫，唯有奋斗。在脱贫攻坚的道路上，杨学东充分发挥国家"万人计划"专家的优势，带领乡亲们走在追梦的路上。

张华胜：地方铁路百年风雨的见证人

18

◎张华胜，1970年参加工作，先后在秦皇岛地方铁路管理处担任过钳工、机辆段团支部书记、机务段长等职务，1988年担任地方铁路管理处处长，2003年至今担任秦皇岛地方铁路有限责任公司董事长、党委书记、总经理。曾荣获河北省优秀青年企业家、河北省交通系统劳动模范等称号。

铁路穿越过城市，老式的火车头在车辆与人群中冒着白烟轰然而过，对于秦皇岛人来说，这是一个熟悉的风景。

老秦皇岛人都知道当年秦皇岛有一大怪之说。"铁路跑城内，公路走城外"说的就是这条沿城市穿行而过的地方铁路。这条铁路被人们称为小铁路，经停的地方被称为"小北站"，一个"小"字，体现了它的特色。"小"指的是铁路轨距，只有1067毫米和762毫米，"小"也指它的距离，与国有铁路比起来，只有近44千米的距离。

"小铁路"名字虽小，但历史悠久，源自民国四年（1915年）抚宁人李治运煤炭而建成的柳江铁路，以及民国十一年（1922年）抚宁人刘振甫出资建成的长城铁路。两条运煤铁路历经风雨辗转，抗日战争时曾被日寇霸占，又曾被游击队炸毁，直至解放后，才获得新生。当地政府将两条铁路连接合并起来，由过去的专业运输改为综合运输，几经改造、维修、延伸后，从过去的窄轨改为标准轨，与国家铁路并网运输，迎来了蓬勃发展的辉煌时期。

解放后秦皇岛曾有三大支柱，港务局、耀华、"小铁路"。他们都有着百年的历史，作为解放后河北省唯一一条运营的地方铁路，"小铁路"见证了城市的发展，也成为城市存活的印证。

现年 68 岁的张华胜，在"小铁路"工作长达 48 年，他既是"小铁路"百年历史的见证者，也是"小铁路"百年历程的缔造者之一。

一心向学，却早早地投身工厂

张华胜的工作经历简单到不能再简单。从 17 岁上班开始，一直至现在，他从没离开过地方铁路，从青年到暮年，几十年的光阴，都在铁路线上度过。

"我没赶上好时代，要不应该去上学了。"提起当年，张华胜至今还有无限遗憾。他的学生时代赶上"文革"时期，在那个到处都在高喊"阶级斗争"的年代里，因为学校经常造反、停课，他不愿再上高中，就直接进了工厂成为一名钳工。

进工厂也是受当时社会风气的影响，那时是"工人阶级领导一切"，所以尽管他有继续进修学习的愿望，却只能屈从于这个现状。特别是他的哥哥受当时大气候的影响，上山下乡去了，家里只有他一个独苗，也不允许他再继续深造，只能用早早上班的方式，担起家族的担子。

17 岁的张华胜就这样进入了秦皇岛地方铁路管理处，而他每天的工作就是修理蒸汽机车，与"小铁路"朝夕相处。

"我上班的时候，因为公路运输不发达，'小铁路'是秦皇岛城乡人民主要的交通工具，有客运有货运。可以说，当时秦皇岛六大厂家的工业用品都是我们小火车拉的，逢年过节，坐小火车的不少。"他回忆起当年的情景，历历在目。

张华胜最难忘的是 1975 年。伴随铁路运量不断增长，要上庄坨新建北山电厂，因老岭段线路纵坡较大，原有的 28 吨机车不能满足需求，上级部门由海南调入 KD-5 型和 D-51 型 1067 轨距的机车 7 台，他作为代表之一去海南接车。

"我们从海南装船，经过广州、黄埔，又坐火车将这些东西运回来，辗转了四个半月。"这几台机车，是当时"小铁路"建设中的大事，它们的出现，提高了牵引力，给"小铁路"的改造工程带来了助力之翼。

此后，张华胜经历了"小铁路"的一系列历史节点。1978 年，窄轨大机车通车典礼，木枕改为钢筋混凝土；20 世纪 80 年代初，石河大桥通车，秦皇岛启动建设红旗路、水门洞、和平北道立交桥工程；1984 年，扩轨工程竣工；1986 年，铁路延伸工程启动；等等。这位一心求学却不成的青年人，伴随着"小铁路"的发展，也渐渐地成长为一名优秀的工人。

他曾先后荣获"市交通系统为革命学技术好青年""市劳动模范""省交通系统劳动模范"等称号，很快就在众多青年工人中脱颖而出，也从工人、团干部，升职为车间段长。

20 天，从普通工人到处长

随着国家改革的不断深入和企业的发展壮大，铁路管理也进入深化改革阶段。按照上级要求，企业进行了由厂长目标责任制向承包经营责任制的管理体系转化。地方铁路管理处的上级单位秦皇岛市交通局按照市委、市政府《关于印发〈秦皇岛市招标承包企业领导干部管理试行办法〉》的通知精神，开始了企业内部的"招标承包动员"活动。实行公开招标，竞争承包。

这次公开承包，择有能力者走上管理岗位，是地方铁路发展史上的一个重要节点，并采取了公开答辩的形式，进行优胜劣汰的竞争。在这次竞争中，张华胜勇敢地站了出来，他决定以承包者的身份，为自己效力十几年的地方铁路尽一份责任。

以张华胜为代表的承包集团和以原处长李宝航为代表的承包集团，在会上各自公布承包方案，进行公开答辩，由职工投票确认，最终，张华胜胜出。他在职工的信任和拥护中中标，并代表承包集团在《承包经营合同书》上签字盖章。

从段长到处长，张华胜说，这个过程只有短短的二十天。从前，他是企业的一名工人，而现在，在改革大潮下，他被推上潮头，成为一名弄潮儿。

成为处长，肩上责任重大，压力更大。此时的地方铁路，已经度过了辉煌期，开始渐呈颓势。由于公路建设快速发展，长途班车站点增加，百姓出门更为便捷，致使坐火车出行的旅客锐减。1991 年，往来城乡 70 年的地方铁路客运停运。货运市场伴随着大型客、货车的普遍使用，也遭遇了寒冬。

如此形势下，"小铁路"要生存，必然要走改革之路，张华胜走马上任初始，就围绕着"小铁路"冗员过多的弊端进行大刀阔斧的改革。他开展了基层承包制度，引入二次承包的竞争机制，在工人中间实现劳动组合、聘任制，同时制定相应奖惩办法，生产任务与经济效益挂钩。1993 年以来，更推行全员劳动合同制，制定劳动组合、精简机构、定岗定编、消除冗员等一系列措施。

通过劳动组合，以活定岗、以岗定人，全处 100 多名富余人员组建成服务公司和工程队，进行三产建设，不但消化了富余人员，还为企业增加了收入。

"过去地方铁路职工 1100 多人，很多人一家三代都在铁路上班，现在改革后，只有800 多人。"张华胜说。

在企业内部，制定管理标准 128 项，工作标准 196 项，技术标准 33 项。另外，将35 项国家标准、51 项专业标准、2 项地方标准全部纳入企业管理体系，促进企业达标升级。

张华胜曾谈起一次因看道人员脱岗而发生的铁路道口事故。"铁路道口发生事故时，我们看道口的人竟然脱岗出去了。不从严管理，不从制度上入手，不动狠招，这样的事

故每年都会发生。"

从严管理之后，道口多年间再未出过一起事故。

为把计划经济下的"大锅饭"弊端彻底根除，张华胜从根本处入手，对医药费用进行改革。20世纪60年代，地方铁路设立了医务室，承担了全处的医疗、卫生防疫等工作。此后十年间，这一机构不断扩大，一人有病全家吃药，甚至连亲朋好友都沾光，造成企业医药费连年超支。经多次研究后，张华胜通过职代会决议，取消医务室，加大职工医药费补贴，在市里较早地完成了医改，彻底告别医药费用"大锅饭"时代。

因为大胆、锐意改革，在张华胜的领导下，全处圆满完成承包指标，渡过难关，也赢得了上级领导及全处职工的好评。

2001年3月，随着改革的进一步深入，按市委、市政府有关精神，管理处成立了企业改制工作领导小组，按要求制定了《企业改制方案》，由此开始了企业的改制工作。

2003年1月28日，市政府下发《关于出售秦皇岛市铁路管理处国有产权的批复》，同意将"秦皇岛市铁路管理处国有产权出让给以张华胜为代表的企业内部职工"，至此，秦皇岛地方铁路改制工作完成，改制后的企业命名为秦皇岛地方铁路有限责任公司，选出公司董事和监事，地方铁路从此告别了国有时代，步入民营行列，该公司也成为全国第一家完成改制的地方铁路企业。

张华胜当选为秦皇岛地方铁路有限责任公司董事长，这一年他50岁。

新起点，新征程

从一名普通的工人，成长为一名出色的企业管理者。张华胜靠的是什么？

答案很简单：求知欲，上进心。

张华胜曾经有机会去河北医科大学深造，却因故不能前去，留下终生的遗憾。此后，虽然身在工厂，长年居于基层，但好学上进的心，从没停过。

他陆续参加过中共中央党校函授学校、清华MBA班和北京交通管理干部学院等企业管理培训班，他说："每次开课，我都提前半小时去，尽量坐在第一排，听得清。"他爱看书，买了许多企业管理的书，特别是国外许多先进的管理经验，对他启发很大。他愿意在管理上下功夫，其他的事却并不在乎。

"我的精力应该这样分配，95%应该是在管理上，那5%用于处理其他关系。"

企业改制后，要成立公司，他再挑重担，由处长变成董事长，但张华胜认为，"企业不是个人的，是国家的。不管性质怎么变，其百年的历史地位、历史作用不能变"。

新的起点，也被他视为新的征程。他的改革力度继续加大，按《劳动合同法》，压缩人员，继续分流冗员，同时注意稳定职工情绪，提高职工待遇。改制后几次人员分流，人员从 850 人减为 413 人，再到现在的 300 人，完成了减员 64.7% 的良好成绩，期间均未产生职工情绪波动。

在开源节流上下功夫。在用车、用电等环节，进行节约、节能，同时对车流少、工作量小的车站，采取个人承包方式压缩人员。改制当年就节约成本 98 万元，实现利润 80.1 万元。较原企业效益最好的 1992 年增长 60%，显示出民营企业旺盛的生命力。

通过对地方铁路的扩轨和延伸工程，先后吸引了浅野水泥、首秦、唐钢等十余家厂矿企业，经地方铁路运送原燃材料和成品、半成品，为地方铁路增加运量，保证了货运市场的稳定，促进了地方经济发展。

2005 年，中国社科院工业经济研究所对地方铁路体制改革方向及效果进行了调研，并在经济日报报业集团主办的《名牌时报》上，对改制两年后的秦皇岛地方铁路民营化进程给予了高度的肯定。

进入新世纪，城区经济快速发展，小铁路的诸多弊端渐渐凸显，既影响市民生活又阻碍了港城道路交通。完成了历史使命的小铁路，也终将随着城市的发展作出新的选择。

2005 年，市长办公会会议要求"地方铁路要着手选址，启动小北站搬迁工程"，开始了地方铁路搬迁改线的转型发展阶段。2007 年 6 月 5 日，"小北站"正式动迁，二十天后，整体搬迁完毕。

再见了，小北站。但地方铁路的历史，还在继续，脚下的路也还要走下去。2013 年，龙家营交接场工程建设正式开工，此后，市领导对改线工程高度关注，多次亲临现场视察、指导。

2016 年，为使百年铁路在秦皇岛"旅游兴市"战略中发挥作用，时任市委书记孟祥伟、市长张瑞书多次对铁路沿线进行实地考察，谋划利用地方铁路现有资源转型旅游业，助力海港区北三镇的开发建设。

2017 年，秦皇岛市旅发大会期间，伴随着一列旅游专列的启动，"山海同游"成为本届旅发大会秦皇岛展示给世人的一个新的亮点，由港口铁路出发，直至板厂峪的旅游专列，让"小铁路"再次焕发了新的生机。

作为在小铁路沿线奋战了 48 年的、最资深的"铁路人"，张华胜希望，这条中国地方铁路的鼻祖、中国最早完成改制的地方铁路企业，能够在新的契机下破茧重生，打造一条黄金通道。这是他，也是一代代"铁路人"的夙愿。

李胜友：只为广厦千万间

◎李胜友，河北丰南人，河北建筑工程学院工民建专业本科毕业，中共河北省委党校经济管理专业研究生毕业；正高级工程师、国家一级注册建造师；河北省第三建筑工程有限公司董事、总经济师兼十分公司经理；建筑学与土木工程分会秘书长；曾荣获秦皇岛市首批市管优秀专家称号。

19

"在建筑装修、装饰中，我公司有一项过硬的技术，我们管它叫'偷梁换柱'，就是通过改变承重柱或承重墙的位置和结构，让建筑更趋于科学和完美。"河北第三建筑工程有限公司十分公司经理、秦皇岛固帮建筑工程技术有限公司董事长李胜友说。

经过改造、装修后的全聚德烤鸭店大厅，宽敞明亮、大气典雅，固帮公司采用"偷梁换柱"技术，将直立在全聚德烤鸭店大厅内显眼位置的一根800毫米的大石柱去除，既使感观舒适又方便来往通行。

"'偷梁换柱'需要多种技术支撑，最核心的是要保证建筑物的安全和稳固，同时，我们还力求达到降低噪声、粉尘污染等环保要求。"李胜友笃定地说。

爱出爱返，彰显人生格局

李胜友从小就聪明伶俐、活泼可爱，因为学习好，被父母"特赦"不用干农活。他为人真诚，与同学相处融洽，中学时，他跟同学说想回家看看，同学毫不犹豫地将自己心爱的自行车借给他骑。

1987年7月，李胜友从河北建筑工程学院毕业，到河北省第三建筑工程有限公司工作。在公司，他刷新了几个"最年轻"——最年轻的中层班子成员（27 岁）、最年轻的副总（33 岁）、最年轻的正高级工程师（39 岁）。

李胜友在学习、事业、交友等各方面都如鱼得水，浅谈感受，他认为从中受益的主要因素是"赞许"。从小到大，他到哪儿听到的都是赞许，越表扬越努力，越努力越自信，越自信越上进，形成一种高赋能的良性循环。而在这种循环中，也包含着他眼中有光、心中有爱的人生格局，他曾说："我的眼里，只看见别人的好处和长处。"

爱出者爱返，福往者福至。"我总是劝小同志们，学无止境，要活到老学到老。"李胜友在得益于被别人赞许的同时，30 年来，也鼓励着基层的同志。

当他看到单位某个小同志写出具有自己独到见解的论文或画出个人构思的图纸时，李胜友便赞赏有加地鼓励说："现在，在网上摘抄的太多了，你这样进行自主创作的，很难得，以后也会有前途，要坚持做。"

在李胜友评上正高级职称后，他还鼓励身边的人不辍学习、向上评聘，并积极成立了"河北建筑工程学院秦皇岛函授站"，为渴求知识、追求进步的人提供进修的平台。

作为秦皇岛市首批市管优秀专家，李胜友本身就是人才，同时也爱才惜才、放胆用人，积极发挥传帮带作用，这既是他的处世风格，也是他的人生信条，更因此，他带出了很多在业界独当一面的精英。

提到李胜友，省三建总工程师刘希光心怀感激地说："从一上班我就跟着李总干，他教会我很多，对我的帮助很大，尤其是业务上，让我有所传承，直到现在，有拿不准的时候，我还要向老领导请教。"

"1218"，是很多博士专家都熟记的数字。这是李胜友每年召集大家聚会的日子，虽不是特殊纪念，但已约定俗成。日子的来源是 2007 年 12 月 18 日李胜友作为第七批拔尖人才，参加秦皇岛市拔尖人才外出考察学习，从那以后，他觉得专家们的知识和才干通过更广泛和频繁的交流一定会擦出火花，让人才更大限度地为社会作出贡献。此后，为了发挥桥梁纽带的作用，给各位专家提供学术研讨和互通有无的平台，李胜友每一年都在这一天组织大家聚会，今年将迎来第 15 个年头。

"大哥啊，今年的'1218'我去不了了，抱歉啊。"李胜友用手比画成接电话的样子，笑着说，"有趣的是，'1218'到了一种如果谁那天来不了，就会提前给我打电话说明的程度，这说明大家对我很认可，对活动也认同，那么，所有的付出也就都值得了。"

科技攻关，实现技术突破

展开图纸，商讨项目，部署工作；走进工地，察看进度，审查质量……作为建筑行

业科技攻关人，多年来，李胜友主持编审了秦皇岛市建筑设计院综合楼、河北科技师范学院教学实验主楼和逸夫教学楼、中石化大厦、海关秦皇岛学校宿舍楼扩建、唐海农贸交易大市场等多项重大工程的施工组织设计，并正确、顺利指导了工程施工，在工期、质量、经济三方面均取得了较好的成果。

追求卓越，不断开发新成果，是全国注册一级建造师李胜友实现技术突破和科研攻关的宗旨。

在国家最初推广使用粗直径钢筋直螺纹连接技术的时候，由于新事物的接受程度和老旧模式的禁锢，各建筑单位都对使用有着或多或少的抵触，依旧采用传统的焊接或绑扎技术。而李胜友是个独树一帜、不随波逐流的人，他考虑，为什么国家提倡使用这项技术？它到底能实现什么突破？一连串的问题在他脑海中打转，驱使他跟工程师们对这项技术进行实践攻关。

经实践研究，他们发现粗直径钢筋直螺纹连接技术存在防止伤害母材、节约钢筋、成品合格率高等诸多优点，更是因为人为因素少、稳固性强，为工程抗震提供了保证，于是率先在公司推行粗直径钢筋直螺纹连接技术，也因此开创了这项技术使用的先河。

在课题研究方面，李胜友带领员工完成了"高层建筑地下工程局部加深的井坑有水作业工法""太阳能采暖蓄热床施工工法""建筑施工中的安全生产""大体积砼施工裂缝预控攻关""粗直径钢筋直螺纹连接技术攻关""全面提高钢筋安装工程的施工质量"等工法，获得河北省建筑行业优秀成果奖。发表了《加强地震设防区砌体房屋的工程质量监督》《砖混结构房屋构造柱的施工质量控制》《关于剪力墙结构中有关钢筋构造问题的几点阐述》等论文，将研究的新成果应用到工程实际，解决了许多施工现场存在的生产难题，为公司提升施工技术管理水平、提高质量、降低成本作出了较大贡献。

李胜友连续多年被评为建筑施工企业省级优秀项目经理；2000—2005年连续五年为市建筑工程专业中级职称（工程师）评审委员；2002年至今为河北建筑工程评标专家；2006—2015年连续9年被评为市建筑施工企业优秀管理者；2009—2014年被评为市级优秀项目经理。

2010年2月1日，新春来临之际，时任市长朱浩文一行敲开了优秀人才代表李胜友的家门，进行亲切慰问，并为他送上新春祝福："秦皇岛的建设需要各方面的人才，希望全市专家发挥带头和示范作用，为秦皇岛经济社会发展作出更大的贡献。"

近两年，在他的带领下，省第三建筑工程有限公司第十分公司累计完成建筑产值1.1亿元，实现利税550万元，多年来合同履约率100%，承建的工程不论大小，都得到了业主的好评和满意。

一心为民，尽显使命担当

作为一名政协委员，李胜友结合自身职能全心全意为人民服务，2013年参加火车站和海阳大桥等工程调研、市司法局社区矫正工作、新农村建设和村民自治法落实情况视察；2014年参加万科地产住宅小区物业配套措施和《残疾人保障条例》执行情况视察……

在第二批党的群众路线教育实践活动中，李胜友应邀参加了市政法委、市建设局、市国税局等单位"七征集、八征求"活动以及市政协机关、市政法委、市台办、市司法局会议，并在会上积极发言，提出了许多具有针对性的意见和建议，真正履行了一名政协委员的职责，为领导决策提供参考。

为多提、提好提案，切实履行政治协商、民主监督职责，无愧政协委员的使命，李胜友还经常深入群众开展问卷调查，广泛关注民生民情，收集民智民声，了解老百姓的生活情况，撰写个人提案，反映社情民意。他曾提交《关于为提升我市影响，争取尽早以"秦皇岛"命名军舰》《关于建议加快规划建设我市"人才家园"》《关于建议我市旅游景点对摄影家协会会员免收门票》《文明斑马线、车让行人》等提案。

他被评为2013年度"十佳市政协委员"，2015年接受了《秦皇岛日报》、秦皇岛电视台代表委员风采栏目的采访。更值得欣慰的是提案得到了采纳——河北大街等路段在斑马线前已经标注了"车让行人"标识；尤其是2015年10月16日"秦皇岛舰"入列命名，正式加入海军战斗序列，提升了我市的知名度。

取之于民，回报于民。多年来，李胜友热心公益事业，除了在国家重大时期响应号召捐款、捐物外，还经常参加市政协、市残联、市贸促会等单位开展的爱心捐助和社会公益活动。

2014年11月26日，他陪同社法民宗委、司法局领导到工作村慰问并捐款2万元，向云南鲁甸地震灾区捐款3000元；2015年为港城活雷锋沈汝波住院捐款2000元；2016年"暖冬活动"中支持希望工程1000元；2020年疫情期间为文化路社区街道办事处捐赠价值3000元品牌电暖宝，"慈善是企业家的责任"，从李胜友的这句话中，足见其使命担当。

父母为他取名胜友，寓"以胜者之态力求强者胜，以友善之心结交天下友"之意，或许这就是他的真实写照。但记者认为，胜者必是强者，而强者未必强势。他的胜者之态所表现出来的，更兼具内心丰盈之余的温文儒雅，品性淳良之后的至善至真，智慧通达之外的洒脱与超然。

聂维忠：擎起国门卫生安全的大旗

◎聂维忠，男，河北曲周人，中共党员，秦皇岛海关二级高级主办、三级关务监督，国境卫生检疫技术专家，长期从事国境卫生检疫和输入性医学媒介生物监测与防控研究工作。现兼任全国国境卫生检疫国标委委员、海关总署病媒生物工作组副组长、总署卫生检疫科技委分委会委员和技术规范卫生检疫专业委委员，石家庄海关科技委卫生检疫科技工作组组长。2020年荣获海关总署"全国海关抗击新冠肺炎先进个人"称号。

20

如果说十年磨一剑，那么三十年的磨砺，能铸就怎样的辉煌？三十六年来，他默默承受着科研工作的枯燥与寂寞，品味着人生的价值与奉献；疫情面前，他凛然不惧，半步不退，始终坚守在防控一线，用科学精准防控诠释着国门卫士智者无言、朴实无华的瑰丽人生，以绝对忠诚和专业执法守护着国门检疫防线。

他，是世界卫生组织讲坛上侃侃而谈的专家；他，是十六个生物新种的发现者；他，是船舶压舱水检测项目的带头人；他，是国门卫生安全的忠实守护者。他，就是秦皇岛海关二级高级主办、三级关务监督——聂维忠。

学医而不能从医，他走向国门之路

如若不是采访前看过他的资料，第一眼看到聂维忠，定会认为他是一个出身行伍的军人。或许是三十多年来的职业素养，使他给人以严谨稳健的印象；或许是心底强烈的责任感，驱使他时刻保持敏锐的思维与超前意识。

聂维忠 1985 年毕业于承德医学院。毕业之初，学医而未从事医生职业，这多少令他心底生出学无所用的失落。面对全新的工作岗位，他内心犹豫过、挣扎过，甚至想调回医院。然而，骨子里的不甘，又让他再次平静下来，重新审视这份工作。当他清醒地认识到这份工作的意义与责任时，骚动的思绪随着思路的清晰渐次消失，取而代之的是坚守岗位的信念与锲而不舍的学习。他知道，这不是一份简单的工作，而是国门卫生安全的一道防线，代表国家形象，维护大公共卫生安全。从此，聂维忠心里就种下了一粒执着的种子，他要用心血滋养它，静待花开的那一天。

国境口岸传染病疫情防控，是一场没有硝烟的战争。聂维忠就是这战场上奋战的一员。多年的工作经验与扎实的业务基础，令他练就了一双火眼金睛。

1991 年，他与同事成功调查处理由老鼠携带出血热病毒致一艘船舶疫情暴发的案例，遏制了疫情进一步发展。1995 年，"奥丽安娜"豪华邮轮驶入秦皇岛港，也带来了一个结构复杂、潜藏众多外来病媒生物的大难题。面对庞大的邮轮，为保证在邮轮开放前消除一切卫生安全隐患，聂维忠和同事一起连续三天工作在船上，脚走出了泡，也不放弃。他们踏遍邮轮的每个角落，甚至连随船人员从未涉足过的、没有照明的邮轮底层也不放过。邮轮安全了，他们安心了。

2007 年印度船员感染不明病菌发病，聂维忠在疫情不明的情况下，冒着未知风险，多次深入隔离病房，了解病情变化，亲自护送标本前往北京化验。确认为不典型伤寒病例后，又连夜赶回医院为治疗提供技术支持，使患者很快康复并安全离境。这是我国口岸发现的首例经细菌学确认的输入性伤寒病例，聂维忠以他的职业敏感和认真执着的精神，打赢了这场硬仗。

2013 年元旦，是个特殊的日子。这天，聂维忠是在传染病房度过的。他对一名自印度归国后出现发热的患者做了流行病学调查后，结合实验室检测结果，判定为河北省首例境外输入性登革热病例。这是一个里程碑，在国内首次从患者尿液中检出登革热病毒核酸。这项研究成果，被应用于指导近年国内类似疫情防控工作，意义非凡。

经历了一场又一场没有硝烟的战役，更加坚定了聂维忠守护国门卫生安全的信念，也使他更加深刻体会到肩上责任的重大。那粒执着的种子，在他心底扎了根，发了芽。

大道"逆行"，战"疫"新冠坚守国门

2020 年，面对突如其来的新冠肺炎疫情，聂维忠牢记"疫情就是命令，防控就是责任"，义无反顾地投身到抗击新冠肺炎阻击战中。聂维忠受命担任秦皇岛海关口岸疫情防控技术专家组组长期间，坚持战斗在口岸疫情防控第一线，做到关键时刻冲得上去、危

难关头豁得出来，勇当先锋，敢打头阵，充分发挥技术专家才智，主动做到"四专"——制定防控专业方案、开展专业知识培训、提供专业技术支撑、组织防控专业督导，全力打好口岸疫情防控组合拳。在对来自境外的发热船员应急处置过程中，第一时间赶赴现场，保障了秦皇岛口岸疫情防控工作科学规范有序开展。

在应对首都机场入境分流加降航班的疫情防控中，他受命担任现场卫生检疫技术指导专家，积极发挥技术专长，从登机检疫、旅客流调到样本采集、病例转运，再到解除防护、消毒处理，一个区块一个节点地仔细进行现场勘查评估，帮助指导改进口岸现场疫情防控设施区域规划布局，调整完善工作方案和工作流程，并结合口岸疫情防控工作实际需要，组织开展入境航空器与口岸环境新型冠状病毒污染风险因素检测及卫生处理效果评价调查研究，消除各类风险隐患，切实抓紧抓实抓细口岸疫情防控工作措施，努力提升口岸科学防控技术水平，进一步共同筑牢口岸疫情防线。尤其是在现场主动担当旅客流调工作组协调指导和技术把关职责，50多岁的他与大家齐心协力，砥砺前行，一起奋战在第一线，先后完成8架次1500余名入境人员的流调工作，及时排查处置有发热等症状人员100余名，受到上级机关和领导的高度肯定和表扬。

在参与总署新冠肺炎疫情防控专项集中工作期间，聂维忠先后组织完成了总署应对境外"带疫解封"工作方案、口岸防控技术方案和操作指南等文件制修订工作，参与了《新冠肺炎知识手册》编写和相关疫情分析技术报告的撰写工作，多次承担总署、总关技术培训和业务交流任务，主动为总署和兄弟海关疫情防控工作建言献策，提供技术支撑，为全国兄弟海关解答技术难题。期间先后荣获海关总署通报表扬1次，石家庄海关嘉奖1次，相关事迹多次在"学习强国"、海关发布、河北机关党建网、《国门时报》和《秦皇岛日报》等媒体平台刊登宣传，以实际行动诠释了自己在口岸疫情防控中"守土有责、守土担责、守土尽责"的使命和担当。

平凡孕育伟大，质朴成就卓越。聂维忠在平常的工作中耐得住寂寞，稳得住心神；在危难时刻顶得住压力，经得起考验。敏于行讷于言的他一路向光前行，留给我们的是中国海关国门卫士最美逆行者的坚毅身影和"疫情不灭，绝不后退"的铮铮誓言。

星光相伴，他迎向国际之旅

工作三十余年，聂维忠从未放弃学习。为了更好地与外方船员交流沟通，聂维忠利用周末参加中央电大学习，先后完成英语大专与英语本科的学习，并获得学士学位；为了解决工作过程中的疑难问题，各种专业书籍充满了他的书柜。他以缜密的思维、渊博的业务知识、孜孜以求的精神和敢为天下先的胆识完成了一项项科研成果，制定出一个个国家和行业标准……由他组织编纂的《中国国境口岸医学媒介生物鉴定图谱》大型工具书的出版、由他牵头主编的《国际航行船舶携带输入性医学媒介生物监测与控制技术》的出版,是他多年来敬业探索的写照,也是他执着忠心的凝结。

随着国际经济一体化进程的快速推进,国际交流更加频繁广泛。这也意味着出入境检验检疫工作将面临国际疫情更加频繁发生、国门安全更加新奇复杂的考验。聂维忠意识到,只有立足本地,着眼全国,加强国际交流合作,勇于探索新形势下国境卫生检疫新方法、新模式,才能更好地保护国门卫生安全。从思想上,他由原来的被动防守,变为主动出击;从业务上,他积极与国内外专业人士学习切磋。由他带头主持的国家质检总局和河北省"国际航行船舶压舱水卫生监测与控制"研究项目,就是立足战略高度,从源头上争取全面了解掌握境外压舱水携带卫生危害真实情况,研究解决境外压舱水污染危害问题,也为保护河北省和秦皇岛近海海域生态环境安全和海洋经济健康,促进生态文明、美丽港城建设作出了杰出贡献。

当问及工作多年来,最不能释怀的是什么,聂维忠说:"希望我们国境卫生检疫工作的作用和意义能得到社会各界的更广泛了解与更全面认可,希望我们的工作能影响到每个人,让大家知道不给外来病媒生物创造入侵滋生的条件,懂得保护好我们赖以生存的美好环境和健康。"

于聂维忠而言,与其说"大口岸、大疫情、大风险、大防控"是观念,不如说是情怀。正因为心怀"大",才能坚定地着眼"小"。

三十功名尘与土,八千里路云和月。一路走来,植入他心底的种子,已经在岁月移转间生根、发芽,开出灿然的花朵。那颗拳拳赤子之心,怀着坚守国门卫生安全的信仰;那捕获过十六个生物新种的双手,义无反顾地擎起国门卫生安全的大旗。

他虽无翅膀,却一直在飞翔。

杨红梅：捍卫法律的铿锵玫瑰

◎杨红梅，女，1974年12月出生，河北迁西人，现任昌黎县人民法院刑事审判庭庭长、少年法庭审判长。2013年被评为全国法院刑事审判先进个人，2014年荣立一等功并被授予河北省优秀志愿者荣誉称号，2015年被评为全省法院"邹碧华式先进人物"且被最高人民法院授予全国法院优秀法官称号，2016年被河北省委评为优秀共产党员，2017年被评为全国法院办案标兵，2020年被人力资源社会保障部、最高人民法院授予全国模范法官称号。

21

2020年1月，昌黎县人民法院刑庭庭长杨红梅被人力资源社会保障部、最高人民法院授予全国模范法官称号。拿到烫金的荣誉证书，对于这位刑庭女庭长来说，除了喜悦，还有身上所承担的责任和使命。

从事司法审判工作二十余年来，杨红梅累计办案千余件，无一件因裁判不公被投诉、被举报。她如一道阳光，惩恶扬善、春风化雨，以无形的力量让人折服，让当事人在敬畏法律的同时，也感受到法律的温度。

2021年，在建党一百周年到来之际，杨红梅再获殊荣，荣获秦皇岛优秀共产党员称号。

她是捍卫法律的"女汉子"

从事刑事审判工作以来，杨红梅主审了不少大案、要案，例如曾轰动一时的北戴河非法集资案、龙家店晒甲坨机场案等。

多年的司法审判工作早已将她锻炼成一个钢筋铁骨的"女汉子"，捍卫法律成为她身上的标签。

然而，面对着事业与亲情、忠孝难以两全的处境，女汉子也曾有过泪水。

2006 年 7 月，杨红梅负责审判昌黎首例"棒子队"案，案中涉及 31 名被告人，那是一群横行乡里的无业青年。20 多天里，她耐心调解，成功将案件附带的民事赔偿全部成功调解。然而开庭的前一晚，却突然传来了一个噩耗。

因患癌症在北京住院的父亲突然离世，面对如此沉重的打击，当晚，她躲在角落里号啕大哭。第二天，带着父亲"做一名好法官"的嘱托，她红肿着双眼坚定地敲响了法槌，让"棒子队"成员全部受到了法律的制裁。

2009 年年初，杨红梅受命审理某公司非法吸收公众存款案。该案有 300 多本卷宗，涉及被害人 3000 多人，涉案资产达 3.79 亿元。由于工作强度过大，她患上了急性胆囊炎和胆囊息肉，而且存在癌变的风险，迫不得已只能接受手术摘除胆囊。在病床上，想到被害人那一双双焦急的、渴望的、期盼的眼睛，她说什么都待不住了，手术后的第四天就出了院，继续投入到案件的审理中。

为了不偏不漏，她认真查阅每一册卷宗，仔细做好每一个笔录，那段时间，她每天都要面对多达数十名情绪激动的当事人，为安抚当事人的情绪，她动之以情，晓之以理，尽全力为当事人解决难题。由于庭前准备充分、措施得力，一审判决十分顺利，受害群众旁听心态平和，庭审及宣判过程也秩序井然。该案的审理在当时产生了巨大反响，还得到了上级领导的批示表扬。

她是春风化雨的"法官妈妈"

在犯罪分子面前，杨红梅是一名威严的审判者，铁面无私，毫不容情。但在失足少年面前，她却是耐心温柔的"法官妈妈"。

身兼少年法庭审判长一职，每当看到误入歧途的孩子，她更多的还是心痛："他们还很小，未来的人生还很长，我更希望每一个失足的孩子都能重新回归社会，走上正道。"

她对很多失足少年都保持了长期关注，尽自己所能化解他们身上的"戾气"，坚持庭前调查、庭后回访，帮助无数迷途的孩子重新找回人生的方向。

为减轻失足少年的心理压力，她带头搞创新，在庭审中增设法庭教育程序，尝试在刑事判决书后附法庭教育词和法条。她还发放"少年法庭联系卡"，并联合公安等单位到少年犯所在基层组织对少年犯回访矫治，实施判后帮教，渐渐地，越来越多的孩子向她敞开了心扉，她也视他们为自己的儿女，用心去呵护他们，关爱他们。

为预防和减少未成年人犯罪，她还多次走进校园，以法制课堂、庭审观摩、模拟法庭、法律咨询为载体，进行普法教育，为学生讲解法律知识。

2020年年初，新冠肺炎疫情突发。为加强中小学生疫情防控知识，缓解孩子们的担心和焦虑，杨红梅开展了"法官妈妈课堂"，用学生们喜闻乐见的形式普及新冠病毒知识、如何做好自我预防以及疫情期间编造、散布不实言论需要承担的法律责任，提高学生们的法治意识，并监督家长及身边人，为打赢这场没有硝烟的全民攻坚战贡献自己的一份力量。

如今，她又在着手成立"杨红梅法官工作室"，坚持"教育为主、惩罚为辅"原则，寓教于审，探索"未成年人—学校—家庭—社会"四位一体的未成年审判引导机制，积极做好提前预防、审中教育、判后回访帮教等工作，以人性化的司法理念教育，挽救、感化失足少年，注重发挥法对社会关系修复及人的权利的合理保护功能。

她是身端言正的"铿锵玫瑰"

"扫黑除恶"开展以来，杨红梅连续接了好几个大案要案，面对烦琐复杂的案情，她几乎不眠不休，小山一样的案卷，她一本本逐字逐句去看，为了不遗漏细节，每当看到关键点，她便认真记录，她的本子上写满了密密麻麻的字迹。看卷、整理、审判、写判决……她写的最长的一个审理报告长达168页。由于长时间熬夜加班，她的眼睛被确诊为"玻璃体后脱离"。医生让她注意休息，可她却放心不下自己的案子，依然坚持在自己的岗位上。

2019年2月25日至3月2日，她参与了被告人韩某组织、领导黑社会性质组织及多名被告人犯罪案开庭审理工作，该案系开展扫黑除恶专项斗争以来秦皇岛市涉案人数最多、罪名最多、犯罪事实最多的涉黑案件，共涉及33名被告人、14项罪名、30多起犯罪事实及多起违法犯罪事实，辩护代理律师39人，在庭审中，她和其他合议庭成员一起，科学谋划、精心组织，圆满完成了这一重大庭审任务。

2014年杨红梅办理了一起故意伤害（重伤）案，被害人系外地人，被告人是当地人。为了求得她的照顾，被告人亲属托人邀请她吃饭，被她婉言谢绝。

被害人担心法官会偏袒当地的被告人，找到她，说事成后将以重金相送，杨红梅当即对被害人予以说服教育，并告诉他法院不姓"私"，法院判案重在讲证据，不论是当地人还是外地人，法律面前都是平等的，都会依法作出公正判决，在廉洁问题上邀请被害人监督。经过数十次调解，被告人与被害人达成了附带民事调解协议。

当被害人从杨红梅手中取走赔偿款时激动地说："杨法官，谢谢您。您不但没有欺负外乡人，还让我拿到了赔偿……"

他临上火车，到法院为杨红梅送来了锦旗。被告人则因为认罪态度好，积极赔偿被害人的经济损失并取得谅解，被法庭依法从轻处罚。拿到判决书后，被告人和家属紧紧握住杨红梅的手，激动地说："我万万没有想到这件事是这样一个结果，使我们双方都这样满意，对杨法官的感激之情，我真的不知怎么表达好。"

"只要心不贪，就没有推不了的人情。"娇小而威严的她，用自己执着的工作精神，践行着自己作为一名优秀法官的人生理想。

"天平在肩，重任如山。"一路走来，杨红梅载誉满满：从全省优秀法官到全国法院刑事审判先进个人，从河北省优秀志愿到全省法院"邹碧华式先进人物"，直至成全国法院优秀法官、全国法院办案标兵……

2020年5月13日，昌黎县人民法院成立了全市首家以其名字命名的"杨红梅法官工作室"。时任秦皇岛市委书记朱政学批示："杨红梅同志是政法系统的工作楷模，我们应该切实加强干部队伍建设，大力培树宣传先进典型，奋力争创四个一流"。秦皇岛市委政法委和昌黎县委都作出决定，在全市和全县政法系统开展向杨红梅同志学习活动。

在这层层光环下，杨红梅以女性特有的细腻、睿智和严谨坚守在审判一线，她是弱女子，却又有着巾帼不让须眉的气魄和才干，在是与非、善与恶的碰撞中维护着公平正义，在审判生涯中书写下一页又一页华彩篇章。

王有奇：守望"夜文化"十八年

◎王有奇，秦皇岛市碧螺塔文旅集团董事长。碧螺塔文旅集团是一家集景区开发运营、演艺产品制作、房车露营、婚纱婚庆、舞台设备租赁等多业态融合的文旅产业集团。集团旗下的碧螺塔海上酒吧公园，是一个以夜文化为特色的酒吧主题公园，成为河北乃至全国文化旅游景区的新亮点。

22

夜晚的大海，总是归于沉静，夜晚城市的霓虹，也总会归于沉寂。然而，在秦皇岛却有这样一片深入大海的地方，它的夜晚是不夜城，是欢乐的海洋，是年轻人的盛宴，这里，就是碧螺塔海上公园。

这个面积只有106亩的"小"景区，历时18年的时间，变成了北戴河最具浪漫气质的旅游胜地，每年吸引着全国各地追求时尚的年轻人慕名而来，年接待游客超百万，成为秦皇岛最有影响的"夜文化"景区。

白天，蓝天大海，阳光沙滩，到处是身披美丽婚纱的甜蜜伴侣、身穿鲜亮衣服的青年男女；夜晚，音乐喧哗、篝火熊熊、演出精彩，帅哥美女摩肩接踵。这里输送着时尚与快乐，也在喧嚣和静谧之间不停地切换着风景。

然而，在景区的一隅有间僻静而简约的办公室，这里的主人却经常面色平静地望着脚下的喧嚣与热闹，安静地沏一杯茶，就像一个画家欣赏着一份充满火热情感的画作，可内心，却保持着一份永恒的宁静。

他就是王有奇，这个北戴河不夜城的缔造者。

白天不懂夜的黑

王有奇与碧螺塔，这两个名字，已经合二为一，不可分割。

但在与碧螺塔结缘之前，王有奇做梦也没有想到自己的一生竟然和旅游发生了联系。

15 岁时，他是一家皮影剧团的学员，之后又被分到当时的针织厂。在厂子里干了 4 年，因为生活单调重复，并不甘心这样过一生的王有奇从厂子辞职，到当时的海浪花市场创办了哈哈商店，专销床上用品，成为靠三尺柜台起家的个体户。

在改革开放初期，机遇总是留给有勇气的人，肯吃苦，脚踏实地，就不愁致富，再加上王有奇又很有头脑，懂得经商之道，他还清晰地记得自己当时创作的一句广告词叫"床上用品到处有，哈哈领导新潮流"。没多久，王有奇享受到了成功的喜悦，他成了"万元户"。

有了钱，也有了更开阔的视野，他拓宽了自己的行业，有了自己的工厂，后来还喜欢上了旅游，曾经去过 20 多个国家，去过的景点多了，也梦想着能拥有属于自己的旅游项目。

"我当时的想法很简单，就是干半年，玩半年，然后环游世界。"

一年冬天，王有奇来到海边游玩，无意间走到了东海湾，看见一个近于破败状态的景区——碧螺塔。

这个景区的情景让他十分吃惊：当时的碧螺塔公园由于经营不善，园内垃圾遍地，设施破烂不堪，一大片空地上，只孤零零地杵着一个海螺状的塔的造型。但靠着一双善于发现的眼睛，他一下发现了景区独特的气质：这里有形态各异的礁石，三面环海，还有优美的半岛曲线。

"这里是世界上最美的海岸线，这里有世界上最美的礁石。就这么破落下去，太可惜了。"

回去之后，他魂牵梦萦，一直忘不了眼前的景象，并最终决定接手碧螺塔。

事业有成、生活富裕的他，有必要冒这个险吗？面对着并不看好这件事的朋友们，王有奇有自己的打算。

"北戴河的夜晚太安静了，缺少点味道，我要把碧螺塔变成一个夜间可以开放的公园，打造秦皇岛的夜文化。"

王有奇认为，当时的北戴河，景区都白天开放，很少有夜间能够吸引人过来的地方。"白天不懂夜的黑"，几乎成了当时旅游的现状，而他的梦想，是让黑夜告别黑暗，也绽放辉煌与灿烂。

相同的感觉，不同的大海

想得容易，做起来难，王有奇没有想到的是，这一个看似浪漫的想法让他付出了几乎所有的精力、物力与财力。

"从开始创建到今天，公园已累计投资超过了3亿元，很多时候我觉得自己都要挺不过去了。我常说，做这个景区18年了，可以说前15年，我们都是为了活下来，是为生存而战。"

今天在外人眼里浪漫旖旎、灯红酒绿的不夜城，每一寸土地上都滴满了王有奇的汗水与血泪。

景区初建，他亲力亲为，每天天不亮就来到这里，天黑了才回去，有时候还住在这里，地上铺的每一块木头，墙上砌的每一个砖石，都要亲自过目、亲自设计，本来白皙的皮肤被晒得黝黑，粗壮的胳膊上全是蚊子叮咬的包，别人坐在这里，又是穿防晒衣，又是涂驱蚊水，他全不需要，还开玩笑地说："这里的蚊子不咬我，我们是老朋友了。"

虽然历经艰难，但王有奇有个信念：这个城市需要夜文化，城市的旅游需要有新亮点。本着这个原则，碧螺塔在坚守着自己独特的自然资源的基础上，也在不断调整战略方向、转型升级。

从最初只有一个孤零零的塔、数百米的海边栈道和礁石景观，到后来出现了餐饮、酒吧、演艺舞台、露营基地，再到后来有了文化内涵更丰富的婚纱基地、啤酒广场、休闲木屋、集装箱概念房、观海餐厅、沙滩篝火等体验式休闲项目，碧螺塔逐渐形成了自己的夜文化特色。

碧螺塔的变化，也体现在王有奇精心设计的广告词上。2004年，在滨海大道立交桥上，他立了一个大牌子，写着"浪漫碧螺塔，感悟夜文化"。后来牌子的广告语改成了"白天去看它，晚上来找我"，精准的夜文化定位一直保持到现在。伴随着公园多年的投资改造，如今的碧螺塔酒吧公园已初具规模和特色，到处都充满着时尚浪漫的风格，特别是在空间布局上高低错落、别有洞天，恰似一幅美丽的立体画卷。"相同的大海，不同的感觉"，成为碧螺塔具有灵魂性的经典广告语。

独特的景区风格，多业态的功能融合，形成了碧螺塔不同于其他景区的独有特色。王有奇认为，浪漫、时尚、前卫始终是碧螺塔的定位，因此，整个业态规划及产品设计都要围绕年轻人的需求，年轻人在这里找到了快乐，精神和肉体得到了愉悦！

过去"白天不懂夜的黑"，今天，碧螺塔的白天也要充分利用起来，努力实现全季性旅游的目标。

碧螺塔多年来深受婚纱摄影的青睐，这为王有奇进军婚庆产业打下了良好的基础。

为此，他大力引进、发展婚纱摄影外景地的建设和改造，新建了一个 1400 平方米的室内影棚，新添了拥有几十个化妆间、上千套礼服的 1000 平方米礼服馆，新增加了无边界泳池、游艇、钻石教堂、热气球等国际范儿的时尚景观。

而他更大的梦想，是顺势来一场"旅游 + 婚庆"的融合，拉长碧螺塔的产业链条，利用几年的时间，不但把碧螺塔打造成北方最具特色的婚纱婚庆基地，还要达到带动整个北戴河旅游因婚庆产业而引流的目的。目前，碧螺塔已与周边省市的 500 多家影楼建立合作关系，实现这一目标为时不远。

演出是碧螺塔经典的文旅项目。早在 2009 年，王有奇就在碧螺塔打起文化旅游牌，在省文化厅及市区二级党委政府和宣传文化部门的大力支持下，推出河北省首台大型海上实景演出"海上生明月"，并持续演出了 7 年之久，演出近 400 场，填补了河北省实景演出的空白。2017 年 9 月 17 日，作为第二届河北省旅游产业发展大会的重头节目之一，大型实景演出《浪淘沙·北戴河》又在碧螺塔公园惊艳亮相，精彩的文化盛宴给参加大会的国内外来宾留下了深刻的印象。旅发大会结束后，为了让旅发大会的演出品牌得以保留，让《浪淘沙·北戴河》这部伟人诗篇和历史永远传承，王有奇又投巨资，连续三年改造提升并聘请了国内知名导演、编剧、音乐、舞美、灯光音响等优秀团队精心打造。王有奇自豪地说："《浪淘沙·北戴河》是秦皇岛夜文化独有的文化 IP，也是具有秦皇岛特色的文化旅游名片。我们用这场演出传递了文化的概念！"

近年来，自媒体的发展与火爆，也给了王有奇更好的发展空间。在他的心目中，游客不仅仅是游客，更是他的宣传员和监督员。好的旅游体验会通过游客的手和口传遍四面八方，不好的则可以让他们及时找到问题，进行改正。

游客来这里寻找风景，而王有奇却把他们也当成了风景。每年，碧螺塔云集了无数的时尚男女、青年伴侣，这里成了他们的网红打卡地，而他们也吸引了更多人来这里。王有奇说，碧螺塔如果是一幅画，游客便是画中人。

与之相比，王有奇自己则是那个手持画笔的人。

以前为生存，现在是情怀

与喧嚣火爆的夜文化不同的是，王有奇内心始终有一种危机意识，让他在浮华之外，始终保持着一份清醒。

景区曾经有过红利时刻，但他把景区利润全部用于基础设施和新项目建设的投入，以至于景区几乎每年都在投资。用他的话说："赚的钱全花在景区上了。"

"现在是一个旅游大发展的时代，与那些大景区相比，我们还是小企业，要是没有

特点，很难生存，我们持续投入，就是要在这个领域中始终快人半步，而且一定要有自己的特色。这里对我来说，是一个作品，需要不停地打磨。"

在他看来，碧螺塔前15年是为生存而努力，这两年要尽快提升品质，未来要活得精彩，成为知名品牌，努力打造成为全国文旅行业的一面旗帜！

"过去所有的事我都亲力亲为，现在我开始做环境，做平台，做服务，现在除了客房和婚纱摄影以外，园内的其他项目都是以提供平台和服务为基础的，有很多商家入驻，我们为园区内100多家商家提供平台和服务。安置公园员工和商户就业人员近700人，为社会解决了就业问题，成功引流后，每年夏天很多人慕名而来，也促进了海边的经济交流。"

2020年，新冠肺炎疫情暴发，尽管景区有较大的损失，但碧螺塔仍然按部就班地搞基础建设投入，没有裁员，且承诺所有医护工作者免费入园，确保景区的稳定和规范。

2020年，碧螺塔还荣获一项殊荣，荣获了被业界称为"文旅界奥斯卡"的中国景区夜游奖——艾蒂亚金奖。这是令王有奇甚感自豪的事情。

2021年的劳动节和端午节，碧螺塔迎来了一个井喷，成千上万的游客从白天开始就陆续入园，不一会儿就人山人海，一直到晚上还不停地有人进园。面对着良好的势头，王有奇很清醒地为下一个目标把脉：

"我希望碧螺塔成为北戴河一个不得不来的地方，中国夜文化里有著名的乌镇、古北水镇，但我和他们不一样，我提出了一个鸡尾酒模式，就是各种模式叠加、多业态融合，你中有我，我中有你，这里有旅游属性、文化属性，也是度假功能、时尚功能的融合，希望通过我们的努力，碧螺塔会成为一个品牌，打造成中国夜文化的一面旗帜！"

张京政：这个群主不简单

23 ◎张京政，九三学社社员，硕士，教授，硕士研究生导师。现任河北科技师范学院乡村振兴研究中心副主任，主要从事果树育种与栽培研究工作。获河北省科技进步一等奖（第三名）；获河北省首批青年拔尖人才、河北省首批林业和草原领军人才、河北省脱贫攻坚创新奖、秦皇岛市第七届道德模范等荣誉称号。

21 个微信群、QQ 群，6000 多名群成员，这位群主是"网红"吗？不，这是一位大学教授，他又不像大学教授，因为这里的群成员不是学生，不是粉丝，不是亲朋好友，而是农民。有很多人素未谋面，却每天都在群里接受这位群主的指导，期待着他的声音。

视频，公众号文章，链接资料，更多的是疑难问题解答，对这位教授来说，群是又一个课堂，也是他答疑解惑、互动交流的最佳平台。

从三尺讲台，到田间地头，再到互联网，这位大学教授成功地完成了学以致用的进阶过程，也充分发挥了一个学者在科技扶贫中的作用，几年来，他收获很多，也帮助更多的人走上脱贫之路。

这位教授，就是张京政。

和农民讲话不要绕弯子

2020 年 4 月 19 日一大早，青龙满族自治县草碾乡东蚂蚁滩村，几十位村民就来到康宏的板栗园，满怀期待地聆听板栗专家、河北科技师范学院园艺科技学院张京政教授的现场培训。

对张京政来说，这种深入田间地头的现场指导已经是家常便饭，和他讲课一样，构成了生活和工作中的一部分。

2016年春，响应政府和学校的号召，张京政到青龙满族自治县进行精准扶贫，开始了他漫长的科技扶贫路。不去不知道，青龙县真是板栗大县，100万亩之多的板栗树，覆盖了近400个行政村。

2016年春夏，张京政就跑了半个青龙。

这只是个开始，一年间，他大约往返青龙县40多趟，几乎是周周去。最多的时候一周去了三次。与青龙县几乎家家都有板栗树相比，做板栗研究的人却并不多，懂行的更少。

东西是好东西，得有明白人带头。张京政想在农民中间当这个"明白人"。

2016年秋，张京政向青龙满族自治县县委、县政府提出了"大力发展板栗产业，促进栗农脱贫致富"的建议稿。该意见受到了县委、县政府的高度重视，县委、县政府把板栗产业作为青龙满族自治县的重要支柱产业进行发展。

在上级领导的支持下，张京政先后在青龙县各乡镇建立了25个板栗示范基地，免费发放燕龙、燕丽、燕紫、燕秋、燕宝等板栗新品种（系）接穗13万支，免费发放技术资料2.8万份；举办100多次板栗高效管理技术培训班，12000人次参加培训学习。

教农民学技术，张京政坚持一个原则：让他们听得懂、学得会，化繁为简，而不要绕弯子、兜圈子，技术创新很重要，但一定要简单实用。

他研发的"板栗高效栽培技术""板栗郁闭大树抓大放小修剪技术""板栗中庸树更新复壮修剪技术""板栗倒置嫁接技术"等，都简单易行，也好操作。其中最得意的技术突破是"抓大放小"技术，这个技术简单说，就是抓主要矛盾，放弃次要矛盾，在剪栗树枝时，只剪大枝，不要在小枝上费工夫，把大高枝剪掉，留小枝结果，不但省了劳力，还提高了产量。

张京政认为，减少成本、增加产量，这才是科技扶贫的关键。

刚开始，农民对这个不理解，毕竟传统的剪枝都是从小的做起。但在实践中，这一技术得到了验证。2018年4月，华北遭受了一次寒流。传统修剪技术管理的板栗树普遍减产，"抓大放小"修剪的板栗树，不但没有减产，还增产20%～30%。

"抓大放小修剪技术"在青龙满族自治县得到了广泛应用。在张京政的培训和指导下，参加学习并付诸行动的栗农，亩均增产50～100斤板栗，亩均增收400～800元。

教育农民要用互联网思维

去农村时间长了，张京政发现一个问题，技术培训只是一个重复性的劳动，讲课最多时只能去几百人，但能够全面接受培训的农民，还是只占极少数。更多的栗农，没有机会接受培训，接触不到新技术。

"怎么能让更多的农民听到我的课并受益呢？"张京政在传播模式上动了脑筋。

2016年12月，张京政在青龙果园讲课，课后精细制作了一个操作视频，上传到网上。后来一个果农见到他时，说："张老师，你的讲课视频我看了7遍，我原来什么也不会，现在我会了。"

果农的话给张京政很大的启发。在科研工作中，技术突破固然重要，但模式突破也是关键。互联网时代到了，这对于普及农业知识，正是天赐良机。

张京政开始制作大量的技术视频，通过电视台、互联网、QQ群、微信群、朋友圈等进行传播。他创建了"青龙板栗提质增效"QQ群，这些群最初只面向青龙县，后来变成了面向全国。随着科技的进步，QQ群演变成了联系沟通更为方便的微信群，这先后21个板栗提质增效QQ群、微信群，有6300人在群中学习；通过互联网、微信群、朋友圈等多种形式进行技术视频示范推广，有39.5万人次学习，免费发放技术视频（光盘或视频链接）1.6万次，这些技术视频，在青龙县电视台先后播放20次，有25.6万人次学习；制作小视频，用快手、今日头条等方式传播，有107.9万人次学习。

张京政也有了自己的公众号，经常发布技术文章，及时发布重大病虫害预警及防治方案、灾害性天气应急预案等，大大减少了板栗生产的损失。目前，已在河北板栗微信公众号发布技术文章217篇，阅读量超过47.4万人次；关注公众号人数达4080人。

管理着几千人的科技群，张京政有自己的一套办法，对于所有加他的好友，他一般要先问三句话：你叫什么名字？你是哪个村的？想学习什么？了解了之后，他会在备注中注明这些信息，然后再把他拉进群里，统一学习。

一般情况下，他会遵循这样一个管理原则：先发资料让群成员们学习，再让他们根据学习的情况进行提问，然后将问题集中起来统一解答。如同管理一个企业、一个学校一样，他把学习变成了可复制、可传播的事物。渐渐地，他的群成员越来越多，技术普及范围也越来越宽广。

现在，张京政研发的板栗新品种、新技术、新方法，已在河北省青龙县、抚宁区、海港区、迁西县、遵化市、迁安市、宽城县、兴隆县、沙河市、邢台县等地进行了广泛应用；"抓大放小修剪技术"在河北、北京、天津、辽宁、山东、河南、安徽、湖北、湖南、福建、广东、广西、云南等板栗主产区广泛采用，增产、增收显著；而这些，互联

网的作用功不可没。

科技都是用简单解决复杂

生活中的张京政，不仅仅是一个"技术男"，还爱好广泛，酷爱读书，而他在科技扶贫的过程中，很多基础源自书本中学习的哲学思想。

他特别提到了毛泽东主席"矛盾论"和"易经"思想对于自己的影响。正是有了毛主席"抓主要矛盾"的哲学思想，他才确立在板栗种植中"抓大放小"的原则；而"易经"中的不易、变易、简易、交易理论，也对于他在果农中间解放思想、推动科技进步有很大的启发。

他认为，越是复杂的东西，就应该越是简单的、可行的、可操作的，面向广大的农民，一定要把复杂的东西变得一听就明白，一学就会干，一干就好使。

为此，他还曾经发动了40多个在板栗种植中增产增收的栗农，让他们用自己的笔，写下心得体会，发布在微信公众号上，以鲜活的事例来教育、引导其他的人。

张京政认为，科技扶贫让他从三尺讲堂走向了广阔天地，而互联网思维又让他的科学研究插上了翅膀，飞到了更远的地方。技术突破与模式突破的结合，让他有信心在这个火热的时代完成自己的梦想——成为服务广大栗农的第一人。

马利祥：导管室里的当家人

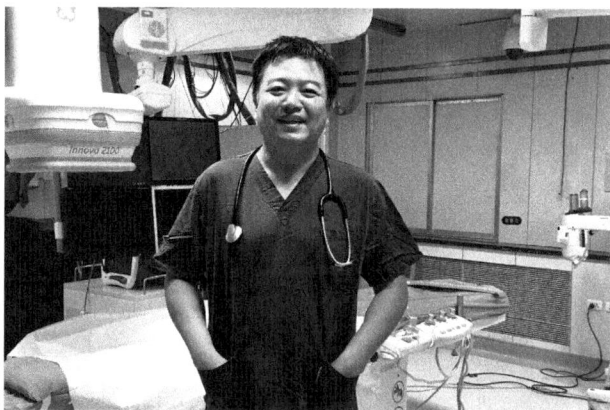

24

◎马利祥，秦皇岛市第一医院心血管内科 CCU 二病区兼导管室主任。河北医科大学、承德医学院硕士研究生导师。2020 年被河北省医师协会授予"河北医师奖"；曾荣获 2015 年河北省医德医风先进个人，2018 年河北省白求恩式医药卫生工作者，2019 年度河北省"美丽医生"、秦皇岛市劳动模范等称号。

"不是在导管室抢救病人，就是在去导管室的路上……"在市第一医院，同事之间说起马利祥，总是这样调侃一句。

从医 20 多年，48 岁的马利祥赢得了诸多荣誉。2015 年度河北省医德医风先进个人；2017 年度河北省白求恩式医药卫生工作者；2017 年度河北省卫生计生系统先进工作者；2018 年度秦皇岛市"最美医生"称号；秦皇岛市直卫生系统优秀共产党员；秦皇岛市卫生系统职工职业道德建设标兵；市直机关"文明标兵"……几十本大红色的荣誉证书随意堆放在办公室柜子中。

现担任市第一医院 CCU 二病区、亚重症医学科、导管室主任的马利祥，几十年如一日奋斗在抢救急性心肌梗死危重症患者的一线，从每一名患者由病危到逐渐康复的过程中，他深刻体会到了充实感与人生的意义，那就是"除人类之病痛，助健康之完美"——医疗卫生行业的终极目标。

秦皇岛医生太好了！

在多年的临床工作中，马利祥始终把患者放在第一位，抢救了无数危重病人。有位

从大庆市来旅游的病人,当时在北戴河游泳度假,突发急性心肌梗死,由北戴河打车来到市第一医院急诊科,当时他和陪同人员(非亲属)都身无分文,患者已不能下出租车,处于休克状态,好心的出租车司机也没有收费。

患者由急诊入院后,马利祥立即请示院领导开通绿色通道,不延误病情,及时给患者行冠脉介入治疗术,造影证实患者的左前降支近端完全闭塞,而且高龄,心梗面积大,如果不及时处理,后果不堪设想。马利祥立即开通了闭塞的前降支病变,使闭塞的血管通畅、坏死的心肌得到恢复,使患者转危为安。4个小时后,患者家属李长龙终于赶到医院,对马利祥非常感激,并拿出2万元酬谢。马利祥婉言谢绝。患者出院时,李长龙说道:"秦皇岛人真好!我在东北做石油和橡胶生意,我一定来秦皇岛投资,秦皇岛人太好了!"

几年前,一场世界级拳击比赛在北戴河区举办。在家休息的马利祥突然接到急诊电话,一位波兰拳击教练突发心肌梗死需要紧急抢救。放下电话后,马利祥立即赶往急诊查看患者,并尝试用英语和他交流,可对方不会英语,只会波兰语。情急中,哑语成了马利祥和患者交流的唯一方式。当时患者已大汗淋漓,神志淡漠。马利祥迅速制定了治疗策略,立即给患者开通闭塞的右冠状动脉,使心肌得到血液供应,病人病情立刻稳定下来。7天后患者顺利回国,对市第一医院及秦皇岛市医疗保障水平赞赏不已。

此类事情举不胜举。对马利祥来说,加班加点是常事,孩子小,爱人多数时间在外地工作,尤其是晚上来急诊,经常把老人叫醒看孩子,电话一响全家动员,但只要患者得到康复,他便无怨无悔。有一年冬天天降大雪,整整下了一天一夜,雪深过膝,半夜时来了个急性心肌梗死患者,接到指令后,马利祥"连滚带爬"赶到了医院。当病人病情稳定后,马利祥觉得一切都值得。

医术就是仁术

在马利祥看来,一名好医生不仅要有高超的医术,更要有充满人道、博爱、奉献精神的高尚品德。多年来,尽管大家都觉得医生的工作很辛苦,相对于很多职业来说,也很清贫,但马利祥和他的同事时刻提醒自己,要廉洁行医,要对得起"白衣天使"的称号。面对"红包"他都会婉言谢绝。

很多患者都是从各县区转来的重病人、穷病人。一次,来自青龙的心衰患者张大爷卖掉两头猪,凑了1000多块钱来看病,得知这一情况后,马利祥带领科室的相关医生制订了诊治方案,尽可能让这位患者少花钱看好病。多年来,马利祥一直坚持这一点,不论与病人是否相识,都要为病人着想,合理用药,合理检查,可用可不用的药坚决不用,真诚、热情地帮助病人解决实际问题，努力构建和谐的医患关系。

作为一名合格的医生，不仅要有精湛的技术，更要有高度的责任感，不能因为病人不懂、不配合就放弃治疗。有一位从绥中转来的持续胸痛患者，初步检查后，主管医生考虑为不除外急性心肌梗死。查房时，马利祥发现目前的诊断并不能完全解释患者的病情，于是动员患者做主动脉 CT。因恐惧检查或是担心费用较高，患者及家属坚决拒绝，但他并未因此而放弃，科室同事也都不厌其烦地做患者及家属的思想工作。经过整整一小时努力，患者终于同意做检查。结果出来后，证实为主动脉夹层。家属拉着马利祥的手激动地说："太感谢你们了，不是你们的坚持，可能会耽误病情，性命不保了。"

多么危重的病人，只要有一线希望，他也要去争取。患者祖某某，来的时候心跳每分钟只有 20 多次，血压测不到，处于休克状态，面对家属无奈的表情、悲痛的心情，马利祥义无反顾，决定不惜一切代价救活患者！导管室徐护士长说："这么重的病人，万一死到手术台上呢？手术室外边家属可多了，你不怕家属找你吗？"不顾了！一切都不顾了！速度！时间！效率！经过一场战斗，他将病人从死神手里夺了回来。

不管是暑期保健还是下乡义诊，马利祥总是积极响应院领导的号召，在第一时间奔赴指定战场，与科室同人冲锋陷阵，坚守一线，多次圆满地完成了暑期卫生保健及义诊任务。

其实一个人的力量总是有限的，集体的力量胜于一切。从 CCU 到心内二科，从心内二科到心三科，最后成立 CCU 二病区，作为科室主任，在服从院领导分配的同时，他严格要求自己，并努力寻求先进的管理方法，打造合理的人才梯队。CCU 二病区从 7 张床扩大到了 17 张床，而且还肩负着管理亚重症医学科的重任，总共床位 32 张。刚开始时大家很紧张，人员少、劳动强度大，尤其是护理团队，有一些抵触情绪。他不仅安慰大家，所有人要齐心聚力，坚决完成医院交给的任务，而且以身作则，认真工作，与同事们一起加班加点是常事，病人的需求就是最大的需求，处理好每一个患者，使他们均满意出院，由于大家的齐心协力，2016 年度马利祥带领的 CCU 二病区被评为先进科室。

科室里的每一个人都是财富

在人才培养上，马利祥千方百计为年轻人创造学习进修的机会，鼓励他们在职攻读硕士、博士学位，每年选派医生外出进修学习，参加学术会议，不断提高科室业务工作能力。马利祥本人也通过刻苦学习，考取了首都医科大学附属北京朝阳医院硕士研究生，获得了首都医科大学附属北京安贞医院医学博士学位，并获得了优秀研究生奖学金，多次获得秦皇岛市科技进步奖。

马利祥说，科室每一个人都是宝贵财富，绝不能让任何一个人掉队，互帮互助、团结向上是科室前进的保障。科室有个护士，因家庭琐事影响工作长达5年之久，家庭矛盾不断升级，甚至出现家属来医院打闹现象，严重影响了医疗安全。这个护士也很悲观，一度产生辞职的想法。马利祥认真作了调查后，积极向组织反映情况，慎重稳妥地处理了此事。

认真做事、诚实做人是马利祥一贯遵守的准则。他始终认为，自己还是医疗卫生界的一个新兵，没有秦皇岛市第一医院这样一个平台，没有老一辈专家对他的培养，没有医院领导对他的信任，没有同事们对他的支持，就不可能有自己的今天！

马利祥的人生格言是：始终坚持以人为本的服务理念，认真诊治每一位患者，努力减轻他们的痛苦，使更多的患者早日恢复健康，做一名让患者满意的好医生！

鹿广清：为中国提速助力的道岔专家

25 ◎鹿广清，1984年毕业于河北矿冶学院机制专业，之后一直就职于中铁山桥集团有限公司，历任工程师、高级工程师，主要从事铁路道岔研发、制造、售后等技术、质量相关领导和组织工作。曾任中铁山桥集团有限公司副总工程师，现任中铁山桥集团有限公司高级顾问。

说起中铁山桥，很多人都会脱口而出"中国钢桥的摇篮，道岔的故乡"。

这个比喻可谓恰如其分。从中国第一座钢桥——滦河大桥，到举世瞩目的超级工程——港珠澳大桥，山桥已累计制造钢桥3200余座。从1912年中国第一组普通铁路道岔，到第一组重载铁路道岔，再到第一组高速铁路道岔，山桥始终走在道岔技术的前沿，占据着中国最大的铁路道岔市场份额。

山桥用无可争议的实力和成绩，诠释了"摇篮"和"故乡"的含义。

这些辉煌成绩离不开一代又一代山桥人的比学赶超、精益求精、锐意进取。这其中就包括道岔专家鹿广清，他在中铁山桥辛勤耕耘了近40年，从普普通通的技术人员，靠着求真务实、勇于探索的精神，成长为我国道岔设计制造领域的领军人物。

小山村首位大学生

道岔专家鹿广清是位"60后"，地地道道的秦皇岛抚宁人。

鹿广清的老家在抚宁区台营镇鹿各庄村，那是一个不折不扣的小山村，人口少，三四百人，耕地也不多。鹿广清的父母都是普普通通、老实巴交的农民，家中姐妹众多，

两个姐姐三个妹妹。虽然是家中唯一的男孩，但鹿广清并没因此得到父母过多的溺爱，他和其他农家孩子一样，八九岁时就会上山拾柴，跟着父母下地干农活更是家常便饭。

对于一个有 6 个孩子需要抚养的农村家庭来说，日子过得并不轻松，好在鹿广清的学习成绩从小到大都很好，考上了县重点高中抚宁一中，这让他的父母感到很欣慰。经过两年苦读，鹿广清考上了河北矿冶学院，成了鹿各庄村走出的第一个大学生。多年辛苦的农村生活，让鹿广清从父辈那里继承了老实本分、吃苦耐劳的品质，这种品质在他以后的工作中发挥得淋漓尽致。

1984 年，鹿广清从河北矿冶学院机械制造专业毕业，来到了中铁山桥集团有限公司。最初，他的工作岗位并不是道岔专业，而是从事工程机械方面的工作。直到 3 年后的 1987 年，他才因工作需要与道岔结缘。道岔设计制造对他来说是一个陌生领域，和他所学专业有很大差异，要想掌握道岔设计原理和技术要领绝非一朝一夕之事。

1992 年，受公司指派，鹿广清到日本研修，时间不长，只有一年时间，但正是这段短暂的经历对他触动很深。一方面，开阔了眼界，在目睹了日本先进的制造技术后，他觉得我们需要迎头赶上。另一方面，日本人的专研精神和敬业态度让他深感佩服。

有差距就要追赶，有不足就要弥补。日本之行虽短暂，但为他日后攻克道岔技术难题提供了一种内在动力。

勇攀道岔设计高峰

当时，鹿广清所在部门叫作道岔室，属于设计部门。但事实上，山桥主要负责按照图纸生产制造道岔，而设计是由北京专业设计院来完成的。换句话说，当时的山桥并不具备独立完成道岔设计的能力。

"道岔设计专业非常小众，不但要精通设计理念、掌握一套非常复杂的计算方法，还需要丰富的设计经验。"鹿广清说的没错，当时全国从事道岔设计的人并不多，"因为难啊，单是设计手册就 800 多页，密密麻麻的数字、公式如天书一般。"

要想啃下硬骨头，就得下真功夫。那段时间，是寂寞的，也是熬人的。鹿广清感慨地说："搞专业既要有勇攀高峰的五分钟热度，又要有持之以恒、坚忍不拔的精神。"入行初期，他放弃休息时间，满脑子全是道岔设计，加班加点是常有的事儿。在厂里老师傅的指导下，从平面到结构，按照自己的理解，把设计图纸重新走一遍，相当于自己模拟设计一遍。当时的条件很简陋，没有电脑，只能靠非常原始的计算尺和计算器，计算器还是没有函数功能的普通计算器。现在用电脑不到一分钟就能画出的线条，当时要计算大半天才能完成，更别说把复杂的设计理念、计算方法一点点消化掉。

功夫不负有心人。鹿广清凭借着吃苦耐劳、蚂蚁啃骨头的精神，从单开道岔到复式道岔，从功能设计到理念把控，慢慢地掌握了道岔设计的理念、方法、技术。随着更加深入广泛地研究与积累，在 2000 年左右，鹿广清成为山桥新生代的骨干力量，在很多设计中担任主要负责人和牵头人。2006 年，凭借着毋庸置疑的实力，鹿广清成为山桥首席专家工程师。

从 2012 年开始，鹿广清任中铁山桥的副总工程师，开始主持厂内的道岔技术工作，在研发设计、制造工艺、质量管理方面起到关键作用。同时，他多年来的辛勤工作也得到了铁道部领导的认可，以技术专家身份加入了铁道部国产化高速道岔联合设计组，真正成为中国道岔行业的领军人物，在我国几次铁路大提速以至后来的高速铁路发展中，由山桥设计制造的道岔发挥了巨大作用。

挑战"世界第一岔"

近些年，我国高铁、动车高速发展，已经成为我国的一张世界级名片，其进步速度让世界震惊，新技术、新设备层出不穷。

在哈大高铁长春西客站安装着两组特殊的高速道岔，道岔全长 201 米，是目前世界上最长的高速道岔。它们能让动车组以 200 多千米的时速高速转线运行，而且平稳得让乘客几乎察觉不到。

这两组超长道岔就是在铁路行业无人不知的 62 号高速道岔，由于其代表着世界高速道岔的最高水平，被称为"世界第一岔"。这是 2011 年铁道部最为重要的一项工程项目，肩负着中国高速道岔称霸世界的重任，中铁山桥作为行业老大，责无旁贷地承担了这个项目，鹿广清便是这个项目的技术负责人，他的专业水平和丰富经验，在其中起到了至关重要的作用。

"62 号道岔位置非常重要，连接着哈大客专和长春联络线，是名副其实的咽喉要道。"作为道岔专家，鹿广清很清楚这项工程的难度，"同时，设计难度也非常高，普通道岔长度一般在 40 米左右，而这种道岔长达 201 米，在如此长的距离上，还要保持极高的平直度、平顺性，同时还要经久耐用、减少维护，在难度上比别的道岔高的不止一个数量级，而是几何数量级。"

同时，由于这种道岔的特殊性，中铁山桥当时既有的设备根本无法满足生产需要。"设备不行，就靠人！"为了拿下这个项目，鹿广清带领工程技术人员开发了多种新型工装和工艺，制作了 210 米的组装平台，还引进了先进的激光检测设备，技术难题一项一项被攻克；质量管控采取了技术定标与现场定标结合的特殊方式，以满足前所未有的高

质量要求。在此期间形成的许多技术成果（含铁道科技一等奖）成为行业标准和标杆，也为今后山桥的技术改造明确了方向。

经过 200 多个日日夜夜的奋战，在 2011 年 2 月 14 日这个甜蜜的日子，世界第一岔终于顺利通过了铁道部组织全路专家开展的验收。作为山桥的又一杰作，62 号道岔不仅填补了我国独立自主研发和铺设超大高速道岔领域的一项空白，也一举突破了西方国家在此项技术上的壁垒，中国高速道岔技术全面达到世界领先水平。

攻克重载道岔技术

秦皇岛港，我国最大的煤炭输出港，煤炭运输专线大秦线一年的运力在 2014 年达到 4.5 亿吨。而大秦线从 1992 年开通到 2002 年，才达到 1 亿吨的设计年运量。之所以运力能飙升如此之多，和大秦线在 2004 年后采用的一种新型重载道岔有着直接关系。

在 2004 年之前，大秦线运力不高的一个重要原因就是道岔不耐用，车轮对道岔冲击过大，磨损过快，经常是一个月甚至半个月就得更换。老旧的道岔就像一根卡住咽喉的鱼刺，开发一种新型重载道岔势在必行，山桥把这个重要任务交给了鹿广清。在他的主持下，积极展开了线路调研和方案研究，多年的积累发挥了重要作用，开发了 75 公斤钢轨单开、渡线、交分等系列重载道岔，形成了中国铁路真正意义上的重载道岔，为大秦线改造作出了突出贡献，推进了中国重载道岔的发展。

面对日益增长的运量提升需求和道岔关键零部件低寿命的不适应性，在大轴重、超高密度、超长列等极端运营条件下，大幅提升道岔使用寿命成为迫在眉睫的技术难题。辙叉的作用是使列车实现线路跨越，它是轨道中最关键、最核心的部件，也是最易伤损破坏的部件。为此，高寿命辙叉的研究成为关键中的关键。

"要想提高道岔耐用度，首先就得搞清楚车轮和钢轨之间的关系，但这种关系当时并无现成数据或手册可查，只能靠有限的经验去估计。"已经在道岔设计领域摸爬滚打多年的鹿广清心里很清楚，"只靠经验，而无准确数据支撑，根本无法设计出合格的道岔的。"

"必须取得第一手真实数据"，鹿广清拿定主意。为此，他不辞辛苦地一次次前往大秦线，拿着轮轨测量仪器，记录下每一组珍贵的数据。数据量越大，越能准确描述轮轨之间的相互关系。鹿广清这次又发挥了吃苦耐劳和蚂蚁啃骨头的精神，反反复复测量了几千组数据。

面对大量数据，鹿广清开始了抽丝剥茧般的分析、计算，耗费大量时间和心血之后，他终于拨开了道岔损耗过快的迷雾，把模糊的经验转化为清晰的、可以量化的"轮轨关系"，该项研究获得了发明专利。

有了理论基础的支撑，鹿广清又将眼光转向了新型结构和新型材料的研究。从 2010 年起，他针对重载铁路运行条件对辙叉的性能要求，开发了锰钢叉心钢轨拼装式辙叉这一新型辙叉结构，创新研发了高强韧、抗疲劳、高耐磨、耐低温的新型高锰钢材料，形成了轮轨关系设计、结构设计、新型材料组成的多项发明专利或专有技术族群。这些技术的成功应用，让百年未革新的高锰钢辙叉实现了升级换代，使用寿命从不足 1 亿吨一举提高到 3 亿吨以上。

2021 年中铁山桥的职代会上，中铁山桥的总经理突然宣布了一条重大消息：鹿广清代表山桥参研的"铁路轨道用高锰钢抗超高应力和磨损技术研究及应用"课题获国家技术发明二等奖！面对着百年山桥历史上最高的技术荣誉，鹿广清的心中并没有一丝波澜。已经在铁路上奔波了 37 年的他，并没有停下脚步。会议一结束，他又背上行囊，踏上了开往远方的列车。

冯益健：北戴河的太极文化名片

◎冯益建，太极拳大家李经梧的衣钵传人，曾任国家医学气功北戴河教育基地主任，现任北戴河太极拳协会会长，秦皇岛十大太极拳名师；被《中国太极拳大百科》收录，主编出版《李经梧传奇与国标太极拳练习精要》。

26

北戴河，除了蓝天、碧海、沙滩、鸟类，还有一个标志性的体育运动——太极拳。

北戴河的太极拳，起源于河北省气功疗养院，得益于一位大宗师——李经梧。1959年7月，著名太极拳技击家、太极拳教育家李经梧先生调任北戴河气功疗养院（现河北省医疗气功医院），从事太极拳的推广普及工作，并将太极拳和太极内功应用于医学临床，治病救人。

而在北戴河，提起李经梧的传人，冯益建是一个不能不说的人物。

冯益建，北戴河太极拳协会会长，李经梧的亲传弟子。今年66岁的冯益建，和太极的缘分已经持续了50多年。几十年来，他传承恩师遗留下来的优秀中华武术精神，并远至世界多个国家教授太极拳，成为北戴河太极拳推广的代表人物。

"起式、野马分鬃、白鹤亮翅、搂膝拗步……"每天清晨五六点，位于北戴河区东经路上的河北省医疗气功医院松林拳场内，冯益建风雨不误，都会和徒弟们在一起练拳。自从在河北省气功疗养院工作以来，这已经成为他的一个保留节目。

聊起和李经梧相识的经过，冯益建回忆说："我家就在疗养院附近，五六岁的时候，每天隔着墙看李先生练拳、教学，我对太极拳一下着了迷。"

1972年，冯益建正式拜在李经梧先生门下，系统学习了传统陈式、吴式、杨式、孙式太极拳、械、推手和太极内功，以及国家规定的太极拳套路；同时学习了针灸和中医按摩等。在冯益建的印象中，师父总是很亲切。只有一次，师父正在教授书本上的知识时，有人推门进来，少年冯益建扭头瞅了瞅来人，忽然耳边"啪"的一声响，吓得冯益建一哆嗦。"我一回头，师父把书扔在桌子上，眼睛瞪老大，从来没见过师父这样。那以后我再也不敢走神了。"

几年后，冯益建进入山海关桥梁厂工作，但仍然坚持练习太极拳。眼看他拳越练越好，为人也忠厚大气，李经梧先生非常喜欢他。1978 年，李经梧亲自安排冯益建从山海关桥梁厂调入北戴河气功康复医院，继承其衣钵，专职从事太极拳的教学和研究工作。多年来，冯益建正式收徒 35 人，再传弟子 150 人，培养国内外学生 15000 多人。他的学生遍布全国和世界各地。

冯益建回忆说，十多年前，曾有一家三口到北戴河旅游，当时十多岁的孩子偶然看到冯益建练拳，就缠着父母："我要练拳，就跟这个人练！"这样的人很多，还有一对日本的夫妇，每年定期从日本来北戴河两次，跟随冯益建练拳。现在美国、法国、德国、日本等国的太极拳爱好者学习团每年都来北戴河跟冯益建学习。

除本职工作外，冯益建还走出去积极开展国际太极拳传播工作，多次到美国、法国、德国、瑞典、俄罗斯、乌克兰、日本等多个国家进行太极拳的传播活动，为太极拳的国际普及和在国际上宣传秦皇岛作出了较大的贡献。

"很多外国人都非常喜欢太极拳，他们觉得这是中国传统文化的一部分。"冯益建说。外国人一般从二十四式简化太极拳学起，很多人学过后都告诉他"练完后感觉身体特别舒服"。对于太极拳的优点，冯益建娓娓道来："太极拳是中国文化的重要组成部分，它不但富有太极哲理，而且能够通过身体活动来印证这一哲理，让人体悟到中国文化的精髓！"

冯益建还与徒弟陈庆合等人一起主持编写了《李经梧传奇与国标太极拳练习精要》，对李经梧的生平、太极拳的要领进行了阐述，他们还完整地搜集整理了李氏门下弟子的资料，将太极拳的精神与精髓，以书籍的形式有效地进行了推广。

2018 年 5 月，中国北戴河医疗气功国际学术交流会在北戴河成功举办。这标志着太极拳已经成了北戴河的一张城市名片。冯益建说："秦皇岛正在打造康养之都，而太极拳老少皆宜，我们面向大众提供太极拳养生、太极文化、中国传统养生功法的推广普及服务，就是想进一步推动太极拳在我市和国内、国际的发展，弘扬优秀的民族传统文化。"

作为李经梧的衣钵传人，冯益建认为自己有义务，在自己这一代，把太极文化传承下去，使之源远流长，成为北戴河体育文化的一个亮点。

杨光亚：人生归途的善行者

◎杨光亚，中共党员，硕士研究生学历，高级政工师，现任秦皇岛市残疾人联合会党组成员、副理事长。曾先后担任市博爱医院财务科科长，市殡仪馆馆长，市殡葬管理处副处长、支部书记、处长。曾先后荣获秦皇岛市首届敬业奉献道德模范、秦皇岛市十佳自强模范、河北省十大杰出青年、美丽河北·最美残疾人、河北省优秀共产党员、全国殡葬工作先进个人、全国民政系统优秀服务标兵、全国先进工作者等荣誉。

27

在常人眼里，殡仪馆是一个特殊的场所，充满着冷漠、哀伤甚至恐惧；殡仪服务是一种特殊的职业，从事殡仪工作的是一群胆大、不苟言笑的特殊人群。而秦皇岛市殡葬管理处处长杨光亚认为，殡仪工作是一项崇高的事业，殡仪职工是一群心灵美丽、服务热情、工作优秀的普通人。

在常人看来，残疾人是值得同情的，是生活和事业的弱者。作为小儿麻痹症患者，杨光亚用他的人生经历告诉人们：如果把挫折当成打磨自己的一个工具，那么，同健全人相比，反而多了一些成长的助力。

你有一条病腿，但也有一颗健康的心

杨光亚在两岁时不幸患上了小儿麻痹症，右腿留下残疾。从他记事的时候起，"瘸子""拐子"等讥笑声就没断过，以至于曾经有过害怕走出家门的一段经历。细心的父亲发现这个情况后就安慰他说："只有加强锻炼，你的病腿才会越来越好。要知道，身体残疾并不可怕，可怕的是心理残疾。"

父亲的话让他的心变得敞亮了，从此逐渐告别了自卑心理，并形成了自尊自强、乐观向上和永不向困难低头的倔强性格。在磕磕绊绊中他读了大学，他是同学们中学习最努力、性格最开朗的一个。

大学毕业后，求职的艰难，使他十分珍惜博爱医院财务科长这个岗位，除了做好日常的财会工作外，他还通过各种数据对医院的经营状况进行综合分析，找到医院发展中存在的问题和积极因素，并给院领导提出合理化建议。

1998年，刚走上殡仪馆馆长岗位的杨光亚，对殡仪馆进行了合理的规划和改造，积极采取措施，改变职工收受丧属馈赠的恶习。他和朋友义务为单位设计了骨灰寄存管理软件、火化管理软件、遗像显示系统和秦皇岛祭祀网。在全国率先成立了殡仪服务中心，免费上门指导办理丧事；在全省率先推出了"阳光消费"，所有服务项目由丧属自愿选择；主动降低和取消了一部分收费，对弱势群体的火化费用给予减免，赢得了社会的广泛赞誉。经过坚持不懈的努力，他把一个有着三十多年历史的老大难单位打造成了全省乃至全国的样板和标兵，成为全国唯一一家不靠政府投入的国家一级殡仪馆和我省第一家国家一级殡仪馆。

他还利用业余时间，完成了河北省委党校经济管理专业本科和硕士研究生的学业。

你的职业是面对冰冷，但真情会融化严寒

杨光亚刚到殡管处工作时，社会上对殡仪工作存在着一定程度的歧视，以至于单位的未婚青年只能在农村找对象。

有一天，杨光亚到商店为单位买东西，没想到，售货员竟然不愿意用手拿殡仪馆的支票，而是用夹子把支票夹了过去。

也许就是这些歧视，让殡仪职工的心态发生了扭曲，接受丧属馈赠、缺乏服务意识和服务热情，就成了工作中的普遍现象，成了殡仪职工发泄心中不满的一个途径。

作为市殡仪馆馆长，杨光亚暗下决心：绝不让不正之风再败坏员工的形象；绝不让贫困的家庭雪上加霜；要通过优质服务让人们远离悲伤，要打造一个充满人情味儿的殡仪馆。

杨光亚认为，要解决这些问题，不仅要制订必要的规章制度，而且要从转变员工的思想观念着手，让大家明白尊重都是互相的，要树立行业的自豪感和自信心，通过优质服务让丧属满意，进而赢得应有的尊重。在实际工作中，他都是从小处着手、从细节抓起的：

亲人去世后，人们不知道如何办理丧事，他们就主动上门服务；

丧属来到殡仪馆后感到无所适从，他们就派专人跟随，提供全程引导服务；

殡仪馆的服务环境让人心情压抑，他们就把黑白颜色请了出去，把明快的颜色请了进来；

告别厅和休息室冬冷夏热，他们就装上暖气和空调；

有的人胆子小，来到殡仪馆就害怕，他们就引进了青春靓丽的女大学生，看到女孩子天天在这里工作，人们还有什么好怕的？

有的家庭经济条件不好，他们就制定了惠民政策。

过去，什么项目收费、收多少，很多人不清楚，意见很大。他们就推出"阳光消费"，能不收费的就不收，能少收的就少收，不但降低了一些项目的收费标准，而且从上门服务开始，到停车场、全程引导服务、撰写生平、书写挽联、主持开光仪式、悼念花使用、告别厅主持、丧属休息室、送灰仪式等，全部实行免费。

杨光亚的服务理念是把"情"字融入工作的各个方面，把殡仪服务做得更有人情味儿。工作人员一个同情的眼神儿、一句关切的话语、一只扶助的手臂、一次小小的帮助，尽管不能抚平人们的伤痛，却能拉近彼此之间的距离。

几年前，一场交通事故夺去了一位年轻姑娘的生命。看到女孩父母悲痛欲绝的样子，引导员们也在一旁陪着落泪。见到这种情况，杨光亚赶紧把大家叫到一旁提醒道："大家一定要记住，我们要做的不是陪他们哭，而是要想办法让他们不哭。"那一刻，年轻的引导员们进一步明白了工作的职责所在——让逝者走得安详，就是给生者最大的慰藉；减轻死亡带来的痛苦，就等于增加生者的信心与希望。最后，经过四位整容师两个多小时的努力，女孩的遗体自然安详，面貌如生，女孩的父母非常感动，流着眼泪不住地鞠躬致谢。

有一年冬天，殡仪馆运来了一位80多岁的老太太，陪伴的只有逝者老伴一个人，这引起了杨光亚的注意。交谈中得知，老两口没有子女，也没有别的亲人。办理了火化手续后，老人默默地站在遗体旁，握着老伴儿的一只手久久不放。告别仪式结束后，大家搀扶着老人坐到休息室的沙发上，递上了一杯水。老人说："谢谢你们了！我和老伴儿结婚50多年，没红过脸，没拌过嘴……老伴儿临走前对我放心不下，就是咽不下那口气……等我走的那天，后事儿就全靠你们了！"从此，杨光亚和同事们心中多了一份牵挂。

几个月后，殡仪馆的几名工作人员恰好到那位老人家附近上门服务，就想去看望他。从邻居那里得知老人住院了，她们就想去医院探视，由于工作性质的缘故又怕人家有忌讳，就打电话给杨光亚。杨光亚说："老人家曾经郑重其事地把后事托付给我们，你们前去探望，对他应该是一种安慰。"姑娘们来到医院时，老人已经非常虚弱了，看到几位可爱的姑娘前来探望，他感动得老泪纵横。两天后，老人安详辞世。在为老人举行告别仪式时，杨光亚和同事们就像他的儿女一样鞠躬行礼。

你是一个优秀的个体，但我们才是一个优秀的团队

人的精神面貌往往影响着一个团队的形象。提高团队的凝聚力、让大家心情舒畅是杨光亚一直努力的，他常常用自己阳光向上的心态感染大家。

2000年五一过后，杨光亚带几名同事去爬泰山。谁知没走多远，大家就嫌累。在同事们沿路返回后，杨光亚却打起精神继续前行。他知道：爬山，谁都累，可是不能自己寻找放弃的理由。就这样，他一步步地坚持爬到了玉皇顶。事后，同事们都对他表示敬佩，他说："你们腿脚都比我好，可是却半途而废了。这就说明一个道理：坚持比优势更重要。"

在这种潜移默化的影响下，大家的气顺了，心齐了，不但结束了三十多年接受丧属馈赠的历史，团队的整体素质也得到了巨大的提升。服务意识增强了，服务水平提高了，社会上的负面舆论也越来越少了。二十多年来，杨光亚虽然获得了许多荣誉，但他最看重、也最津津乐道的是单位的荣誉："全国文明单位""全国民政系统行风建设示范单位""全国殡葬工作先进单位""全国巾帼文明岗"等。令杨光亚自豪的是，以前制订的规章制度如今已经"形同虚设"了，因为职工们做得比制度要求的还要好！

因工作调动，杨光亚现在已经离开了他为之牵挂、奋斗过的殡葬行业，但坎坷的人生经历和二十多年的工作实践，让杨光亚深深体会到：没有任何人的一生是一帆风顺的，工作岗位也没有高低贵贱之分。但是，只要怀着乐观向上的阳光心态，积极进取，努力拼搏，超越自我，就能赢得尊重，就能实现人生的价值。

高清喜：他把"烤薯之王"带到了卢龙

◎高清喜，出生于河北省秦皇岛市卢龙县石门镇塔子峪村，毕业于卢龙县木井中学。2012年成立卢龙县清喜良种羊繁育有限公司，致力于小尾寒羊种羊繁育。2015年公司更名为卢龙县清喜生态农业有限公司，开始种养结合，红薯干加工，曾荣获秦皇岛市农业产业化重点龙头企业称号。

28

卢龙，被称为甘薯之乡，有百年的甘薯种植历史，也有人说，甘薯是卢龙农业的第一大品牌。喜欢吃甘薯的人，大都知道有一种适合烤着吃的甘薯，叫烟薯。烟薯被称为鲜食甘薯，口感远远好于普通的淀粉甘薯，也有人说，这种甘薯就是"为烤为生"。

烟薯，顾名思义，产自山东烟台，秦皇岛的朋友们要想吃到这种可称"烤薯王"的甘薯，可要费一番功夫了。但最近，从卢龙县传来了烟薯种植的佳音，按照标准化种植的"烟薯25"已经陆续"钻"出土壤，经过采摘处理后，提前面向市场。也就是说，过去只能从烟台引进的甘薯，不但我们在当地可以吃到，而且还能提前吃到。

这一美食的产地，位于卢龙县清喜生态农业有限公司的甘薯种植基地，这是卢龙县最大的种植基地，也是全国单一品种最大的种植基地，引进这一品种并将之在当地发扬光大的人，名叫高清喜。

他忘不了甘薯的甜

高清喜是土生土长的卢龙人，老家在石门镇。和当地大多数人一样，从小就亲近土地，他对甘薯的种植与品类了如指掌。

不过，和多数"不安分"的农民一样，高清喜一开始没把土地当成自己的归宿。他也想出去闯闯，高中毕业后，因为没有分配工作，他一直在外面打工谋生，他做过工程爆破，堪称这方面的行家，也在铁路上干过活，修过桥，修过路，会开大车，也会电工，在工地上是个能手。

不过，即使是在外地打工，他也没放下自己家里的地，也没忘了从小就熟悉的甘薯种植本领，家里一开始也一直种植淀粉薯，1992 年，村里开始有人引进鲜食甘薯，这种甘薯糖分极高，口感甚好，他吃过以后，一直念念不忘。

2012 年，高清喜在铁路上干活时，与双望镇熟识的一个领导交流后，受到启发，开始有了走多种经营、产业化种植的想法。他在老家石门包了一个荒山，成立了公司，按照省级的标准建了一个种禽场，开展以小尾寒羊养殖为主、甘薯种植与加工为辅的项目。最多时他养了一千多只羊，也曾红火过，他的公司还曾荣获过农业产业化龙头企业的称号，但后来赶上羊肉大幅度降价，再加上各种原因，种禽场经营困难，难以为继。

高清喜开始思考再次转型，经过艰难的选择，他最终还是回到自己最熟悉的领域——甘薯种植。

种什么样的甘薯好呢？过去传统的淀粉甘薯已经不能适应人们日益多元、要求越来越高的味蕾，必须要种植口感更好、更甜且更适合多种加工的品种，于是，当年尝过后念念不忘的烟薯，就成了高清喜转型的突破口。

他建成了最大的甘薯基地

2018 年，高清喜首先在昌黎承包了一千多亩地，建立种植基地，开始种植甘薯。当时缺少人手，就家里人全上阵，媳妇孩子，白天黑夜，都在田间地头里劳作。

选在昌黎的原因是这里地势好，土壤适宜，水源充足。为了种植这些甘薯，高清喜也颇动脑子，他经常出去学习，去各地考察，也请来专家讲课，当面咨询。

走得多了，看得多了，他心里也有数了。要想引进这个外地品种，让它在当地落地生根，就要进行甘薯标准化种植，即从种植基地选择、施肥、栽秧、田间管理、病虫害防治及收获等各个方面均按照一定的标准进行种植。

标准化种植之路，也就由此开始，高清喜的地里，开始生长出一茬茬的烟薯，2018年，基地里生产出的鲜食甘薯通过农业部绿色食品认证，引起了当地农业部门领导的注意。12 月，秦皇岛市农业技术推广总站及相关部门以清喜农业的种植模式为模板和参照，起草了《甘薯（绿色食品）生产技术规程》（DB1303/T261—2018）地方标准，并由市市场监督管理局予以发布。

一个农民，他的基地成为标准化种植田，这个事情在卢龙当地引起了不小的反响。时任双望镇镇长的高志山因为也在石门镇工作过，所以对高清喜很了解。他找到高清喜，劝他把烟薯种植推广到卢龙去，毕竟那里是他的老家，也是著名的甘薯之乡。而双望镇正在开展"百千万"工程，要开展百亩示范田、千亩基地和万亩产区活动，其中千亩甘薯示范基地，就是其中的一个重点项目，也是镇里调整产业结构、振兴乡村经济的举措，而这与高清喜所从事的事业正好可以对接。

高清喜也早有此意，在他心里，有个认识，甘薯还是卢龙的最好！而回报家乡，也是他的一个梦想。双方一拍即合，于是在高志山的支持下，高清喜在双望镇承包了1800亩地，建成了卢龙当地最大的甘薯种植基地，也建成了卢龙县第一家烟薯试验基地。

他种植出了最好吃的甘薯

"这是第一茬儿标准化种植甘薯，你看，匀溜的甘薯没有极大、极粗的，这种'体型'就是为'烤'而生的，应该说达到了鲜食甘薯的最佳标准。"在卢龙县清喜生态农业有限公司甘薯种植基地，总经理高清喜向来访的记者介绍。

据了解，清喜农业今年在卢龙地区的甘薯种植面积达到1800亩，其中98%为"烟薯25"，不但是卢龙最大的烟薯种植基地，还是全国最大的单一品种甘薯种植基地。

由基地生产出来的甘薯烤着吃特别香甜、黏糯流蜜，完全达到烟薯的最佳食用标准。但做到这一点，其实挺不容易。

"我们要控制株距、产量，同时深翻土地40厘米，让甘薯形状纤长、匀溜，适合烤制鲜食。"在刚刚起垄的"烟薯25"基地前，高清喜介绍说，这些技术都是他一步步亲手完成的，种植甘薯是辛苦活，他白天都基本长在这里，村里的人都知道，要想找到这位老总，去地里一找就一个准。

标准化种植帮助高清喜完成了烟薯的丰收和增产，而各种技术的引进，也为卢龙甘薯带来了勃勃生机。在实行标准化种植的基础上，清喜公司采取了双膜覆盖、滴灌技术，提高了地表温度，解决了最重要的水源问题，让薯秧早扎根、早成熟，让甘薯比往年早上市一个月。团队还有专家提供技术保障，三农专家朱启臻教授团队担任指导顾问。

他还开辟了卢龙红薯两茬种植的先河，收获完春薯地，又部分试验了夏薯，并开辟多种经营，在玉米田里部分试验了糯玉米、青贮玉米。

这一次次技术的突破，也是农业标准化作业的成果。作为北方最大规模的存贮基地，2018年起实现唐秦规模种植，每年都有新创新、新突破，可实现全面持续化供应。

"农业标准化种植不仅能够提高种植技术水平，改进产品质量，而且有利于规范市场秩序和保证产品安全。清喜农业作为甘薯种植标准化企业，是行业的标杆，我们将借此大力推广农业企业的标准化种植，发挥其示范引领作用，促进行业高质量发展，带动地方经济发展。"卢龙县市场监督管理局党组书记、局长杨晓林表示。

清喜农业的甘薯也通过超市供货、电商销售的方式与人们见面。高清喜和当地旅游商品协会也开始联系和合作，并取得良好的销售成绩。据秦皇岛市旅游协会旅游商品分会副会长、云淘贸易有限公司总经理刘梦瑜介绍，仅在疫情期间，云淘公司就通过电商的形式卖出了三万斤甘薯，并引发很多客户收购和订货。

烟薯的上市，还促进了产品多元化的开发、经营，可烤，可蒸，也可做成薯干等形式，满足了人们的需求。

"在清喜农业的带动下，我镇许多农民开展标准化甘薯种植，不仅收效显著，而且大面积的种植也拉动了当地农民就业，这很符合国家'调整结构、振兴产业'的出发点和'龙头带动＋合作引领＋大户承包'的土地流转新模式，调优农业产业结构发展，促进乡村振兴，实现了农业增效、农民增收。"卢龙县双望镇书记孟贺奎说。

清喜农业作为秦皇岛市农业产业化重点龙头企业，曾被央视、新华社、河北新闻、秦皇岛媒体聚焦报道。

看着一望无际的采用标准化种植的甘薯地，高清喜说出了自己的打算："今年秋天，我想拿出 5 亩地做实验，只施微生物菌肥和使用松土保水剂，看看土壤能不能在明年春天栽秧前形成自身免疫力，将甘薯种植的绿色标准再提升一步。"

他还有一个想法，并开始实施：在卢龙县和秦皇岛市区建成落地烤薯直营店，并注册了夷齐乡里烤薯连锁、白薯脑袋等商标，开始销售自己的品牌。

卢龙人，有百年甘薯种植历史，而卢龙人高清喜，这个种植甘薯的大户，他相信靠自己的双手和努力，一定能在这段历史中留下自己的名字。

杜顺丰：在微观的世界里守护健康之门

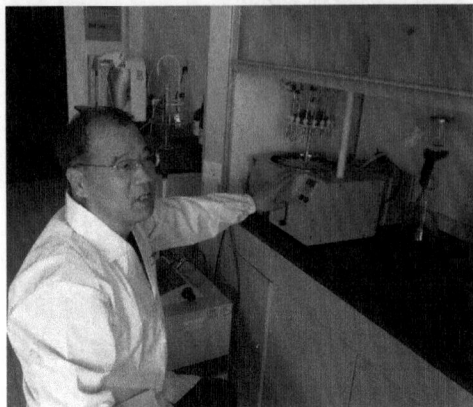

◎杜顺丰，1989 年 7 月毕业于河北农业大学牧医系，现为市农产品质量安全监督检验中心主任，先后获得河北省农业系统先进工作者（市劳动模范）、河北省先进工作者（省劳动模范）、河北省"三三三人才工程"二层次人才、市青年科技奖、首届市管优秀专家、"第八届秦皇岛市十大优秀青年"等荣誉。

29

庄子说，天地有大美而不言。仰望星空，我们会感受到银河的壮丽；俯瞰大地，我们会感受到万树繁花的绚烂；纵览山河，我们会感受到奇绝雄阔浩浩荡荡的气韵。

然而，也有我们肉眼看不到的一个世界。

那是微观的世界。这个神奇的世界里，小水滴形如汪洋大海，茅草变成了森林，虫鸣花开，天籁无声。一花一世界，一木一浮生。小世界无处不在，只是我们毫无察觉。

几乎每一天，杜顺丰都徜徉在这样的世界里。"无限掌中置，刹那成永恒。"

进入微生物"王国"的学者

微生物王国是一个真正的"小人国"。这里的臣民比如：细菌、支原体、病毒等，它们小得惊人，但是它们之中的一部分一旦进入人体，将对人类的生命造成巨大的威胁。

杜顺丰的工作，就是守住我们这个城市万千群众的生命健康之门，让这些"小人国"里的坏蛋远离人群。

这是个在常人眼里寂寞、枯燥、又累又脏的工作，但在杜顺丰的心目中却无比崇高。

1984 年 9 月，杜顺丰考入河北农业大学，学的是兽医学专业。

这个专业，在当时经济热的年代，是一个大大的冷门。在这个专业里，他学得很快乐，很自豪。

在大学里，他忘我地投入了知识的海洋。显微镜下，他看到了一个别样的世界。

在这些日子里，他最不能忘记的就是一些数字：动物传染病有 200 余种，其中有半数以上可以传染给人类，另有 100 种以上的寄生虫病也可以感染人类。全世界已证实的人与动物共患传染病和寄生性动物病有 250 多种，其中较为重要的有 89 种，我国已证实的人与动物共患病约有 90 种。狂犬病、炭疽病、布氏杆菌病、结核病、沙门氏菌病……

"畜牧业的产值在发达国家占农业总产值的 50% 以上。畜牧业一旦出现动物疫情将会带来巨大的损失。"杜顺丰说。

于是，在平常人眼里无足轻重甚至讨厌的东西，在杜顺丰的眼里拥有了别样的意义。

与病菌和违禁添加物质作斗争

毕业后，杜顺丰到秦皇岛市畜牧局下属的市动物检疫站工作，负责动物与动物产品的检疫和防疫监督工作，一干就是 12 年。

2004 年，杜顺丰迎来了他生命中第一次重大的战役。

这一年，他在市兽医站（现在的市动物疫病预防控制中心）分管疫病监测工作，邻省发生了严重的禽流感疫情。面对突发情况，他头脑冷静，临阵不慌不乱，迅速行动，连夜查找资料，组织培训教材，亲自深入部队、学校、电视台进行相关知识的介绍。按照上级领导的要求，积极组织人员，指导养鸡场开展紧急免疫注射。没黑没白地忙了整整两个月，由于防控及时，秦皇岛境内没有发生疫情，取得了防控禽流感的胜利，杜顺丰和他的战友们受到市委市政府的表彰。

2009 年以来，瘦肉精在国内一些地方出现反弹。瘦肉精对人体的危害是巨大的：对心脏有刺激作用，会使人心悸、心慌，对神经系统也有刺激作用，产生恶心、呕吐等症状，还有肌肉不由自主地颤抖。有研究表明，如果长期食用的话，还会导致染色体畸变，诱发恶性肿瘤。

为了根治瘦肉精，按照上级领导的指示精神，在县区畜牧部门的大力配合下，杜顺丰组织技术人员深入全市的各大养殖户调查采样。检测工作是极为艰苦的。化验需要接尿，他们不顾动物圈舍的恶臭，一次次进入生猪场、牛羊圈舍接动物的尿液进行检测。2011 年，他和县区畜牧局技术人员发现一养殖户的三只羊检出了瘦肉精，他们马上把这一情况向上级部门作了汇报。最终的处理结果是，这个养殖户养殖的育肥羊全部被拉到山海关无害处理厂集中销毁，而喂食瘦肉精的农户被判刑和罚款。

这个事情让杜顺丰心里难过了很久。长期深入农村，他深知老百姓日子的不容易。这 200 只育肥羊，是农户一家全部的收入和希望。被处理了，直接影响农户一家的生活，但是为了对更广大的人民群众的健康负责任，他不得不上报，法不容情。此时的无情亦是最大的深情。

奥运会刚刚结束不久，他们就接到河北省畜牧局转来的农业部公函，要求他们协助调查一起三聚氰胺事件：西北某地的一车皮豆粕中检测出了三聚氰胺，这批货包装标志显示为秦皇岛某厂生产。

事不宜迟。按照市局主要领导的指示，杜顺丰马上着手处理此事。为了弄清楚事情的真相，他和主管领导一起连夜带领技术人员去涉事单位进行抽检。为了不惊动厂家，不给厂家造成不利影响和不必要的麻烦，他们只说是例行抽查。拿到样品后他们连夜委托第三方检测机构进行专业检测。

这是个不眠之夜，杜顺丰一直等候在检测机构的大门外，直到检测结果出来：该企业的产品正常，符合标准。后来经过调查，证明是经销商私自对产品做了手脚，真相终于大白，企业的声誉保住了，杜顺丰也长长地出了一口气。结果报到农业部和河北省畜牧局后，省局领导对秦皇岛工作的细心、谨慎、认真给予了极大的肯定和赞扬。

在奥运会、上海世博会、女拳世锦赛等重大赛事活动中，单位是市政府指定的检测单位，他负责秦皇岛比赛用畜禽产品的质量把关，他深入一线，合理安排人员，连续奋战，圆满完成了组织交给的任务，受到上级领导好评。

从 2011 年开始，杜顺丰连续十年负责暑期旅游旺季农产品质量安全技术把关工作。在农产品质量安全检测工作中，他带领同志们克服种种困难，组织深入种养殖基地、奶厅奶站、屠宰场等环节，驻场检查、现场采样、批批检测、逐级上报，保障了暑期上级领导、中外游客、全市人民食用农产品安全。

杜顺丰在工作中积累了丰富的实践经验，凭着勇于创新和坚持不懈的韧劲，领导所在机构获全国首批 38 家具有三聚氰胺检测能力单位，2014 年成为"全国无公害农产品产地环境检测机构"，在全省首次检测技术大比武中获团体一等奖，培养省检测状元 3 人、省能工巧匠 3 人、省技术能手 4 人。2 人被评为"三三三人才工程"二层次、7 人被评为"三三三人才工程"三层次称号。2015—2018 年多次获"省青年文明号"，2017 年获"全国青年文明号"，2018 年成为河北省农产品质量检测分中心。单位成立以来连续获河北省风险监测先进单位、河北省畜产品质量监测先进单位称号，2020 年获全省兽药饲料畜产品检验检测实绩突出单位。

守护在我们身边的无名英雄

现在的杜顺丰是秦皇岛市农产品质量安全监督检验中心的主任。千万人的健康，都与他的工作密切相关。

2010 年，省领导在暑期现场办公会议上指出："秦皇岛、北戴河地理位置非常重要，成立农产品质量安全监督检验中心是非常必要的。"省政府、市政府将"农产品质量安全监督检验中心建设项目"列为暑期重点工程项目，2012 年又列为国家首批 56 个地市级农产品综合质检中心建设项目。他作为项目建设的主要技术负责人之一，积极出谋划策，重点负责项目实施方案的制订，主持谋划畜牧水产品设备选型、安装、调试及培训等工作，在时间紧、任务重的情况下，不负众望，圆满完成了项目建设。

为保障食用农产品质量安全，根据国家法律法规，结合秦皇岛市实际，他主持制定了河北省首部禁用药物管理的地方性规范文件《秦皇岛市动物禁用药物监督管理办法》，并以市政府名义发布，对加强动物产品质量安全管理、保护人民身体健康、维护公共卫生安全、促进畜牧业健康发展发挥了重要的作用。

杜顺丰的心里，始终装着老百姓，总是利用手中的技术为老百姓服务。

有一次，一个奶牛合作社负责人找到杜顺丰，苦恼地告诉他，收鲜奶点说合作社牛奶不合格，不收他们的牛奶了。

对于一个奶牛合作社来说，卖鲜奶就是参加合作社 20 多户人家的希望。他不敢怠慢，马上跟随这位负责人来到养殖场。进了门，他先进了牛舍，没发现什么问题。但是旁边堆着的草料引起了他的注意，他感觉这些草料在阴雨潮湿环境中存放极有可能已经发霉。采集牛奶化验之后，证实"元凶"就是由于给奶牛饲喂发霉饲料，使得牛奶中黄曲霉毒素 M1 超标。找到了问题的关键，排除了隐患，牛奶的质量合格了，他们的牛奶得以顺利销售。

"平安就是最大的幸福。"这是杜顺丰内心最真实的愿望。请记得，我们每一个迎着朝霞的日子里，都有无数这样的人在守护。健康生活的我们，真想替这个城市，对杜顺丰和他的战友们，说一声谢谢。

张国兴：不负丹青不负卿

◎张国兴，1950 年生，师从孙其峰、秦岭云、何海霞等艺术大家。河北中国画学会会长、中国美术家协会会员、中国画学会理事、河北省美术家协会理事、国家一级美术师。曾任秦皇岛文联副主席、秦皇岛书画院院长、秦皇岛美术家协会名誉主席。

30

张国兴的脑海中，清晰地刻画着 20 世纪五六十年代秦皇岛的模样：海阳路附近的菜园子，曾经辉煌的缸砖路，朝阳街附近的大戏院，一过道南就能望见的大海……已经不复存在的"长城马路"，已经化作港城记忆的"雨来散"，牵系着他童年的记忆，承载着他艺术起步的点点滴滴。

1973 年，23 岁的张国兴是秦皇岛市棉织厂一名普通的工人，厂子一间接待室需要书画装饰，颇有才气的张国兴被点了名。自此，"毛笔""宣纸""中国画"的概念进入了张国兴的脑海和生活，也成为他一生不能割舍的情缘；之后，他的国画作品《金秋图》荣获秦皇岛市美展一等奖，这成为一份莫大的激励；20 世纪 80 年代，张国兴进入中央美术学院深造，并开始了专业的国画创作之路。

从 23 岁拿起了画笔，几十年来，张国兴从未放下。

生活艰苦的时候，把宣纸铺在炕上画；有了自己的书房和画案，饭前饭后的点滴时间都在画；外出写生，年近古稀、满头华发的张国兴半跪在张家界的山腰画……

"有朝一日，我要手持画笔走遍祖国的大江南北"——这是年轻的张国兴的一个梦想。半个世纪，张国兴手持画笔，从秦皇岛画到全国乃至海外，从韶华画到白头……

献身艺术，笔墨精神

中央美院教授、博士生导师，中国美协理论委员会主任、著名美术史论家薛永年用"厚、苍、简、劲、重"五个字形容张国兴先生的国画特色；中央美术学院教授、著名美术评论家邵大箴则用"自由"二字概括了他的创作风格；中国美术家协会理事、河北省美术家协会名誉主席、河北省中国画学会名誉会长赵贵德先生谈起张国兴与国画艺术，用这样一句话来总结：国兴将自己的生命交给了艺术。

自由的精神才能泼洒出自由的笔墨。在广泛地观赏、欣赏、写生的基础上，张国兴把生活中实际的山水，转化为他生命中的理解，画出自己心中的山水；他的画作体现出他特有的自由的精神状态，体现出中国画意象、写意精神特质。

研读张国兴的画作，呈现出来的不仅仅是自然山川，流淌在纸面笔端的，更多的是对人生的参悟，对生命的热爱。人品不高，落墨无法——张国兴反复强调。

张国兴说，从事艺术创作，心地要干净、心胸要开阔、心怀要坦荡，只有具备这样的人格，才会全身心地、毫无功利心地投入艺术创作；此外，欲求在绘画领域有所成，第一靠思想高度，第二靠文化水品，技法和笔墨排在第三位；如果不具备文化素养和思想的深度，画的格调不会太高，最后会沦为"画匠"。

张国兴笃信，爱上国画，就要敢把自己的生命交给艺术，一生如痴如醉、不离不弃；艺术创作之路没有捷径，容不得半点懈怠和虚假，静下心来，心无旁骛，只要付出了，时间和历史对谁都是公正的。

对于画坛上苦苦探索的后生们，张国兴嘱告，年轻人学画，师古人、师造化；我们跪着学古人，却要站着画自己；学画，不仅要用最大勇气打进去，更要以最大力气打出来，在领悟了古人和师长的艺术精髓之后，吐故纳新，脱胎换骨，形成自己的艺术风格。

强化笔墨，以技入道，以情取胜。正是因为不断积累起来的笔墨及审美经验上的自如表达，张国兴先生描画出山之雄厚、水之灵动、花之秀美、物之古拙……

同为根植于秦皇岛这方沃土的艺术家，赵贵德先生为张国兴的为人和艺术情怀作了最好的注解："国兴是一位很纯真的艺术家。从将自己的生命交给艺术之后，一直以虔诚的信仰精神在中国传统大文脉中扎扎实实地苦心修炼，从而使他的人格品位、文化品位、艺术品位在心灵上建造了一座宽厚、和谐、自由自在、循德解道的金字塔。"

传承艺术，推举新人

家乡的山山水水成为张国兴先生取之不竭的创作源泉：北戴河的白浪滔天，古长城的巍巍雄关……

作为共和国的同龄人，张国兴先生见证了秦皇岛国画艺术发展的每一步。用他的话说："是秦皇岛这方热土培养了我，给了我莫大的荣誉，所以，对于脚下这方土地、对于这座城市的艺术发展，我是有责任的。"

新中国成立以后，随着经济的繁荣、文化的发展，这座城市的书画事业也日渐繁盛。以贾克里、常开愚为首的"汪洋四粟"，以及当时的赵贵德等青年俊彦，在省内外产生了重要的影响，成为当下秦皇岛国画艺术事业繁荣的前奏。

改革开放以来，全国出现了书画艺术繁荣的景象，秦皇岛也不落后，涌现了一大批书画人才，队伍之众、作品品位之高是空前的，张国兴等青年艺术家在这个时期脱颖而出。

国画艺术延续了中华传统艺术的根脉，艺术是需要传承的。

一朝为师，永志难忘。张国兴至今仍清楚地记得，1980年夏，国画泰斗孙其峰先生来秦皇岛疗养，恰好与正在写生的张国兴相遇。虽然素不相识，但孙其峰先生热情地赞扬了张国兴的勤学精神，并表示愿意给他的创作做指点、开课传艺；张国兴大喜过望，冒雨骑车回到位于海港区的家，驮来了一大卷儿自己的画作请孙先生指点。孙先生不厌其烦，对作品一一点评，不仅提出自己的真知灼见，还与他联袂作画。

从那个多雨的夏日开始，孙其峰先生与张国兴延续了近四十年的师生情谊。多年来，几乎每年的2月，张国兴都要专程去参加孙其峰先生的诞辰庆典。

不忘师恩，传承艺术。多年来，坚持艺术创作的同时，张国兴先生开始不间断地带学生、推新人。

2002年，他创办了"张国兴艺术工作室"，授业十余年不取分文；工作室汇集了30多名本土青年画家，画家们在一起切磋砥砺，共同创作、进步，为秦皇岛国画艺术的繁荣着花添叶。

除了工作室之外，对本土的一些画坛新秀、哪怕是书画爱好者，张国兴也总是耐心指导、尽力提携，交流中充满着期望和勉励；每一年的迎新春画展，他会不厌其烦地在自己的微信空间推出每一幅作品，并标注作者和尺幅——拳拳之心、殷殷之情，可见一斑。

春风化雨，润物无声，在张国兴经年的悉心指导下，一批国画新秀脱颖而出。张国兴说，如今，秦皇岛美术界可以说迎来了最好的发展时期，人才厚度空前，新人佳作迭出，一些画家能够进京办展，实在可喜可贺。

作为秦皇岛国画界的领军人物，正是因为深爱着脚下这方土地，深爱着国画艺术，在秦皇岛国画艺术领域，张国兴义不容辞地把承上启下的责任，担在了肩头。

曹连增："招人恨"的车管所所长

31 ◎曹连增，一级警督，河北省秦皇岛市公安局交通警察支队车辆管理所所长。服役 24 年，转业后在基层派出所、交警支队特勤大队、岗勤大队工作。先后荣立个人三等功三次，连续五年被评为优秀公务员，并多次获得嘉奖。

2020 年 7 月 1 日，秦皇岛市机动车检验智能审核平台正式进入运行阶段，这意味着什么呢？意味着检车不用再排队了，过去排队至少半天甚至一天的时间等着检车的车主们，现在只需要二十分钟，就能完成车辆的检验。

"过去人等车，现在车等人。"在嘉远机动车检测有限公司，一位亲身体验过这种检车服务的车主说。

简单一句话里，却彰显着车管所一年以来的变化。

"让数据多跑路、群众少跑腿。"这十一个字的要求，只是"放管服"服务中的一小步，却是车管所改革中的一大步，而对上任刚刚一年的所长曹连增来说，让老百姓少走的这小一步，也是他人生的一大步。

临危受命，职场就是战场

2019 年 6 月 23 日晚上，还在工作的曹连增突然被领导叫去，要他担任车管所临时负责人。

突然的命令，让这位在交警战线上干了十几年的警官有点"懵"，他当然清楚领导的用意。这时的车管所，长期陷入缺少正职的状态，此时扛起重担，堪称临危受命。

曹连增时任秦皇岛交警支队六大队教导员，在辖区的山海关区内，六大队因工作成绩突出，在群众中有着良好的口碑，"曹警官"的名字，在关城一带也颇有名气，突然离开了这个熟悉的环境，去一个完全陌生的领域，值得吗？他一时有点犹豫。

整整想了一宿，他还是决定，接受任务。

军人出身，当了多年的消防兵，又在警察的岗位上工作多年，忠诚与服从是军人的天职，公正与良知是警察的底线，这些素质，已经深深地刻在了他的骨子里。

6月25日，曹连增来到车管所上任，因车管所长期缺少正职领导，有很多积压的工作需要理顺。从那一刻起，曹连增就下了决心，这里就是他即将登上的战场，他要用准军事化的管理，重整旗鼓，打造一个让老百姓满意的窗口单位。

以身作则，领导不先上谁上？

在车管所上任一年的时间，虽然只是临时负责人的身份，但并没有阻碍曹连增大刀阔斧、雷厉风行地进行管理。

管理一个单位，建章立制是根本，党员干部率先起好模范带头作用，则是必需的手段。

每天早上8点，曹连增一定会出现在门口，比所有人都来得早，而且所长的大门永远都是敞开的，来找所长办事的人，无论是同事还是老百姓，都可以直接进来。

他还要求领导班子带头，几位所长都要去最艰苦的一线岗位，值最长的班，暑期过完后，又动员所有的领导，把加班值岗获得的补助捐赠出来，用来改善基层民警的伙食。

在最繁重的车辆档案归类建档工作中，所有的领导都加班加点、亲自上阵，把堆积如山的档案从综合业务大厅临时档案库中清理、迁移，重新归档入库，为以后的建章建制、落实执行奠定了基础。

在实际工作中，他多次深入一线，在工作中放下架子、俯下身子，身体力行地实践"小车管、大作为"的服务模式。通过以身作则，同事们渐渐服气了，人心开始凝聚，车管所出现了令人欣喜的变化。

可能有人恨我，但老百姓说好就行了

在山海关，有事找曹警官，曾是当地人经常挂在嘴边的话。

人们经常在拥挤的街道巷陌，或风雪交加的季节里，看见马路上和普通民警一样执岗、指挥的"曹警官"，很多人甚至都不知道他其实是个"大领导"，长年亲临一线，也让曹连增能够在第一现场了解群众的心声。

曹连增把这一作风也带到了车管所。他的大门不但向群众敞开，手机也向群众公开，24小时不关机。他也时刻提醒着自己和身边的人，要注意角色的转变，过去我们是执法部门，处理违章违法，现在则是为老百姓解决问题，提供便利的服务。

为所有的车主着想，这是车管所的职责，为此曹连增作出一系列的改革。

例如约车考试。因为学车的人逐年增长，网约这一块比较抢手，但因为约的人太多，很多人长期约不上，于是有人搞歪门邪道，收取费用进行暗箱操作。曹连增对此的措施是，采用满负荷考试法，延长考试时间，必要时周六日也加班考试，根据存量，制定计划，尽最大可能地满足需求，让人们做到随报、随学、随考。特别是在七、八月份，大学生放假时，正是约考、学车的高峰，在这期间他要求把所有考生的存量全部消化掉，保证约三次时能至少成功两次，而这无疑大大地增加了车管所的工作量，但曹连增觉得，为了老百姓一个赞，这是值得的。

如今，约车难的问题已经解决，暗箱操作也没有了，群众对此十分满意。

还有检车。检车时的等待，曾经是群众反映最大的问题。过去检一台车，上传数据后，还要人工对比，效率比较慢，很多车主排队等待，有时一天都检不完，也随之出现了很多人借代办之名从中牟利的行为。而率先推行智能检测后，通过平台对非营运小微型载客汽车的车辆号牌、车身颜色、环保单等数据进行大数据分析，一辆车最快不到一分钟的时间就能完成电子检测，再加上增加了很多的检车网点，极大地缩短了检车时间。检车难的难题就此解决了，不但群众满意，那些过去堵在门口的私人代办，也由此得以杜绝了。

对此，曹连增笑着说，我上来以后，这些人的生意没了，他们很恨我。

而在这个恨的背后，换来的则是更多群众的满意。

为了让检车更方便、更便捷，车管所建设了24小时自助服务区，设置了7台自助服务终端、2台自助照相设备、1台自助体检设备，可以办理自助体检、自助照相、自助处理交通违法、罚款缴纳、补换牌证、变更联系方式等业务，并依托机动车登记服务站和各个网点，开展驾驶人换证、满分审验、交通违法处理、两个教育等业务，形成"小车管、大作为"的服务模式。

车管所几乎每个月都能收到锦旗，在疫情期间，甚至收到了36面锦旗，有些锦旗是外地车主寄过来的，因为在本地检车时他们享受到了周到的服务，在一个个锦旗背后，换来的是人们大写的"赞"。

危难面前，是汉子就不能退却

疫情期间，车管所开创了几个第一：在全省率先开辟绿色通道；率先成为复工复业全省典范；第一个开通网上临时号牌办理；第一个开展窗口限时、预约，办理本人急需业务；第一个开办检车业务；第一个开通交通业务；第一个开始驾驶人全科考试业务。这些经验，在全省得以推广，也被承德、保定、邢台、衡水借鉴和应用。

通俗地说，即使在疫情期间，车照样检，试照样考，证照样换，牌照照样办，而做到这一切，曹连增认为自己是顶着压力上的，这里面也有很大风险，但一切取决于老百姓的需要。正是基于这个认识，别人可以休息，可以躲避，但警务人员不能。

2020年2月18日，疫情正在严重时，车管所仍在正常开展检车工作。为了做好防疫工作，他们强化防疫措施，实行车辆进厂消毒、人车分离等各项制度，检车员与驾驶员确定安全距离，连轮胎都喷上了酒精等。当时还是临时负责人身份的曹连增，为此甚至连辞职书都写好了，只要有任何问题，他就甘愿承担所有风险和责任。

3月1日起，又逐步恢复了全市28家机动车检测机构中23家的机动车年检业务，5日起全市辖区的瑞琳、世奥、嘉远、博光、二运、瑞祥、骊城、滦昌8家交通服务站，昌黎、卢龙、青龙、抚宁4个县区车管所业务网点，都可办理机动车新车上牌照和外地车转入业务，以及补领证、6年免检、临时号牌申领业务，实现了全市车辆检测机构的全面复工。复工之后，甚至吸引了很多外地人过来检车，有时高峰时外地车辆一天就多达五六百辆。

在上级主管部门支持下，车管所与交通局配合，以预约的方式，在全国率先开通驾驶员全科考试。他们制定了《车管所疫情期间恢复驾驶人考试工作预案》和《防疫期间规范驾驶人考试业务流程》，督促各考场成立了消毒、测温、信息登记小组，派驻场民警全程组织指挥、督促检查，经过充分准备，3月18日，率先在全省乃至全国恢复了驾驶人小型汽车驾驶证考试业务。经过经验总结、风险评估，于5月6日全面恢复驾驶人考试业务。50所驾校，15个考场全面复工，成为全国驾校复学复工的第一例。

疫情期间，通过车驾管业务的绿色通道，车管所为各级疫情防控领导机构、各级医院、各种运输防疫物资、群众生活必需品、城市运转的车辆以及驾驶人及时办理了相关车驾管业务，车管所开辟绿色通道，秉承特事特办、急事急办、上门办、昼夜办的服务宗旨，深受人们的好评。而对于普通车主，则以网上办、就近办、邮寄办的方式，提供更贴心、便捷的服务。

从2003年"非典"，到2020年新冠肺炎疫情，曹连增和他的战友一直都坚守在第一线，无论是在执法岗位还是车辆管理岗位，他们都可以自豪地说，面对危险，我们没有退后！

2020年4月7日，曹连增正式转正，摘掉了临时负责人的帽子，正式成为秦皇岛市公安局交警支队车管所所长。

转正之后，他还有一个很实际的梦想：要打造一个全国一等的车管所，而这，仍然要得到人民群众的认可，也依托于更好的科技与管理手段，"让群众少跑路，数据多跑腿"这朴素的十一个字里，写着一个心系人民群众的警务工作者的责任。

刘铁峰：人生自是有情痴

32 ◎刘铁峰，又署铁峰，痴汉堂主人，国家二级美术师，高级政工师。中国书法家协会会员，河北省篆刻研究会顾问，1985 年获河北省首届文艺振兴奖，现为燕山大学外聘教授、研究生导师，燕山大学文化传承基地学术委员。

丁酉岁末戊戌之初，刘铁峰所著的《痴汉堂笔记》由河北出版传媒集团、河北美术出版社正式出版发行了。

坊间都传，刘铁峰的家可谓是"室藏秦砖汉瓦、身寄翰墨金石"。可这个被老先生称为"痴汉堂"的陋室，依旧是狭小逼仄的空间，依旧是繁而不乱的陈设。

说来，早在这本书未面世时，在"冀书新品——河北出版传媒集团年度十本好书"推介中，《痴汉堂笔记》就已赫然在列。"亮点推荐"中又对老先生作了介绍。

本书的出版被刘铁峰认为是当年两大喜事，一是出了这本书，二是被评为河北省省级文明家庭。

执着于收藏之梦

刘铁峰人生经历丰富，当过船员、秘书、办公室主任，从政、从艺，退居二线后又从商，尽尝人间甘苦，多有人生感悟。近十几年酷爱收藏鉴赏，古董、书画，藏品颇丰。2005 年中央电视台两次专题报道个人收藏的瓦当、铜镜。《痴汉堂笔记》一书为作者自 2014 年以来的专栏文章集结，多方位、多角度地向广大读者表述了收藏方面的感悟与心得，既是个人的成长史、从艺史，也从一个侧面反映了社会的发展、文化的兴盛。

学术收藏，寻师问道，交友忆旧，家庭琐屑……在朴素简雅的文字中，也是刘铁峰一生艺术生涯的写照。

那一屋子的秦砖汉瓦、古玺铜镜，是"痴"的最直接产物。先生的藏品繁多却各成系列：秦砖汉瓦，石器铜鉴，铁器古陶，砚台印章……

每一件藏品背后，都有着不为人知的故事——它的出处，它的经历，它的功用和承载的内涵。形状各异的石镰、石斧、石铲，保存完好的石镞、骨镞或者锈迹斑斑的铜铁箭头，再现了新石器时代的先民生活和冷兵器时代的诛讨征伐；形神历历的动物头骨化石——潜龙，羽毛，龙虾，群鱼……让人禁不住猜想，它们经历了怎样不为人知的沧桑；古拙的瓦当上，"亿年无疆""长生未央""千秋万岁""与天无极""百万仓当"……承载了我们的祖先对于美好的渴望。古印封过怎样的信笺，铜镜照过怎样的美人，名为"青田""鸡血""寿山"的石头经过怎样的光阴，如今的我们都不可知，然而书中有解读，读来即获益。

关于收藏，铁峰老先生更是一言以蔽之。一是收藏历史，二是收藏文化，三是收藏感情，最后才是收藏财富。

坐拥领军席（《收藏》杂志誉其为"目前中国瓦大收藏研究的几位领军人物之一"），在他所言的陋室这些浩瀚的藏品中，自然看到历史，学到文化，悟出感情，它们已经与财富不着痕迹地融为一体了。沧桑转瞬，富贵浮云。庄子云"道在瓦甓"，岂虚言哉！

探寻于学术之美

收藏之外，那一系列考据严谨的学术论文，则是"痴"的另一种表现。

《碣石——远古的航标》是篇学术论文，放在卷首，也当最能凸显刘铁峰先生的行事之道。为了探究碣石的所在及功能，这篇文章所涉及的资料已经超过 30 种（类）。从古代的《尚书》《史记》《畿辅通志》，到当代谭其骧的《碣石考》、孙寿荫的《沧海桑田话碣石》，条分缕析，层层推进，最终得出"远古的航标"结论，把中国航标史提前了2300 年。

《东临碣石有遗篇》中，铁峰老先生结合秦代瓦当的特点，对秦皇岛出土的"夹贝卷云瓦当"提出独到见解：在"夹贝"这一方面，全国独树一帜。

在《秦汉瓦当》《古代瓦当》《瓦当留真》等众多瓦当图典中，这些秦始皇行宫遗址所用的夹贝卷纹瓦当，有它独特的文化背景与地理环境……为秦皇岛这座城市名称的由来，找到了充分的物证！

做学问讲究史料，要在不疑处有疑，要在有疑处严谨。这也是全国权威期刊《收藏》偏爱他，给予他"领军"殊荣的原因。

问道于师友之谊

收藏、创作之外，多年求师问道，与诸多名家所结下的金石翰墨情缘，是"痴"的最怡人之处。华君武、潘受、启功、刘炳森、康殷、赵贵德、吴作人、费新我、钱君匋、黄绮、孙轶青……古语说："独学而无友，则孤陋而寡闻。"在名家大家的点拨中，刘铁峰亦刻亦读，亦藏亦写，坦率、真诚、谦逊，但绝不盲从。也绝不会失去自我。

2004 年，孙轶青先生来北戴河度假，在秦皇岛的古玩地摊看上一方文天祥的砚。铁峰老先生情不自禁地喊出了"绝对新，还热乎着呢"的话，但孙老的工作人员坚持没有问题，结果买下之后很快又发现另一方相同的砚台。他诚恳地对孙老说："您在故宫，在博物馆见到的真物多，看真的您是专家；我在地摊儿上长大，我看到的假货多，看真的我不如您，看假的我比您明白……"句句实话，赢得了孙老"诚实的收藏家"之美誉。

子曰：德不孤，必有邻。铁峰老先生身寄陋室中，往来无白丁。诸多掌故，已经不独是老先生的个人经历，更记录的是书家、藏家、篆刻家的鲜活故事，且留下了清晰的历史痕迹。

为金日成、金正日等诸多国家首脑篆刻的印章，为中央电视台音乐频道设计的"民歌中国"的台标，已用了 18 年，是"痴"的别样形式，更让他以此为荣。3 万方印章，刻下的是时光，是成长，是人生。"我磨石头，石头也磨我；我刻印章，刻刀也在刻我。石头磨钝了我的棱角，石头磨出了我的性格。"他说，一辈子只刻字，充其量是个"匠"，而那不是我希望的。好古而不泥古，因循而不照搬。他的篆刻中体现了古人之道，也融汇着自我领悟，每一个字的设计——粗细、角度、朱白……无不见古意，也见自我。曹丕《典论·论文》中说："古之作者，寄身于翰墨，见意于篇籍。"所有这些都以情为线，凸显出一个"痴"。

关于"痴汉堂"，当代名家孙轶青先生这样作跋："痴汉堂。铁峰先生，汉族，刘姓子孙。喜文学，爱考古，好收藏，主攻书法篆刻。常以汉书下酒，汉瓦当砚，汉简为楷，汉印为师，并以汉铜镜铭心，汉陶器祭祖。学汉画像石之肖形，习汉瓦当之文字，爱汉文化如醉如痴，且能汲古为今。痴汉堂乃其斋名，自谓痴汉，实乃痴文，酷爱祖国灿烂古代文化之智者。"

2009 年，刘铁峰先生七十大寿时曾填词《人月圆》作贺："耰耕痴汉堂中趣，七秩正华年。浮生莫过，秦砖对酒，汉瓦邀闲。/清欢自守，不为商贾，不与参禅。古今几度，长怀襟抱，爱写青山。"

郎晓光：我与长城的不解情缘

◎郎晓光，中共党员，研究生，高级经济师。秦皇岛广顺集团董事长，中国摄影家协会会员，河北省摄影家协会副主席，秦皇岛市文学艺术界联合会副主席，秦皇岛市摄影家协会主席，高级摄影技师。

33

从大海到长城，从黑白到彩色，郎晓光的人生之路似乎注定与光影世界有着不解的情缘，每一段时光，每一次成长，每一个难忘岁月，绚烂、黯淡、荣光、沉默、迷惑、坚强，这些画面都被他用手中的相机表现得淋漓尽致。

爱上摄影是20多年前的事了，那时的郎晓光就对家乡的美丽风光有着异于常人的喜爱，对长城、大海更是有着无限的欣赏和眷恋。郎晓光曾说："美丽的家乡使我拿起了相机，摄影艺术使我更加热爱美丽的家乡。"对摄影的投入和热情来源于他对生命的热爱，对家乡的一片赤子之情。"我在农村长大，我是大山的儿子，是家乡赋予我生命，哺育我成长，回报家乡是我的责任。"他心里承载的就是这片广袤的山和海。他觉得应该把家乡的变化、美丽的景色一一记录下来，于是从那时起，他拿起了相机。

在众多的艺术门类中，仿佛只有摄影中的图像之美，才会带给郎晓光更多人生的宁静和从容，并发现生活的诸多美好。他感谢命运让他喜欢上了摄影，20多年来，相机成了他形影不离的伙伴，无论在什么境遇下，相机几乎没有离开过他的身边。他每天早出夜归黎明起，严寒酷夏从未歇，忠诚热忱地守候、探索着摄影艺术上的新收获。从家乡到全国各地，乃至国外，直至南极、北极，他的足迹踏过之路，都有摄影作品问世，让业内行家赞叹。

郎晓光是一个低调温厚的人，可谈起摄影，却流露出兴奋的表现欲。他会给你看他拍的张张精彩的鸟类照片，那细腻的用光、敏锐的视角，透过照片仿佛可以听到生灵脉动的韵律。欣赏郎晓光的作品，你可以清晰触摸到他的侠骨柔情。看待摄影，郎晓光站在了更高更宽的角度。拍摄湿地鸟类，不只是作为单纯的艺术欣赏，而且要告诉大家环保是一件多么重要的事情，好的自然环境才会吸引更多的鸟儿来到这里与我们共同生活，带给我们快乐！

在走过了很多国家、拍摄了太多美景后，他开始思考摄影的终极目的：摄影其实不仅仅是影像，还是人文的艺术，摄影师不仅仅是提供优美图片的人，还应该是传播文化的使者。正是基于这个认识，近年来，他对摄影的角度进行了调整，从风光片转向了一个严肃的主题——长城。

长城，是中华民族优秀的物质遗产，也是中华民族之魂的实物象征。

秦皇岛拥有着 600 多年历史的明代长城，在崇山峻岭间，拥有着堪称全国最精华的长城遗址，这些长城山海相连、烽隧相望，从山海关到抚宁，再到青龙和卢龙，231 千米的长城沿线上，有雄伟经典的板厂峪长城、原始风貌独特的董家口长城、雄奇崛险的正冠岭长城、古老而神奇的锥子山长城、地势险要的界岭口长城……这些保存完好的长城遗址，使得秦皇岛这一带成为当之无愧的拍摄长城的重要基地。在距秦皇岛以北 29 千米之外的地方，是号称长城"六绝"的板厂峪长城。先人的智慧使火山长城、标本长城、倒挂长城、环线长城、北齐长城以及京东第一楼并驾齐驱，名震八方，自然风光奇特壮观，历史文化积淀深厚，这里也成为郎晓光拍摄长城来过次数最多的地方，在这里他创作出了大量的长城云海作品。

他经常凌晨三四点钟即起，独自驱车进山，与多变的气候博弈，与荆棘草丛相伴，穿越群山，跨越过每一个烽火台，越是恶劣的天气越能看到他在长城上的身影，多年的拍摄经历也使他积累了大量的长城素材。各个角度的长城风姿，云海翻腾，多年的跋涉，使他真切地感悟到：长城其实就是一种精神。我们登长城，正是在寻找这种精神。长城魂，有着无形的凝聚力，是屹立不倒的中国脊梁。他觉得作为家乡长城的摄影代言人，能让更多的人认知秦皇岛长城，认识大自然永恒的力量，是他的责任和骄傲。在这里，他和影友们一起，以坚韧不拔、百折不挠的身影和足迹，让一幅幅令人震撼的摄影佳作从家乡走到全国，甚至走向世界。

拍摄是艰苦的，也是快乐的。在郎晓光的摄影作品中，长城总是展现其最精彩的一面，但很少有人知道精彩画面背后付出的代价。在拍摄冬季老龙头长城时，他踩在结冰的礁石上，瞬间滑倒在冰海里难以起身，幸亏影友相助才得以站起。更多的时候，是碰

上突然而来的恶劣天气，有一次拍闪电时，要按快门，但闪电迟迟不来，他们顶着雨、冒着危险等了几个小时，才拍出了一张可心的照片……

郎晓光的摄影作品曾荣获"上海国际郎静山艺术摄影大赛金像奖"和"终身成就奖"，在"天山杯"第二十一届河北省摄影比赛中荣获银质收藏奖，并荣获2011年河北省摄影十杰称号，作品在贵州省原生态摄影大赛中获得"银质收藏奖"；2017年被推选为中国摄影家协会第九次全国代表大会代表；2018年获得河北省文学艺术界和河北省摄影家协会颁发的特别贡献奖；2019年获得创意系列全球华人摄影十杰称号，作品《板厂峪长城》荣获第二届河北文艺贡献奖。2019年他也荣幸地成为长城代言人，作品在长城摄影周展出。另有上百幅作品分获国家、省市级奖项，并于2011—2013年间两次探秘南极、三次到访北极，拍摄到许多珍贵照片。

2018年，郎晓光当选为秦皇岛市摄影家协会主席，从此，他又有了新的责任和使命，他要带领广大影友把镜头对准火热的现实生活，对准人民群众，对准改革开放40年的丰硕成果，讲好秦皇岛的事、讲好秦皇岛的人，以摄影的力量传承、弘扬和传播当地的优秀文化，为建设沿海强市贡献力量。

每当人们还在酣睡之时，摄影师们就已经站在了大海边，等待东方的日出，当人们在温暖的室内享受天伦之乐之时，他们已经登上了万里长城，拍摄那云海、雾凇。

郎晓光说："摄影，绝不仅仅是记录那么简单，而是通过记录反映历史。在历史的画面中行进，提炼出生活的本质内涵，推动现实向着更符合客观规律的方向发展。"

2020年郎晓光当选为秦皇岛市文学艺术界联合会副主席。肩上的重担更加繁重，强烈的社会责任感，像血液一样静静地流淌在他的身体里，又像火炬一样通过他的手，一站一站，传递下去。

爱长城，拍长城，已经成为郎晓光生命中最重要的事。在拍长城的过程中，他也深深地体会到了一件事：长城是中华民族伟大的建筑，它体现了中国人的文化自信，拍摄长城，则让他这个摄影人找到了自己的文化自信。有了这种自信，在未来的艺术探索之路上，他相信自己也一定会踏上更辉煌的征途。

李学民：人们身边的"舌尖卫士"

34

◎李学民，中共党员，秦皇岛出入境检验检疫局检验检疫技术中心副主任，研究员。30多年在食品安全检验检疫工作第一线，潜心研究蜂蜜真假鉴别、农产品食品中数百种农药、兽药和其他化学毒物微量分析技术。荣获国家科技进步奖二等奖3项，省部级科技进步奖一等奖3项、二等奖2项、三等奖5项，制定国家标准7项、行业标准2项，完成质检总局科研课题2项。

随着互联网时代的发展，海淘、海外代购等新型生活方式流行开来，外国的奶粉、保健品、蔬菜水果可以被舶来，国内的优质产品也可以很快被传播出去，每个人都在乐滋滋地享受这种"产品文化交换"的快感，如此生活让人大呼过瘾。

可是很多人都不知道，在优质产品的背后，有一群人用自己的默默无闻、兢兢业业，在岗位上几十年如一日地奋斗，每天以高度集中的状态战斗在食品安全第一线，把好国门，做好服务，他们就是秦皇岛出入境检验检疫局的工作人员，李学民正是其中一位。他用自己过硬的技术、脚踏实地的作风，守卫着我们身边的食品安全。

成长于优秀团队，同行中找到自我价值

1985年，李学民进入秦皇岛出入境检验检疫局工作，1990年以踏实肯干、刻苦钻研的工作态度成为庞国芳院士团队的一员。这只团队在庞院士的培养、带领下，最初以曹彦忠、范春林、张进杰、李学民为核心，先后培养了2名"新世纪百千万人才工程"国家级专家和6名享受国务院政府特殊津贴专家，可谓是高水平科研团队。成立之初，除

庞国芳院士外,这支队伍仅有曹彦忠等 4 名年轻人,两两分组,研究科研方法、检测技术,为本地企业服务,打开企业出口大门。

记忆追溯至 1990 年,因肉鸡中一种兽药(克球酚)残留不能检测,中国肉鸡出口出现瓶颈。面对艰巨任务,他们没有丝毫退却,化压力为动力,齐心协力搞科研。功夫不负有心人,在大家共同努力下,李学民等人经过不断试验,优化检测条件,在我国率先开发出了 HPLC 测定肉鸡中克球酚残留检测技术,解决了检测难题,并主动延伸服务,研究了鸡体中该药物的代谢规律,指导养鸡户科学用药、适时屠宰。此后又针对进口国要求,采用国际先进液相色谱及串联质谱检测技术,相继开发了四环素、氯霉素、硝基呋喃、磺胺等兽药残留检测方法,突破了国外技术壁垒。自 1992 年的十多年间,累计为秦皇岛和唐山地区数千家养鸡户检测肉鸡样品近 2 万批次,从饲料、饲喂、鸡肉到加工成品全程严格把关,促使其国际信誉不断提高,使当年加工能力只有 300 吨的肉鸡示范场,发展成现在年加工能力达到 8 万吨,年销售收入由 1992 年的 2000 万元到目前已突破 15 亿元,带动了千家万户致富,也保证了千家万户的食品安全。

谈起这支团队,李学民谦逊地说:"在团队中,我找到了自我价值,一路走来,与如此优秀的人们为伍,我要学的还有很多。"

发挥蜂产品实验室优势,保证舌尖上的安全

1998 年,李学民与同事一起开展了蜂产品检测业务,2003 年作为蜂产品检测科副科长,不断提升检测能力和服务水平,开发新技术,建立新检测方法,在国内外赢得良好口碑。2009 年实验室被质检总局批准为国家蜂产品检测重点实验室。实验室成立起来,使全国 28 省市 400 多家蜂产品营销、加工和出口企业受益。

这期间,李学民积极参与制定了 43 项蜂蜜真假鉴别,农药、兽药及常规理化项目检测技术国家标准,这些构成我国出口蜂蜜分析技术的主体,突破了中国蜂产品在欧洲、美洲和日本遭遇的近千项技术壁垒。特别是在国内首次组织我国 25 个省市的 27 类 28000 多个纯正蜂蜜样品普查,得到 50000 多个分析数据,总结发现了中国蜂蜜碳同位素比值分布规律,为科学鉴定蜂蜜真假提供了理论依据,解决了国内国际关注的中国蜂蜜真假鉴别技术。

这项技术 2005 年被列入强制性国家标准,为促进我国蜂产品贸易发展、整顿规范我国蜂产品市场秩序、维护广大消费者的合法权益,发挥了重要的技术保障作用。该项研究成果获 2004 年国家科技进步二等奖和 2006 年首届中国标准创新贡献奖一等奖。

整个团队不断突破,真正以科学技术保证了"舌尖上的安全"。

打通服务"每一公里"，一个小本常放在桌上

2009年李学民由蜂产品实验室调到综合部工作，2015年任秦皇岛出入境检验检疫局技术中心副主任，检验业务受理和客户服务是他的业务内容之一。样品接收、出具检测报告、解答客户电话咨询、为客户实时服务，成了他工作的重心，秉承"全年无节假日，一年365天提供服务""收到蜂蜜样品，24小时报出结果"的服务理念，他让自己的手机全天24小时保持畅通。他说："我要打通客户服务的每一公里路，绝不掉以轻心，保持高度紧张，为企业客户及时答疑解惑、排忧解难。"

2009年7月，江西某大型蜂蜜加工企业对其他部门的检测结果产生疑问，急忙带着样品来中心咨询和检测，李学民向客户耐心讲解检验流程和相关知识，帮助企业查找可能出现问题的原因，最终问题得到圆满解决。该企业的副总给他发来短信："李工，谢谢您这几天的赐教，您的坦诚、严谨、无私令我佩服。"正是因为重视检测质量和客户服务，秦皇岛局技术中心进入首批食品复检机构名录，当蜂产品交易双方产生质量纠纷时，也可以把样品寄到秦皇岛检测。

2010年7月的一个星期日，河北省沧州市第一冷冻厂由于出口合同日期临近，加工盐渍虾质量是否符合要求无法确认，急忙来中心送样。人员到达秦皇岛后，李学民第一时间与她联系，并为了防止天热样品腐变，立即赶往单位办理委托检验手续、样品交接，做好低温保存。一切手续办好后，恰逢天气骤变，当得知回沧州大巴车仅剩一趟时，李学民不顾电闪雷鸣大雨连忙开自己的车把客户送到长途汽车站，才得以让其顺利返回，这种以"人文关怀"为出发点的服务，让客户深受感动。

李学民的办公桌上时常放着一个写满数字号码的小本子，这是他的"备忘录"，他把每一天要做的事记在上面，有客户的需求，有寄来样本的时间，同时标注哪些要做加急处理，满满当当的小本子就是他对工作严谨、认真的态度，摸着他的小本子，他笑着说："事情太多了，我都要记下来，有时候深夜给我打电话，也得赶紧处理。"正是如此的工作态度，换来客户的广泛信任，一些南方客户甚至抛弃了"就近检测"原则，把样品寄到秦皇岛检测，他们觉得这样才最放心、效率最高！

作为一名在食品安全第一线工作三十几年的老员工，李学民用无怨无悔、谨慎细微诠释了一名科研工作者该有的态度，他说："这么多年我连女儿的家长会都没参加过，也没有时间接送孩子，对于家庭有些抱歉，但是我用自己的付出为更多人、更多家庭换来口腹上的安全感，这很值得！"

李学民以及他所在的科研团队用一流的检测技术继续为食品安全贡献着、忙碌着，有了他们，人们吃得更安心，也更舒心。

陈庆合：从大师传承人到太极推广人

◎陈庆合，教授，河北科技师范学院体育与健康学院院长，河北省教学名师，硕士生导师，太极拳大家李经梧再传弟子，秦皇岛十大太极拳名师；被《中国太极拳大百科》等收录；新华社、学习强国多次报道。

35

每天早晨，在河北科技师范学院的操场上，都能看到有很多人跟随陈庆合练习太极拳。这些人中，除了该校的学生和老师外，还有来自社会各界的太极拳爱好者。

职业技术教育学者，体育学硕士研究生导师，李经梧再传弟子，河北科技师范学院体育与健康学院院长，秦皇岛市太极拳研究会原副主席……从在学校里开展太极拳教学，到在社会上以李经梧门人的身份进行各种表演、赛事、推广，陈庆合像一个文化使者，把太极精神输送到人们心中。

何谓太极精神。陈庆合说："太极拳是连通人类友谊的桥梁，是打开人们健康之门的钥匙，是陶冶情操的上乘方法，是修身养性的灵丹妙药。走进太极拳的殿堂，它可以使你的品格与情操得到修炼与升华。"

在陈庆合的心中，秦皇岛是一座康养之城，也应该成为一座"太极之城"，因为它具有滋生这种健康文化的良好土壤。

传承者：传承太极运动

在秦皇岛，陈庆合有一个自豪的身份：李经梧再传弟子。

李经梧是中国著名武术家、内功养生家、太极拳大师，吴式太极拳、陈式太极拳正宗传人。早在 20 世纪 40 年代即已蜚声武林，为"太极五虎上将"之一。经历过从旧中国到新中国、从商人到武师的转变，50 年代后期，李经梧服从国家安排，淡出武林，移居北戴河，专心从事太极拳的医疗保健工作，成为"北戴河太极拳"的开拓者。

1985—1989 年，陈庆合在徐州师范大学（现江苏师范大学）体育专业读书期间，曾习练过长拳、陈式太极拳、南拳等武术。大学毕业后，被分配到原秦皇岛煤校（现河北科技师范学院秦皇岛校区）。因为对于太极拳的热爱和机缘，1990 年夏天的一天，他见到了慕名已久的李经梧老师，在给美国太极拳学习代表团表演时，他有幸见到了李经梧的太极推手，让他大开眼界，并立下了跟随李经梧先生学习太极拳的决心。

太极拳讲究师门传承。1994 年，因为辈分关系，陈庆合正式拜在李经梧弟子冯益建门下，成为李经梧再传弟子，系统学习陈氏太极拳、吴氏太极拳械和太极推手，在太极拳推手方面经常得到李经梧的悉心点化，受益匪浅。

与众多李经梧门人不同的是，陈庆合是一位大学体育教师，这让他有更好的条件进行太极拳的学习和研究，并可上升到一定的理论高度。大学校园也成了陈庆合实践、推广太极拳的平台。

秦皇岛得天独厚的自然条件，再加上李经梧的金字招牌，吸引着来自全国各地的太极拳爱好者，这也让陈庆合在太极拳的学习中能够寻找到更多志同道合的人，并逐渐完成了从爱好者到传承者的转变。

普及者：让太极成为文化地标

近年来，有上百人跟着陈庆合学习太极拳，在他教过的弟子和学生中，上至九十岁的老人，下至六岁的孩子，然而让他最骄傲的不是有多少学生，而是通过三十多年的教学和研究，他已经亲眼见到太极文化成为他所在校园的文化地标，更在这个城市里茁壮生根、蔚然成风。

陈庆合以其深厚的太极理论文化功底和执着的精神，把太极拳这一运动，作为中国传统文化的一部分，推到了河北科技师范学院体育教学的前沿。早在 2005 年，学校就把太极拳列入教学大纲，第一学期为必修课，主教简化二十四式太极拳；第二、三、四学期为选修课；第五、六、七、八学期为公共选修课。通过几年的努力，2009 年，河北科技师范学院被河北省文化厅和教育厅联合授予以太极拳为主体的非物质文化遗产传播基地，被中国新闻网、中国报道网、《河北日报》等媒体多次报道，成为河北省内唯一一所系统传承太极拳文化的高等学校。这与陈庆合多年来的努力不可分。

现在，你来到这所学校，随便问一个学生，会不会打太极拳，几乎所有人都会脱口

而出：会！来这里学习的学生都要面对太极拳，而陈庆合带过的学生，有几个人硕士研究生毕业后回到学校，也成了体育老师，和他一样，成了太极文化的传承者。

在他们的努力下，近年来学校累计有数万人进行了太极拳的学习。

推广者：让太极走向世界

"天地间氤氲着一种强大而神秘的力量，这一力量推动着宇宙万物的生长发展，它无形无象，为万物之母，是万事之源，它渗透在生活的每一个角落，好像一只无形之手操纵着这个世界。"

这是陈庆合在他主持编写的《李经梧传奇与国标太极拳练习精要》一书中对于太极的理解。在这本书中，他不仅对李经梧的生平、太极拳的要领进行了阐述，还第一次完整地搜集整理了李氏门下弟子的资料。在他看来，太极拳是一项体育运动，能让人身体强健，太极也是中华养生文化的瑰宝，作为太极门人，他和太极拳的同道、同门们，有义务，有责任将这一璀璨的优秀中华文化推广到全世界。

2009 年 11 月，陈庆合随学校赴美文化交流代表团前往美国的多个地区进行了为期15 天的文化交流活动，把太极拳作为民族文化载体，带到了大洋彼岸。陈庆合的老师冯益建以及吕德和、王大勇等秦皇岛太极拳名师每年也多次去美国、法国、德国、俄罗斯、瑞典等国家进行太极拳传播。

在国内，许多慕名而来的武林同道，也专程到秦皇岛切磋和交流太极拳；2010 年 7月，河南嵩山少林武术职业学院一行专程到河北科技师范学院进行了交流，并邀请陈庆合到校指导教学工作。同年 12 月，沧州武术协会副主席、志海武术馆馆长王志海，来到河北科技师范学院与陈庆合进行了为期 4 天的太极拳理论交流，感到受益匪浅。

世界各地的体育爱好者也会慕名来到学院，找陈教授学习太极拳。

2010 年，美国亚拉巴马州特洛伊大学的师生来到河北科技师范学院观摩了太极拳表演，他们被震撼了，一年后他们再次来学习。同年，美籍华人何震亚和他的学生们从美国到秦皇岛向陈庆合学习和交流太极拳。此后数年间，有很多来自欧洲、美洲国家的人来这里学习太极。

在陈庆合心目中，太极拳是一项体育运动，更是一种养生文化。他说："世界上有4 亿多人在习练太极拳，太极拳已成为中国与世界进行文化交流的载体，大家不分地区、不分民族，都围在这个太极圆的周围，携手共同创造人类的健康、生活环境……"

与陈庆合一起学习太极拳的同道们，也在学习的过程中，对于生活有了更深刻的理解。已经研究生毕业并回到河北科技师范学院体育与健康学院成为体育教师的张丽，作为陈庆合的入室弟子,把太极拳当作大学本科期间最大的收获:"身体健康了,心态平和了,处理问题更全面更周到了。这项运动会让我一生受益。"

颐华太极养生中心的太极拳教师赵乐卿,也是陈庆合的弟子,他说,通过学习太极拳,不仅人的身体更强健,性格也越发沉稳,思维更加缜密。

一个健康的体魄和完整的人格,无疑是所有人的共同梦想。近日,陈庆合推广太极拳的事迹被新华社以《太极拳爱好者陈庆合:我有一个"哲拳梦"》的题目报道,同时先后以《河北秦皇岛太极爱好者陈庆合:我有一个"哲拳梦"》和《太极文化传播者陈庆合:深耕教坛三十载,润物无声结硕果》为题两次推上"学习强国"进行宣传报道,让这位太极拳传播者再次受到了人们的关注。陈庆合相信在他们的努力下,以康养文化、旅游文化著称的秦皇岛,也一定会成为一座"太极文化"之城。

丰晓强：农民致富路上的好帮手

◎丰晓强，毕业于张家口农业专科学校农学专业，现任秦皇岛市抚宁区农牧水产局农业技术推广站站长，高级农艺师。曾获得河北省农业技术推广贡献奖、农业部农牧渔业二等奖1项、国家林业局推广一等奖2项等奖项。

36

　　丰晓强老家在乐亭，父母兄妹都是地地道道的农民。1963年他出生时，正赶上三年自然灾害时期，脸朝黄土背朝天的农民们吃糠咽菜、上顿不接下顿的日子在他年少的脑海中留下了深深的记忆，也带来了无法弥补的创伤。

　　农民真穷，农村真苦。带着这种创伤的记忆，当有一天，他可以靠优异的成绩选择未来的道路时，尽管当时比较热门的是师范和工科学校，但他还是义无反顾地选择了张家口农业专科学校。

　　1983年，丰晓强毕业后分配到抚宁县农业局。很多大学生一毕业就进了办公室，丰晓强却放弃了留在县局机关的机会，选择亲临农业生产一线，到了抚宁县最偏僻、最艰苦的驻操营工委农业站，而他没有想到的是，他在抚宁的田间地头、村落山野间，一待就是几十年。

他是"推手"，将科学技术引入田间

　　当时抚宁的农村，和他老家乐亭没什么区别，都是穷，都是苦。对这些，丰晓强毫不觉得为难，他是农村出来的，习惯也乐于在这种环境下工作。让他觉得困惑和有压力的是，农民们把他们当成了"主心骨"和"大能人"，经常会针对农业生产出现的问题，向他们求助、请教，但他曾多次因为自己知识的不全面而把前来咨询的农民带到其他科室，也曾多次在田间地头被农民问得目瞪口呆。每当看到他们失望的眼神时，丰晓强就觉得心里有一种难以言说的痛。他暗下决心，一定做一个全学科型的农业技术人员，为农民解难，为农业技术人员争气，也为单位增光。

于是，白天他和农民一起下地、生产、劳作，晚上则打开书本，认真学习粮经作物、蔬菜、果树、中药材等高产栽培技术以及病虫害防治技术，经多年的试验研究，他制定了多套各种作物高产栽培技术方案，帮农民解决了生产上的许多难题。他不但传播技术，还传播概念，在农民心中树立起重科技、重实践的观念。

丰晓强难忘他从驻操营工委调到深河乡的那段经历。他们当时在农民中间推广花生种植业，用新引进的地膜覆盖栽植取代过去的陆地直接栽植，这一新技术，在当时并不为农民接受，丰晓强几乎挨家挨户地说服、推广，磨破了嘴，磨细了腿，最后，终于将这种新技术应用于田间，经过几番试验后，亩产由过去平均的一二百斤，增至后来的五百斤，翻了几倍。在数字面前，农民们终于信服了，纷纷找上门来，要他帮忙。如今，花生已经成了当地种植业的主要经济来源。

与之类似的还有玉米。他们大力推广的杂交玉米，通过改进栽培技术、引进新品种等方式，取代了普通玉米，从过去亩产四五百斤，发展到现在亩产1500斤，很多农民因此脱贫致富，走上小康。对此，农民们心中有杆秤，他们说："这事得多谢晓强！"

在农业部标准果园创建活动中，针对苹果腐烂病、轮纹烂果病、苦痘病、套袋果黑点病、果树的大小年以及苹果施肥等问题，丰晓强经过多次试验，完成了苹果高产栽培技术集成；在蔬菜标准园创建活动中，他又完成了大棚西红柿、生姜配方施肥技术，病虫害综合防治技术，形成了整套西红柿、生姜高产栽培技术方案；在粮油高产创建活动中，针对玉米、花生两大作物，大力推广单粒精播、施用缓控释肥料、合理密植、化学调控、病虫害综防等关键技术措施，形成了整套的玉米、花生高产栽培技术方案；又在水稻育秧工作中，大力推广无纺布育秧技术，减少水稻育秧过程中因高温造成水稻死苗坏秧现象的发生。

在他们的努力下，抚宁各村、镇、乡的农业生产由过去的单一经济，现已形成玉米、水稻、花生、马铃薯、番茄、草莓、生姜、大蒜、苹果、桃、核桃、板栗等农作物高产栽培，农业经济也终于迎来了久违的春天。

他是"医生"，专治各种疑难杂症

农民离不开土地，致富离不开技术，在农业经济蓬勃发展之后，更多技术问题也摆

在了科技工作者的面前。如何防治虫害、增产增效也成了摆在眼前的问题。丰晓强等农业科技人员，又要及时转变身份，从"推手"变成能够排除百病的"医生"。

在果树生产方面，针对困扰果农的苹果树腐烂病普遍的问题，丰晓强提出壮树防病，配方施肥，使用生物菌肥，减少氮肥的施用量，确定合理的载果量，通过引进"碧康"农药进行防治等技术，从根本上解决了苹果腐烂病的问题；对于果农头痛的苹果树的套袋果黑点病的问题，他引进了"福连"杀菌剂，提出在套袋前3至5天施用，大大降低了苹果黑点病发生概率，为果农的丰收提供了保证；在蔬菜生产方面，针对大棚西红柿病虫害发生严重、农民乱用药的问题，他指导农民采用滴灌技术，降低棚室湿度，控氮养根，确保秧苗健壮生长，坚持预防为主、综合防治的办法，推广以"阿米西达"为主、一药防多病的大处方，确保了西红柿的丰产丰收；在生姜生产上，让姜农头痛的是生姜腐霉茎基腐病（俗称烂脖子病）如何防治问题，针对这一问题，他引进了"多宁"杀菌剂，通过姜种消毒、土壤消毒等方法，极大地降低了腐霉茎基腐病的发病率，确保了姜农的丰收；在水稻生产上，率先引进推广了水稻无纺布育秧新技术，解决了水稻育秧过程中秧苗素质低下的问题；在花生生产上，推广了花生通过一次拌种达到全生育期防虫防病技术，解决了花生苗期蚜虫、茎基腐病、春秋蛴螬、后期烂果等问题；在玉米生产上，率先引进了耐密抗倒高产玉米新品种"伟科702"，并摸索出一套玉米高产栽培技术，在100亩玉米示范方中，创造了玉米平均亩产825公斤的新纪录；在清洁种植上，他率先推广50斤新型肥料代替100斤普通肥料的精准种植技术，为降低地下水污染作出了贡献……

在农民的心中，丰晓强就是一名"全科医生"，有了他，一切疑难杂症都可以药到病除。所以，当有了他们解决不了的事，"找晓强"，就是一个最好的解决办法。

他是教官，把知识传到田间地头

农民是纯朴的，也是率性的，有了问题，他们会焦虑，会冲动，也会不顾一切地四处求助。对此，丰晓强深有体会，他认为，在农业生产中，不能头痛医头、脚痛医脚，而是要把知识和技术普及下去，培养一批拥有知识与技术的新农民，这也是他们技术推广站工作的一部分。

农业技术的推广普及延续着从科研单位到推广单位再到农民群众的程序，并且季节性很强。一项新技术的推广普及往往需要从建示范田开始，然后召开现场会，最后召开农民培训会，层层推进。

农忙季节，农民白天劳作，丰晓强就利用晚上的时间给农民传授科学技术，无论是数九寒天，还是炎炎夏日，在教室里、田间地头，在粮食、菜果产区都能看到他忙碌的身影。30 多年来，他走遍了全区每个乡村，熟悉每条田间小路，掌握各村的种植特色，了解各个种植大户的基本情况，不但留下了他的辛勤脚印，也传播、普及着他的先进技术、农业知识。他的电脑、U 盘里，装满了农业技术和为农民讲课的一个个课件。

"互联网 +"时代的到来，使农业技术的推广普及走上了快车道，他又建立了"强丰农业技术交流群"，传播农业科技知识，发布农情预警信息，解答农民提出的问题。用现代农业的发展理念和科技知识影响农民，从而改变他们传统的种植习惯，拓宽他们增收致富的思路。

丰晓强说："和农民交往，得动真心，才能让他们和你心贴心，才能赢得他们的尊重"。

2013 年，抚宁镇西单庄村王玉文家的西红柿在盛果期发生病害，咨询了好多人，打了好多种药都不管用，几乎到了拉秧毁种的边缘，一家人心急如焚。丰晓强在接到求助电话后，火速来到现场，认真观察研究，采取了一系列有效的管理措施，使秧苗恢复了生机和活力，并创造了 1.2 亩大棚西红柿收入 5 万元的好收成。榆关镇李志、赵庄村李秀芬、盛铁营村柴志祥都曾在农业生产中得到过丰晓强的帮助，他们更是逢人便说"土地上的事，找丰哥，没错"。这也是丰晓强最喜欢听的一句话。每当听到这句话，他觉得，他所做的一切都是值得的。

多年来，很少能在办公室找着他，他几乎都是在田间地头和农民们一起交流、工作。他对从政和经商都没有兴趣。曾经有过很多次留在政府机关的机会，他都放弃了，从 1993 年担任抚宁区农牧水产局农业技术推广站副站长开始，到 2000 年转正为站长，中间除有四年时间因工作需要去监督管理站工作了一段时间外，20 多年的时间，他就没离开过这个岗位。

在农村基层一线"留守"了这么多年，丰晓强最大的快乐是"粮食和各种作物年年增产，我们的承包大户越来越多了"。但他也有困惑和苦恼："我们过去站里十几个人，每个人管一个作物，现在只有三个人，除了我以外，还都不是学这个专业的。现在的年轻人都怕苦怕累，不愿到第一线去，这样下去是不行的，怎么把技术和经验传承下去呢？我希望多一些能够勇于扎根农村的科技工作者，把我的担子接过去。"

乔海光：芳墨丹青写意人生

◎乔海光，二级美术师。自幼学习书画、诗文，现为中国书法家协会会员，中国
书画收藏家协会理事，中国书法家协会秦皇岛华文创作培训基地副主任，河北省
书法家协会主席团委员、理事，秦皇岛市文联副主席、书法家协会主席。荣获河
北省"德艺双馨"艺术家、秦皇岛专业技术拔尖人才、秦皇岛市市管专家等称号。

37

采访乔海光时，他正忙于筹划乔海光、李杰"清风在握"书画成扇展。室外，自家
窗外小园绿意婆娑、鲜花繁盛，汩汩水声传来，平添室内几分清幽和灵动；"仰止斋"书
房内墨香四溢，大大的书架诉说着主人是个喜欢阅读的人；写字台的画毡上色迹斑斑、
笔墨杂陈，看得出他的勤奋和努力。作为一位成功的书画家和秦皇岛市书画界的负责人，
"忙"成了他生活的主旋律：永远也创作不完的作品，一个接一个的会议、活动，使他的
人生快乐而充实。

好学不倦，难忘师恩

乔海光幼时即迷恋诗文书画，上小学时，他负责编办学校的黑板报，文章长了删掉
几句，稿子短了加上一段，标题要装饰美化，空白处还要随手画上几笔花草……不知不
觉中，书画家的梦想开始在他心中萌芽了。

上初中二年级时，乔海光买到一本《上海书法家作品集》，他如获至宝，反复揣摩
白蕉、沈尹默、潘伯鹰等名家作品，书中的诗文他更是谙熟于心。一本书，他居然翻看
了30多年，以至于烂得都不成型了。这本书对他研习书法的影响之大，难以言表。直到

几年前从网上看到几本《上海书法家作品集》正在出售，他毫不犹豫全部买了下来。十几岁时，乔海光已经能够书写春联，并试着用高丽纸将自己的书法和临摹郑板桥的墨竹"装裱"起来，自得其乐，乐此不疲。当时，王羲之、虞世南、沈尹默成了他心中的书法偶像，典雅、超逸的传统文人风范使他心仪神往。

他常去古文底蕴深厚的刘亚南、郑绍康等语文老师家里，老师们看似不经意的话语，让这个渴望知识的少年如饮甘泉，而老师家里的藏书也在不知不觉中丰富着乔海光的头脑。数年间，他的书法不断精进，并学习了大量的诗词曲赋。青春的记忆就是一段求学上进的经历。

1983 年乔海光高考落榜，正在复读的他被一家银行录用。工作后不久，乔海光到天津大学深造计算机专业，认识了高准老师。高老师出身翰林门第，知识渊博，凡文章、诗词、书法、昆曲无不精通，他时常登门拜谒，聆听教诲，所得颇多。在石家庄电大读书的三年里，他又认识了王长华老师，而且一交往就是二十余年。这些老师对他的影响如春风细雨，滋润着他孜孜不倦的心田。

每和朋友谈起自己的经历，乔海光总是感慨：对学生而言，老师不应当只是回答、解决一两个问题，而应当点亮学生心中的灯、打开学生探寻的窗。毫无疑问，刘亚南、郑绍康、高准、王长华等老师就是点亮乔海光智慧明灯、打开乔海光学识之窗的人。

书画有成，声名日著

乔海光研学书法，早年服膺上海书家，于沈尹默、潘伯鹰、白蕉用功最勤；进而上溯宋元魏晋，醉心于二王、孙过庭、苏东坡、米芾、董其昌、王铎；后致力于北朝碑板、三代金石，并博取何绍基、吴缶庐等晚清诸家，广泛涉猎，不断习学，终成清雅醇和、散淡天真风貌。

他的大字行草融王铎、吴昌硕于一炉，生辣跌宕；小行书取苏东坡、吴昌硕二家笔法，清逸古雅。概括而言，其书有三变：初，推崇沈尹默一路，由笔法至气格力追前贤，作字严谨精密，渐成温文清挺风貌，得帖学遗则；后，广泛汲取，参以苏米、北碑体势，气韵逐渐开张，于字间构成多有秒悟，所作奇变无端，一派天然；如今，则更重自我情感表达，以书载心、以简化繁、逸笔草草、气韵独得。省书协领导慧眼独具，选其作品参加第八届全国书法篆刻展，未料获得提名奖，百名获奖者中燕赵有四人，他是获奖者之一。此后，他先后参加了全国第四届扇面艺术展、全国千人千作展、当代书坛名家系统工程全国五百家书法精品展、全国首届大字书法展、全国首届册页展、第五届新人新作展、金山岭杯书法展等，迭获好评。

乔海光于丹青，初习海派花鸟，后醉心宋元以降文人山水，于倪黄、赵董、吴门、四王、四僧无不摹习，善能融汇中国传统文人的人格精神。其画作注重笔法、立意清标，多雅逸风范，少蛮横霸气，在当今画坛犹如一股清新之风。所作《仿黄公望富春山居图》由花山文艺出版社出版，数十幅巨型国画书法作品在秦皇岛市重要场所悬挂。

2005 年是乔海光人生的一个重要里程碑，市领导慧眼识才，由他主持书协常务工作。在不断提高自我的同时，他还要担当全市书法工作的领导责任。十几年来，他先后参与筹办全军军旅书法邀请展、创建全国首家兰亭中学、筹办全国第四届中小学生书法节、申创山海关全国书法之乡、申创中国书法家华文创作培训基地，组织承办河北省第二届篆刻展、河北省书法精品展等活动，累计组织举办省市书法家协会各类大型展事、交流、雅集、创作、培训等活动近百次。

提携新人，一路同行

提起乔海光，不得不说"有邻书馆"。新千年伊始，有感于榆关文化的日渐凋疏，乔海光和山海关另一位年轻书法家李杰一起租了处民房，成立了山海关书法社团——有邻书馆，一些关城俊彦常聚于此，只论诗文书画，不谈功名利欲。不久，他们筹办了八人书画展，名动港城。此后，有邻书馆虽几经迁址，但一直坚持至今，其中走出的书法家、画家不仅成为古城山海关的骨干，也是秦皇岛市书画界的杰出代表。

乔海光好读书，凡文史、诗词、佛道、经哲等广泛涉猎，而于孔孟之道最有心得。更难能可贵的是，他对于中国古典文化以及基于这一文化所形成的传统士大夫人格修持的坚守和回望，这在当下无疑是具有启发意义的。他特意为自己的书房取名"仰止斋"，语出《诗经》"高山仰止，景行行止"。仰止斋藏书不少，也成了三五好友雅聚之地。大家谈文论艺，言诗味古。满室灯火，其乐融融。腹有诗书，翰墨怡人，乔海光自己书画有成，也不忘提携新人，有人因此改变了命运。但他却不以老师自居，与李杰、周博等同人相互砥砺，感情真挚。乔海光还常以自己精心创作的书画赠人，毫无吝情。如所作"富春山居全图"，便有数卷赠予书界同道。

千年华夏艺术家标榜的是诗书画的交融，诗文修养是芳墨丹青的基石，乔海光在书画之外也常写些理论文章和诗文作品，如《学书臆语》《同窗赋》等。他的诗词绝非无病呻吟，常常有感而发。不久前，他又去兰亭，成诗一首：兰渚郁深秀，绕山白水流。永和留一叙，风雅足千秋。自来三经过，雨脚例未收。曲水石尚温，残春花如愁。抚碑得小坐，大化同攸攸。今古无形迹，荡荡见白鸥。

段君红：孩子们的"守护神"

38

◎段君红，文化里幼儿园园长，中共党员、中学高级教师，曾荣获全国第十三届宋庆龄教育奖提名奖、国家级生态学校垃圾减量项目优秀教师、河北好人、河北省师德标兵、河北省骨干教师、河北省自制玩教具工作先进个人、河北省绿色学校创建优秀教师、秦皇岛市骨干校长等多项荣誉称号。

"做教育的，需要爱心、细心、耐心。""喜欢这个事业，不觉得累。守着的就是一颗初心，用心做，做好每件事。""工作 35 年了，与孩子们相处了这么多年，我觉得很幸福！"……说这些话的人，是文化里幼儿园园长段君红。一头直顺长发，让她看上去很干练。一双明月般弯弯的眼睛，微露笑意，又让人有如沐春风的感觉。作为一园之长，就是整个幼儿园的大家长，她不只是要抓教育，更要统筹管理好整个幼儿园的方方面面。说起来不过是一句话、几个字，做起来的辛苦，只有经历过的人才能深切体会。

她的言谈，不禁让人想起那句话："教育的根是苦的，但其果实是甜的。"

她是孩子们心中的"园长妈妈"

段君红出生于一个军人家庭，从小是听着起床号从梦中醒来的。这份缘于家庭氛围的耳濡目染、潜移默化的言传身教，让她骨子里自然生出一种勇于担当的责任感。不怕困难，言出必行，是她做事的准则。

段君红的办公室不大，一进门，目光就会被一面荣誉墙吸引，这里挂的，是家长们送给她以及园中各位老师的锦旗，一面压着另一面，层层叠叠，覆满了墙，却只是锦旗

中的一小部分。其中有一面锦旗上写着"敬赠文化里幼儿园园长段君红：无微不至似母情，浓浓爱意如春风"，这正代表了许多家长的心声。

段君红说，每天在园里走，孩子都会跑过来跟她打招呼，扬着太阳花一样的笑脸，一声一声喊"园长妈妈"。她说，孩子们的爱单纯，你对他好，他就自然而然愿意跟你亲近。有时候去各单位办事，会听到在不同场合响起的"园长妈妈"。有一次，她和同事去某景区游玩，偌大的停车场，她才下车，就听到远远的有个喜悦的声音喊起来："园长妈妈！"周围的人纷纷看过来，那种满足感、幸福感，让自己觉得整个人都轻盈起来，高兴得想要飞。

谁都知道文化里幼儿园口碑好，而这份来自大家口口相传的认可，让段君红觉得分量很重。她说，你做得到，做得好，才能让家长们放心。为孩子提供最好的教育，解决家长的后顾之忧，能够陪伴孩子的成长，这就是一项伟大的事业。

为了这份伟大的事业，她每天 6 点半准时到园里，一年四季，无论冬夏。当这座城市里很多人还在酣甜的梦乡缠绵，她已经开始检查园中的安全设施是否稳妥，教室内的物品橱柜是不是都收拾妥当、有没有破损。孩子们还小，安全是她关注的重中之重。园里举办大型活动的时候，她的工作量就更多，场地、环境、各种物品，都要事必躬亲检查，所有老师要担负的工作，也都要她来明确分工。她就像是一个指挥官，不但要统筹大局，而且不能放过任何一件看上去不值一提的小事。处处都考虑周到，才能保证幼儿园这艘大船平稳地远航。

晚上，等到所有老师都下班了，段君红把整个园区、教室都检查过，才会在入夜时分踏上回家的路。就连寒暑假，她也是在园里度过的。

每天早上 7 点半，开园了，她和老师们准时站在园门前，等待孩子们的到来。晨检是入园的第一项工作，她们做得特别仔细。春冬是流行病的高发期，避免传染病的发生，就从这第一道检查开始。2020 年新冠肺炎疫情暴发，文化里幼儿园接到了疫情防控文件后，段君红立刻组织成立疫情防控领导小组，建立了健康、采购、消毒、台账等 40 余项制度和实施方案。为打赢疫情攻坚战，她更是多方筹措，准备了充足的物资，购置了晨检机器人，为孩子们能够安全入园作充足准备。

她是家长心中的"守护者"

每年新生刚入园的时候，都有家长不放心，站在门口不舍得离开。她就笑着告诉家长，园里每个岗位都有人负责，楼道口、楼梯转角、教室里，每个小朋友都有老师照顾。每天放学，她也会带领老师们站在园门前，送孩子们离开。她要求每位家长都要和孩子手牵手，不这样做，就不会让孩子离园。为啥？她用手一指外边，说："出了园门就是一条马路，临近是小学，一到放学的时候，车水马龙，孩子们年龄小，还没有建立起良好的安全意识，咱们就得处处提醒家长注意孩子的安全。"

家园之间建立信任，是需要时间的。三周岁的孩子，刚刚离开家走进这个陌生的地方，需要过渡。段君红设立了一个"亲子周"，前两天让家长陪同入园，看孩子们的"三餐两点"，跟着一起上课，一起做游戏。到了第三天，让家长放手，孩子们自己适应。最初的分离，不只是孩子要适应，家长更要适应。

7月份招新生，正是一年中最热的时候，老师们都放弃了中午回家，放弃了所有的休息时间，陪着孩子们一起度过。一个老师常常要挽着三四个孩子的手，衣服上眼泪鼻涕汗水，什么都有。孩子们对于老师还没有那么熟悉，哭得急了，挠一把，咬一口，连踢带抓，是常有的事。没有一个老师生气，没有一个老师用哪怕略带愤怒的语气说话。她们选择的是轻言细语，是守护与陪伴，正所谓润物无声，慢慢地，孩子们与老师越来越亲密，不哭了。从最初的不爱来，到后来的不愿走。

孩子们的原生家庭各自不同，有的要喂饭，有的要轻拍着入睡。有的孩子在家里蹲尿盆，还不会在园里上厕所，屙在衣服上是常有的事，这就要给孩子洗澡，要把衣服清洗干净。一个班三十几个孩子，每个都有着各自不同的性情，在家里习惯了以自我为中心，难免有这样那样的小摩擦。看上去平淡无奇的日常，是老师们用爱心与耐心，为一天天涂满了鲜亮的色彩。

她最喜欢被人们称为"河北好人"

段君红要求老师们注意培养幼儿们的规则意识，培养好的学习行为习惯，培养各种综合能力，老师们也是按照园长的要求践行的。于是，她能够听到家长的反馈是：孩子越来越有礼貌，知道跟人问好了；孩子会自己吃饭，知道自己去洗手了；孩子敢说话了；孩子爱护玩具了……幼儿需要培养的习惯和能力，都是从无到有地建立，这一步一个脚印的成长，处处都有段君红关注的目光。哪怕是回家之后，她也要嘱咐家长，注意跟孩子多沟通。初入园的时候，她更是天天叮咛多喝水，多吃水果，早睡，保证睡眠。

她从来也没有放弃学习，一直在努力提升自己的业务水平。她在园里设置的"心理沙盘""心理绘画"就缘于她深入学习心理学之后的所得。得益于"心理沙盘"，园里一个不合群、多动的孩子，找到了适合自己的方式，逐渐自悟，进而自愈。这个安全感缺失的小家伙儿，慢慢地与家人建立了爱的链接，终于可以坐在教室里安静地听课，也能够参与集体活动了。

2020 年，因为疫情的原因，开学变得遥遥无期，她指导老师们开设了包括绘画、手工、舞蹈、律动和体育游戏等内容的微课堂与家庭教育讲座，受到了家长和宝贝们的认可与喜爱。文化里幼儿园的多节微课视频被学习强国平台录用。

疫情过后，开园了，段君红听取家长建议，在分园区办了一个萌养班，尝试接收零到两岁半的幼儿，进行早教培养，效果非常好。家长们都竖着大拇指夸赞，还是要专业的人，来做专业的事呀！

多年来，段君红获得的荣誉不胜枚举，她曾荣获全国第十三届宋庆龄教育奖提名奖、国家级生态学校垃圾减量项目优秀教师等称号，2020 年，又被评为"河北好人"，这个称号她特别喜欢，因为"好人"那两个字，也是她最在乎的荣誉。

一个人的精力总是有限的，段君红三十几年如一日扑在教育事业上，一直在强调爱与责任、奉献与担当，让人记起当年梁启超先生的那句话："人生百年，立于幼学。"你看，这正像是给她那句话作的注脚：幼教事业，是一项伟大的事业！

史秋梅：畜禽养殖户的"主心骨"

39

◎史秋梅，博士，河北科技师范学院教授。任河北省预防兽医学重点实验室副主任，兼任省级和国家级科技奖励网络评审专家。荣获国务院政府特殊津贴专家、河北省政府特殊津贴专家、河北省优秀省管专家等称号。入选河北省高校李保国式科技服务团队，为河北省高校百名优秀创新人才、振兴畜牧业领军人物。

2017年5月25日，河北省科学技术奖励大会在石家庄河北会堂隆重召开，秦皇岛市河北科技师范学院史秋梅教授主持完成的《毛皮动物主要病毒病安全高效防控关键技术研究与应用》项目喜获2016年度河北省科技进步一等奖。历时17载，这一项目研发了预防用疫苗及快速诊断与检测试剂盒，推广疫苗8.3亿头份，中草药1336吨，该项目新增直接经济效益4.5亿元，项目成果提高毛皮动物育成率6%～8%，间接经济效益达102.7亿元。

自1987年参加工作以来，史秋梅先后主持、主研30余项科技项目，获得18项成果奖，可谓成绩斐然。尽管有着这样那样的荣誉、头衔，但她最在意的还是父老乡亲们的心声、笑声和掌声。在昌黎县及其周边区域，每每提到史秋梅教授的名字，许多养殖户都会不由自主地伸出大拇指：她水平高，没有一点专家的架子，解决了我们很多实际问题，是我们畜禽养殖户的"主心骨"。

记在农民心中的手机号码

1987年，史秋梅大学毕业，分配到唐山市乐亭县畜牧兽医服务中心。1995年，又调

回河北职业技术师范学院任教，也就是现在的河北科技师范学院，这20余年，她在圆满完成教学任务的同时，发挥自己的专业特长，始终奋战在畜牧兽医工作的第一线，为当地广大养殖户解决了畜牧养殖中遇到的各种难题，累积了较为丰富的经验。

随着时代的进步、知识的更新，史秋梅深感知识储备的不足。1995年调回河北职业技术师范学院后，1997年她考入了解放军军需大学预防兽医学专业攻读硕士学位；2004年，考入吉林大学预防兽医学专业攻读博士学位；2009年，进入中国科学院生物物理研究所博士后流动站，更深入地从事预防兽医学相关领域的研究……10余年系统的学习与研究，使她有了更好服务父老乡亲的底气。回到河北科技师范学院任教后，她依然心系这片土地上的父老乡亲。

史秋梅常常告诫自己的学生："一个人的水平、学问高低，就看能否解决农民生产中遇到的实际问题，眼看着大批的畜禽死亡，你却拿不出解决之策、应对之道，那么你的学问还有何用？因此，兽医学科更要贴近生产实践，注重解决实际问题。"她把这样理念和行动融入教学中，融入乡间农户。

个人的手机号码，常常是会留给家人、亲朋好友的，史秋梅的手机号码却无私地留给了广大的农民养殖户和养殖企业。

遇到技术咨询的电话，她总是耐心解答；遇到紧急求援的电话，她都会放下手头的活，第一时间赶去。昌黎县明浩狐貉貂养殖专业合作社的农民张明浩是这样感慨的："这么多年，史教授一直在帮扶着我们，只要一遇到难题、急事，大家一准会想到她，可她从来就没有过一句怨言，把我们养殖户的事当成自家的事。"

史秋梅的手机号码印进农民朋友的脑海里，便不再是一串简单的数字、一种便捷的联络方式，更是一种信任和真情的流露。

无愧师者的称号

在河北科技师范学院，有一些心系农民、服务百姓的科技服务团队，其中有一支就是被称为"高校李保国式科技服务团队"的史秋梅科技服务团队。昌黎县是我国最大的皮毛动物养殖基地，结合该县皮毛产业发展的实际，为扭转毛皮产业生产技术落后的状况，史秋梅带领她的科研团队围绕"毛皮动物主要病毒病的防控"这一课题，进行了大量琐碎、枯燥却又细致、扎实的工作。

20年来，她的团队进行了毛皮动物主要疫病流行病学调查，累计检测了河北省及周边区域的毛皮动物病例6900份，鉴定了多种病原，明确了我省毛皮动物疫病流行的主要特征，为促进昌黎县乃至河北省皮毛动物养殖业持续健康发展作出了贡献。这一研究也因此获得了 2016 年河北省科学技术进步一等奖。

作为动物传染病学教学与科研工作者，史秋梅对当下的畜牧兽医业的迅猛发展有着清醒的认识，自 2011 年以来，她带领的科研团队研制用中草药替代抗生素防治畜禽、水产养殖动物的传染病，研制了防治貉子腹泻的中草药饲料添加剂、鸡用中草药免疫增强剂、防治仔猪腹泻的中草药饲料添加剂、防治淡水鱼主要细菌性传染病的中草药饲料添加剂等，并授权了相关专利 30 余项。经过实践检验，她的科研团队研制的中草药制剂有利于改善动物体内抗生素残留、耐药性增强和环境污染的问题，较好地起到了防病治病作用，大大地提高了养殖的效益。

"传道授业解惑"，是给予师者的定义，史秋梅教授以自己 30 多年的奋斗历程，践行着这一职业的崇高信念，交上了一份完美的人生答卷。采访结束之际，史秋梅谈到了今后服务社会的打算，她说："要以团队的形式，更精准地进行服务，跟踪畜禽养殖业的全过程，不断地扩大服务面，取得更显著的成效。"

宋鸿钧：他为城市留下大美之图

◎宋鸿钧（筠），1963年出生，毕业于东北师范大学美术系油画专业，中国艺术研究院中国油画院访问学者。现任河北环境工程学院环境艺术系教授、燕山大学艺术与设计学院硕士生导师、中国美术家协会会员、秦皇岛市文联副主席、秦皇岛市美术家协会主席。

40

　　他曾以一人之力，为所在的高校创办了一个全新的专业，他也曾以导师的身份，为城市培养了数不过来的环境专业人才、室内设计专家。他是教授，也是画家，还是秦皇岛画家队伍的领头人，可谓桃李满天下、画作誉港城。

　　他就是宋鸿钧，原中国环境管理干部学院环境艺术系创建人、系主任，河北环境工程学院教务处处长。现任河北环境工程学院环境艺术系教授、燕山大学艺术与设计学院硕士生导师、中国美术家协会会员，并曾担任河北省美术家协会常务理事、河北省美协油画艺委会副主任、河北画院油画院研究员，以及秦皇岛市文联副主席、秦皇岛市美术家协会主席等职务。

　　作为一位获奖无数，又执掌秦皇岛美术画家队伍多年的领军人物，宋鸿钧数年如一日，为扮美城市作出了卓越的成绩。

因为孝顺，他选择了秦皇岛

　　1980年，我国著名画家葛鹏仁先生，应邀在吉林辽源举办了一个油画短期培训班，时年17岁的美术爱好者宋鸿钧报了名。短短十几天的学习，葛鹏仁先生精湛的油画技艺以及对美学的独特见解让宋鸿钧大开眼界，而油画痛快的笔触、极强的质感和丰富的表现力更让他如醉如痴。从此，绘画成了宋鸿钧矢志不渝的追求。4年后，宋鸿钧以优异的成绩被东北师范大学美术系油画专业录取。

大学期间，宋鸿钧品学兼优，很快进入学生会，负责学校的展览策划、布展等工作，他出色的专业成绩和非凡的组织能力得到了老师和同学们的一致认可，1988年毕业时，恰逢环保部到东北师大挑选毕业生，宋鸿钧是系里第一个被选中的，并被分配到中国环境管理干部学院（现河北环境工程学院）任教。

"能到秦皇岛工作，是秦皇岛人的热情与包容感动了我。"宋鸿钧说，他的父亲去世早，老母亲为他付出了很多，大学毕业分到外地工作，他绝不能把母亲独自扔在老家。因此，他到秦皇岛工作唯一的条件就是能借给他一间单独的宿舍，让他能带着母亲一起来秦皇岛生活。其实，在此之前，沈阳、广州、南京等大城市也曾向宋鸿钧抛出过橄榄枝，但就是因为这个条件无法满足，为了母亲，他毫不犹豫地拒绝了。没想到，这个有些"过分"的请求，中国环境管理干部学院却爽快地答应了。时至今日，宋鸿钧依然时常忆起当年学院房产科的毕科长带着他去文精里小区看房子的情景。"那个房子虽然不大，但老母亲听说后特别高兴，就在那一瞬，我一下子就把秦皇岛当成了自己的家！"宋鸿钧深情地说。

秦皇岛人的热情温暖了宋鸿钧。从此，这个土生土长的关东汉子在秦皇岛这座海滨小城扎根成长、奉养老母、努力回报社会，为建设秦皇岛、扮美秦皇岛挥洒着青春和汗水。

因为敬业，他一个人创建了环境艺术系

中国环境管理干部学院是我国最早开展生态环境教育的高校之一，被誉为环保系统的"黄埔军校"、环保人才的"绿色摇篮"。1988年，宋鸿钧分配到学校时，这所学校刚刚成立7年，成人专科学历教育组建仅两年，是一所从培训转型为成人制的专科学院，而且学院当时只有一个专业。而在这一年，中央工艺美术学院（清华美院前身）培养室内外环境设计方面人才的环境艺术系开始在全国招生，之后，全国各地大专院校纷纷开设环境艺术设计专业院系。美术专业毕业的宋鸿钧敏锐地意识到，这将是个非常有前景的专业。他的想法得到了学校领导的支持并开始向国家申报。

为获取真经，宋鸿钧专程到中央工艺美术学院进修学习了两年，经过多年筹划，1997年，中国环境管理干部学院环境艺术系开始正式招生，从第一年的18名学生到第二年的30多人、第三年的40多人，一直发展到现在每年招生300多人，全系本专科在

校生 1400 多名学生；从初创时的成人班，到后来的普通专科再升到本科；从当初仅有他一名专职教师到现在全系 50 多名教职工、40 多名专职教师，宋鸿钧付出的心血可想而知。

他的同事，河北环境工程学院招生与就业处处长姚川山说："当年从招生、教学到管理，宋老师没有一样不操心的，没有办法，当时没有人啊！可以说，是宋老师一个人创建起了环境艺术系！"

令公桃李满天下，何用堂前更种花。20 多年过去了，在宋鸿钧的辛勤努力下，河北环境工程学院的环境艺术系已成为该校的名牌专业，教学团队获省级优秀教学团队称号；视觉传播专业的前身——装潢艺术设计专业为省级示范专业。课程建设方面，建有国家级精品资源共享课程"标志设计"，已经成为河北省一流本科建设课程；还建有"标志设计""平面构成""空间设计与实践"3 门省级精品课程，专业排名在省内同类高校中位居前列，宋鸿钧自己也从教师升到系主任再到教务处处长，并先后获得河北省教学名师、河北省文艺贡献奖等诸多荣誉。2006 年，宋鸿钧被评为教授，成为秦皇岛高校美术专业的第一位教授。

如今，他的学生已遍布全国各地，有许多毕业生成长为知名设计师、环境规划领域的专家等，单就秦皇岛本地来讲，他亲手培养的大量的环境艺术专业毕业生分布在市多家装饰、规划、设计单位，为美化秦皇岛贡献着自己的力量。

因为责任，他坚持现实主义的风格

繁忙的教学工作之余，宋鸿钧始终没有忘记自己的画家身份。特别是在油画创作上，他始终坚持以现实主义为主要表达，主张走向生活、走向自然。他说："时代为画家创造了发展的条件，画家必须关注时代，做时代的画家。"

综观宋鸿钧的作品，处处体现出鲜明的时代印迹，尤其在深入研究油画语言和表现形式上，他积累了丰富的经验。比如，他曾着力表现改革开放以来，普通民众的生活状态和理想诉求，他笔下的人物有老村长、留守母子、盲人女教师、卖菜的农民等；他笔下的风景既有北戴河的街道亦有农村民居。

2013 年，宋鸿钧的油画作品《归途》入选"上海 2013 全国油画作品展"并获最高奖——优秀奖，作品被主办方中国美术家协会收藏并获奖金 5 万元，他还应邀去上海中华世纪宫参加了展览的开幕式。这次获奖更坚定了他的现实主义的创作方向。宋鸿钧说，那幅画的创作源于他与 3 位归家途中的打工者的一次偶遇——正在修理拖拉机的打工者疲惫而乐观的神情一下子打动了宋鸿钧。

在 2014 年全国第十二届美术作品展览中，宋鸿钧的油画作品《阳光下的故事》、综合材料绘画《历史的痕迹》两幅作品双双入选。一个画家两幅作品同时入选国家级展览，在业内实属鲜见，充分体现出宋鸿钧在艺术理念和艺术表达上的成熟与丰厚。

为了艺术上的更高追求，2019 年，宋鸿钧考入了中国艺术研究院中国油画院，以访问学者的身份重回课堂，师从我国著名油画家、中国艺术研究院院长杨飞云教授继续研习油画。为此他相继推掉了河北环境工程学院环境艺术学院院长、教务处处长等职务，许多朋友无法理解他的这一决定，但他却淡然地表示，在艺术面前，他甘心永远做一名小学生。

因为热爱，他以明德引领美协风尚

2011 年 12 月，宋鸿钧当选为秦皇岛市美术家协会主席。从一个画家变成画家的领军人物，在他看来，职责和压力比以前重了很多。

"努力做好联络、协调、服务工作，构建和谐向上的美术家之家，促进秦皇岛美术的繁荣和发展。"上任之初，宋鸿钧就给秦皇岛美协确立了一个明确的定位和方向。

宋鸿钧首先从队伍建设、品牌活动、培养青年人 3 项工作入手。2012 年 11 月，秦皇岛市首届青年美术作品展在燕山大学艺术与设计学院开幕，这是宋鸿钧就任美协主席后策划推出的第一个大型展览，也是秦皇岛市第一次举办全市青年美术作品大展，展出了包括国画、油画、水彩等各类美术作品 100 件。大展在秦皇岛美术界引起了极大的反响，之后，青年美展成为秦皇岛美术界的一大盛事，规定每三年举办一次，我市许多青年画家通过这一展览崭露头角，他们的作品被推选到河北省青年美展乃至全国青年美展并荣获大奖。

与此同时，宋鸿钧还通过"请进来，走出去"的方式，积极邀请国内知名画家到秦皇岛来交流，组织本土画家参加国外各种展览和艺术交流，以此来带动秦皇岛画家艺术水平的整体提升。2013 年韩国首届青洲国际艺术双年展上，有多件作品入展并获观众喜爱大奖；2014 年的第十二届全国美展中，共有油画、水彩、漆画等 6 件作品入展；2019 年的第十三届全国美展（全国美展每五年举办一次），秦皇岛又有七八件作品入展和获奖。这些成绩在全省地市级美协中也是名列前茅，而在以往的全国大展中，我市仅能入选一两件作品。

宋鸿钧常说，美协是画家的家，这个家不但要关心画家、团结画家，更要引领和培养画家，让画家爱秦皇岛、发现秦皇岛的美，从而去描绘它、传达它。他积极组织会员们参与社会美化活动，用画笔扮美秦皇岛，比如近几年开展的金梦海湾美化提升活动、

通过墙绘形式美化农村环境活动，以及积极参与我市一些场馆的公共环境设计等。

2019年3月4日，习近平总书记在看望参加全国政协十三届二次会议的文化艺术界、社会科学界委员时，明确提出了"以明德引领风尚"的崇高目标和价值追求。而宋鸿钧作为美协这个艺术团体的带头人，极其重视"明德"精神，他说："在《大学》中，明德是指儒家主张的伦理道德，通俗地讲，就是指光明的道德，用在美术界，我认为就是强调做人和做事，要求一名画家要有责任感和使命感！所以我考核美协会员的标准：一是画好，二是人好！"

2020年年初，新冠肺炎疫情暴发，宋鸿钧一声号令，1月31日，秦皇岛美协通过公众号发动美协会员积极为抗击疫情创作，为抗疫一线鼓舞士气，他自己带头连续创作了《无畏》《生命线上》等多幅作品。美协会员在极短时间内创作了一大批感人的画作，有力鼓舞了抗疫一线的士气。美协还组织部分画家进行了公益捐赠，树立了美协良好的社会形象……

10年来，秦皇岛美协在宋鸿钧的带领下，各项工作蒸蒸日上，美协会员从300多人发展到700多人，其中国家级会员由当初的十几人发展到现在30多人，省级会员由30多人增加到现在的200多人。美协平均每年的各类活动达百十余场，暑期有时甚至一天就有好几场活动。

秦皇岛的大美山海、开放包容滋养着他的艺术创作，同时，宋鸿钧也一直以"美"的角度审视和思索着这座让他无比热爱的城市。

"法国小城戛纳因电影节闻名世界，奥地利的维也纳因每年的新年音乐会让全球瞩目，我们秦皇岛自然资源得天独厚，要打造一流国际旅游城市，我认为得有厚重的文化支撑！"宋鸿钧说，他一直有一个梦想，就是在秦皇岛创办一个有影响力的国际美术大展，让这个大展在秦皇岛落地生根，把秦皇岛的美呈现给世界，把世界的美带给秦皇岛！

耿学刚：成为"葡萄之子"的"冒险家"

41

◎耿学刚，现任秦皇岛市碣石葡萄产业协会会长、秦皇岛市工经联副理事长、昌黎县葡萄种植协会会长、中国农学会葡萄分会理事等职。2014 年 4 月被河北省人民政府授予"河北省劳动模范"荣誉称号；2006 年被市委、市政府评为"秦皇岛优秀农村实用人才"。

位于秦皇岛市昌黎县凤凰乡脚下的十里铺村，以盛产葡萄闻名，甚至诞生了一个景区名叫"葡萄沟"。每年葡萄成熟的季节，南来北往的客人都会蜂拥而至，在葡萄架下品尝、购买、游玩，流连忘返。

在通往葡萄沟的小公路十八里碑路口的一侧，有一个地标性的建筑，名叫"耿氏酒堡"，这家酒堡不仅仅是通往葡萄沟的一道风景线，还是中国第一家家庭酒堡。

开创了这个中国第一家家庭酒堡的人，却是一个只有高中学历的土生土长的农民，他，就是本文的主人公耿学刚。

第一次吃"螃蟹"，他给葡萄投了 6 万元

1962 年 8 月 4 日，在当地人传统的葡萄节——农历七夕的前两天，耿学刚出生在昌黎县十里铺乡耿庄村一个平民百姓家庭。说起耿庄，除了耿姓人较多的这个特点外，还有一个特点就是盛产葡萄。位于凤凰山西南麓的耿庄，紧贴昌（黎）卢（龙）公路，自古就是以栽植葡萄等水果而出名的小山村。

小时候的耿学刚，没少吃玫瑰香等口味极佳的葡萄，却没能赶上好的教育。十年

"文革"期间,他在本乡本土上小学,读中学,没能切实接受系统的基础教育。1978年,他在16岁就得到了"社中"的高中毕业证书,却无以参加业已恢复的高考。

回村不久,他为学点挣钱的本事,进了公社组织的建筑队;曾在十里铺乡建筑公司担任技术员、预算师等,农村全面实行家庭联产承包责任制之际,耿学刚与本村姑娘赵锡侠结为伉俪,开始养儿育女,建立了自己的小家庭。

1987年,他在外出时偶然得知锦州有人利用地窖大量贮藏龙眼葡萄,忙赶过去求技术、学方法,琢磨其中的道理。当年秋天,他大胆试验,在自家院子修建了一个安装通风设备的地下室,利用所学的技术,一下贮藏了两三千斤龙眼葡萄,获益两千多元。别人听说他卖了钱前来取经,很快使这一技术在昌黎以及邻近的卢龙葡萄产区传开。

葡萄收成好,他干脆辞去建筑公司的工作,专心做葡萄产业。为了用更加先进的科学方法贮藏口味极佳的玫瑰香等葡萄,赢得更大的市场效益,他"闻风"取经,跑了大连、沈阳、北镇和张家口的下花园等不少地方,寻找玫瑰香等葡萄的冬储保鲜方法。1995年入夏时节,他获悉了一个消息:设在天津农业科学院的国家农产品保鲜工程技术研究中心李喜宏博士研究出了微型恒温葡萄保鲜冷库技术,并获得国家专利,却没有人敢按他的法儿修建示范冷库。耿学刚立即前往求教和联系建库事宜。建立微型恒温葡萄保鲜冷库,需要购置价值1.8万元的保鲜设备,还有专用的包装箱和保鲜剂等辅助材料,投资大体得在5万元左右;耿学刚有这个想法,李喜宏博士正愁没人投资试验,两人一拍即合,耿学刚决定由自己冒险来做这个实践性尝试。

那年夏天,他一下投资5.2万元,在耿庄建起一座微型恒温葡萄保鲜冷库。在李喜宏博士的督导下,耿学刚大胆收购和贮藏了大量的玫瑰香葡萄,加上龙眼、巨峰等葡萄,一下贮藏有3万多斤,赶上葡萄销售旺季,最终获利6.5万元,不仅一下子收回了成本,且略有盈余。

他也成为昌黎本地乃至全国利用现代科学技术贮藏玫瑰香等走俏葡萄的第一个"敢吃螃蟹的人"。第二年,这一技术被到处仿效,仅秦皇岛市范围内就先后建有300多个这样的冷库,不少人家变成了冷藏葡萄大户。

第二次冒险,他要自己生产葡萄酒

就在耿学刚利用试建微型恒温保鲜冷库大量储存玫瑰香等葡萄的那年冬天,干红葡萄酒在广东等地悄然热销,"中国第一干红"的诞生地昌黎产销的长城牌、地王牌干红葡萄酒顿时成了市场的抢手货。1996年秋天,京、津、鲁等地的酒厂争先恐后地到昌黎抢购酿造干红葡萄酒的赤霞珠等葡萄,耿庄农民成了最大的受益者,酿酒葡萄从一斤两三元卖到四五元,一根酿酒葡萄芽枝也卖到了一元上下。人们拼命浇水施肥,使酿酒葡萄的亩产由两三千斤飙升至五六千斤。

但潮涨必有潮落时，随着本地和外地酿酒葡萄栽植面积的迅猛扩大，时至 1999 年秋天，酿酒葡萄的收购价格开始无情地回落，很多大户面临巨大的亏损。头脑清醒的耿学刚在一片哀声中，却又找到了新的商机。他开始琢磨起如何自产自销葡萄酒来；而他身边的一位导师，曾到法国波尔多地区考察葡萄酒业的修德仁先生，也竭力鼓励他尝试利用自家出产的酿酒葡萄酿造葡萄酒。

耿学刚有这个想法并非一时冲动。其实农户自家酿造葡萄酒，在昌黎早有传统。清末民初，有着"葡萄沟"美名的西山场村信奉天主教的农户，就从荷兰等国的神父那里学会了简单的葡萄酿酒技术，但批量酿酒，却谁家也没试过，特别是需要怎样的流程和技术、设备，谁也不知道。

耿学刚决定再冒一次险，吃一回"螃蟹"。

2000 年酷暑时节，耿学刚听说石家庄北郊有个百亩葡萄观光园，既卖葡萄又做酒，便急忙找上门去"讨教"。不想，他在那里吃了个闭门羹，仅花 30 元钱买来一瓶人家自酿的"酒"。

无可奈何之时，他又从邯郸农学院高级农艺师程美庭那里得知消息，西北农林科技大学葡萄酒学院拥有这项技术，可以有偿传授。他二话没说，回家取了几千元钱，就和程先生结伴去了西安附近的杨陵。半个月时间，他在那里系统地学习了葡萄从采摘到装罐发酵成酒的全部过程，并实地进行操作，初步掌握了小批量发酵酿酒的基本要领。买了点简单的仪器，从西安返回家乡，他一不做二不休，投资上万元，请人焊了 8 个小型发酵罐，以自家的酿酒葡萄为原料，利用比较原始的手搓法，发酵酿出了 2 吨风味独特的干红和干白葡萄酒。

第三次冒险，他建了自家的酒堡

2001 年 6 月 18 日，秦皇岛市碣石葡萄产业协会成立了，由耿学刚出任会长。耿学刚自觉责任重大，决心在做好协会的各项工作的同时，建立一个家庭酒堡，继续探索果农自己酿造葡萄酒的新路子。协会成立不久，他获悉国家有关部门和单位要组织一个赴欧洲一些国家参观和学习葡萄酿酒技术及管理方法的考察团，决定自费随团去一趟欧洲，特别是到法国的波尔多地区考察和了解家庭酒堡的历史和现状，以及生产、经营等情况，为建造家庭酒堡打基础。遗憾的是，那个考察团迟迟没能成行。

2002 年秋天，耿学刚终于完成夙愿，和国内一些知名葡萄酒专家一起，登上了飞往欧洲的客机，开始了一个普通中国农民自费考察欧洲家庭酒堡和葡萄酒产业之旅。

虽然不通法语，但因为有了随身跟随的翻译，他还是获得了很多一手的材料。这次

考察让他意识到，真正的好酒绝不是从大工业流水线上批量生产的，而是有着悠久历史，采用传统酿造工艺，小规模生产的小酒庄、小酒堡，这与他的想法不谋而合。

从国外回来，有过建筑类助理工程师经历的耿学刚自己设计，投资40多万元，开始建造自己的酒堡。他利用从国外学习的知识，更加规范地建设自己的酒堡。他在酒堡地下5米打造了一个天然酒窖，不用制冷排风，并采用重力酿造法，楼上做酒，楼下是原酒储酒罐，原酒从管子直接流下来，不用泵抽，极大减少了机械动力。

耿氏酒堡并没有一个准确的建成时间，用耿学刚自己的话说就是，"有了钱就修，一直在不断地建设当中"。如今，耿氏酒堡的总建筑面积达2000平方米，是集餐饮、住宿、观光、手工酿造于一体的典型欧式酒堡。在他的带动下，碣石葡萄产业协会的果农纷纷效仿耿学刚，目前葡萄沟附近已经有几十家这样的家庭酒堡。

现在，耿氏酒堡每年产30吨酒，销售额在100万到200万元。对于一个没有任何专业销售团队的家庭酒堡来说，单靠多年积攒下来的口碑营销，在家坐等客户上门，这样的销售业绩在行业里也算一个奇迹。

除了酿酒销售，耿学刚把自家酒堡和葡萄沟旅游捆绑到一起，游客买了葡萄沟的门票，可以一起参观酒堡。

耿氏酒堡出了名，它与朗格斯庄园、华夏长城庄园一样，成为昌黎葡萄酒产业的一个著名的地标，构成了一道绚丽多姿的风景。

在他的酒堡展示厅里有一幅字，上面写着"不做百强，只做百年"，在他看来，能坚持做100年，企业自然而然就强了。

为此，他让大女儿耿涛大学毕业后回到酒庄，成为一名出色的酿酒师，又让儿子耿智到齐鲁工业大学学习葡萄酒专业，还学了法语。现在他的女儿负责酿酒技术，儿子负责营销工作。"家族传承"是耿学刚想要实现的理想，而不是单纯的生意。

2017年元月，法国葡萄酒酿造和品鉴协会会长路易德赛莱斯一行到昌黎参加葡萄酒调研活动。其间举办了一场葡萄酒盲品评比，主办方依照国际通行的盲品规范，把四家葡萄酒企业和耿氏酒堡的葡萄酒裸瓶编号……当路易德赛莱斯根据盲品的顺序公布评价，谜底揭晓获评最高的是耿氏酒堡的葡萄酒，路易德赛莱斯会长也止不住竖起了大拇指。

"不做百强，只做百年"，是耿学刚的梦想。而在这个朴素而又宏伟的梦想中，寄托着一个敢于冒险、勇于创新的新时代农民在时代大潮中与时俱进的情怀。

梁浩：传承"中华巧女"美名的手艺人

42

◎梁浩，大型剪纸画艺术家姜艳华之子，非物质文化遗产家族单色剪纸第五代传承人。现为中国民间文艺家协会会员，河北省民间工艺美术大师，秦皇岛昊月民间艺术发展有限公司经理。

剪纸，是一项来自民间的传统艺术，用于装点生活，极具民俗特点，在中国具有广泛的群众基础。2006 年 5 月 20 日，剪纸艺术遗产经国务院批准列入第一批国家级非物质文化遗产名单，也让这门民间艺术从百姓家的宅院，登上了艺术的高雅殿堂。

在秦皇岛，提起剪纸，有一个赫赫有名的人物——姜艳华。姜艳华是来自秦皇岛市抚宁区的民间剪纸传奇艺人。1994 年被列入中国华夏名人录；1995 年被全国妇联授予"中华巧女"荣誉称号；2000 年自创剪纸装裱画，并获得国家专利；2003 年被文化部传统文化委员会中国民间工艺美术委员会授予"剪纸艺术家"荣誉称号。从一个农家女到剪纸艺术家的传奇故事，曾经传遍港城，为世人称赞。

梁浩，姜艳华之子，与母亲一样，也是一位剪纸艺人，也同样获称"河北省工艺美术大师"，作为河北省非物质文化遗产家族单色剪纸的第五代传承人，梁浩在与母亲一起钻研、实践剪纸艺术的同时，也努力争取将剪纸艺术推向学术化、专业化、产业化之路。

师出名门，母亲对他言传身教

梁浩出生于河北省抚宁区庄河村的剪纸世家，母亲、姥姥、太姥都是剪纸艺人，从小看着母亲做剪纸，"祥云""蝙蝠""蝴蝶"……这些民间基础的祥瑞纹饰，对梁浩来说，

可谓是最好的言传身教。

在梁浩的记忆中，母亲除了日常的家务生活外，身边总离不开那把剪刀、那些纸张。而对于自己的家族，母亲也经常给他讲起当年的辉煌：他们家是庄河数一数二的富户，曾经拥有很多套宅子……正是富裕的家庭环境让姥姥、太姥们有更多的时间、精力剪纸，也让母亲受益匪浅。

姜艳华后来嫁到了山海关西关，婚后，她与丈夫以种菜务农为生。不管白天在田垄间干农活儿有多么劳累，晚上回去之后她总是拿出剪刀和红纸练习技艺，还经常帮助左邻右舍剪一些喜字、窗花为喜事添彩。慢慢地，她开始有了一点"知名度"。

梁浩说："母亲不是个墨守成规的人，她剪纸剪出了名气后，有次去柴禾市赶集，看见有人卖窗花，就琢磨着，自己的剪纸是不是也能卖了贴补家用呢？"

从自娱自乐到走向市场，梁浩和母亲迈出了让剪纸艺术发扬光大的第一步。那一年，只有4岁的梁浩经常和母亲一起去山海关柴禾市市场出售他们自己做的剪纸。没想到初次"做生意"的娘俩，仅仅用了4天时间就卖了300多元。姜艳华惊喜之余，第一次认识到了剪纸艺术的价值和魅力，萌发了将这一技艺发扬光大的想法。

而梁浩，也在母亲的言传身教中，迈出了走向传承人的第一步。

为了剪纸，他们曾颠沛流离

姜艳华自此后全身心地投身到剪纸艺术中，也为此耽误了家里的农活和家务事，长期下来，引起了丈夫的不满，面对着丈夫的不理解，姜艳华说："这个比种地更有前途。"

但丈夫仍是不理解，甚至以离婚相威胁，对此，姜艳华说："我这一生就愿意做剪纸这件事。"

梁浩记得，在他和母亲出来住的那些年里，从山海关一直到秦皇岛市里，他们一共搬了20多次家，经常吃了上顿没有下顿，生活过得极其清苦。后来母亲还画过一张"搬家地图"，在这张图上，标明了他们曾经寄居过的每一个地方。

生活清苦，但母亲从没有放弃过对于剪纸艺术的热爱，每天从未间断过对剪纸艺术的钻研、探索。

1993年，姜艳华耗时两年时间，创作完成了大型剪纸作品《孟姜女哭长城》，这部充满地域特色的作品引起了人们的关注，姜艳华的名字开始逐渐被人们接受、肯定。1995年"第四届世界妇女大会"上，姜艳华被全国妇联命名为"中华巧女"，并获得由陈慕华主席亲笔题名的证书。

梁浩记忆中，自己家族的剪纸艺术真正登上大雅之堂是因为一次重要的选择：1997

年香港回归之际，他们曾创作了两幅相关主题的作品，想送给一位重要的客人，但因为剪纸作品保存不易，最终只能用两张纸做了个简易夹层让人带走，为这事儿，娘俩儿心里一直感到不舒服，觉得如此好的剪纸艺术却不方便携带、收藏，只能贴在老百姓家的窗户上，走不到更远的地方，实在是一件憾事。

直至一次偶然的机会，姜艳华结识了来山海关写生的画家徐中兴。对剪纸艺术共同的喜爱使他们走上了合作之路，为了延长剪纸作品的保存时间和艺术价值，徐中兴和姜艳华进行了大胆的改革和创新，最终研发了托裱这种方式，将剪纸作品创新成了剪纸装裱画，并于2000年获得国家知识产权局颁发的外观设计专利证书。这样，剪纸作品就可以像国画一样被长期保存和收藏了。

这项独家的托裱专利技术，也让姜艳华一家的剪纸传承艺术，找到了新的转机和希望。

让剪纸艺术走向国际市场

托裱技术也给家族的剪纸艺术带来了勃勃生机。2002年，本已在一家外企工作的梁浩毅然辞去了当时收入较好的工作，全身心地投入到剪纸艺术中去。除了与母亲一起进行剪纸创作外，他把更多的时间，用于进行文化活动宣传、推广和培训中。

2005年8月，姜艳华创办了"中华巧女姜艳华民间艺术工作室"，招收了十几名农村妇女为徒弟，免费对她们进行培训。

2005年中央电视台《致富经》栏目组来工作室采访，作为"专题节目"在农历腊月二十九黄金时间向全国播放了长达15分钟的专访，姜艳华母子一起接受了采访。

梁浩难忘的是2007年，台湾鸿海集团总裁郭台铭先生一行来秦皇岛市投资。艺术工作室创作了大型剪纸画作为送给郭台铭董事长的礼物。他们巧妙地剪出"富士则康，聚才乃壮"，把秦皇岛市欢迎投资合作的意愿巧妙地通过作品表达出来，还融入了富士康公司的名字与理念，郭台铭与现场的省市领导十分高兴，留下了一张开怀大笑的珍贵照片。

作为家族剪纸艺术第五代传承人，梁浩更年轻，思维更活跃，也更愿意让剪纸艺术打进全国的艺术品市场，形成一道文化产业的崭新风景线。他说："河北剪纸艺术在全世界都是有名的，但好多人不知道中国第一幅剪纸装裱画诞生在我们秦皇岛。我们秦皇岛有长城，有大海，还有非遗文化产业——中华巧女姜艳华剪纸画。"

2015年，中华巧女姜艳华民间艺术工作室正式更名为秦皇岛昊月民间艺术发展有限公司，从以前的抚宁区庄河老家，迁至秦皇岛市开发区的太古孵化器基地。结束了以前手工作坊式的工作室模式，正式进入公司化运营阶段。也从过去单打独斗的工匠艺人时

代，转化为以"中华巧女"姜艳华为剪纸画制作核心的创意团队，梁浩与妻子李永波既是这一艺术的传承人，也成为公司的管理者。

如今，1000 多平方米的公司展厅里和景区的展馆里，挂满了托裱在卷轴上的各类剪纸作品，也吸引着来自全国各地的游客和省、市各级领导们络绎不绝地来访、参观。

公司格外注重产品研发，目前已创作出《万里长城图》《山海关古城》《老龙头》《清明上河图》《琴棋书画》《龙腾吉祥》《钟馗纳福》等 300 余种作品，以反映秦皇岛地域特色文化为主，集合了长城、大海、沙滩等自然元素，秦始皇等历代帝王，伯夷叔齐、孟姜女等古代人物，毛泽东等当代伟人等人文元素，既反映了秦皇岛的人文景观，又传播了秦皇岛地域文化，被誉为秦皇岛文化的"传播使者"。公司的作品每年远销国外，并被新加坡、日本、韩国、美国、英国等国际友人收藏。

梁浩也在不停地转换着自己的身份。在创作之余，他把更高的视野与远大的追求作为自己的奋斗目标。2016 年 8 月，应贝宁中国文化中心访问邀请，他随访问团一起前往了非洲的贝宁，为贝宁中国文化爱好者举办了《发现中国——中国剪纸》讲座，并举办了为期三周的剪纸培训，均取得了圆满成功。

2017 年 1 月，应河北省文化厅邀请，他代表公司参加 2017 年台湾欢乐春节大型文化交流活动；2017 年 12 月，他又随河北省文化厅到香港进行文化交流；2018 年 2 月 8 日，他随河北省文化厅到澳门文化交流，让中国的非物质文化遗产剪纸艺术扩大了社会影响。

2018 年 2 月 12 日，他随河北省文化厅到泰国参加"欢乐春节"大型文化交流活动，让外国人过中国年并感知中国文化，其后多次随团走访各国，向世界人民介绍了剪纸这一中国传统艺术。

在多次的交流、走访之余，梁浩也把传承和发展作为自己的主要工作。

2017 年 3 月，梁浩被河北对外经贸职业学院聘请为剪纸课客座教授，在大学生中间开展了剪纸艺术的培训与讲座。他还常年在"光明之家"和各中小学校开展剪纸课的义务教学活动。

据统计，近年来，公司培养了 500 多名剪纸传承人，也避免了民间纯手工业后继乏人的现象。梁浩说："我希望有更多懂艺术、有素质、有文化、有梦想的年轻人和我们一起，继续传承中国的非物质文化遗产。"

韩永斌：他用音乐诉说人生

43

◎韩永斌，中共党员，研究馆员。中国音乐家协会会员、中国文化馆协会理事、市音协副主席。河北省政府特殊津贴专家，河北省"三三三人才工程"第二层次人选，"经济强省、和谐河北"百名青年风尚人物，河北省文化体制改革工作先进个人，秦皇岛市劳动模范。

有没有一瞬间，您心痛过别离？

七年前的一个冬日，他开车回到阔别已久的塞北老家。家在这里，老妈在这里，每一年的春节他都如期返回。天依旧那么蓝、那么高远，白云悠悠触手可及。草原已不见绿色，覆盖着一层茫茫的白雪。这是他的故乡，一切都是儿时的模样。

母亲已经年迈，八十多岁的她额头上已经皱纹深深。儿子的归来让她欣喜万分，虽然儿子已经不惑之年，但在母亲的眼里，他依旧是那个调皮的孩子。红红火火的年在浓浓的炊烟中和亲人的闲话家常中很快过去。

就这样离别的日子很快到来了，不得不启程了。他启动汽车，母亲从家门口一直走出老远，一直到汽车已经走了很远她还在出神地凝望着。天空飘起了雪花，雪花落在母亲的身上，母亲两只手抄在衣袖里，静静地站在高处，目光里的依依不舍，已经走了很远的他都能感觉到。心里一阵阵隐痛，为了理想为了逐梦，他已经离开家乡多年，漂泊在外的心却从未离开过家乡。

回望。雪花里母亲孤单的身影从此定格在他心里，整整七年，从未忘记。七年后，他写了一首歌《我是雪花》，获得全国音乐大奖——中国音乐金钟奖。

一次别离与心痛，最终成为生命里的信仰和礼赞，他整整酝酿了七年。

他就是秦皇岛市歌舞团团长、作曲家韩永斌。

诗和远方，让他走得更远

他的老家在张家口地区，小时候最难忘的事是家里经常来卖艺讨饭的。塞北很冷，每家每户的窗户玻璃上都会蒙上一层厚厚的霜花。讨饭的人每到一家总会用口里的热气先把玻璃窗上的霜花吹化，再看看家里有没有人。

这时候，韩永斌的母亲发现后，总是热情地把他们请进屋，让他们坐在炕上先喝口热水暖暖身子，然后再唱曲念喜，临走前，韩永斌的母亲总是拿碗给他们盛上一大碗莜面。母亲的热情善良，以及对这些贫苦人的感情在韩永斌的心里深深地扎了根。多年以后他走上了艺术的道路，饱含着对大众百姓的深沉挚爱，与母亲儿时给他的启蒙教育有着某种不可分割的联系。

对一个有着艺术梦想的年轻人来说，远方的魅力更大于家乡缓慢沉重的节奏。大学毕业，韩永斌毅然决定离开家乡来到了秦皇岛，一个没有草原繁花天路却有着辽阔大海的地方，一个能实现他音乐梦想的地方。

在长达十几年的时间里，韩永斌创作了几百首歌曲。早期的音乐作品，他更多的是关注个体的命运与情感。促使他转变的契机，恰恰是母亲的那次送别。母亲唤醒了他内心深处积淀的深沉情感，他开始思考自己的艺术走向。一个艺术家，应该以何种境界来关注人生、关注情感、关注祖国与人民的命运？

那片飘落的雪花，雪花里母亲的身影始终在他脑海里徘徊。雪花、母亲、祖国、我，我们之间的血脉亲情不就是如雪花落满大地的感觉吗？拿起笔，灵感如泉水一般地涌来：我是雪花，舞动柔曼轻纱，我绽放晶莹的笑脸，在天空中飘飘洒洒，有时缠绵杨柳结成树挂，有时爱意融融染白缕缕头发。我和风儿是姐妹，但也害怕风大，那样容易迷失方向再也找不到家。最终我还是落在了地上，热烈亲吻你，大地妈妈……

这首歌，寄托了韩永斌最深沉的情感，对母亲的爱，对祖国的爱，都融化在雪花对大地的深情告白里。在这样一个奋斗的时代，无数的人追逐着自己的梦想离开了家乡，母亲给了每个人以生命，祖国给了每个人施展的舞台，无论是自己的母亲还是祖国母亲，在她们最需要的时候，每一个孩子都会义无反顾地回来，承担起义不容辞的责任！这首歌，打开了韩永斌艺术创作的另一扇大门，从此，他开始关注民生、关注社会问题、关注人民的心声，他的音乐风格不再是个人情感的表达，而是把自己融入了更广阔的世界中去。

心中有爱，艺术之花才能长青

2017年春节过后，韩永斌在腾讯新闻里看到一个消息，一个六岁的小姑娘不让出去打工的父母走，哭喊着：妈妈！不让妈妈走。这个新闻深深触动了他的内心，令他无法平静。这个时代，有多少年轻人为了孩子更好地生活不得不离乡背井、抛家弃子走在赚钱的路上？可是他们想过孩子的感受吗？孩子的心里要的不是钱，是父母的陪伴，是浓浓的亲情。他拿起笔，从孩子的角度写了一首歌《妈妈我不让你走》，自己作词作曲，由他八岁的儿子演唱，孩子稚嫩嘹亮的嗓音唱出了无数与父母离别的孩子的强烈心声！他希望孩子们的妈妈能听到这首歌，能把孩子带在身边，让孩子们享受一个幸福的童年！

现实是此岸，理想是彼岸，中间隔着湍急的河流，艺术则是架在河上的桥梁。他写了《雾霾，你赶快滚开》，喊出了人们因雾霾导致的郁闷烦躁，《堵车》则从日常生活开始反思人们自己跟自己较劲。他的歌就这样悄悄地走进了人们的内心深处。

"一个艺术家的境界是需要不断升华的。当你技术成熟的时候，如果不升华你的思想感情，缺少了情感的冲动，就会停留在一个匠的水平。"韩永斌说。而促成他产生这样的转变的，恰恰是母亲。母亲不仅给了他童年的人格滋养，也在成年后用无声的语言教会了他大爱，成就了他大气、深沉、广博的音乐之美。

一代人有一代人的理想和情怀。韩永斌读大学的时代是一个讲理想和情怀的年代。艺术为人民服务，服务于人民的精神生活，这样的理念是一代艺术家们也是韩永斌最淳朴的情怀和理念。正是因为这样的情怀，他才能更深地理解身处社会洪流中人们的追求与希望、痛苦和迷茫、抉择与困惑，才能真切地走进人们的内心，他的音乐才拥有震撼人心的力量。

他对音乐艺术是仰视，那么现在可以用音乐艺术尽情地抒怀咏志了。"一俯一仰一场笑，一江明月一江秋。"俯仰之间，他的内心里已经装进了苍生，已经在认知维度上实现了超越。

刘剑：讲秦皇岛故事的说书人

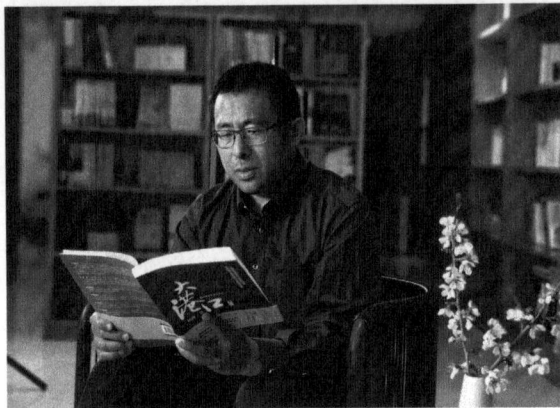

◎刘剑，河北省文学院签约作家，河北省作家协会会员，秦皇岛作家协会副主席，秦皇岛碣石暨徐福研究会副会长。1990年开始创作，2005年，作为秦皇岛首位进入主流网络媒体进行访谈的作家，曾荣获秦皇岛市专业技术拔尖人才奖、秦皇岛市首批市管优秀专家称号、河北省"五个一"文艺图书类工程奖、河北省首届奔马奖电视片一等奖、河北省好新闻一等奖等荣誉。

44

　　2018年是秦皇岛历史上一个有着重要意义的年份。120年前的这一年，在光绪皇帝御批之下，秦皇岛港作为中国第一批自开口岸宣布开港，揭开了中国自开口岸从无到有的崭新历史。秦皇岛开港后，不但促进了地域经济、文化的繁荣，也加速了城市化的进程，在以港兴市的大背景下，秦皇岛市也由此诞生。1948年，历尽辗转之后，秦皇岛正式建市，并逐渐成为我国著名的沿海开放城市。

　　值此秦皇岛开港120周年、秦皇岛建市70周年之际，秦皇岛日报社职工、本土作家刘剑以此为背景，创作了长篇小说《大港口》（全三册）。厚厚的三本书，文字总量190万字，作者用历时8年的创作，以史诗的形式钩陈、再现了秦皇岛开港直至建市整整半个世纪的历史。

　　这既是秦皇岛文学史上最长的一部小说作品，也是为秦皇岛开港120周年、秦皇岛建市70周年、改革开放40周年一份本土文学意义上的献礼。刘剑认为，这也是他在创作了大量的本土文学作品后一次厚积薄发的集大成之作。

本土创作，缘于一段喜欢的历史

2005年，刘剑发表了第一部长篇小说《天使不在线》，以当时流行的网络犯罪为题材，在网络上创下了较高的点击率，成为年度热门的文学作品。然而，在喧嚣之后，刘剑却调转笔头，改变方向，开始了长达数年的本土文学创作。

两年后，他以山海关1644年甲申事件为背景的历史纪实文学《帝国雄关》出版，这部作品全景式地展现了山海关石河大战的背景、过程和影响，并以此为线索，回顾了山海关建关的历史源流。出版后，在当地引起了较大的反响。

提及这次创作的转型，刘剑称："家乡的历史太好看了，应该有人记录下来。而生于斯长于斯的我，是合适的人选。"

刘剑的父辈出生于山海关，出于对父辈生活之地的好奇和热爱，他对这片土地也充满了创作的热情。《帝国雄关》出版后，得到了学术界、文学界的好评，从秦皇岛走出去的长城学家董耀会也曾评价这部作品是"用历史的光辉照亮了现实的心灵"。

自此以后，刘剑一发而不可收，相继创作了以山海关为背景的"关城三部曲"——长篇历史专著《帝国铁骑》、长篇历史小说《谁主沉浮》、长篇报告文学《大石河》，其中历史小说《谁主沉浮》得到了茅盾文学奖得主、著名历史作家熊召政的好评，并欣然为之作序，称"这是一段既好看又深刻的作品"。

专家的好评、读者的认可，让刘剑明确了自己的创作方向，他说："我本来可以写流行的畅销小说，却走上了本土文学创作之路，虽然失去了很多机会，但一直无怨无悔。"

功夫不负有心人，2012年，刘剑创作的历史小说《天下风云出我辈之旌旗裂》荣获了河北省第十届精神文明建设"五个一工程"奖，为我市本土文学创作赢得了荣誉。

扎根土壤，努力做好传承者

刘剑在秦皇岛日报社担任文史版编辑多年，并曾在秦皇岛市徐福暨碣石研究会、国学研究会等多个地域文化社团组织中担任重要职务。在此期间，他在市委老领导李书和、王广新等人的鼓舞支持下，在董耀会、董宝瑞、孙志升、孙继胜等良师益友的帮助下，与秦皇岛的专家学者们一道，走上了搜集、整理、挖掘本土历史文化的创作之路。

他参与编写了《历史名人与秦皇岛》《秦皇岛长城保护纪实》《秦皇岛名村名镇》等本土书籍的策划、编撰工作，并担纲策划了多部反映秦皇岛历史文化、风土人情的书籍，如第一次以连环画形式反映秦皇岛发现历史的《秦皇求仙》、以游客角度反映秦皇岛旅游风光的自助旅游手册《寻秦记》、为中阿公司创业史写下的报告文学《拒绝屈服》等作品，他还通过公益讲座等形式，多次在大学校园、社区、国学讲堂上宣讲秦皇岛历史，

向市民介绍秦皇岛。

"秦皇岛有太多好的故事，我们需要以各种形式，不遗余力地对之进行宣传。"刘剑说。而他也凭借在这一领域的独特贡献，先后两次荣获秦皇岛市专业技术拔尖人才、首届市管专家荣誉称号，成为这一领域中生代的领跑者。

一腔热血，用文学讲好秦皇岛故事

2011年，刘剑开始创作长篇小说《大港口》。创作这部小说的由头源自他在港口曾经工作了十年，而他的父辈与很多亲戚、朋友也都在这里工作、生活，生于斯，长于斯，对这片土地既有深深的了解，也有足够的爱。

但谈及创作宗旨，他却说，是源自心中憋着的一口气："《闯关东》《走西口》《打狗棍》这些轰动一时的文艺作品，都是选材于地域的历史，由当地作者创作出来的。我们秦皇岛与之相比，不缺这样沧桑厚重的历史，也不乏精彩动人的故事，却为什么不能有一个引起全国影响的精品呢？"

带着几分"不服"与不甘，他选择了具有百年历史、开创性意义的港口作为抒写城市历史的入口，以一种义无反顾、"舍我其谁"的勇气与决绝之心，投入了《大港口》的创作中。

然而，创作中的艰辛与磨难，却让这位在创作道路上一直"一帆风顺"的作家，遭遇了种种意想不到的坎坷。8年的时间，查阅大量资料，寻访各种素材，采访各类当事人，每天牺牲业余时间伏案工作，对他来说，都不是问题，最难的事是遭遇过无数次退稿、冷眼，出版成为最大的难题。而巨大的容量、长度以及地域性，也使很多对这个作品即使有过兴趣的出版方望而却步。

刘剑说，这部作品"创作难，出版更难！它让我想起了一句话：决定是容易的，等待是困难的。"

然而，漫长的等待终于换来了丰厚的成果。如今，这部史诗巨著终于面世，它预告着刘剑8年心血的落地与结晶。2019年，喜讯传来，《大港口》荣获第十三届河北省精神文明建设"五个一"工程奖，这是刘剑凭长篇小说第二次荣获这一殊荣，也是人们对这一力作的肯定和鼓励。刘剑说，他希望通过这一作品，回顾大港口与自己家族血脉相承、与城市创建息息相关的历史，让更多的人对家乡因了解而关注，因关注而喜爱。在以后的创作道路上，他也会继续做一个讲好秦皇岛故事的人，让更多的人爱上秦皇岛也是这位作家肩上的历史使命。

刘京朋：秦皇岛的"烈火英雄"

45 ◎刘京朋，2004年从部队转业，现任秦皇岛市森林防火办公室负责人，二级警长。2019年，在秦皇岛市开展的"争做争创"十佳公务员选树活动中，光荣当选为"十佳公务员"。

　　对于普通老百姓来说，森林警察是一个很神秘的职业，这是一群每天在崇山峻岭中工作的人，他们远离喧嚣的都市，风平浪静的时候，我们几乎会忽视他们的存在，只有出现火情或危险时，才能看见他们的身影。

　　森林防火是保护生态的重中之重，绿水青山的和谐美景里，离不开这一群生活在我们身边的"烈火英雄"。刘京朋就是他们中间一个杰出的代表。

走出军营，从救火员到一线指挥官

　　生活中的刘京朋，身材瘦削，低调谦和，少言寡言，但只有回到他的团队中，他才会显露出刚毅、坚韧、果敢的指挥员风范，这与他多年来的军人生涯有关。

　　2004年，刘京朋从部队转业进入森林公安的领域，那时全市还没有专业的森林消防队伍，扑救森林火灾的都是森林公安局的干警，用的是所谓的三号工具（也就是树枝、扫把）。直到2010年3月秦皇岛市才成立了30人的森林消防队伍（当时叫扑火队）。

　　刘京朋是这一过程的见证者，也是亲历者。刘京朋难以忘记第一次看见火灾时的情景，那是在秦皇岛市卢龙县的山上，一道浓烟扫过，顷刻间，一片玉米地就被烧为灰烬。火灾的危险与恐惧，没有人比他更清楚，然而正是如此，更坚定了他与火魔斗争到底、

保护生态与国家财产的决心。

在最危险的火情出现的时候，他和团队的队员手持着扫把、树枝，冲锋在第一线，面对的敌人，是无处不在、随时窜起的烈火，随时会有生命危险。而随着时代的发展、技术的进步，扑火手段愈加完善，技术员的人身安全得到了保障，他也从一名军队的连级指导员，到扑火员再成长为火线指挥官，一次次血与火的考验，他都亲临现场，带领队员进行扑救，后来又根据自己的经验手把手地教他们如何判断火情、如何使用机具、如何进行灭火等知识，为培养一只高水准的森林防火队伍做了大量奠基性的工作。

2013年，因在防火工作中的出色表现，刘京朋开始主要负责森林防火工作，担任秦皇岛市森林防火办公室负责人、市森林公安局二级警长。

在他担任防火办负责人期间，正是秦皇岛森林防火事业大发展的时期。省、市各级领导对森林防火工作高度重视，多次视察指导工作，并逐年加大管理力度和资金扶持，围绕省委、省政府提出的核心标准，秦皇岛市委、市林业局党组积极进行安排和部署，谋篇布局，上下推动，乘政策支持、领导重视的东风，刘京朋切实发挥以上率下、示范带动的"头雁效应"。他协助主管局长从谋划发展规划、建立工作制度、组建扑火队伍、提高专业队战斗力、强化防火宣传、加大执法力度等基础工作入手，利用7年的时间，着手组建了秦皇岛市第一支专业森林消防队伍，完成了从无到有、从弱到强的发展历程。

目前这支队伍规模已达1480人，市直大队也从最早的30人发展到现在的200人，他们除编制、落实大量规范性文件、制度之外，在技术手段上也从以往原始的三号工具扑火方式，转向高新科技的突破，建立了卫星热点监测系统、林火视频监控系统、直升机空中巡护系统，对全市野外用火情况实现了100%全覆盖的立体化实时监控，极大地提高了日常巡护监管效率。

创新工作，打造最优秀的森林防火团队

刘京朋把军队的过硬作风也带到了工作中。7年来，他探索建立了"五统四化两结合"的管理模式，即统一招录队员、统一培训演练、统一调度使用、统一装备物资、统一预算经费；队伍管理军事化、扑救指挥专业化、物资装备标准化、后勤保障一体化；集中备勤与靠前驻防相结合、预防巡查与火灾扑救相结合。"五统四化两结合"的实施从根本上解决了传统的森林消防队伍队员构成复杂、经费保障不足、调度指挥混乱等问题，全面提高了指战员的专业素质、指挥水平和战斗能力，为森林消防队伍迈向正规化、专业化、现代化打牢了基础。对这一理念，林业局领导给予高度支持，作为先进经验，大力推广。

水是火的天敌，过去因水源供应不上，为森林防火带来极大困难。为此在做好队伍管理的同时，刘京朋还探索科技创新之路。参与创新了"以水灭火""风水结合""高压水车""高压水泵"等多套森林火灾扑救战术战法，全市水灭火装备达到3000万元，森林防火装备和技术战术均达到了全国领先水平。这期间，他们打机井650眼，建100吨储水窖10个，基本建成重点林区春季迎风侧"两公里取水圈"，确保火灾来临时以最快速度灭火。

全市森林防火形势逐年显著好转，特别是2018年和2020年实现了省级挂账"零火灾"的工作目标，创造秦皇岛市森林防火工作有史以来最好成绩，连续5年考核列全省第一名。而这与以刘京朋为代表的优秀团队，不可分割。

家国情怀，他们是当之无愧的"烈火英雄"

党的十八大、十九大以来，习近平总书记关于"绿水青山就是金山银山"的重要论述，为这项工作指明了前进的方向，河北省委、省政府高度重视防火工作，提出人防、技防、物防的高标准、严要求，在这一精神指引下，秦皇岛市森林防火工作成绩显著，屡受好评，而这与刘京朋和他战友们的努力密不可分。

火险就是命令，灾区就是战场，军人以服从命令为天职，以忠诚为底线。刘京朋常说，哪里有火，哪里就要有我们的身影。几年里，他实地勘查火场100多次，亲自带队指挥扑火60多次。在防火工作的十几年时间里，刘京朋舍小家、顾大家，数次错过了孝敬老人的机会，曾连续十几个春节没有回老家和老人团聚，也对家人亏欠甚多。

2011年4月12日，刘京朋正在北京为女儿治病，听见一位病友说，"你们秦皇岛有地方着火了"，他急忙寻求消息来源，得知是抚宁县大新寨镇大石窟村突发山火，闻讯后他抛下病床上6岁多的女儿，从北京赶回参与扑救工作。这是一场秦皇岛历史上罕见的火灾，扑救工作持续六天六夜，这期间刘京朋与队员们同吃、同住、同行，面对危险，他们还写下了遗书，以生死相托。他所带领的队伍最终成功扑灭了在东峪林区、平市庄林区南线和重要目标区南线林区肆虐的大火，确保了祖山景区和重要目标的安全，等到他回家时，女儿也早已经出院了。

2016年4月9日，昌黎县发生火灾，此时刚回到家照顾病重老母亲的刘京朋得知后，独自一人开车从山东老家返回秦皇岛，直接参与火灾扑救。火灾扑灭后，连续两天无眠的他又拖着疲惫的身躯，返回老家照顾还在住院的老母亲。

2017年在扑救青龙县"4·15"森林火灾的时候，他脚踝严重扭伤，没多久，卢龙县又发生"4·26"火灾，着急去火场的他因伤不能亲临一线，只能在指挥中心组织后勤

协调和信息上报工作。凌晨 1 点多钟，他接到姐姐电话，得知母亲去世的消息，因身在火灾一线，他最终未能见到母亲最后一面，也留下了终生的遗憾。

在刘京朋的感召下，他所领导的森林防火队伍，也涌现出无数先进、感人的事迹，并将美名传遍全省。秦皇岛的"烈火英雄"们，不但负责着全市的森林防火任务，还遵照省森防指挥部的指令赴保定、石家庄、承德、唐山等地 11 次参与跨市增援，多次得到省委、省政府和兄弟市的高度评价，成为河北省最好的森林消防团队，哪里有了困难，也都会出现他们的身影。

2017 年 6 月 26 日，刘京朋正在石家庄学习，突然接到上级领导的电话，平山县出现火灾，火势极大，危及西柏坡景区，省里决定让他们的战队前往驰援。放下电话他毫不犹豫，从教室出来就直奔火灾现场，大队接到任务前往增援时，赶上石家庄高温天气，气温达到 41℃，山坡火源处接近 60℃，加之植被茂密，队员们身负机具，每前进一小段都耗费很大体力，不一会儿就有多人中暑了，队员们每人带了 10 瓶矿泉水和 1 水壶水，扑火一开始没多久就全部喝光，而他们身在火灾第一线，无法接受供给，最后只能靠无人机在空中抛下食物和水，才能解决饥渴的问题。就是在这种恶劣的环境下，刘京朋和战友们出色完成扑灭任务，省委领导为此亲笔提出嘉奖。此后，省内多地发生严重火灾时，刘京朋和他的团队都成为支援的首选。

防火队员的敬业与勇气，也感动了当地的群众。刘京朋至今难忘一件事：2019 年 4 月 4 日，青龙马圈子一带发生火灾，孤山子、石杖子、龙王庙三地同时着火，此地多山多沟，火势蔓延起来非常危险，900 多名防火人员兵分三路前去灭火，扑救整整持续一夜，此间二三百名群众赶到现场送水送粮，火扑灭后，刘京朋和战友们后半夜才从火场返回驻地。第二天早上出来的时候，他们发现门口堆着几箱牛奶和两个大塑料袋，里面装着甜瓜、燕麦片、大枣、枸杞……没有人在那里，只有箱子上贴着两张纸条，一张写着："小伙子们：感谢你们的默默奉献，你们辛苦了！向火而生的英雄，保重身体，平安归来！致敬！"另一张写着："哥哥们：谢谢你们的守护，愿你们每次都能平安归来，向你们致敬！"这样一份礼物，让刘京朋和战友们，这些面对烈火未曾退缩一步的汉子们都不禁掉下泪来。这眼泪，是对人民群众理解和支持的感动的泪，也让他们深深地明白，他们守护的不仅仅是那些树和山，他们守护的还是老百姓的家园，守护的是绿水青山的生态文明。

十多年防火岁月的磨砺，让刘京朋取得累累硕果，2016 年他荣立河北省森林公安局个人三等功，2017 年、2018 年连续两年被评为秦皇岛市优秀公务员，2018 年度被评为河北省暑期工作先进个人，2019 年被评为秦皇岛市"十佳公务员"。面对荣誉，让刘京朋更加欣慰的是森林防火战队的成长，过去的森林防火队伍，因技术落后、人员素质不高，被人们称为农民工队，招人非常困难，现在的森林消防队已经成为一个有战斗力、有技术、有高度荣誉感的团队。他们的队员中，有大学生，也有专业的技术骨干，有财政资金保障的工资待遇，也有先进的设备。

刘京朋认为，作为森林防火第一线战队中的一员，他有责任以模范带头人的身份，把队员保护好，把森林资源保护好，把国家的人民财产保护好，这既是这位森林防火一线指挥官肩上的沉重使命，也代表了秦皇岛全体森林公安干警对党和人民的忠诚之心。

李利锋："兰台修史"是他的使命

◎李利锋，1984 年 7 月毕业于河北农业大学，现任抚宁区档案馆馆长。2007 年被河北省档案局、省人事厅授予全省档案系统先进工作者称号。2009 年被省档案局授予全省首位档案利用开发特别贡献奖。2014 年 1 月被秦皇岛市委、市政府授予秦皇岛市优秀科技工作者称号。

46

提起司马迁，人们首先想到的是他血泪铸丹青、妙手著文章的功绩，正因为此，他才被称为"太史公"。

在今天的秦皇岛市抚宁区，也有一位像司马迁一样的"太史公"，他在当地文史界大名鼎鼎，是个"本地通"，在所从事的工作岗位上也是劳模先进，是"行业标兵"。然而，他又是一位极为普通的、我们身边的人，他在最平凡的岗位上，十六年如一日地努力，其动力不过是几个字：写好家乡，留住乡愁。

他就是李利锋。

从政界到文史界，他也曾想早点离开

李利锋是地地道道的抚宁人，出生于榆关镇铁官营村。大学时学的不是文史专业，而是畜牧业。1984 年 7 月从河北农业大学毕业后，被分配到抚宁县政府农业办公室，一直从事文秘工作。

1996 年，李利锋调到县委办公室工作，先后担任县委研究室主任、县委办公室副主任，其主要工作就是"耍笔杆子"，这一干就是六年。2000 年他参加全市副县级领导干部公开招考，并进入了组织考察阶段（前三名）。然而命运的机缘却与他擦肩而过。2002年4月，一个新的工作则落在他的头上，担任县档案局局长。

初到县档案局时，李利锋心里就凉了半截，这单位太穷了！会议室里的沙发因使用时间太长，纤维都有些风化了，机关同事开会时屁股下面都垫一张报纸，否则就会沾一身纤维末。

这样差的工作环境，让李利锋顿觉沮丧。当副职时羡慕能够"说了算"的"一把手"，可真当上了"一把手"，他觉得根本也说了不算，要啥没啥，整天得为柴米油盐发愁。别人当了"一把手"后，一是装修办公室，二是换好车。他来的这个"衙门""水"也太"清"了！他最初想"先弄个正科"，然后再找机会换个地方。没想到工作一段时间后，李利锋逐渐热爱上了这份工作。

抚宁县档案局成立于1988年，整个八九十年代，档案工作刚刚起步，处于收集整理阶段，还没有顾得上档案价值的开发利用。社会上对档案工作存在着不少偏见，认为档案工作是"有它不多，没它不少""舅舅不疼姥姥不爱"，虽然档案部门辛勤地工作，但是"默默无闻"，并不被社会关注，都认为它是个清闲自在的"养老单位"。

李利锋思考着，为什么档案部门工作辛苦，却不被社会认可？他觉得就是档案工作与社会需求相脱节。从何处入手呢？他思考着、探索着。

按照惯例，每年8月15日前后都是新闻媒体报道日军侵华和中国军民抗战事迹的高峰期。2002年夏，他为了搜集日军侵华罪证，问管理股的同志有没有日本方面的资料。同志们给他取来两本日文资料：1936年9月日本东洋事务研究会编写的《冀东纵览》；1936年11月天津海光寺日本驻屯军司令部冀东地区调查班编写的《冀东地区十六个县县势概况调查报告书》（均有抚宁、临榆两县部分内容）。

通过这两部书，李利锋发现日本人对抚宁、临榆了解特别详细。在查阅了民国二十一年《抚宁县志料》、光绪三年《抚宁县志》乃至康熙二十一年《抚宁县志》后，他发现日本人是从这些资料里了解抚宁、临榆的。因而他开始对老县志产生了浓厚的兴趣。

他发现，老县志中有很多古诗词，写得非常美妙，但是大多数人都不知道。他想如果把这些古诗词收集起来，编辑成册，让更多的人了解秦皇岛、热爱秦皇岛，岂不是更好吗？从2003年年初，他开始收集这些具有地域特色的古诗词。但为了这个心愿，他却付出了相当大的代价。当时单位经费困难，也安装不起宽带，不能上网，他就把这些古诗词抄录下来。

为了搞好古诗词的注释工作，2003年夏季，他个人斥资6000元买了一台电脑，用电话线拨号上网，查找资料。但是一个月下来，他家电话费180多元，对于"上有老下

有小"、家庭负担比较重的他来说无疑是一个沉重的包袱。后来，他们家属院几家合起来安装了宽带，才减轻了不小的压力。

经过千辛万苦，2004年他终于拿出了长达60万字的《秦皇岛古诗集注》书稿。他找到县政府领导申请出版经费，经领导研究决定，从县财政拨3万元，再借3万元，卖书以后再还上。等书出来以后，要的人多，碍于情面，他免费赠送，因此借款一直还不上。后来县长刘晓平得知此事，帮助他解决了这笔欠款。

提及出第一本书的艰辛，李利锋始终不忘感谢领导对他的支持。

从外行到内行，做地域文化的守护神

有了《秦皇岛古诗集注》的成功，让李利锋找到了工作的乐趣，在别人眼中枯燥无味的志书，也成了他眼中丰富多彩的世界。用他的话说："从最初看不懂到最后终于悟了出来。"

旧县志由于保存时间较长，有些字迹不清晰，常常需要反复辨认。比如，康熙年间县志中诸元寿写的《兔耳笼云》一诗中"旸晞始放青"中的"旸"字是经过一年多的反复辨认才确定的。

有些字上出一格，有些字下空一格，有些字空后下转另一行，他刚开始时不知道是什么原因。经过很长一段时间的观察，他终于悟出这些都是为了避开皇帝名讳。有些字少刻一笔，有些字多刻一笔，后来他才弄清楚是古人刻字时为了好看或者省事。有弄不懂的问题，他经常虚心向康占忠、吴环露、陈职宏等几位老前辈学习，学到了不少知识。总之，他觉得这份工作虽然辛劳，但很有意义。

2005年年初，他得知国家图书馆有康熙十八年和二十一年两个版本的《抚宁县志》。他有些疑惑，古代编修县志费用是非常高的，一般得二三千两银子，大约六七十年，甚至百余年才能编修一次。为什么这么短的时间就相继出志呢？这不符合常规。

他决心到国家图书馆复印这两套县志，他和另外一位同志到国家图书馆一看，果真有两部县志，内容不太一致。按照图书馆规定，每次复制不超过三分之一，而且图书馆复印资料还得经过层层审批，手续太麻烦。当他听说"看不花钱"后，就决定全文抄录。

国家图书馆的老县志能够看到的是缩微胶片，因图书馆规定不允许拍照，他只能在昏暗的灯光下，一个字一个字地抄写，抄完一页再抄下一页，非常辛苦。抄一小会儿，眼睛累得发昏，上点儿眼药水，休息一下，再接着抄。

全书一共12卷140多页就这样抄完了。但是书中有很多缺字、字迹不清晰的地方。回来之后，他们再打印出来，进行整理，与其他志书核对，尽可能地补齐缺字，订正错字。然后拿着打印稿，再去国家图书馆核对一遍。那时候不像现在很多资料可以从互联网上直接下载。他把节省下来的钱用于出版图书。在原文核对无误后，仿照原志书格式、每行字数，采用繁体字、竖排版进行排版，加注了少量的注释。经过一番辛苦劳作，到 2005 年年底，编辑出版了《康熙抚宁县志》一书，这部志书保持了旧志风格，让更多的人看到了原汁原味的志书。

从 2004 到 2007 年，李利锋以基本上一年出版一部书的速度，先后编辑出版了《秦皇岛古诗集注》《康熙抚宁县志》《抚宁史料集》《抚宁县志校注》四部著作，共 300 多万字。

2007 年 9 月 7 日，国家档案局局长杨冬权同志为《抚宁县志校注》一书作序，对李利锋的成果给予高度称赞："你的成果确实让我敬佩，特别是你的这种做法，我也觉得确有必要予以鼓励和提倡。"

从搜集到创作，做地域文化传承人

2007 年间，博客兴起，很多人把生活经历、所见所闻通过博客抒发出来，李利锋没多久也开始玩起了博客，不过，他在博客上只写一种东西：家乡历史。

2007 年 11 月，李利锋创办了个人博客"文史天地"和"文史之友"，发表了数百篇文史考证文章，总访问量达 30 多万人次，还创办了"抚宁档案文史信息网"，既用以指导档案工作，又传播抚宁历史文化。而让他没有想到的是，他的这些文章在当地引起了较大的反响，甚至发展了地域文化。

界岭口是蓟镇长城中重要的关隘，但由于承平已久，很多人忽略了界岭口的历史价值。2009 年春，李利锋写的《长城要塞——界岭口》博文提到"令人可惜的是，山海关、九门口都已经开发为旅游景区，而界岭口至今仍然沉睡"。界岭口村干部见到此文后很受触动，决心要改变这种状况。在他和文物、建设、民政等部门的帮助下，界岭口于 2012 年 11 月成功地申报河北省历史文化名村。2016 年又被列为第二批中央财政支持范围的中国传统村落。

2012 年 8 月，河北农业大学王立军教授在为抚宁紫金山文化公园作设计时，参考了李利锋的博文《抚宁"老八景"今何在？》一文，最后在紫金山文化公园设计了八根图腾石柱，将抚宁县名的含义"抚我黎庶、宁我子妇"八个大字和抚宁"老八景"古诗有机地融合到一起。至今，每天都有数百人到此健身游玩。

自从微信兴起之后，李利锋认识到这一变革对于档案工作者的重要性，从 2015 年 7 月起，他与抚宁电视台记者王爱合作，在他的微信公众号"玩转抚宁"上开设"抚宁历

史上的今天"栏目,以大量的图文信息,向广大读者介绍抚宁历史上发生的大事件。

为纪念中国人民抗日战争胜利70周年,从2014年10月开始,李利锋与文化部门合作,联合编写一部记录抚宁地区抗日战争史实的书籍。为了加快搜集整理抗战史料进度,他每天早晨6点钟到单位,夜间10多钟才回家,终于在2015年8月中旬,拿出了《抚宁抗战史料》(初稿)征求意见。

在他和同志们的努力下,在县(区)领导和有关部门的支持帮助下,抚宁档案馆也发生了较大变化。馆藏档案数量迅猛增长,已经从2001年的4.7万卷增加到17万卷;档案馆藏结构也从过去的文书档案向多门类、多品种发展,婚姻登记、户籍档案等民生档案日趋增多,前来查阅档案的人数越来越多,为人民群众办理退休手续、补办养老保险、享受独生子女奖励政策、办理贷款手续、解决房产纠纷、干部人事信息核查等提供了原始依据,档案已经与人民群众的生活联系越来越紧密了。

多位知名专家、学者先后到抚宁档案馆学习考察。抚宁档案馆还被东北大学秦皇岛分校列为实践教育基地。

2010年,抚宁县档案局被河北省档案局授予河北省档案系统先进集体称号。2012年5月,抚宁县档案馆被河北省档案局、省人社厅授予"十二五"期间全省档案系统先进集体称号。2017年度抚宁区档案馆被省档案局授予全省档案开发利用实绩突出单位。

2010年3月,河北省档案局专门作出了《关于授予李利锋同志"河北省档案利用开发特别贡献奖"荣誉称号的决定》,他成为全省档案编研工作的领军人物。他编著的《秦皇岛古诗集注》一书还被省档案学会评为"十五"期间档案学优秀成果编著类一等奖等。

李利锋在档案馆馆长这个岗位上一干就是十几年,在这难忘的兰台岁月里,他以馆为家,把修史写史当成了记录乡愁、传播文明的方式,为弘扬抚宁悠久灿烂的历史文化作出了应有的贡献,在抚宁历史上也留下了人生的芳华。

焦秀娟：以仁者之心面对病患

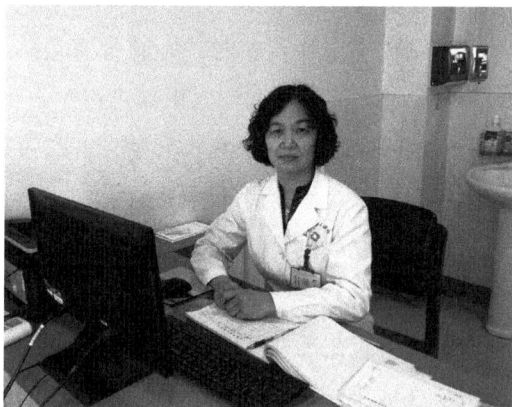

47 ◎焦秀娟，主任医师，医学硕士，秦皇岛市第三医院肝病学科的学术带头人，擅长诊治各型急慢性病毒性肝炎、脂肪肝、自身免疫性肝病、药物性肝病、肝硬化等。

主任医师、医学硕士、市第三医院肝病学科的学术带头人、市首批市管优秀专家……诸多光环笼罩下，焦秀娟依然谦和踏实。

二十多年前，因受父亲的影响，焦秀娟踏进了张家口医学院的校园，自此与医学结缘。二十多年行医路上，她兢兢业业，孜孜以求。2003年，取得了河北医科大学硕士研究生学位，成为秦皇岛市第三医院的第一个硕士研究生。学无止境，焦秀娟对自己的要求从未停止。她经常利用院内外学习培训的机会，带着平时工作中遇到的疑难问题，虚心向知名专家请教，不断学习和掌握各类肝脏疾病诊断、治疗的新知识、新技术和新疗法，了解肝病学科发展的新动态，始终以饱满的热情走在肝病学科的学术前沿。

行医的过程，是不断求索的过程

近年来，焦秀娟先后主持开展了"肝硬化患者血清瘦素水平与营养及胰岛素抵抗关系的研究""医用臭氧治疗慢性乙型肝炎病毒感染的临床研究""基因测序及基因型的检测在慢性HBV感染者中的临床应用"等多项研究课题，在国内、省内产生了较大影响。其中，"肝硬化患者血清瘦素水平与营养及胰岛素抵抗关系的研究"极具科研创新价值，在国内第一个报道了瘦素与肝硬化患者生长激素、胰岛素抵抗及其营养的相关性。此科

研课题于 2008 年获得"河北省医学会优秀科技成果奖"。

著名数学家华罗庚曾说过,读书的真功夫在于"既能把薄的书读成厚的,又能把厚的书读成薄的"。焦秀娟觉得,华老对于读书的见地,同样也适用于行医。

刚刚踏上工作岗位时,她感觉有很多不懂不会的地方,随着不断学习和经验积累,许多难题迎刃而解。在深入求索过程中,又会发现更多新的挑战。这样循环往复走过去、回头看的经历,使她储备了丰富的知识和大量的经验,将零星积累整合为系统知识与同行切磋、分享,是她最欣慰的事情。

她的研究成果"医用臭氧治疗慢性乙型肝炎病毒感染的临床研究"于 2011 年获"秦皇岛市科技进步二等奖",论文发表在《中华实验和临床病毒学》杂志上;"基因测序及基因型的检测在慢性 HBV 感染者中的临床应用"荣获河北省科学技术进步三等奖,秦皇岛市科技成果一等奖。这个课题共发表论文十余篇,其中有两篇 SCI 的论文分别发表于《Antiviral Research》和《Antiviral Therapy》。基因型及基因测序检测的开展,提高了临床的诊疗水平,对于患者来说,可以及早发现耐药,避免耐药后的疾病进展,减少了肝纤维化及肝硬化的发生,同时也减少了患者耐药后再治疗的一大笔治疗费用,在减轻患者痛苦的同时,降低家庭的经济负担,并且延长了患者的生存期。目前,该课题的研究成果已广泛应用于临床。

坚持不懈地学习是难能可贵的。从医二十多年,焦秀娟始终保持着旺盛的学习力和不断求索的精神。她总觉得自己还没有做到更好,希望有更多的机会,通过自身努力,发挥到更好,为更多患者服务。

行医之路其修远兮,她仍将上下而求索。

病人的认可,是无上的职业荣誉

清徐灵胎在《慎疾刍言用药》中写道:"凡医者之于病人,必事事体贴,如若身受之,而后用药无误。医之为首,全在身考。"简单的一句话,透彻地阐述了医患关系。医生,不仅要有高超的医术,更要有为患者设身处地着想的仁爱之心。然而在医患关系相对敏感微妙的今天,如何处理好与病人之间的关系,是对医生的考验。

面对病人,焦秀娟常怀仁德之意、仁爱之心。

焦秀娟在农村长大,深知基层生活的艰辛与不易,乡村情结始终缱绻在她心间。好多人生了病却不在意,等到实在难受才到医院就医,有人为此错过了最佳治疗期,或者有的病可以提前干预,不致发展太快。每每遇到这种情况,焦秀娟心底都万分难过,她总是想尽一切办法,尽自己一切所能,极力为病患着想,在以自己的医术尽力减轻患者病痛的同时，还努力为他们从经济上节省。

一次，焦秀娟的一个外地患者看完病之后，没有回去的路费了。她看到他焦虑局促的表情，立刻掏出二百元塞到患者手里。患者手捧二百元百感交集，感动得要给她下跪。病人觉得，到医院就是花钱的，哪里想到还有大夫给他掏路费。而焦秀娟心里想的却是病人实在太困难了，这样的窘况，令她难过心酸，她不能也不忍不伸出援手。

肝病是慢性病，医生和病人常来常往，会有超越普通医患关系的情感在里面。前不久，焦秀娟原来的一个病人到医院看病，这个应该定期复查的病人，因为种种原因没有按时复查，这次再来，病情已急剧恶化。面对病人，她心里有病人不定期检查而导致病情恶化的惋惜之情，也有面对生命渐次抽离却无能为力的疼痛。在给病人家属交代病情的时候，她难过得几近哽咽。在学术的追索上，她是理性而上进的；在对病人的态度上，她是感性而负责的。焦秀娟以她独有的探索精神和对病人的仁爱之心，赢得了众多病人和家属的认可，为第三医院肝病学科树立了良好口碑。

多彩的人生才能不留遗憾

记得呼吸病学专家钟南山说过一句话：对工作还应该有一种"如临深渊，如履薄冰"的感觉，这是一种面对病人最宝贵的生命而产生的责任感。这样的责任感，也是对生命的敬畏。这种情怀深深刻在焦秀娟心里，她时时警醒，刻刻铭记。

病人的认可，是无上的职业荣誉。焦秀娟对这份职业荣誉倍加珍爱。当治好病出院的患者紧握她的双手道谢告别，当病人家属在母亲节发来问候信息，当病人对她投来淳朴信赖的目光……她的内心充满了温情与感动。医学领域探索不尽，每个医生在各自学科各有所长，医生不是万能的，但病人对医生的期望却是无尽的。焦秀娟说：时下流行的一句话——"最希望你活着的人是大夫"，这是大夫内心最真实的写照。

这就是焦秀娟，她是那样踏实、上进、谦和，她是秦皇岛市第三医院肝病学科的一面旗。

王建华：从办公室回到农村创业

◎王建华，1996年毕业于南京农业大学园艺系蔬菜专业，在海港区农业局工作，高级农艺师，从事蔬菜生产与技术指导25年。2005年，积极响应国家科技特派员号召，作为第一批科技特派员走进田间地头，2013年开始建设清溪农业有机蔬菜生产试验示范基地。

48

在海港区西连峪村的一片山上，有一块属于王建华的"领地"，这里有水果，有蔬菜，有鸡鸭等动禽物，田园风光与桃源之乐尽在其中。

"来，看看我这大棚怎么样，你再看看这草莓怎么样？你看那白的，这可不是没长熟，它比红的还甜呢。"

站在温暖如春的大棚里，王建华热情地向客人们介绍她的"财富"，冬天，在这里能吃到新鲜的蔬菜，还有热带水果，芭乐、释伽果、葡萄，王建华自豪地说，这都是她亲手种的，无污染，无农药，纯天然，纯绿色。

一身农家妇女的衣服，鞋、袖口总是沾满泥巴，脸被晒得黝黑，冷不丁一看，王建华就是一个普通的农家妇女，但她其实毕业于南京农业大学，是海港区农业农村局的高级农艺师。几年前，为了实现自己"把农业技术从办公室带到生产基地"的梦想，她投身到了国家科技特派工作中，于2012年在北港镇西连峪村与农民一起合作建设了"清溪农业"，如今，这家企业已经跻身"河北省科技型中小企业"之列。

"我是从农村来的，现在又回来了，我喜欢在土地上劳动，这里就是我的家！"站在"清溪农业"大棚外，王建华笑迎所有来这里的客人。

投身绿色农业，从探究有机做起

2008 年，王建华作为河北省第一批农产品质量安全检测员，负责对奥运会运动员用餐的农残、硝酸盐的检测工作，那时候，农产品质量安全就引起了她的重视。

之后，海港区农业农村局建起了农产品质量安全检测室，由时任蔬菜站长的王建华负责采样和检测。正是这样一个机会，促成了她关注农产品的质量安全问题。

"我想探究'有机'到底能到什么程度。"指着 50 立方米的沼气池，王建华说，"每一年，我们都得购买碎黄豆、花生渣，一部分用于自制有机肥，另一部分和一些植物残渣一起投到这个沼气池中，发酵成沼液用来给植物施肥。"

在蔬菜大棚，王建华一边观察西红柿的长势，一边介绍："在农业生产中，保证肥料的纯净就是保证土壤的纯净，也是达到'有机'这个标准的第一步，此外就是采取'有机'种植，利用传统的农业间套作等技术防治一些病虫害，让农作物自然生长，现在我们的种植环境周围已经形成了一个自然生态循环系统，最大程度上确保农产品的安全健康。"

正是因为对有机农作物的兴趣和研究，当国家科技特派工作开始时，王建华义无反顾地从办公室重返农村，创办了她的"清溪农业"。

很多人从农村出来，就是想摆脱面朝黄土背朝天的命运，在城里有一张办公桌，但王建华却不是满足这安逸的人，回到土地上，为农民做点事，是这个纯朴的农业干部最想做的事。

然而，销售在清溪农业创始之初也产生了困难，当王建华把"有机"蔬菜拿到市场上去卖的时候，她傻了眼。同样的菜，市场上的菜要比她的菜光鲜、打眼得多，无奈之下，她将新鲜些的菜送给了朋友，剩余的菜也被人以很低的价钱买去喂鸡了。

没想到，几天后朋友纷纷打来电话要跟她订菜，原因是：菜虽然卖相一般，但味道好，而且放得住，几天都不烂。

后来，经过区农业农村局领导的努力和引荐，清溪农业的菜通过家惠超市到了市民餐桌，很多人反映："清溪的菜不仅让人放心，而且这带籽的西红柿让我们吃到了多年前的味道！"她听了，心里别提多开心了。为了让广大市民吃出健康，也更加坚定了王建华坚持有机种植的理念。

开创科技农业，从推广现代化技术入手

当了农业科技特派员之后，王建华感觉现代农业太需要技术了。把技术传出去，让农民受益，在她看来，是特派员应该做的事，为此，她在清溪农业建立了 200 多平方米的科普讲堂。

清溪农业是海港区委宣传部、区农业农村局、区科技局等授牌的"科技特派员有机

蔬菜生产试验示范基地""秦皇岛市休闲农业示范点""海港区农业科普基地",每年王建华都举办多次科普讲座、种植培训,为农民讲解、传授农业知识,进行科技指导。

依托技术和资源优势,清溪农业还积极帮助周边农民解决一些技术和销路问题。"附近农户在农业生产中遇到了问题,随时就到这里来向我们咨询,而我们也是尽己所能,帮助他们。"王建华说。她也利用信息技术把更多的农户联系起来,实现标准化统一生产和销售,促进农业生产发展。

创办农业采摘园的同行们在最迷茫的时候,多次来到清溪农业取经,王建华从棚室建设到品种选择,再到标准生产都一一给予建议和指导,并向他们推荐和教授了有机种植方式,以保证其农产品品质,她这种无私奉献的胸怀,也深深感动了前来咨询的同行们。

在清溪农业400多平方米的"秦皇岛市草莓科教馆"外,王建华介绍道:"除了草莓的品种和种植,我们也将技术配合科普教育,对儿童进行草莓专题科普教育,让孩子们在采摘的同时,对有机种植产生兴趣,从而让他们接触现代农业的相关知识。"

打造特色农业,消除南北农产品差异

"这是什么水果呀?没有见过啊。"在南方水果棚中,一个孩子露着好奇的神情,指着树上的果子问道。"这是芭乐,也叫番石榴,是南方水果。"王建华回答。

王建华摘下一颗芭乐,深情地说:"我毕业于南京农业大学,所以对南方水果情有独钟。在上学期间,我就想,能不能在环境、温度都调整好的情况下,在北方老家也种植南方水果呢。"

面对着"把南方水果的味道带回北方"这样的想法,2018年,王建华特意建了一个大棚,用来做南果北种。在这个俨然如雨林的温室大棚中,芭乐、果桑、嘉宝果等果子,高低错落,掩映成趣,或翠嫩欲滴,或绯红饱满……

"近几年,南方水果越来越被北方人熟知和喜欢,可是,由于季节、地域和运输的关系,我们很难吃到新鲜的水果,如果是熟透了运过来就坏了,如果是半生不熟运过来,又没有那么好吃了,那么,我们这里种植的果桑、芭乐等水果,一年四季都能保证市场供应,就是从树上摘下就送到顾客手上。"

此外,王建华大力发展特色旅游采摘,根据季节特点,种植适合采摘的品种,吸引市民采摘。现如今,清溪农业每年可接待采摘人员1万人次左右,涉及各种蔬菜、水果等四五十个品种,年收入在100万元左右。

如今,王建华正带领专业技术人员和工人致力于把整个园区打造成精美的花园式休闲农业园区,以迎接广大采摘和采购者的到来。她深信,在党的好政策的指引下,为农民做好事、办实事,一定会大有前途。

廖雪梅：一手打造古城夜文化

49 ◎廖雪梅，1992年4月参加工作，历任孟姜女庙景区管理处科员、山海关古城管理处副主任、孟姜女庙景区管理处主任、山海关区第一关旅游发展有限公司副总经理、山海关区第一关旅游发展有限公司董事长。曾获2019年河北省暑期工作先进个人、2015—2019年度秦皇岛市先进工作者等荣誉称号。

夜晚8点，古城山海关，一场大秀正在拉开帷幕，迎宾大典中，一场场历史场景还原，城楼上投射的光影秀神奇震撼，俯瞰古城夜景仿佛穿越了时空，站在底下的游客们拿起手机，纷纷拍照……

2021年五一期间，山海关天下第一关景区以文旅、视听盛宴迎接八方游客，这场文化盛宴共接待游客达25万余人次，比2019年同期增长35.4%。这一次不仅掀起了疫情常态防控下旅游产业的升温复热，更拉动了地方经济发展，带动古城周边消费大幅增加。

面对这一成绩，山海关景区董事长廖雪梅不禁松了一口气，对这位关城资深旅游人来说，经历了疫情期间的艰难岁月，人生最欢欣的时刻，莫过于重新看见古城游人如织、摩肩接踵的热闹场面了。

生于异乡，她把这里当故乡

从山海关长大的女孩子们，通常都有一个特点：爽朗、大气、率真、性格泼辣。但廖雪梅与她们却有不同，她并不是山海关人，老家位于遥远的四川达州。本来是一个川妹子，命运巧合，却让她随家人来到了关城，在这里落地生根，开枝散叶，成了关城人。

从古城上了中学，又去河北大学学习了流通与管理科学，与旅游并不搭界的专业，却因为1991年在山海关角山景区实习，与关城旅游竟结下了不解之缘，没想到就此投身于此几十年。

从角山景区到孟姜女庙景区，再到天下第一关景区，廖雪梅把最好的青春生涯全留在这里，大学毕业，她没有走进科室，却成了一个天天在景区里扯着嗓子讲解的导游员，工作辛苦，没有休息日，她无怨无悔，因为在这里她领略了关城文化的博大精深，在第二故乡找到了中国传统文化的美。

时至今日，廖雪梅仍然难忘那段青春的时光，在孟姜女景区干了一段时间，从导游变成科员，而后因为工作出色，调至天下第一关景区，担任副主任一职。

从1998年到2014年，廖雪梅参与了山海关最重要的5A景区的创建，她还记得申报5A景区时的情景，每天加班加点，所有上报的档案都经过她的手，一条条一项项地核查落实。最终天下第一关申报5A景区成功，她为此立下了汗马功劳。

"在天下第一关的工作对我是个锻炼，让我明白了旅游在今天的真正内涵。"

2014年3月，廖雪梅肩上又落了一个重担，她被委任为孟姜女庙景区主任。

孟姜女庙景区是一个传统的老景区，设备老旧，人员老化，游客日渐减少，收入入不敷出，就是在这种不利条件下，廖雪梅完成了景区的"逆袭"，她敏锐地发现，靠传统的景区游无法吸引更多的外地游客入园、消费，就把重点放在了民俗与文化上，针对山海关传统的孟姜女庙会风俗，她重新打造、策划了庙会活动，利用民间庙会传统，形成了固定的演出，吸引了周边的游客和附近的居民，盘活了姜女庙周边的经济，也让姜女庙的收入扭亏为盈，从200多万元上涨到1100多万元。

无论是在第一关景区还是孟姜女庙景区，廖雪梅都以负责人的身份出现，这让她既积累了丰富的经验，也成为山海关旅游历史的见证者和实践者。

文旅融合升级，她成为"大景区"的当家人

2016年为破解"所有权、管理权、经营权"三权不分的瓶颈制约，山海关区委、区政府实施了旅游体制机制改革，构建"3+1"管理模式，全力推动山海关旅游业转型升级。作为体制机制改革的重要组成部分，第一关旅游发展有限公司于同年2月正式成立并管理运营包括老龙头、天下第一关、孟姜女庙、角山景区在内的"山海关景区"。

在这个转型升级的重大时刻，廖雪梅又接重任，担任山海关区第一关旅游发展有限公司副总经理；三年后，担任山海关区第一关旅游发展有限公司董事长。

新身份给她一个最大的变化，就是"忙"，责任重了，职能多了，压力也越来越大了。

自接管"山海关景区"后，在她领导下，做了一系列工作：公司拆除老龙头临街违建商铺、一关景区棚亭、东罗城停车场棚亭，完成古城西门外拆迁后，实施"游客中心、停车场、旅游厕所、导览标识系统"等八大类百余项工程项目建设改造，大大提升了景区内外游览环境，全面完善了景区配套服务功能。

"文旅深度融合是促进景区转型升级的重要举措，围绕核心资源讲好文化故事，才是景区持久生命力的表现，而这种表现风格是可传统亦可现代的。"廖雪梅对转型升级有着自己的认识。

在文旅融合转型升级下，2019 年，"山海关景区"开始深挖山海关历史文化内涵，大胆尝试夜经济发展。

"夜宴·2019 首届山海关浑锅文化节"应运而生，创造性地将被列为市级非物质文化遗产的山海关浑锅引入景区，通过百人浑锅宴、浑锅故事汇、歌舞大联欢、浑锅文化展、互动体验营等多个板块，将山海关特色美食、民俗文化进行展现，让游客在欣赏美景的同时，尽享山海关浑锅这一特色经典美食。活动现场，更是掀起夏吃浑锅的热潮，多家浑锅餐饮企业被游客火爆预订，景区累计接待游客 3 万人次，实现经营收入 16 万余元。

在节庆及重要时间节点，"山海关景区"成功举办中国·山海关古城年博会、中国·山海关"二月二·龙抬头"节、孟姜女庙庙会、中国·山海关菊花文化节、中国·山海关模特大赛……

丰富多彩的特色活动得到了广大游客及市民的称赞与好评，更是吸引众多媒体争相报道，各自媒体平台发布、转发活动图文视频超过 1225 篇，所发内容多篇被列为精选文章、优质文章，单篇阅读量高达 1302 万人次。其中，在国家级媒体如新华社、学习强国、央视频、光明网等媒体平台转发活动视频及文章 105 篇，单篇阅读量超过 148.9 万。省级媒体如冀时、冀云、《河北日报》、风光网视、科潮网等媒体平台转发活动文章 291 篇，单篇阅读量超过 774 万人次，微博热门话题 # 畅游山海关 #、# 秋韵山海关 #、# 观山海 长城情境光影秀 # 的阅读量已突破 1.58 亿。

激活新业态提升，让古城亮起来

廖雪梅执着于新业态项目的开发建设，为了创新项目拉动，激活古城业态提升，"山海关景区"打造了"夜山海经济"、天下第一关"观山海·长城情境光影秀"、闯关东文化体验园等精品项目。

其中，于 2020 年国庆节期间正式面向游客的"观山海·长城情境光影秀"项目，由

天下第一关城墙 mapping 光影秀、梦幻游园光影交动体验秀、登城夜游体验三大板块构成，以天下第一关为核心吸引，向山海关古城区域辐射，用多元文化融合现代声、光、电的高科技手段，全方位、多角度呈现山海关深厚文化底蕴，打造山海关视觉盛宴。

依托古城资产和民间资源，公司深度挖掘山海关长城文化、军事文化、民宿文化等元素内涵，引导和带动古城居民开发以住宿链接游、购、娱、食等服务要素齐全的民宿院落，打造"一院一主题"的创意性住宿样板，引领山海关古城整体民宿品牌建设。

公司打造的"大明帅府""圆圆曲"特色主题民宿，让住客在休闲中感受浓厚的历史氛围和与众不同的民宿趣味。

"光是我们在做，构不成规模，我们还要吸引原住居民和民间投资客投入民宿产业，与大家联合打造原住特色民宿集群，把业态带活，让古城百姓和我们一起挣钱。"廖雪梅说出了民宿规划，要成立古城民宿总服务中心，对外推介、管理、服务，打造山海关古城民宿统一化管理服务，形成有序的经营环境，扩大古城民宿群规模和影响力。

为了说服更多的人加入民宿统一管理的队伍中，廖雪梅为此操碎了心，也跑"断"了腿。她一家一家地做工作，解释和说明，终于让山海关古城已经散乱、各自为政的民宿纳入统一管理的有序氛围中，也提高了顾客的满意率。

经过一系列业态的提升激活，"山海关景区"品牌的影响力持续上升。在迈点研究院最新发布的品牌指数排行榜中，"山海关景区"从 170 位攀升到 52 位，景区品牌已呈现出向深向厚发展的良好态势。

强化服务，拿到"金钥匙"

"服务有一个升华理念是——满意是微笑，惊喜是尖叫。"廖雪梅说，"服务是提升旅游品质、擦亮山海关旅游品牌的重要保障。"

国际金钥匙品牌是全球唯一拥有 90 年历史的网络化、个性化、专业化、国际化的品牌服务组织。自 1929 年至今，"金钥匙"已经赢得全球服务业的尊重，更是企业拥有国际最高服务标准的象征。

为了实现品质升级，2019 年 9 月 6 日，"山海关景区"加入金钥匙授牌仪式隆重举行，正式成为金钥匙国际联盟成员。作为东北、华北地区首家与国际金钥匙联盟进行合作的旅游服务企业，标志着山海关旅游产业随着时代的发展逐步与国际接轨，对于推动山海关迈向"国际文化旅游名城"具有十分重要的意义。

2019 年，景区优选优秀服务人员，组建山海关景区金钥匙服务团队，全时段全方位为游客提供优质便捷服务。2020 年，景区开启金钥匙管家服务，推出金钥匙高端私人定制服务；开展"金钥匙课堂"，打造服务之星，掀开旅游服务个性化、高端化、定制化的新篇章。

廖雪梅还注重人才挖掘和培养，2019年度启动了"远航人才培养战略"，包括领航计划、护航计划、启航计划，打造了多维度、系统性、阶梯性的培养人才机制。同时，加强服务人员的行为习惯养成，推行"赋能晨会"制度，让优质服务成为习惯。

此外，"山海关景区"还构建了三级游客咨询服务中心体系，在景区重要节点设置29处服务站，免费为游客提供咨询讲解；在古城和老龙头两个景区间设立了免费摆渡车，凡是购买景区各类门票或符合免票政策的人员均可乘坐；遵循"不让一位游客在山海关景区受委屈"的承诺，景区设立了"无理由退货中心"，推出"服务游客十大举措"。

多年来，山海关景区品牌知名度得到极大提升，曾获"河北省服务质量奖""河北省服务名牌""河北省青年文明号""河北名片""河北厕所革命十大亮点""河北省首批旅游服务质量标杆单位""2018年河北省服务企业100强""5A级景区品牌50强""2019年中国服务示范企业"以及河北省智慧景区示范点、2020中国金峰奖十佳感动文旅企业奖项、第一批省级旅游标准化示范企业等荣誉，被中华全国总工会命名为"全国工人先锋号"，被国家旅游局评为"旅游市场秩序最佳景区"。

在廖雪梅的带领下，她和她的团队正以古城底蕴、崭新姿态、金牌服务为抓手，拉动山海关古城新的区域经济增长点，也一步步地将其打造成为业界驰名的符号。

古道：他写的歌曲传唱了大江南北

◎古道，原名杨宝成，现为秦皇岛电视台编导。曾在《小说家》《长城》《长江丛刊》《清明》《北方文学》等文学杂志发表中短篇小说及报告文学 60 余万字。报告文学《写满神话的土地》曾荣获"长城"优秀报告文学奖，纪录片《探亲》荣获 2003 年度中国广播电视新闻奖暨首届中国电视纪录片二等奖，作词并导演的 MV《最美中国人》荣获 2012 年度河北广播影视节目一等奖。

50

2016 年，一部以海港区西港镇归提寨村原党总支书记、村主任杨家琛为原型创作的微电影《守护》频频刷爆微信朋友圈。该片连续荣获了"人文新时代·秦皇岛 2017 国际微电影节"最佳人文奖、"2017·中国金风筝国际微电影奖"和 2017 年"第七届北京国际网络电影节优秀影片奖"，赢得赞誉无数。为此，记者采访了这部影片的编剧、秦皇岛本土作家古道，听他讲述了自己的文学梦。

文学的路并非坦途，但他从容面对

古道是土生土长的昌黎人，除了在外当兵、求学的几年，他几乎就没怎么离开过秦皇岛这片土地。如今已到知天命之年的古道回想起成长的经历，很多东西都淡忘了，但有些与写作相关的片段却常常在他脑海中盘旋，挥之不去。

十几岁的时候在昌黎靖安中学念高中，班里一位同学的作文发表在县教育局办的刊物《学步》上，学校对这件事极其重视，开全体大会表彰、登上主席台朗诵……那位同学一下子成了"万众瞩目"的焦点。虽然古道从小就对文学表现出了浓厚的兴趣，写的作文也总被老师当作范文在课堂上朗读，但这样的殊荣他从未体会过。带着些许的不甘和遗憾，古道继续着自己的文学梦。

他记得那时候自己和班长关系很好，交往的过程中甚至带着几分讨好的感觉，不为别的，就想跟班长借课外书看。因为班长的父母都是铁路工人，家里条件好，全班就他自己买得起课外读物。那段日子里，古道还花两毛钱在旧书摊上买过一本过期的《冀东文艺》，如获至宝，翻来覆去地看，甚至把里面的几篇文章都背得滚瓜烂熟了。

和那个时代的大多数农村青年一样，古道高中毕业之后就直接回家务农了。每天面朝黄土背朝天，早出晚归地在田间地头劳作，十分辛苦。即使是在这样艰苦的条件下，他也没有放弃写作，每个寂静的夜晚，家里小屋的灯光下，都映着古道奋笔疾书的身影。

虽然被退稿，但文学的种子已经在他的心底生根、发芽，对写作毫无杂念的热爱成了支撑他写下去的唯一信念。功夫不负有心人，18 岁那年，古道在《昌黎文艺》上发表了自己人生中的第一篇小说《二老闷》，虽然只是一篇短篇小说，字数不多，但其中的欣喜真的不足为外人道，古道觉得文学真正向他敞开了大门。

同年，古道的短篇小说《我们都是待业青年》在大连的文学杂志《海燕》上得以发表，这是他在全国公开发行的刊物上发表的第一篇小说，曾有几十封读者来信从全国各地纷纷寄来，读者们发自肺腑的诚挚语言让年轻的古道再一次感受到了文字的力量，也坚定了他继续写作的决心。那两年，古道迎来了文学创作上的一个小高峰，陆续在河北的《青春岁月》、《河北日报》"布谷"副刊，秦皇岛的《浪淘沙》、《秦皇岛日报》"潮汐"副刊等报刊上发表了多篇小说。

从军营到校园，一直紧握手中的笔

1985 年，古道参军了，成为武警河北总队第五支队的一名战士。与其他战士不同的是，他沉甸甸的背包里除了行李之外，还有一摞厚厚的刊物，那是他近两年发表的作品。这份颇有分量的"成绩单"一下打动了部队领导，当即就把古道分配到了政治处当报道员。

没待多久，古道又被借调到了《河北法制报》当编辑、记者。他一到报社就成了骨干，最多的时候一个月发了 21 篇稿子，又要采访、又要写稿、又要排版，工作占去了古道白天所有的时间。所以，那个阶段，古道所有的文学创作都是在晚上进行的。他至今还记得当初石家庄第二招待所里的那个房间，虽然简陋，但十分安静，每次写稿子，都能听见笔尖唰唰划过纸面的声音……

《北方文学》《广州文艺》《安徽文学》《小说林》等文学杂志，一次次投稿、一次次

修改、一次次刊发，古道的文学造诣在不断地提高，成长的过程中，他也结识了许多文学界的朋友，其中不少成了他一生的知己。

1988年，武汉大学作家班招生。还没有转业的古道作了一个大胆的决定，他要考作家班，他要上学。几经周折之后，古道如愿被武汉大学录取。当年的9月，22岁的古道再次背起行囊，向梦想出发。30年过去了，他依然记得38次特快列车晚上7点多从北京站发车，根本买不到坐票，他就那样站了整整13个小时，竟不觉得累，满心的兴奋和对未来的憧憬。那样的情绪持续了一路，直到踏进武汉大学的校门，古道依然恍若梦中。

那届作家班一共招收了20多名学员，古道是班上年纪最小的。他们和武汉大学中文系一起上课、修学分，课程非常紧张，古道从来没有偷过懒，只要没有课，就泡在图书馆里。可以徜徉在书籍的海洋里，有大把的时间阅读，这对于几年前还要借书看的那个小男孩儿来说，简直是不敢想的事，所以古道惶惶然，他不舍得浪费哪怕是一秒钟的时间。阅读、写作占据了古道大学时几乎所有的课外时间。

两年间，他在《小说家》《长城》《清明》等国内举足轻重的文学期刊上发表了近40万字的中、短篇小说，不仅用稿费养活了自己，还常常给老家的父母寄钱。那段时光，对古道来说，异常艰苦，却也是最宝贵的财富。虽然很多年不用笔写稿子了，但回忆起过往，古道还是会不经意间摩挲手指，右手中指上的那层薄茧已融入血肉，就像对写作的热爱，注定会伴随一生。

写歌词，当编剧，做导演，文学梦从未离去

从武汉大学作家班毕业之后，古道回到了秦皇岛，在《旅游纵览》杂志社做了一段时间的编辑后，他调到了秦皇岛电视台，开始做电视节目的编导。做专题类的电视节目，与之前纯粹的文字写作相比，是全新的创作模式，古道经历了很长的一个转型期。虽然过程比较艰难，但他全身心地感受着用画面语言、用镜头讲故事的快乐。

2012年，古道结识了著名的音乐人老猫，创作了歌曲《最美中国人》，这首歌当时取得了非常大的影响，总点击量达到500多万（人）次，这让古道倍受鼓舞。后来，他又陆续创作了《爱从草原来》《我的西藏》两首歌曲，都是由曾以一首《套马杆》而红遍大江南北的著名蒙古族歌手乌兰托娅演唱的，也广为流传。

最近频频获奖、让港城人引以为豪的微电影《守护》由肖翊导演，他是古道在北京电影学院的同学，因为对之前的剧本不太满意，他找到古道，请他重写剧本，这才有了两人之间非常默契的一次合作，有了精彩、感人的《守护》，首次做编剧，对古道来说是个全新的尝试，也是不小的挑战，但他已经做好准备，在文学的路上继续砥砺前行。

孟昭民：上了《新闻联播》的港城律师

51

◎孟昭民，燕山大学经济法专业毕业，从事律师行业18年，处理案件千余起。现任河北正在律师事务所主任、秦皇岛市律师协会副会长，河北省优秀律师。2013年当选为政协秦皇岛市第十二届委员会特邀委员，2017年当选为政协秦皇岛市十三届委员会委员。

2018年，在十三届全国人大一次会议上，《中华人民共和国宪法修正案》高票获得表决通过，这是一件大事，围绕宪法修正，全国上下各界纷纷发出拥护、肯定的呼声。3月12日，在中央电视台《新闻联播》节目中，秦皇岛人惊喜地发现，一位秦皇岛籍的律师代表全国的法律工作者接受了记者采访，对于全国人民关注的宪法修订以及如何更好推进法治建设等问题，谈出了自己的观点：

"作为一名法律者，我会在今后的工作中，更好地践行宪法精神，宣传好宪法，用宪法精神引领各项工作，为推进全面依法治国作出更大的贡献！"

这位走上央视最重量级新闻节目的法律工作者，是河北正在律师事务所的律师孟昭民。

一夜之间，"孟昭民上《新闻联播》"的消息传遍了港城的司法圈，而令人难以置信的是，孟昭民在此时还从没有申请注册过微信。为了听到更多的意见和反馈，他在朋友的指导下，首次注册了微信，看见了无数的问候与转发，也让他知道了自己的这一次"露面"，对于法律工作者的意义。

从农家子弟到资深律师

孟昭民出生于秦皇岛市北戴河区戴河镇东坨头村，毕业于燕山大学，从事经济法专业的学习。毕业后他曾在海港区法院实习，1999年参加全国律师资格考试、取得律师资格，此后19年间，一直奋战在法律工作的第一线。

孟昭民赶上了中国司法建设的一个个重要的节点。取得律师资格后，他先在百人合律师事务所担任见习律师，在基层经受了长时间的锻炼，直到2014年创建了自己的律师事务所。

在从业期间，孟昭民比较难忘的有两件事：一是给国有军工企业担任法律顾问，当时这家军工厂在全国各地设有办事处，为此，他的足迹曾经遍布全国各地，最北到黑龙江省漠河，最南到云南省西双版纳，在这期间，开阔了眼界，拓展了业务，也增强了自己的行业知识和经验。

还有一件事，就是他们作为《视听之友》报、12345市长热线的法律顾问、解答嘉宾，大量地接触并帮助全市人民以最简易的途径获取法律信息及援助。那时，他平均年接听接答法律咨询人数达2000人次以上，也正是因为处理市长热线问题比较多，导致很多人把他认作是"政府的律师"，干脆把电话打到他的律师事务所，甚至直接打到手机上。

对每一位遇到困难的百姓，孟昭民都耐心认真、热心帮助。这段经历，也让他切实地走近了千家万户，获得了与在政府机关、企业担任法律顾问时不一样的平台，他也由此深深地体会到"老百姓才是这个社会上法律的最大需求者"，作为律师，为百姓排忧解难，让法制意识深入千家万户，也成为他肩上的责任。

从维权帮手到公益使者

2014年，39岁的孟昭民创建了河北省正在律师事务所，成为当时秦皇岛最年轻的律师事务所主任之一。

孟昭民解释说，"正在"两个字拆开的意思是"正行止，在道行"。这是一位朋友为他取的名字，他自己十分喜欢，也特别符合他创办这家律师事务所的初衷。他想把在律师工作中对于现实与未来的想法，真正地落于实处。

律师事务所成立后，专注于为政府机关提供行政法务保障及为企业提供高层次法律服务，具有很强的综合性质。选址则位于国家级重点开发区——秦皇岛市经济技术开发区内，这一区位优势，也为更好地发挥法律服务工作，增强对外的业务交往、联合和协作提供了便利条件。

为了专业、高效、优质地提供法律服务，孟昭民以团队化管理为保障，实行了一系列专业化、协作化、程序化的工作方式，如律所统一收案，如遇重大疑难案件，则由主管领导组织专家对接办事务统一研究和制订处理方案，指派专家律师担当业务主办人，全程监控，这样能够有效地应对客户面临的各种错综复杂的法律事务。在人员的组合上，也更加注重对人品优良和业务精湛的要求。主要律师的工作经验均在15年以上，部分律师还具有环保监察员、仲裁员等专业资格，并为法学会、仲裁等机构的成员。此外，为实现业务水平的动态发展，还依托秦皇岛市优良的教育资源，与燕山大学、河北科技师范学院等驻秦高校建立了广泛的联系和专业交流。

比起"打官司"来，孟昭民更注重的是公益，也特别把普及法制意识作为自己的重要职责。他担任着政府法律顾问的工作，多次陪同市领导接访、协助处理敏感的社会案件。包括全程参与了在社会上引起较大影响的北戴河区赤土山拆迁工作，在这项工作中，为之提供法务保障，促进了政府重点工作的开展。作为司法局推荐和市政法委推荐的律师专家，他还积极参加了中共秦皇岛市委政法委案件评查工作等。

正在律师事务所的律师们也经常深入最基层群众的中间，他们下乡、进村，到工厂和企业中进行免费的公益法律宣传及维权等活动，仅北戴河一个区，各委办局及各村镇就都可以看见他们团队留下的足迹。

从业19年来，孟昭民接过不少于千起案件，接触过无数家政府机关、企事业单位，但他印象最深刻的一起，却是某企业的一名职工在下班路上被一辆机动车肇事追尾逃逸的案子。这名职工被肇事者撞成残疾，却因肇事者逃逸又在下班途中等原因，不能得到合理赔偿，生活陷入困境。在孟昭民的努力下，最终帮他打赢官司，获得了公司给予的20万元赔偿。通过对这个案例的分析，孟昭民多次对团队的同事们指出："这个社会最需要法律帮助的是普通老百姓。"

他也通过与新闻媒体的接触、合作，开展多种法律援助活动，在公益使者的道路上越走越宽广。

从律师主任到政协委员

2013年孟昭民当选为政协秦皇岛市第十二届委员会特邀委员，2017年当选为政协秦皇岛市十三届委员会委员。对于这位年轻的律师委员来说，从此在他面前，又有着行业以外新的选择，他既是一位法律工作者，也是一位委员，要为民发声，参政议政，献计献策。

孟昭民特别珍惜这次机会，他说："做好本职工作是最大的履职，作为律师委员，还

要承担更多的社会责任。"在立足本职的基础上，孟昭民运用自身的法律专业知识，结合自己在工作中见到的、遇到的问题，撰写了《加强城市书报亭建设，打造文明城市风景线》《发挥律师职能，助推优化营商环境工作》等与民生、与全市经济发展紧密相关的提案，并引起有关部门的重视。

在各村落、社区走访中孟昭民发现，农村煤改气虽已逐步推动，但老百姓对燃气的使用知识尚有欠缺，尤其在后期的使用过程中存在安全隐患，这也成为他 2018 年在秦皇岛市政协会上提交的议案内容。

"律师是最能了解社情民意的，也是最能将党和国家的方针、政策进行上传下达的通道"，作为一名律师委员，孟昭民倍加珍惜这份荣誉和责任，在现实的工作中，他也把提高政治素质、坚定政治理想作为执业、工作的基础。

正在律师所的这一举动，被当地媒体进行了报道。孟昭民在接受采访时说："通过对政府工作报告的学习，更加坚定了我们作为法制工作者的政治理念，在今后的工作中，我们会全面贯彻十九大精神，为我国社会主义法治建设、为地方经济建设的发展作出自己的贡献。"

魏笑宇："80 后"编剧的逆袭之路

52

◎魏笑宇，1981 年出生于秦皇岛市卢龙县石门镇西阚各庄村，小说家，电视剧编剧。长篇小说代表作：《我把热血献给你》《刀锋所向》《浴血刀锋》《绝地刀锋》《女娲部队之淬火玫瑰》《女娲部队之铁血凤凰》等。电视剧代表作：《特警力量》《我是特种兵之霹雳火》《陇原英雄传》等。

他从未学过写作，却成为知名作家、编剧，一份信念，几番坚持，开启创作之路；他怀揣军旅梦想，憧憬部队生活，满腹文采，一腔热血，落笔铁血军魂；他安享平凡生活，乐于平静创作，对圈内乱象敬而远之，对作品创作精益求精；从《刀锋》系列到《特警力量》，从网络文学到影视剧本，他用千万字的文学作品，诠释了军人的使命和奉献精神，传递着充满正能量的士兵情怀。

始于热爱，军旅梦让他华丽转身

很多人在年少时都有一种对军人的憧憬、对军事的热爱，但是能够走进军营的毕竟只有少数，大多数人的军旅梦想，都在回忆的角落里黯然破灭。

魏笑宇原本也是这样的人，出身农村家庭的他，看着《烈火金刚》《苦菜花》《地道战》等老电影长大，从小就崇拜军人，向往军旅生活，却没能走进部队。他学习市场营销专业，从事了销售工作，和大多数"80 后"一样，每日为生计奔波。

2007 年，网络文学方兴未艾，在工作之余，他抱着试一试的想法，把自己的军人梦想、军旅情结倾注在简洁流畅的文字里，发表在互联网平台上。

创作的热情与冲动，让他熬过无数个不眠之夜，查阅资料，构思情节，反复修改。他的军事题材小说《铁血兵魂》在起点中文网连载，总字数232万，点击率迅速突破千万，网友好评如潮。

扣人心弦的战场交锋，惊心动魄的生死抉择，感人至深的兄弟情谊，保家卫国的军人使命，点燃了读者的热血，触动着观众的心弦。

从那时起，从未接受过专业写作训练的魏笑宇，凭借对写作的热爱、对军营的憧憬、对梦想的追求，开辟了一条属于自己的文学创作之路。

坚持操守，大情怀写出铁血军魂

近年来，文学和影视作品创作急功近利、怪相频出，各类雷剧轰击荧屏，引发舆论哗然。

对圈内乱象，魏笑宇一贯敬而远之。他认为文艺创作绝不能特意讨好读者、媚俗取巧，而应该用正能量和大情怀，弘扬主流文化，引领大众审美。

为了创作真实，近10年间，他深入北京、南京等地多支部队，亲身体验军旅生活，采访各级官兵，积累了大量的素材和丰富的生活体验。每一次深入部队，都能为他带来更多的震撼、思考、感悟和收获。

从《铁血兵魂》里的战狼钟国龙，到《血狼》中的狼王龙卫；从《刀锋》系列中的铮铮硬汉，到《铁血凤凰》中的飒爽巾帼；从《特警力量》中的反恐精英，到《霹雳火》里的特战分队，魏笑宇笔下的军人们并没有具体某个人物原型，他们是不同年代、不同地域、不同领域优秀士兵典型的集合与升华。

在他的小说和剧本中，无论是刑侦、缉毒、反恐或是历史战争中，每一位军人、每一项任务都展示出我军日益强盛的军事实力，展现出我军指战员听党指挥、能打胜仗、作风优良的强大军魂。

而他笔下的军人情感，除了相濡以沫、忠贞不渝的战地爱情外，更多的是生死与共、并肩作战的战友兄弟之情；捍卫正义、保卫百姓的军民鱼水之情；不怕牺牲、为国献身的爱国之情。

"用自己的创作，为读者、观众展现我军的风貌、实力和军魂传承，为社会留下一点正能量"，是他在多年创作中不断坚持的操守和情怀。

安居港城，小生活里安心创作

比起北京的繁华喧嚣，魏笑宇更喜欢秦皇岛的风轻云淡。这座美丽而平静的城市，赋予了他恬静舒适的生活和源源不断的创作灵感。当然，更重要的是，这里是他的故乡。

生活中的魏笑宇，喜欢安静地宅在家里，和妻子、孩子乐享四口之家，平凡之趣。

在深夜中创作，已经成为他的工作常态，忙里偷闲时，他喜欢打打球、钓钓鱼，或是安静地阅读几篇简短的散文，在轻松宁静的氛围中，放空心灵，寻找创作灵感。

伴随着一部部作品的成功，特别是《特警力量》《霹雳火》等影视作品不断走向荧屏，各类约稿接踵而来，稿酬佣金水涨船高。可是旁人眼中的成功光环并未改变他悠然自得的简单生活。

在他看来，自己只是一名普普通通的匠人，文学作品的生产者。认真创作、平凡生活，才是他一直践行的人生道路。

王福芹：她开创了秦皇岛第一个"月子中心"

◎王福芹，20世纪80年代毕业于北华大学高护专业。毕业后从事妇产科儿科临床护理工作十几年。2012年创建了河北省首家月子中心——蓝思贝儿月子中心，总结了母婴生理特殊期临床护理的专业技术，获得多项专利产品认证。

53

月子中心，近几年来人们已经耳熟能详，而在9年前的2012年，却是一个不为人知的新兴行业。而她不仅开创了河北省的先河，还把月子中心做成了秦皇岛行业内的精品，鲜为人知的是，她还是秦皇岛一家久负盛名的快餐店的负责人，快餐店、月子中心，两个风马牛不相及的行业，她都是开创者。

这位具有传奇色彩的人物，就是我们本文的主人公——王福芹，而她更愿意人们用另一个名字称呼她——王姥姥。

尽管身上被赋予各种标签，但在王福芹眼中，自己真正的身份是一个"拓荒人"。

跟随丈夫创业，从王护士变成王经理

王福芹20世纪60年代初出生于吉林长白山脚下的一个小镇子，80年代，她毕业于吉林医学院（现北华大学），这是全国第一批高护专业。也许是巧合，也许是老天有意安排，她工作的第一个科室是妇产科，第二个科室是儿科。在这两个科室工作了十几年，为她二十年后创办月子中心打下了良好的基础。

但如果不是老公的选择，可能终其一生她都会在护士这个岗位上度过。

王福芹的爱人付宝有毕业于延边大学农学院，聪明、有理想、有追求的他在1993年辞职，放弃了稳定的工作，来到了秦皇岛，王福芹也随之被调入了秦皇岛市第三医院工作。来到陌生的城市，摆在面前的全是未知和挑战，到了秦皇岛，先从职业经理人干起，然而身上浓郁的书生气让他又不太适应商场的气氛，最后只能离职。

1996 年，夫妻两人陷入困境，在生存压力面前，他们只能从最底层干起，王福芹从小就是当地有名的心灵手巧的姑娘，她的两个妹妹建议夫妻俩做编织毛衣、卖毛线这一行业，并帮助出资，但她发现这一行业没有太大的发展潜力，而且季节性太强。当发现城市人群忙忙碌碌，有时工作紧张到很难吃到热乎的饭菜时，王福芹提议："要不咱们开个快餐店吧？"他们就在自己家楼下租了一个 3 平方米的门市房，用自家下房做厨房，夫妻两人就从做快餐开始，走上了艰难的创业之路。

当时秦皇岛的快餐店并不多，他们夫妻选择的行业虽然很低端，但却是餐饮界"前卫"的模式。王福芹至今难忘的是拎着第一份快餐去夜市兜售的情景，一个学医的、一个学农的，他们要放下架子，像小贩一样地工作，从两三块赚起，爱人付宝有自己做厨师自己搞研发，聚仁堂的招牌菜红烧肉就是他研制出来的。

就是凭着这股勇气，他们闯过了最难的一关。货真价实的食材，物美价廉的价格，如同家里饭菜一样熟悉的味道，让他们的快餐迅速征服了路人，引来了很多回头客。

他们注册了自己的品牌——聚仁堂。20 多年的时间里，很多快餐店开了又倒闭，但聚仁堂一直很坚挺。

王福芹认为，聚仁堂能立足 25 年，源于他们夫妻的经营理念，做良心食品，食品安全在聚仁堂当"法律"执行。尽管对员工是人性化管理（在岗 20 年以上的员工占 20%，10 年以上的员工占 60%），但一旦触犯"法律"绝不容情。他们坚持用最好的食材，严格把好质量关，就连普通的豆浆也坚决不用任何添加剂，不加过多的水，标准是放置十分钟就会起一层豆皮。使用的植物油是非转基因大豆油，油条也绝不用重复油炸。

2018 年，他们还特别申请并通过 ISO9001 国际质量管理体系、ISO2200 食品安全体系。这并非政府的要求，而是他们主动的行为，因为他们要把聚仁堂做成百年老店。

从业以来，让他们更骄傲的是秦皇岛每次重大的活动中都留下过他们的足迹。包括 2008 年奥运会期间，秦皇岛作为足球分会场之一的快餐供应工作，就是聚仁堂承办的。

聚仁堂从 3 平方米的下房开始，到现如今拥有了 2000 平方米的配送中心和餐厅、200 多位员工，同时承接各企事业单位的食堂、各种大型活动的团餐、零散外卖。

让这对夫妻欣慰的是，有很多人是吃着他们的快餐长大的，聚仁堂已经和城市的记忆融为一体，有时候走在马路上，仍然有不少人认出她来，他们的童年、少年时光里都有聚仁堂的回忆，甚至成为一些海外游子的乡愁，聚仁堂的招牌菜红烧肉的香味，还停

留在脑海里……

知天命之年，由王经理变成王姥姥

2012 年，王福芹 50 岁的时候，她又面临着人生的另一个重要选择——开办了秦皇岛第一家月子中心，后来发现竟然是河北省首家。

立项过程是这样的：2010 年，王福芹到长春出差，看到一家产后护理中心，觉得很新奇，经了解才知道这是一家从韩国引进的为产后坐月子提供服务的地方，也就是现在的月子中心。然而在中国人的传统观念中，伺候月子都是婆婆的事情，竟然还有专门的机构做这事吗？怀着好奇走了进去，而这一进去，让她发现了一个新行业的商机。为此她不辞辛苦，远赴各地考察，北京、上海、广州、深圳、长春甚至是韩国，对她的想法，身边很多的人不理解，觉得这个行业风险太大，不会干得长久，连爱人都不能接受，认为都 50 多岁的人了，生活也比较稳定，还瞎折腾啥？

然而，从医学角度及当下被国家和每个家庭重视的母婴市场分析，月子中心一定是未来的阳光产业，她要做这个城市第一个吃"螃蟹"的人。2012 年 6 月，经过一年多的筹备，王福芹成立了河北省首家月子中心——蓝思贝儿月子中心。

月子中心成立以后，日子并不好过，人们不了解这一新兴行业而导致顾客稀少，经营困难。当时月子中心完全是个新生事物，还处于近于"三不管"的地带，注册公司时，都不知道往哪一类注册，最后只好归类于家政服务行列里。

但王福芹相信自己的专业是能用上的，她学过护理，更重要的是有妇产科和儿科十几年的工作经历，又有十多年的餐饮管理经验。有了这些基础，她很自信，自己一定能做好！

生孩子、坐月子是中国五千年的传统习惯，但是一直是民间婆婆妈妈口口相传，没有标准，全凭一代又一代的"经验"。9 年前，一切都是懵懂状态。王福芹不仅要身兼数职，维持经营管理，更重要的是要研究探索专业技术。做事认真的王福芹，捡起从事 20 多年的医学专业，看书学习，去妇幼孕妇学校听课。只要有一个顾客，她就几乎 24 小时守候、观察、思考。就在 2012 年 8 月份，第二位顾客马上入馆时，她突然胆囊结石嵌顿，需要马上手术。就在进手术室的前一刻，她还在给护士长交代工作细节。术后第四天，就出院边输液边工作。有一天在晨会上虚脱，差点晕倒。

没有现成的书籍可参考，更没有行业标准可执行，只有不断地从临床实践中摸索、总结。好在有医学背景和在妇产科、儿科临床护理的经验和基础，结合当下生理状态下的新生儿期实际的临床护理，她总结了一系列专业技术、管理流程以及经营理念。

王福芹也终于一步步由聚仁堂成功的职业经理人，变成了妈妈口中亲切的"王姥姥"。

一心成就"对两代人一生健康护卫"的事业

王福芹说，经营一个传统的行业是否可持续，3 年是个分水岭，而自己的拓荒之路却经历了 5 年才看到了光亮。虽然拓荒是艰辛的、寂寞的甚至是不被理解的，但 9 年时间却也收获了很多，比如总结了一系列专业技术、孕期的宣教，使妈妈的顺产率大大提高。通过"催乳五部曲＋催乳灵魂"这一系列催乳工程技术，母乳喂养成功率达 90% 以上，远远超过国家"十三五"规划制定的 2011—2020 年 0 ～ 6 个月母乳喂养成功率要达到 50% 的指标。

又比如，通过多年的临床观察实践，她带领专家医护团队研发了一系列专利产品：防月子病卧式哺乳枕、哺乳沙发，适合产褥期产妇的"裙裤一体四功能产褥裤"，方便哺乳又益于乳头皲裂的伤口愈合的哺乳衣，能够适应产妇脚肿胀状态的月子鞋。

王福芹自豪地说："也许是巧合，也许是老天有意的安排，我之前学的专业、工作经历，甚至是业余爱好（十几岁就会做衣服，并且都是自己设计款式）如今都用上了。"

9 年的时间，建立了一支懂专业、有爱心、有责任心、有职业道德和情操的强大专业团队是她最大的欣慰。

在管理上他们采用了国际先进的"6S"管理方式。尤其是在"清扫""清洁""安全"上下功夫。由于有传染病院工作的经历，她在创建月子中心的初期，就建立了"防控"措施，所以 2020 年至今的疫情期间，月子中心紧张但不慌张，在原有的防控措施的基础上又逐步升级。值得一提的是，疫情最严重时，全馆实行封闭式管理，采取了杜绝探视、参观，楼层隔离，单元隔离等防控措施。虽然给顾客家属带来了诸多不便，但这种对安全的重视，反而赢得了顾客的信任。

就是在这口口相传下，月子中心近两三年得到了迅速发展，营业面积由原来的 800 平方米增加了 4 倍，而业务量已远远超出了 4 倍。

谈到今后的发展，王福芹坚定地说："母婴行业不能当生意买卖去做，而是要当成事业去做，这一事业关乎两代人一生的健康，它是生命全周期的基础。对孩子来说是生命黄金 1000 天的黄金 28 天（新生儿期）。而对妈妈来说，是女人一生的三个关键期（青春期、生育期、更年期）重要的转折点——产褥期，此期的健康尤为重要。因此要把五千年传统坐月子的方式改变为科学的坐月子方式，并且要做行业的品牌，引领行业标准化。"

张译文：在国际舞台上放飞音乐梦想

◎张译文，旅欧声乐博士，中国电视音乐家协会会员，河北省音乐家协会会员，河北科技师范学院艺术学院声乐教师。2021年毕业于乌克兰敖德萨国立音乐学院，获声乐艺术博士学位，在校期间师从于俄罗斯浪漫曲皇后 A.H. 尼卡莱耶夫娜门下学习声乐。成功出演《弄臣》《艺术家生涯》等多部歌剧。

54

2017 年 7 月，由意大利卢卡市政府、意大利卢卡市百合花剧院、意大利华人音乐家协会主办，中国驻佛罗伦萨领事馆、意大利驻中国大使馆等多家政府单位支持的 2017 中欧国际艺术节意大利站声乐大赛成功举办，秦皇岛市河北科技师范学院青年声乐教师张译文，获得了美声教师组的第一名。这个奖项不单单是在秦皇岛市，在河北省内也是第一次有人获得。

意大利斩获音乐大奖

张译文是河北科技师范学院艺术学院的一名声乐教师，同时也是一名旅欧声乐博士，一如众多热爱音乐的人，她明朗阳光，积极热情。

"我们的采访可以做视频直播吗？我正参加由全国 20 余家省、市、自治区音乐家协会共同举办的'长江之星大家唱'活动，初赛是通过网络直播的形式进行的。"一见面，张译文就笑着征求记者的意见。于是记者的这次采访也变成了一次网络直播，话题从 2017 中欧国际艺术节开始了。

张译文说，2017 中欧国际艺术节意大利站声乐大赛是一场坚持公平、公开、公正理念的国际性艺术赛事，由来自英国、德国、西班牙、意大利、中国等国家的世界级指挥家、歌唱家、教育家担任大赛评委。大赛首次将中国民族声乐大赛、合唱指挥大赛搬上国际舞台，其中，国际声乐大赛分为美声演员组、美声教师组、美声学生组，民族演员组、民族教师组、民族学生组。国内众多艺术家、知名艺术团体演员代表，以及中国音乐学院、中央音乐学院、中央民族大学、首都师范大学、中国传媒大学、浙江音乐学院等多所知名高校的师生选手近 500 余人参与。在激烈的竞争选拔中，张译文荣获了美声教师组一等奖，获得了国内外专家的肯定。

在此次国际声乐大赛上，张译文以出众的演唱功底和真挚的情感打动了在场的每一位观众，她的激情演唱也给评委们留下了深刻的印象。她的复赛演唱作品是意大利歌剧《燕子》中的《多蕾塔做了什么美梦》；决赛演唱作品是德国轻歌剧《蝙蝠》中的《侯爵请听》。同时，在颁奖晚会当晚，张译文直接被西班牙籍世界著名女高音歌唱家、本次大赛评委之一的 Elena de la Mercedshouwei 收为弟子。

信念坚定，与音乐结缘

张译文是辽宁丹东人，从小便非常喜欢唱歌，14 岁时张译文得知"辽宁文化艺术学校"要招收 15 名音乐专业学生，便磨着母亲要去报名。母亲并不希望学习成绩优异的张译文走艺术之路，只是勉强答应让她去试试，如果她失败了，就可以对唱歌死心了。没想到一天专业都没学过的张译文凭着先天的好嗓音愣是考过了，从此她便开启了专业学习音乐之路，与歌唱幸福结缘。

1998 年，即将毕业的张译文得知倾慕已久的乌克兰百年老校敖德萨国立音乐学院对华招生，她欣喜若狂，"我父亲一位战友的孩子就毕业于这所学校，他叫刘嵩虎，是我国著名男中音歌唱家、法国图卢兹国际声乐比赛第一名获得者，当时我真的特别向往敖德萨，我决定放手一搏。"

没想到报考的过程异常顺利，1998 年，张译文如愿进入敖德萨国立音乐学院学习歌剧专业。张译文说刚到乌克兰时，语言不通，专业水平差，对歌剧更是一窍不通，好在她遇到了一位非常棒的专业老师——苏联浪漫曲皇后法民卡老师，在其悉心指导下，经过本科、研究生的学习，张译文的演唱水平突飞猛进。"在乌克兰第一次看歌剧，我就被它震撼了，在富丽堂皇的歌剧院里，演员们声音那样悠扬震撼，表演惟妙惟肖深入人心，我向往像那样站在舞台上闪闪发光。在法民卡老师的指导下，大三时我便被敖德萨戏剧中心选中，在各类歌剧表演中担任女主人公，一唱便是四年。"这四年，张译文接受了更加专业和有针对性的舞台指导、演唱指导，更重要的是她站在舞台上时，永远充

满了自信。

研究生毕业后，张译文回了国，在北京首都师范附中工作，一次偶然的机会到中央民族大学北戴河教育基地出差，认识了现在的爱人，于是张译文为爱来到了秦皇岛，调转到河北科技师范学院工作。

好心态收获累累战绩

工作多年，张译文参加了很多歌唱比赛，先后获得2007年全国十佳演唱家大赛金奖、2008年文化部最高奖项"文华奖"评选优秀奖、2010年香港国际声乐大赛二等奖、2015年京津冀环渤海青年歌手大奖赛金奖等，硕果累累，张译文说比赛可以让自己提高专业素养、提升思想观念、增大歌曲量，从而达到全面提升。以前参加比赛，张译文很在乎名次，总想拿第一，而随着年龄的增长，现在的她更多的是在享受过程，因为心态越来越好，成绩反而越战越棒。

其实这次能在强手云集的中欧国际艺术节意大利站声乐大赛上获得一等奖，对于张译文来说也是始料未及的。2017年1月份，张译文接到了中国国际声乐艺术研究会常务理事、中国国际声乐艺术研究会声乐考级委员会执行主席赵金老师的电话，说手里有直推名额，想推荐张译文参加中欧国际艺术节意大利站声乐大赛，无需预赛即可直接进入决赛。但当时张译文的母亲重病，正等待确诊并手术，于是她没有说明原因，只是婉转拒绝了赵老师的好意。而十分爱惜张译文才华的赵金老师则将电话打到了她爱人那里，说张译文不该放弃很好的机会。这件事被张译文的母亲得知了，老人家对张译文讲："这个比赛你必须参加"，并逼着她当面给赵金老师打电话确认参赛。

好在母亲的病很快确诊并顺利手术，7月份张译文这才以轻松的心情踏上飞往意大利的征程。"在同去的飞机上，我见到了很多中戏、北影的专业老师，他们都活跃在中国歌剧舞台上，当时我很庆幸自己没有放弃这个机会，能站在意大利的舞台上与他们切磋，证实一下自己的水平。另外在这次比赛中，我得到和国际顶尖的合唱及声乐大师团队进行学习交流的机会，确实受益匪浅。至于比赛过程我是十分放松的，只是在最后的决赛中，我抱着将最好的成绩带回给母亲的信念拼了一把，没想到竟然得到了一等奖。"

中欧国际艺术节意大利站大赛已经过去一段时间了，张译文已经从那时的兴奋回归，将精力投入到新的比赛中。"我现在参加的'长江之星大家唱'和之前的比赛都不太一样，初选通过'第一点'网络直播的方式展示，根据网友支持率晋级，进入现场复赛后，则由金铁霖、李双江、董文华等担任评委，这样的比赛考验歌手的多元化、专业化水平，所以挑战性更强，在这里也给自己拉拉票吧！"张译文笑着说。

郭颖：永远当秦皇岛长城的讲解员

55

◎郭颖，山海关区旅游和文化广电局党组副书记、山海关区长城学会会长。曾荣获全国旅游系统劳动模范、全国百名文明导游员、国家高级导游员、全国优秀导游员等荣誉称号，是文旅部"名导进课堂"师资库成员。多次完成对党和国家领导人、外国政要贵宾的导游接待工作。

　　她曾是一位普普通通的导游员，二十年来，立足于自己生长的这片土地，从讲解家乡的长城开始，她从一名讲解员，成长为国家高级导游员、全国首批文明导游员、全国优秀导游员、河北省金牌导游，直至成为全国旅游系统劳动模范、国家旅游局"名师进课堂"师资库成员、秦皇岛市旅游智库专家组成员、山海关长城学会会长。

　　与长城打了近三十个年头的交道，她说长城，讲长城，推广与宣传长城，一生与家乡的长城结下不解之缘。

　　她就是郭颖，一位山海关长城文化的讲述者与传承者。

当之无愧的首席长城讲解员

　　1991年，郭颖考入山海关长城博物馆从事导游工作，从一名普通的讲解员开始一步步走近了长城文化。

　　郭颖感谢这份工作，让她从一名涉世未深的少女，逐渐成为长城文化的爱好者与追随者，而在工作中，她见到了许多研究长城、研究山海关的大家，成大林、董耀会、郭述祖、康群、郭泽民、王雪农……在这些良师身上，她学到了知识，也懂得了传承。

解说长城、导游景区，是郭颖的日常工作。因为多次圆满地完成了国内外贵宾的导游接待工作和特殊讲解任务，她在行业内的知名度也日益增加。

台上十分钟，台下十年功。每一次接待任务之前，郭颖都需要提前进行"备课"——对被接待人的身份地位、宗教信仰、风俗习惯乃至个人喜好等情况进行细致的了解、搜集，解说词常常是一遍遍反复推敲。为了精益求精，她还经常边背诵边练习仪表仪态，有时竟练到深夜。

正是日常的刻苦练习，让她一次次出色完成了接待任务。

2008年，伴随着奥运火炬到达秦皇岛，国际奥委会官员们来到山海关参观老龙头长城，郭颖作为讲解员介绍道："长城是中国古代人民远离战火、保护家园的标志性防御建筑，修建的本质是为了和平。今天，古老的长城上飘扬起奥林匹克的五环旗，这正是对和平、友谊的奥运精神的最好诠释。"这段话得到了在场奥运官员们的高度赞扬。

2011年4月，泰国公主诗琳通访问中国，当来到老龙头景区时，郭颖使用了泰国传统的合掌礼表示欢迎，并微笑地说道："尊敬的公主殿下，您好，这次是您第35次访问中国了，记得您在第一次访华后曾写过一本书，叫《踏上龙的国土》。在中国，龙是高贵、尊荣的，也是一种文化精神的象征，您看这蜿蜒起伏的长城是不是很像龙呢，那么，您现在所在的就是万里长城这条巨龙的起点——老龙头。"这个开场白让诗琳通公主顿时理解了"老龙头"的含义。诗琳通公主十分感谢并盛赞郭颖精彩的讲解，参观结束后，她即兴用毛笔写下了"万里长城雄 中泰友谊长"几个字。

郭颖说，导游员看似普通，但其实是"民间外交官"，通过导游解说，能够让不同国籍、不同肤色、不同语言的中外游客了解长城、了解山海关，感受中华优秀文化与建筑的魅力，并能挖掘长城背后的历史价值，让人们珍惜和平，这使她深深地感到神圣和自豪。

大手笔推动长城旅游事业

2012年，因出色的工作成绩，郭颖被任命为山海关旅游发展促进中心副主任，此后又相继担任山海关旅游局纪委书记、山海关区文物局副局长、旅游局副局长等职务，离开了心爱的导游事业，成为山海关旅游行业的管理者和推动者。

多年的工作经验，对家乡的熟悉和了解，让郭颖在负责旅游行业管理工作时，能够创新并接地气。结合山海关区传统民俗活动，从2010年至2016年共执笔策划并参与组织了六届"中国·山海关'二月二·龙抬头'文化旅游节"。

彩扇翻飞的秧歌，精湛的糖人技艺，色彩斑斓的大花轿，五光十色的贝壳纪念品……这一切打破了山海关初春的宁静，而"要让旅游淡季不淡，让节庆活动丰富全年"的思路，也让山海关古城挣脱了季节的禁锢，让老龙头欢喜热闹地度过了节庆活动的10个春天，成为一个长效又经典的旅游活动。

山海关·中华九九重阳长寿文化旅游节、京津冀大学生龙舟邀请赛、寻找最美景区·走进山海关采风活动、河北省长城公开课、"美途故事"征文大赛等一个又一个活动，让山海关的旅游"活"了起来。旅游要"活"，更要"火"，"火"的前提和基础，就是有爆款的活动和吸引眼球的事件。

2014年，是邓小平同志和习仲勋同志题写"爱我中华 修我长城"三十周年，郭颖在当年活动策划时，将主题定位在"感恩三十年，捐修老龙头"。经过十多次易稿，以"中国梦·长城情纪念'爱我中华 修我长城'题词三十周年"命名的山海关区系列活动诞生了，由于主题突出、内容丰富，不但从区级活动上升为当年秦皇岛市的主题活动，其中三项内容还被列入全国纪念"爱我中华 修我长城"题词三十周年系列大活动中。

经过多方走访，30年前部分捐修过山海关长城的上海、大庆、本溪等地的爱心人士，被邀重游老龙头。这些已经鬓发斑白的老人，站在巨龙之首感慨地说："当年的小小举动，30年啦，没想到你们还记着。"

山海关与上海，黄浦江畔与渤海湾头，因长城连而血肉相连，这一活动被各地媒体多方报道后，在全国引起反响。

从一名出色的导游讲解员转入旅游管理岗位，郭颖成为秦皇岛市唯一一位获得"全国旅游系统劳动模范"荣誉称号的旅游工作者。她曾全程参与并创建中国长城文化之乡、中国长城文化研究中心、中国孟姜女文化之乡、中国孟姜女文化研究中心、首批国家5A景区、全国文明风景旅游区等六项国家级荣誉，堪称山海关旅游事业的"急先锋"。

2015年11月，郭颖临危受命，再次担负起山海关景区重创国家5A景区的艰巨任务，2017年12月18日，山海关景区重新回到全国5A景区序列。其中她为之付出的种种艰苦与奋斗，终于换得满意的成果。

以学术研究带头人身份传承长城文化

2016年6月，郭颖担任山海关长城学会会长。山海关长城学会成立于1987年（原名山海关长城研究会），是我国最早成立的地方长城保护组织，也是国内唯一一个有编制且由组织部门任命的行政事业单位。接棒老一代长城学者的文化信念，以学术组织者的身份传承长城文化的精华，郭颖完成了从旅游管理者到长城文化传播者的转变。

她组织山海关长城学会人员利用长城博物馆、六国饭店旧址、老龙头景区、天下第

一关景区等 8 个研学基地，开展了"小小讲解员"公益培训活动，为选拔出的 45 名中小学生培训讲解山海关及长城的历史风貌、人文底蕴等知识。小小讲解员个个口才气质俱佳、表现力强，成为山海关旅游旺季接待的亮点。

2021 年 1 月 13 日至 15 日，中央广播电视台科教频道连续播出了《跟着书本去旅行》之"山海雄关"系列节目，当时收视率最高突破 1500 万。在学生们朗朗的读书声中，山海雄关徐徐展现在观众眼前，小学生们在老龙头景区里入迷地倾听郭颖讲述和解答长城的来历与传说……

社会力量对保护长城、宣传长城的参与与发动，也是长城学会的主要工作。郭颖为此组建、优化了长城保护志愿者团队，过去的长城保护员，年龄偏大，专业知识水平也并不高，她在这一方面作出革新，定下了一个目标："无论是从身体素质方面还是经验能力方面，我们都要找到适合长城巡查、记录的人员。"

经过重新调整，平均年龄只有 42 岁的长城保护员队伍组建成功。被称为 2.0 版的年轻一代长城保护员运用无人机巡查、GPS 定位、两步路助手记录等高科技手段进行长城保护管理，这些手段功能之多之强大，在全国走在前列。山海关的长城保护员，也成为长城线上一个崭新的风景。

除了长城基本保护外，郭颖还站在专业角度严谨地对长城进行维护。近几年，郭颖带领长城保护人员、施工工程人员通过长城巡查发现，部分长城墙体砖包部分剥落之后，一些植物种子在夯土长城上不断生根发芽，根部向下伸延疯长，以至于层层剥离长城夯土，使城墙出现险情。过去用除草剂来根除长城上的这些植物病害，但只是治表不治里。

为了解决这一问题，郭颖跟几家大学联系，计划以"秦皇岛地区长城沿线的植物病害处理"为课题，共同研究解决办法。为保护长城措施方法找到科学的方向。虽然已经离开导游队伍，但郭颖始终没有忘记自己的专业和特长。她将自己收集整理的近 6 万字学习笔记和撰写的秦皇岛各主要景点导游词进行汇编，主持和参与编写了《畅游秦皇岛》《秦皇岛导游词》《山海关导游词汇编》《山海关廉政文化导游词汇编》等旅游专业书籍。

目前，在郭颖的带领下，山海关长城学会在中国长城学会的指导下正在编制《中国长城大百科——山海关卷》，预计 2021 年年底出版。

"我们要借助长城这个平台把旅游和文化结合在一起，把它写成最全、最新、最精、最好的囊括山海关长城词条的书，把长城的精髓记录下来，留传给后人。"郭颖说。

长城，给了郭颖一份事业，也确定了她人生的方向。述说长城，保护长城，宣传长城，郭颖坚定信念，要把这件有意义的事一直做下去。

朱明华：用书法与书香传递文化

56

◎朱明华，军人出身，现任秦皇岛市新华书店有限责任公司总经理助理、新华书店图书大厦经理，是秦皇岛市新华书店阅读推广的总负责人，2017年度河北省优秀阅读推广人。为人热心公益事业，现为秦皇岛市道德文化教育研究会会长。

提起新华书店，所有书迷朋友们自然耳熟能详。在这个城市的历史里，新华书店是一道文化的地标，早已与城市历史一样，载入了人们的记忆中。

朱明华，就是这座著名城市文化地标的见证者和耕耘者。当您每天在书店流返的时候，可能不会注意到，在书柜的后面，还有很多人默默地为秦皇岛的文化建设奉献着自己的青春、热血与全部的激情，他们就像一个个文化的使者，在这条文化的生产线上，为我们传递着优良的文化产品。作为与新华书店一起成长起来的亲历者，从普通的店员做起，到成为销售负责人，朱明华就是其中一个杰出的代表。不知不觉间，他在这条文化战线上，已经奋斗了几十个春秋。

采访朱明华时，他刚从省会石家庄回来，领回了一个"河北省年度优秀阅读推广人"的奖项，这个奖是为了表彰他在秦皇岛市全民阅读推广工作中作出的突出贡献，也是对他几十年如一日、为新华书店的成长与发展不懈努力的一个总结。

推广阅读，在责任中收获乐趣

"我是发自内心地喜欢做这个事。"说起和书和阅读有关的话题，朱明华滔滔不绝。

朱明华现任秦皇岛市新华书店有限责任公司总经理助理、新华书店图书大厦经理。

从 2015 年开始，他主动要求分管书店的阅读推广及社区书吧的建设工作。他觉得，作为城市重要文化阵地之一的新华书店，在提高本土市民文化水平上责无旁贷。

为了做好阅读推广，他多次去外地考察调研，感觉收获颇丰。京沪等地的一公里阅读圈，广东的街道借阅，杭州的书店转化服务进社区等，给他留下深刻印象，相比较而言，当时的秦皇岛工作基础落后，设施也不完善，阅读情况不容乐观。不过朱明华有信心做好这个事，他要在一张白纸上画出美丽的图画。

推广工作从全民阅读的"七进"要求入手。所谓"七进"，就是阅读进农村、进社区、进学校、进军营、进企业、进机关、进家庭，以点带面，从而将阅读活动推广到全社会。

针对农村，朱明华连续多年组织书店员工为全市 2000 余家"农家书屋"配送图书并有针对性地开展阅读推广活动。如在海港区驻操营镇龙泉庄村的"农家书屋"改扩建的"新华书店龙泉庄书吧"，近百平方米的房间敞亮整洁，图书分类专业，崭新的书柜摆放着 3000 册书。这么高大上的阅读场所和环境，完全可以满足村民们的精神需求。而把城市社区的阅读推广模式引入乡村，也拉近了城乡阅读推广建设的距离，成为该村新农村建设的亮点。

针对社区，朱明华组织筹建了 18 家"新华社区书吧"，其中将玉峰南里、文精里社区书吧打造成全市样板，市领导参观后也予以肯定。针对学校，创办新华渤海中学校园书吧，这是第一个与私立学校共建的校园书吧，为阅读进私立校园摸索出一条创新之路。

在海港区各学校大力开展"阅读校园"之时，新华书店已帮助多家学校建立了"班级图书角"，让每个孩子都能拥有自己的一片小小读书天地。针对军营，对全市公安系统所辖派出所、边防检查站、武警支队采取租借的形式，由建吧单位出 15% 的图书租借费，图书由新华书店每三个月调换一次，这种模式解决了场地小、费用高、更新慢、资金一次性投入大的矛盾……

一开始，阅读推广活动只是由新华书店自家去做，当成一项公益事业，随着活动深入，影响力大了，社会效果也很好，市政府对此十分认可，于是这项推广上升到市级层面来推动，从 2016 年全市全民阅读活动开始，政府投入资金，形成良性循环。活动比以前更好开展了，朱明华也如鱼得水。

书吧、书屋如雨后春笋般纷纷创立，朱明华进一步细化工作，让大家读有所得，有实实在在的收获。

针对不同的阅读群体，新华书店提供的书籍类别是不一样的，比如社区，多是人文生活、传统文化、历史、传记类图书，而农村则以传统文化、少年儿童、家庭养生、医疗保健科普内容为主。

朱明华讲了这样一件事：有一次他们下乡去青龙木头凳乡赠书，发现这个村绝大多数是留守儿童和老年人，缺乏健康和卫生知识与意识，于是下次再去专作健康讲座，发光盘，有的放矢地帮村民提高生活质量。

朱明华说，每做一件好事心里特别愉快。做，就有收获。他在新华书店工作35年了，其中有30年从事阅读推广相关的工作。对于未来，他的预想是：5年之内，自己退休之前，争取县区有100家书吧，就达到目的了。

除了这"七进"，作为新华书店负责人之一，他利用新华书店这个大平台和影响力，开展多项阅读活动，组织"图书沙龙""好书绿色漂流""书香家庭评比"等，"名作家图书签售"请来著名儿童作家杨红樱等人，这些活动备受读者推崇。他参与组织承办了秦皇岛市第六、第七届读书节暨惠民书市，市、县、区图书店内外联展及图书下乡等30余次，为乡村、学校、捐赠图书20000多册。开展名家讲座课堂，巩固"国学大讲堂"公益讲座品牌，办"新华阅享书香论坛"，形成文化特色。

他利用各种机会，激发民众对读书的乐趣和热情。如今不论是在书店社区，还是在学校、机关、军营、乡村，阅读氛围日渐浓厚，阅读魅力逐步显现。他已经把阅读推广工作当成生活和生命的一部分，并影响带动着周围很多的人。

耽于书画，在爱好中推广公益事业

朱明华不仅是一位图书发行人、一位全民阅读推广人，还是秦皇岛知名书法家，半生沉醉于书法、绘画、篆刻的世界。这样的爱好和他的工作相得益彰。

朱明华自幼练习书法、篆刻，那时候主要写硬笔书法，也小有成就，曾获得全国第三届硬笔书法大赛铜奖。在部队的时候也没丢掉这个爱好，临池坚持不懈，同时也教战士们学习书法。

转业回到秦皇岛后，出于对书法的痴迷，朱明华随秦皇岛书法名家巴根汝学习书法，他遵循巴先生的指点，从碑帖入手，练就了扎实的书法基本功。但他还是觉得缺少提高水平的突破口，也为此感到困惑。

由于在书店工作，朱明华和号称"天下第一名社"的西泠印社打交道比较多，加上自己的篆刻作品多次刊登在西泠印社的印学杂志上，一来二去就和印社的编辑等出版人熟悉了，对方得知他的困惑以后，指点他可以从小楷入手。朱明华听从了这个建议，找

来中国古代小楷书法的经典作品《灵飞经》，刻苦练习。

《灵飞经》的书法秀媚舒展，练过一阵之后，他不满足于这单一风格，找来王献之的《洛神赋》、赵孟頫的《汲黯传》临摹，又学习了钟繇、文徵明、王宠等小楷精品字帖，寒来暑往坚持 8 年，每天都写，逐渐形成了自己的艺术特色。

再后来又学习行草书，拜师著名书法家、全国书协副主席刘金凯先生，得到先生亲传，从而对书法运笔用墨技巧的把握有了更为深刻的认知。懂得"能观千剑，而后能剑；能读千赋，而后能赋"的道理，在多年的临帖实践过程中对笔墨技法勤学苦练，尤其注重对心法的培养，终于融会贯通，书法技艺由此日益精湛。朱明华的作品曾多次参加国家、省、市大展，并多次获奖。不仅是书法，朱明华还擅长篆刻、绘画，山水、花鸟、人物皆通，技艺不凡。

说来有趣，推广阅读是个公众课题，参与的人越多越好，越热闹越好；书画爱好则更私人化一些，讲究的是凝神静气，两者间有很大差异，但朱明华于这两者都成就了一番事业，而且还尝试将两者结合起来，比如在下乡推广阅读时，通过自身带动书画爱好者去村里办展览，为农村普及文化艺术，提高大家的文化水平。

朱明华的社会职务很多，他是河北省书法家协会会员，也是市书协、美协、篆刻学会成员；是秦皇岛国学学会理事，秦皇岛长城学会副会长，但他比较看重的是秦皇岛市道德文化教育研究会的工作。

秦皇岛市道德文化教育研究会于 2015 年成立，是经秦皇岛市民政局审批的非营利性社会组织机构，现在已经吸纳了成员四五百人。研究会的宗旨是：让道德更纯正，让文化更灿烂，让教育更本质。

为了弘扬中华优秀传统文化，作为会长的朱明华每年策划举行大型公益活动，还定期开展传统文化学习班及公益讲座，组织撰写多篇关于道德文化内容的论文。2016 年 1 月，道德文化教育研究会等港城多个公益慈善群体联合举办"腊八粥暖，爱满港城"——秦皇岛首届腊八健康祈福节，倡导公益。

"琴书闲暇永清昼，簪履光彩明华星。"这是陆游的一句诗，雅好书画印的朱明华尽管因工作繁忙无法拥有"永清昼"这样的闲暇时光，但依然把生活过得有滋有味，光彩动人。

臧秀玉：女律师坚守 26 年法律助残之路

57

◎臧秀玉，民盟盟员，1989 年大学毕业后在银行工作 14 年，后辞职做专职律师至今。热衷于普法，热衷于服务百姓、倾听百姓呼声，注重对残疾人、未成年人权益的维护，曾被评为河北省优秀律师、普法先进个人。

人们常说"法律无情"，因为它讲究的是规则。当残疾人遇到法律纠纷，无疑将面临较常人更多的困难。

不过，如果碰到了这位律师，他们的法律诉求之旅会顺畅许多，并且充满温情。

今天，我们一起认识她——法律助残 26 年的臧秀玉。

因为女儿，决定把助残作为终生的事业

免费进行法律咨询、主动提供法律援助、积极举办普法宣传，在忙碌的律师生涯中，河北渤海明达律师事务所的律师臧秀玉把针对残疾人的这些帮助，当成不可分割的组成部分，至今为止，已累计为残疾人免费咨询、办案几百件之多。

律师工作是具有挑战性的，尤其对于女性来说，相当辛苦。那么，是什么力量，激励着臧秀玉在法律助残的公益之路上不懈前行？

臧秀玉说，那是因为女儿的原因，让她对残疾人群体怀有一种特殊的情感，这也是她一直坚持法律助残的直接原因。

原来，臧秀玉的女儿自幼失聪。这件事最初对她的打击很大，医院诊断结果出来后，一个月内她的体重直线下降了 30 斤。然而，正如谚语所说："上帝为你关上一扇门，一

定会为你打开一扇窗。"在孩子的成长过程中，无数无私的支持、关爱和帮助，从四面八方，随时随地向他们涌来。

臧秀玉回忆说，孩子小的时候爱吃母的皮皮虾，每次我带她去菜市场，卖皮皮虾的商贩总会专门为她一个一个地挑选。还有一次，臧秀玉带刚上小学的女儿去买护眼灯，细心的店铺老板发现顾客是位失聪的孩子，二话没说，以进货价格将护眼灯卖给她们。

臧秀玉说，这样暖心的故事特别多，也是一家人最大的收获。爱心来自四面八方、随时随地，女儿是在爱心的呵护中成长起来的，性格阳光、自信，丝毫没有因先天缺陷而自卑。

"对残疾人群体的扶持和帮助，是社会文明的体现。"臧秀玉说，"社会给了我们那么多的关爱，我用什么来回报社会？除了懂些法律之外，自己也别无所长，只能用法律知识和专业技术，去帮助那些最需要帮助的残疾人群体。"

法律天平与爱心奉献并重

在臧秀玉法律助残的几百个案件中，一个突出的特点就是，法律天平和爱心奉献并重。

婚姻、财产、就业是残疾人群体经常遇到法律纠纷的三大领域。"清官难断家务事"，婚姻家庭纠纷，历来难度指数较高。臧秀玉说："残疾人的婚姻较普通人更不容易，因此在办案时我会特别谨慎，以调解为主，能劝和，就劝和，决不放弃。"

12月13日，当事人董女士给臧秀玉打来电话说："臧律师，太感谢您了！儿媳妇表示同意接受您的调解，我们终于又像一家人了！"

当事人董女士已经快70岁了。1年半以前，儿子因意外成为植物人，尽管一直在寻医问药，却至今躺在床上不省人事。儿媳妇今年下半年突然提出离婚，不仅要带走唯一的孩子，还要对夫妻名下的房产进行分割。

一边是人事不知的儿子，一边是眼看就要支离破碎的家庭，董女士找到臧秀玉时哭成了泪人。臧秀玉一边开导她，一边对她说："您不用交律师费，因为这个案子符合法律援助条件。您到市法律援助中心做个申请，指定我来做你们的援助律师。"

作为案件的援助律师，臧秀玉晓之以理、动之以情，多次与当事人的儿媳妇进行沟通。终于，儿媳妇将案件撤诉，并告诉婆婆，离婚这件事暂时不提了，董女士还可以随时去看望孙子。

"法律是保障公平正义的天平，但是，社会离开情感就失去了人间的温暖。这个案件如果真到了开庭的地步，原本是一家人，一旦在法庭上见面，之前的亲情就荡然无存了。"臧秀玉说，"因此律师必须要有爱心，设身处地为当事人着想，尽最大努力进行沟通协调，化解怨恨，达成和解。"

还有一起残疾人的婚姻家庭案件，当事人是一位意外致残的女性，行动不便。臧秀玉作为援助律师期间，为了方便当事人，不仅主动上门办案，省却当事人的奔波之苦，还经常买些营养品去看望她。

"也许是当事人被感动、信任我的缘故吧，有不少助残的案子，都是他们推荐过来的，我也非常乐意为他们服务。"臧秀玉说。

既要法律指导，又要心理疏导

财产纠纷也是残疾人经常遇到的法律问题。一天，两位残疾人急匆匆来到臧秀玉的办公室，他们一位上肢有残疾、一位是盲人。二人几个月前在某网络金融平台分别投资了 30 万元和 40 万元，但是，和许多 P2P 投资者一样，投资时对方许诺的高额回报没拿多长时间，本金眼看就要打水漂了。两位当事人本来生活就很不容易，如今又遭遇这样的挫折，简直失去了继续生活下去的勇气。

臧秀玉认真倾听了二人的叙述，对他们的提问一项一项进行了解答，耐心细致地教他们如何寻求证据、保存证据，又为他们列出一个维权流程表，指导他们如何一步一步地维权。

"除了律师身份，我同时还是二级心理咨询师。一看到这两个人的情况，我随机应变，根据当时的谈话氛围，及时对他们进行了心理疏导。可以这样说，他们进门时一脸绝望的表情，出门离开时，已经放下大部分包袱，燃起了对未来生活的希望。"臧秀玉说。

两位残疾人从早上 9 点到中午 12 点半，咨询了整整半天，和从前一样，臧秀玉分文不取，亲自扶盲人下楼，甚至连他们的姓名都没有问一下。

"法律助残这些事，做完了，也就结束了，没有必要留下什么痕迹。"臧秀玉说。

面对残疾当事人，法律援助兼有心理疏导，一切都像行云流水，来去自然，不矜不耀。二十多年来，她一直这样。

徐子棋：与刘和刚、王宏伟同门的军旅歌手

58

◎徐子棋，中国音乐家协会会员，先后毕业于中国音乐学院附中声歌系、国防大学军事文化学院（原中国人民解放军艺术学院音乐系），师从著名声乐教育家孟玲教授。2008 年 4 月特招入伍至火箭军政治工作部，荣获多项国家级奖励，并为多部影视作品演唱歌曲。

"小时候，每当站在海边向远处眺望，都会感受到一阵来自心灵深处的冲动，这冲动让我渴望远行，尤其是每当看到启航的水手，都期待着他们能够载上我的梦想，直到海角天边……"成年后，在她的记忆中始终有一片深蓝，生命中有一处流动的情结，那就是美丽的秦皇岛，徐子棋的家乡。

忘不了文化里幼儿园，忘不了二中

徐子棋真正的音乐启蒙始于文化里幼儿园，在老师的推荐下，她 5 岁起参加电子琴班和舞蹈班，成绩一直名列前茅。"这一切要感谢我的妈妈，她非常支持我，接下来的几年里，妈妈带着我风雨无阻从未落下一节课。"徐子棋深情地说。

徐子棋的初中是在秦皇岛二中度过的。那时，她的艺术天赋已显露无遗，成为学校的文艺骨干，担任了学生会主席、学校广播站站长、活动主持人等多个职务。

那时，二中几乎每年都要编排一些文艺节目，以迎接国外友好学校的访问团，而徐子棋每次都是热情的参与者。有一次，学校要接待的是日本友好学校的师生们，她突发奇想：如果唱一首日语歌一定会受到大家的欢迎。但当时只有三天的准备时间，徐子棋

急忙跑到音像店去选磁带，回到家一遍又一遍地反复听，从未接触过日语的她硬是一句一句地记下了歌词，仅用三天时间就学会了一首日语歌。演出当天，她的演唱受到了日本友好学校老师的肯定及表扬，直夸她的发音非常准确，徐子棋当时别提有多高兴了。"正是这样一次一次的演出机会让我不断地得到锻炼并让我信心十足，所以我在此要再一次感谢二中，感谢卢伟明校长、李辉老师，谢谢你们！"

2000年春，即将初中毕业的徐子棋决定去北京参加中国音乐学院附中的考试。为了租到离学校最近的房子，妈妈挨家挨户地去敲门找房子，为了让她能够安心备考，妈妈每天都会精心安排好徐子棋的日常所需。3月的北京刚刚停暖气，乍暖还寒，徐子棋每天在琴房一练就是一天，而妈妈在琴房外一等也是一天；徐子棋在考场里紧张地流汗，妈妈在考场外陪着她紧张地流泪。正是妈妈的陪伴让她无比踏实与坚定。

从此后，你就是孟玲的学生

2003年，从中国音乐学院附中毕业的徐子棋，以优异的成绩考取了解放军艺术学院音乐系。刚入学时，需要选择一位专业老师，而军艺的著名声乐教育家孟玲教授一直就是徐子棋崇拜的偶像，青年歌唱家王宏伟、刘和刚、哈辉等都出自她的门下。

为了实现自己当一名歌唱家的梦想，徐子棋在妈妈的陪同下，壮着胆子敲开了孟玲老师的琴房。孟老师上下打量了徐子棋一番后说："嗯，形象、个头还不错，但我的学生王宏伟和刘和刚他们不让我再带大一新生了，怕我太劳累、太辛苦。"一听这话，徐子棋和妈妈瞬间感觉心里凉了半截。

就这样放弃吗？不！——徐子棋那种不服输的劲头上来了。她赶忙说："老师我能给您唱首歌吗？"孟老师说："可以啊，你想唱什么歌？"看到孟老师的钢琴上正好有一首《山里的女人喊太阳》的谱子，而这首歌恰巧徐子棋也会唱，但不是很熟，"就唱您钢琴上的这首歌吧！"在孟老师弹琴伴奏下，徐子棋大胆唱完了那首歌。孟老师听后若有所思，随后便说："从现在开始，别人问你是谁的学生，你就说你是孟玲的学生！"

为了让徐子棋在歌唱艺术上博采众长。大二时，孟老师专门为她在学校举办了音乐会，并邀请了自己的好友李谷一、蒋大为、吴雁泽三位重量级歌唱家来指导，着实让徐子棋受宠若惊。音乐会结束后，三位歌唱家对她的演唱给予了很高的评价，并提出了不少宝贵意见。这场音乐会的成功，给徐子棋带来了莫大的自信。在孟玲老师的关怀指导下，徐子棋在校连续四年获得专业奖学金。2006年在孟老师的推荐下，她还参加了中央电视台"挑战白毛女"比赛并荣获冠军。直到后来徐子棋毕业进入部队文工团，孟老师仍常提醒她要好好做人，好好唱歌，做一个大写的人。

在军营中锻炼成长

2008年，刚刚进入火箭军文工团的徐子棋，在团领导的推荐下，第一次登上了全国全军双拥文艺晚会的舞台，这对徐子棋来说是一个难得的学习机会。全国全军双拥文艺晚会自1990年推出后，以鲜明的时代特色、军旅特色和创新特色，成为每年春节期间首都文艺舞台上一道亮丽的风景，是一个具有广泛影响力的著名文化品牌，也是众多文艺工作者梦寐以求的舞台。徐子棋暗下决心，一定认真学习和排练，演好节目。

在她的不懈努力下，她连续三年参加全国全军双拥文艺晚会并受到党和国家领导同志的亲切接见。也正是因为有了这种大型晚会的历练，让徐子棋得以迅速地成长，也更坚定了她对歌唱事业的信心和执着追求。

2013年，徐子棋参加了第十五届CCTV中央电视台青年歌手电视大奖赛，那一次的比赛令她终生难忘。

这届青歌赛打破了以往的比赛形式，不但专业性更强了，而且采用了淘汰制的比赛形式，每一场的演唱曲目是临上场比赛的前一天晚上由抽签来决定的。评委阵容也是空前的强大，美声、民族、流行三组评委一起打分的形式是大家从未经历过的，而且还增添了"家乡美"环节，即演唱一首家乡歌曲，所以这届青歌赛竞争异常激烈，许多歌手止步于前一两场比赛。

第一场比赛结束后，由于过于紧张、压力太大，徐子棋的嗓子突然发炎水肿，几乎无法说话。无奈之下，徐子棋一边不断地暗暗安慰自己千万不要紧张，一边跑去医院请专家为她治疗，当时医生能想到的治疗方法几乎都用上了。幸运的是，第二轮比赛开始前，她的嗓子终于有了好转，一路过关斩将，到了"家乡美"环节，徐子棋演唱的河北民歌《放风筝》受到了评委及观众的一致好评。虽然比赛期间遇到了一些波折，但可喜的是，她在综合素质考核中打节奏这一环节打出了满分的好成绩，专业获得了民族唱法第七名的好成绩。

从中国音乐学院附中到解放军艺术学院再到火箭军政治工作部文工团，一路走来，尽管风风雨雨，但她收获的却是丰富的舞台经验和一个又一个奖杯。她曾连续三年参加全国全军双拥文艺晚会，并受到党和国家领导同志的亲切接见；曾在中央电视台举办的《"魅力十二"——挑战白毛女》比赛中获得冠军；获得过2013年河北电视台青年歌手电视大奖赛民族唱法金奖、内蒙古电视台青年歌手电视大奖赛民族唱法金奖、2014年全国声乐最高奖——文华奖声乐大赛民族组铜奖等荣誉。

徐子棋说："感谢党和部队对我的培养，在未来的日子里，我还将不断地提高自己，争取演唱创作出更多更好的优秀作品奉献给家乡人民和全国的观众。"

陈立柱：每一次出发都是为了寻找自由的梦

59 ◎陈立柱，现为秦皇岛市旅游协会荣誉会长，秦皇岛市旅游行业标兵经理，秦皇岛市首批中外合资三星级酒店管理者，秦皇岛市旅游行业首批公关销售经理人才。成功接待过第十一届亚运会及历届"北戴河之夏"经贸洽谈会，被河北科技师范学院聘为客座教授。

54 岁，陈立柱游遍世界七大洲。

当一个人领略过全球 80 多个国家和地区形形色色的风土人情，他眼中的你，以及你眼中的他，定然有了不一样的意味。

活出这令人羡慕的人生，并不完全因为他是一个旅行社老总。

因为即使在业界，一个一直在路上的老总，也属凤毛麟角。

决定我们人生维度的，永远都是心的方向。

被动创业：与旅游无奈地结缘

做旅行工作近 30 年，他曾一手创建秦皇岛市长城国际旅行社，亦用 3 年苦拼，将长城国旅做到秦皇岛旅行社业界前三、省内前十。可是，眼前的辉煌在陈立柱心中，竟是一段留不下快乐记忆的时光。

千禧年有很多值得纪念的大事，在陈立柱的人生坐标里，这一年，他从国企下岗，被迫创业。

之前，他是秦皇岛市亚运村（后改为北辰度假村）最早的一批酒店管理者，25 岁担

纲当时还很少见的三星级酒店管理人员，接待国内外各阶层高端会议、访问，他为酒店的辉煌立下过汗马功劳。

2000年，政策一个转身，令陈立柱10余年酒店管理生涯，从此画上了句点。然而，他在圈内"威名"犹在，四星级的长城酒店看重他的经验与能力，聘请他筹建长城国际旅行社。

虽然管理是相通的，酒店与旅行社的业务也有简单交叉，但旅行社对他来讲仍然是一个新领域，作为法人代表，陈立柱付出了很多心血。一年后，长城国旅完全脱离长城酒店，旅行社变成陈立柱自己的"孩子"。

如何把这个"孩子"养活养大？

陈立柱卖掉了唯一房产，把资金全部投进旅行社，开始了全情投入的创业之旅。

正是这破釜沉舟的劲头，使得长城国旅在秦皇岛旅游行业很快占有了一席之地。但是，也正是这拼尽全力挣来的事业却使陈立柱失去了行走的快乐。

当时旅游行业市场还不完善，陈立柱"几乎每天都活在提心吊胆之中"。再美的风光，在陈立柱眼中，看到的只有客人的安全、繁杂的接洽，以及烦恼的琐事。

由于当年是机缘巧合一头扎进了旅游这个行业，陈立柱总有一种被迫创业的无奈。

于是，寻一契机，他将"长城国旅"这一含金量很高的品牌转让了。

这番周折，内在的动力，无非是他想过一种自己想要的自由生活。

多方尝试：只为一颗自由的魂

2008年北京奥运会成功举办。这一年给大家留下了很多美好回忆。

在这个时间节点里，陈立柱不能忘记的，是他从有到无，再一次回到起点。

本来想借奥运之机，重拾擅长的酒店管理。他用这些年的积蓄在黄金海岸和南戴河包了两家大酒店。然而造物弄人，又是政策性原因，那一年，竟然赔掉了所有。

"有过卖房子的经历，也不是承受不起，但是心情的确很糟糕。"陈立柱是一个不会轻易被打垮的人，他一直寻找东山再起的机会。

他尝试过各种各样的项目研讨，参加过很多加盟商大会，还邀请过一些专家现场指导……他像猎豹一样等待反扑的时机。这期间，他唯一不触碰的领域，就是旅游。

充满压力的旅行社经营之路还在他心中留有阴霾。然而，无论再进入哪个行业，他都需要从头做起。

与此同时，由于多年人脉积累，总有朋友、客人依旧不间断地向他寻求旅游线路的指引与帮助。"我突然发现，原来我在旅游行业，已经是很多人心中的权威人士。他们信任我，愿意倾听我的意见建议。"陈立柱此时才意识到，那个让他厌烦的旅游业，已经成为深烙在他生命中的技能，他想甩都甩不掉了。

亲朋都劝他，做生不如做熟。陈立柱的确不应该浪费他在旅游行业的天分。

这天分，来自他对事物的洞察力，来自他多年管理者的应变与处理解决问题的能力，也来自他温暖踏实的处世风格与性情，更来自他与生俱来向往自由的灵魂。

重操旧业：世界在我脚下

那么多人喜欢旅游，我为什么要排斥？陈立柱反问中理清了思绪，找到了自己。

旅行是一件美妙的事，应该用心去感受世界、感受人文、感受行走的姿态，而不是去计较财务压力和外人眼中的是非成败。"心念转变，做什么事都顺了起来。"陈立柱发现，只要不和自己内心过不去，没有什么事情能难倒他。

每一年，他都给自己做一个计划，在地球仪上寻找心之所系的地方，然后筹划行程，邀约志同道合的伙伴。

一年又一年地走下来，地图上他没有踏足的国度越来越少，他对世界的感悟越来越多。

很多国外特色线路，陈立柱身为老总却亲自带队。他经验丰富，眼界开阔，与他一起出行，收获不言而喻。陈立柱还会根据客户需求亲自研究一些小众路线，为不少朋友带去震撼的旅行体验。

"读万卷书，不如行万里路。"这是陈立柱常说的话。旅行，更容易让人寻找到生命的意义与价值。而只有心是自由的，才能走到哪儿都有美的发现，都有行者的快乐。

放下事业得失，陈立柱通过旅行探寻到真正的自由和快乐。他乐此不疲地在行程中参与，深刻体会着旅游者的需求和感受，使每一次旅行都更趋完美。也正因此，陈立柱的客户团队黏性特别强，他的事业就是在这些不刻意为之的时间里，越来越红火。

享受过七星酒店的华丽，体验过贫困地区的破败，感受过热带沙漠的炽热，亲历了南极冰峰的清澈……世界在陈立柱眼中越来越具化，当看到那么多不同种族的人在用自己多彩的方式生活着，他的心境也越发宽广。

走遍千山万水，心中装满挚爱。他爱地球每一寸厚土，爱人类每一次善行，爱相约的默契，也爱偶遇的机缘。看到更大的世界后，让他更热爱自己的祖国。

做自己喜欢的事，并从中升华出快乐美好，事业与快乐合二为一，这正是人世间最圆满的事，陈立柱做到了。

王雅洲：用画作传承鲁艺精神

◎王雅洲，祖籍山东，生于吉林白城，鲁迅美术学院中国画系毕业。河北省美术家协会理事，河北省中国画学会理事，河北建材职业技术学院艺术设计系副教授，秦皇岛市美术家协会副主席，秦皇岛市美术基础教育研究会会长，九三学社社员。

60

1985年9月16日，对于王雅洲来说，那是一个改变他一生的特别日子。

那天，细雨蒙蒙。在吉林省白城市一处偏僻农村的玉米地里，王雅洲正在和家人冒着雨抢收庄稼。突然一个熟悉的声音从远处茫茫的雨雾中隐隐飘来，只见几十米开外的田埂上，一名男子骑着一辆破旧的二八式自行车正拼命地向自己奔来。

来的人是王雅洲的大哥，给他带来了一个让他震惊的消息：他考上大学了，而且是最难考的鲁迅美术学院。

信封的左上角写有"录取通知书"的字样。打开信封，一封盖着鲁迅美术学院大红公章的通知书跳入眼帘，泪水迅速模糊了王雅洲的双眼。十来年的努力终于得到了满意的回报。

一封通知书，改变了命运的走向

1985年，鲁迅美术学院中国画系在全国共招收了7名学生，王雅洲是吉林省唯一被录取的学生。

对于19岁的王雅洲来说，这真是一封改变命运的神奇来信。

王雅洲从小在农村长大，虽然家里贫穷，父母又从没有从事过艺术创作，但心灵手巧的母亲早早为王雅洲和他的兄弟姐妹们播下了艺术的种子，扎花剪纸、缝布老虎、写春联……没有上过学的母校样样拿手，闲余时间，画画成了一家人在农忙闲暇时的最好消遣，几年后，姐姐和哥哥先后都考上了美术、师范院校，走出了农村。

受家庭的影响，王雅洲十二三岁就已经开始正规学画了，那时他已画了很多速写、素描还有连环画，并有了一些略显幼稚的作品，有的作品还在《白城日报》刊发，在附近十里八村，王雅洲已经小有名气，他的梦想就是考美院当画家。

15岁时，为了学画，王雅洲来到哥哥正在就读的吉林艺术学院，做起了旁听生，说得好听，其实就是各种蹭课，但老师和哥哥的同学们看他家里贫困，又喜欢画画，就都很善良地容纳了他，这让王雅洲感恩在心。

想考上美院，文化课差也不行，为了补习文化课，王雅洲转到白城市一所艺术高中上课。但是家里无力再为他支付一年几百元的补习费、住宿费以及画具和纸张的开销，王雅洲只好边学习边打工挣钱。白天上课，晚上他就在绘画班教低年级学生画画，生活的窘迫让他常常饥一顿饱一顿，但凭着一股对绘画的韧劲，在亲人、同学和朋友的帮助下，他终于熬过了这人生最关键的几年。

1985年，鲁迅美术学院在吉林省的专业考点设在四平市。王雅洲想去参加这场考试，但是摸摸兜里仅剩的几块钱，他又犯难了：买完火车票，就意味着考试这两天吃不上饭，想吃饭就没钱买车票。两害相权取其轻，王雅洲选择了后者，和一起参加考试的小伙伴孙晓航在人来人往的站台上，趁没人注意悄悄从车窗翻进了火车。几个小时的车程中他们在火车上东躲西藏，但最终还是没有逃过列车员的火眼金睛——要么补票，要么下车！在几乎绝望中，列车长来了，看到王雅洲憨厚的窘态和背后的画夹，最终网开一面，免除了他们全程5元的车票钱。就是在这种窘迫的环境下，王雅洲离心中的艺术殿堂越来越近。

一幅画作改变了人生的方向

鲁迅美术学院，中国八大美术学院之一，是中国东北地区唯一一所多学科门类与多学历层次的高等美术学府，其前身就是大名鼎鼎的延安鲁艺。

王雅洲感谢国家的高考制度，让他这样一个脸朝黄土背朝天的农村小伙子有了和城里人一样平等接受高等教育的机会！从被录取的那一刻起，王雅洲的户口也随之从白城农村迁到了沈阳市，他的身份也变成了城里人，每月还可以享受国家分配的28斤口粮。这是他人生的一次重要转折。

鲁艺的生活则让他的人生迎来了高光的时刻。

中国画系 1985 级仅有的这 7 名学生，被系里当成宝贝一样悉心培养，平均两位老师带一名学生。王盛烈、许勇、赵奇、李象群、孙恩同、栾永让、孙智谱等过去那些只能在报刊中见到的大画家一下子成了自己的老师，王雅洲甭提多兴奋了，他手中的画笔在激动地挥舞着，第一节基础素描课下来，他扎实的绘画功底得到了老师的高度赞许。从此，他在艺术的长河中一路披荆斩棘。

在鲁迅美术学院就读的 5 年中，王雅洲开始参加市级、省级乃至全国各类美展，作品屡屡获奖，他夙兴夜寐、笔耕不辍，在《新少年》《美术大观》《辽宁日报》等报刊发表连环画等作品上千幅，其中，他创作的《中国八仙传奇故事》等系列连环画成为那个年代十分畅销的儿童读物。经过 5 年系统专业的学习，王雅洲在人物、山水、花鸟等方面都有了长足的进步，无论工笔还是写意都信手拈来，在王盛烈、许勇、孙恩同等艺术大家的熏陶下，渐渐形成了自己浪漫的写实主义绘画风格。

机会总是青睐那些有准备的人。1992 年，刚刚毕业两年的王雅洲和刘声雨老师、李明共同创作的以纪念九一八事变六十周年为主题的作品《黎明的山花》等，分别获全国大展金奖、铜奖。

《黎明的山花》是一幅战争题材作品，在此之前，这类题材作品为追求画面的真实，往往血肉模糊、鲜血淋漓，从构图、技术处理到表现形式基本上都是一个套路。而王雅洲这幅画则不然，画面丈二大小，整体造型是一座坟墓形状的土丘，上面开满了洁白的野花，七个年龄不同、已经阵亡的战士倒在盛开的白色野花丛中，神态安详，仿佛睡着了一般，画面清新淡雅，与残酷的战争现实形成强烈的反差。

"这幅画采用的就是浪漫的写实主义手法，它的成功之处不是技巧上的，而是对历史题材、战争题材表现形式上的突破，我觉得这样去表现战争反而更感人。"

正因为这种浪漫主义，王雅洲的作品既有北方的质朴，又兼具江南的婉约，主题创作更见其深厚的绘画功底。其创作的一些反映社会现实的系列作品更能让人强烈感受到画家内心的一种社会责任和使命担当。他多年来在不断实践中，逐渐创立了属于自己的表达思想情感的意象笔墨图式。

一个城市成为创作的沃土

2000 年 3 月，王雅洲从毕业后一直工作的沈阳通过人才引进来到秦皇岛工作，受聘于河北建材职业技术学院并开始组建艺术设计系。

"记得刚到秦皇岛那天是晚上，我当时住在中国环境管理干部学院的招待所中，那是我第一次踏上秦皇岛的土地。第二天一早，天刚蒙蒙亮，远处隐隐传来几声轮船的汽笛声，我推开窗，一股伴着大海味道的空气扑面而来——这是大海的气息！我迫不及待地来到了海边——从那一刻起，我就爱上了这片海，爱上了秦皇岛这座海滨城市！"

秦皇岛雄浑壮阔、深沉宽博的海文化为王雅洲的艺术创作迎来了第二春。繁忙紧张的教学之余，他开始以绘画形式宣传新时代秦皇岛经济社会发展的成果。他的创作主题也开始从人物、历史题材转向山水、反映现实生活方面，如农家小院、秋收的麦场、山里的桃花等。他以浓墨重彩表达现实、抒发情怀，对美的认知亦进行了独具特色的拓展，突破了传统绘画秩序和规则所定义的程式化之美，更主张到生活中不断发现生动的、真实而鲜活的美。

如果鲁院给了王雅洲创作的生命，那么秦皇岛则让王雅洲更坚定了创作的初衷。他的作品开始大量地与城市的建设、发展、风土人情有关，随着年龄和阅历的增长，他的作品更成熟，也凝聚了对自己生活的这片土地的爱。

"秦皇岛是我的第二故乡，但现在已经变成了我深爱的家乡！"

最近几年，王雅洲担任秦皇岛市美术家协会副主席，一份职务，亦是一份责任，在宋鸿筠主席的带领下，他开始参与、策划、组织美协的一系列大型活动，从扮靓金梦海湾公益绘画到艺术助力脱贫攻坚、乡村振兴，以及正在筹划中的秦皇岛地域题材系列：长城题材，孤竹文化题材，满族风情题材，红色革命题材，海洋生态题材，等等。王雅洲说，现实主题、地域文化美术创作与课堂思政教学三大板块是他目前的主要任务。

2020年疫情期间，王雅洲又创作了《严防死守》《牵挂》《早安武汉》《基层防疫不松懈》《武汉加油》等一系列反映抗击新型冠状病毒主题的优秀画作。王雅洲说："当时，全国各地的医务工作者、解放军官兵以及战斗在抗击疫情第一线的党员干部、基层群众，他们团结一心、不畏生死的感人事迹，让我无比崇敬和钦佩！"为进一步表达这份感情，他还拿出自己精心创作的三幅水墨画作品《春暖花开》《梨花时节》《儿时记忆》在微信朋友圈进行拍卖，短短两天时间就被拍出，义拍所得7000元善款全部捐出，用于抗击疫情工作。

2021年年初，我国局部地区聚集性疫情和零星散发病例不断出现，寒假前，王雅洲带领河北建材职业技术学院艺术系的师生们又完成了一批抗疫题材的画作，其中，王雅洲创作的中国画作品《风雪无阻》备受好评，1月17日，河北共产党员网、今日头条等媒体专门对此进行了报道。

"艺术要以生活为源泉，贴近时代和人民，追求艺品与人品的高度统一。"30多年前在鲁迅美术学院求学时，恩师王盛烈、孙恩同、王绪阳等前辈的教诲还时刻刻在心间，作为鲁美毕业生，王雅洲更下定决心，不负韶华，要将延安鲁艺精神发扬光大！

张珽：国乐传承人的中国梦

◎张珽，毕业于中国音乐学院，二胡专业。秦皇岛市群众艺术馆副研究馆员，中国民族管弦乐学会会员，河北省"三三三人才工程"第三层次人选。2002年在文化部主办的中国青少年艺术大赛第一届民族乐器独奏比赛中获二胡青年业余组金奖；2012年在央视主办的CCTV民族器乐电视大赛中获非职业组拉弦类优秀奖；2014年以总分第一的好成绩摘得第二届河北省音乐小金钟奖比赛二胡青年组金奖，并获得优秀指导教师奖；2016年获京津冀首届民族器乐邀请赛金奖。

61

2018年10月13日，日本苫小牧市的市民中心剧场里，来自秦皇岛与苫小牧市的政治、文化各界的代表们济济一堂，为两个城市缔结友好城市20周年，举办盛大的纪念庆典活动。

在庆典演出中，一位女孩用她手中的二胡，演奏了一曲《扬州小调》，欢快的旋律、悠扬的节奏、精湛的技艺让她获得了全场雷鸣般的掌声。出席现场的中国驻扎幌领事馆总领事孙振勇、日本苫小牧市市长岩仓博文、副市长佐佐木昭彦都对这次表演给予了较高的评价。演出结束后，佐佐木副市长还亲自找到这位二胡演奏者，拿过她手中的二胡，像模像样地拉了几下，他说："二根弦能奏出这么美妙的音乐，很神奇。"

这位用自己的音乐感染了两个城市的音乐人，就是秦皇岛的国乐传承人张珽。

为音乐奔波在路上，她无怨无悔

在日本期间，张珽也感受到了二胡艺术在这个国家的被推崇。而这种深受欢迎的场面，对于她来说，已经不是第一次。来到苫小牧市之前，张珽刚刚完成了在西藏的演出。

在由秦皇岛市文广新局、拉萨市文广新局主办，拉萨市堆龙德庆区文广局承办的"沿海边疆手拉手——春雨工程"秦皇岛市文化志愿者赴拉萨市的文化交流演出中，她顶着严重的高原反应，在拉萨市堆龙德庆区文化活动中心剧场进行了一次成功的演出。从日本归来后，她不顾旅途的疲惫、身心的劳顿，又赶赴苏州，作为河北省唯一的民乐代表，参加由中国音乐家协会、刘天华阿炳中国民族音乐基金会联合主办的全国中青年琵琶、二胡骨干（含新文艺群体）培训班。

这个年轻的女孩，已经与她的二胡一道，在异地他乡辗转了一个多月，虽然很累，但张珽却很欣慰，把二胡艺术传播给更多的人，她不惧辛苦，无怨无悔。

一曲《赛马》，让二胡走进她的生活

"二胡是有着多种风格的艺术，过去大家认为二胡的音色多是表现人生沧桑的，其实不然。二胡有悠扬的，有欢快的，有高亢的，还有狂想曲。二胡的技法现在有了很大的飞跃，原创作品也越来越多。"张珽如是说。

张珽从小就学习音乐，最初她学习的是电子琴，一次偶然的机会，她听见了三楼邻居父女俩合奏的一首二胡名曲《赛马》，这段音乐给张珽留下了深刻的印象，让她领略到了二胡的魅力。就这样，张珽跟随启蒙老师赵松阳走上了二胡学习之路。她也没有想到，在当时西洋乐流行的年代，这个传统的甚至有些老旧、冷门的音乐项目，竟让她一下子为之痴迷、苦练了几十年。

从六岁开始学习，上中学时，作为港城第一批琴童，张珽来到北京，参加了中国音协举办的二胡十级考试，就在这次考试上，她以精湛的技艺赢得了张韶、刘长福、安如励三位名家的肯定。1997年，在秦皇岛举办的民乐大赛中，张珽赢得金奖，赛后，她接受了评委老师的建议，要去北京找一个专业的老师指点，走上真正的民乐演奏之路。她终于获得了二胡名家刘长福先生的认可，如愿以偿，拜了他的门下。

张珽至今难忘北京求学的经历。"坐绿皮火车，四个小时的车程，去刘老师那儿学习，下午再回来，晚上到家。那时候我已经有工作了，在一个小学教音乐，只能利用周六日的时间。"

正是因为刻苦的学习，张珽最后考上了梦想中的最高音乐学府——中国音乐学院继续学习深造。当时，她已经有了稳定的工作，但为了这次机会，她毅然选择了辞职。她要让自己首先无路可退，然后才可以在音乐的路上策马前行。

做国乐传承，是她心中的梦

生活中的张珽，衣着朴素，不化妆，不去应酬，平时也喜欢宅在家中，与人们想象

中的艺术家，大相径庭。

但只有提起二胡，她才会两眼放光，眉飞色舞。

"二胡是我的良师益友，给我带来了高档美容产品也带不来的美容功效。"她说，"二胡能让我变得年轻，变得美丽，也能让我修身养性，它不是一种职业，它是一个终生陪伴的伴侣。"

而爱说爱笑的性格，也让她深信，爱笑的女孩，运气不会太差。

2009 年，张珽作为特殊人才引进到秦皇岛市群艺馆，成为一名专职的文化工作者。面对新的工作环境，她深知自己的责任，从现在开始，她要完成的是一个从演奏者到传承人，甚至是组织者、管理者的转变。

2015 年 10 月 18 日，由河北省音乐家协会、秦皇岛文广新局主办的纪念习近平总书记文艺工作座谈会重要讲话发表一周年、《长城随想》民族音乐会在秦皇岛上演。在音乐会上，张珽作为主要演奏者，率领秦皇岛市民族乐团的成员奉献了一场精彩的民乐表演。这在秦皇岛的民乐历史上开了先河，这场演出也昭示着秦皇岛市民族乐团的成立。

"团里共有四十多人，均是来自我市各个行业的民族器乐演奏者，老少兼有，这些人的召集，既要靠行业带头人的凝聚力，也要靠个人的品性和无私奉献精神，否则，它是不会长久的。"2018 年乐团坚持年轻化、专业化发展，重新组建，这个过程，凝聚了张珽的个人心血，她几乎把全部的精力都投入到了组建民乐团的工作中，为此，耽误了不少个人时间，但她却无怨无悔。

现在，民乐团的活动开始走向了正规化、常态化，每周三晚上排练，到目前已排演了 2019 年"梅兰竹菊"四季民族音乐会、2020 年秦皇岛市迎新春民族音乐会，社会反响强烈。

而张珽却认为自己肩上的责任很重，路还很长。

"秦皇岛的民族音乐太需要一个平台，一个像样的团体，再难我们也要坚持下去。我需要有更多喜爱民族音乐的年轻人能融入进来。我们一起来振兴国乐，因为这才是我们中国人的！"

各种奖励与荣誉，对于张珽来说都已经成为过去，登上央视，获得全国、全省的多个大奖，有人将她称为"青年二胡演奏家"，也有人称她为"港城二胡第一人"，她却谦虚地认为，自己只是一个"国乐传承人"，传承国乐，才是她真正的责任。

一曲觅知音，清音传天下，在艺术的路上，张珽坚信，自己选择的是一条通往理想的康庄大道。

左右兄弟：秉承圣贤精神　助力乡村振兴

图为左右兄弟与画家王界山（中）合影

62

◎左右兄弟，为杜田左和杜田右兄弟合称，杜氏兄弟出生于卢龙县刘田各庄镇枣林村，1994 年前后务农、经商，2010 年兄弟联合创办秦皇岛市左右葡萄酒业有限公司，2011 创办左右佳园生态综合景区。2012 年创办卢龙弘远私立学校。杜田右于 2021 年 4 月当选为枣林村党支部书记兼村主任。

卢龙，有夷齐之乡之称，伯夷叔齐兄弟礼让为国、明志守节的故事，也成为千百年来孤竹文化的精神内涵。卢龙人重情义、重亲情的品质千古流传，在今天，又在一对兄弟的身上得到了体现。

远离都市喧嚣，多彩七月，走进卢龙左右佳园，一幅幅浓墨重彩的天然画卷徐徐展开，山水相依，空气清新，在植被覆盖率高达 90% 的左右生态谷中，高密度的负氧离子让人感觉无比清爽舒心，漫山果香沁人心脾，而这一切的缔造者，就是一直秉承夷齐精神的这两位兄弟——杜田左和杜田右。

文化作底蕴，生态作后盾

左右佳园是杜田左、杜田右两兄弟打造的生态型综合景区，位于卢龙县刘田各庄镇柳河山谷处，集旅游观光、休闲度假、文化传播、推广研学、绿色农副产品产销于一体。

秉承着孤竹文化和伯夷叔齐两位"圣之清者"的精神内涵，"左右兄弟"从田野起家，为了生存，也曾历尽坎坷，他们从事过各种各样的职业，如今，创业有成，却用深深的爱乡情怀，精心装扮着、守护着、经营着这片他们倾情打造的家园。

从小听着伯夷叔齐故事长大，又在古圣先贤伯夷叔齐的生活地生活，左右兄弟把弘扬孤竹文化作为己任，认为没有文化作底蕴，景区就做不厚重。

文化厚重感是左右佳园的灵魂。漫步佳园，倍感对古之先贤的崇敬之情，浮雕、塑像，都诉说着佳园的不凡。以礼让为国、叩马谏伐、耻食周粟、饿死首阳这些闻名于世的典故为依托，景区打造了全国首个"伯夷叔齐文化主题园区"，将崇礼、守廉、尚德、求仁、重义的夷齐精神纳入其中，有着"游左右庄园几天，品卢龙文化千年"的意蕴。

佳园是自然的美，是美的自然。为提升内涵品质，景区在尊崇自然的基础上，精心策划了一系列刺激好玩、体验丰富的游乐项目。当然，玩累了还可以品一品地方特色美食。在品味区和山洞餐区，当地的红薯粉条、粉饹馇、小磨香油等传统非遗项目包罗其中，在这里，你可以瞻仰夷齐先贤、徜徉卢龙文化，也可以体验特色民俗、品味非遗特产、探寻自然知识。

春看花、夏观绿、秋品果，左右佳园多姿多彩。2013 年通过改良山谷土壤，使苹果、蜜梨、核桃、板栗等作物种植达到千亩以上，并获得绿色有机食品认证，引得游客纷纷前来体验采摘。

佳园中有一座以山为体、凿山而建、山窖合一、四季恒温的酒窖，推开古朴厚重的大门，窖内橡木桶中存放的红酒弥漫着香气……

"生态谷良好的气候、环境，产出这么好的葡萄，如果不做红酒，就有所缺失，不完美了。"左右兄弟说。

从 2009 年开始，他们就做红酒，成立了左右葡萄酒业有限公司，目前，已经在柳河山谷种植了 3 万亩酒葡萄。左右兄弟红酒产自本地，惠及本地，并走向全国市场。2017 至 2018 年荣获秦皇岛市酒类协会颁发的"秦皇岛·畅销酒"称号，荣获 2019 年国际葡萄酒（中国）大奖赛银奖。

作为"秦皇岛市中小学劳动教育实践基地""秦皇岛市中小学生研学实践教育基地"，左右佳园的户外运动、野外生存、自然探索、农耕文化等一系列学习设施设备一应俱全，为前来学习的孩子们提供了良好的条件。

做带贫企业，尽为民职责

左右佳园附近的土地土层薄，是半荒芜状态，偶有小片土地，农民也只能种些玉米，一年土里刨食只能挣二三百元，附近的村民生活很穷苦。

2020 年，作为带贫企业，兄弟俩从贫困户手中流转土地 3 千亩，先是让贫困户得到了一笔收入，接着，兄弟俩又招聘附近村民 70 人到佳园打工，遇到拔草、疏果、套袋的农忙时，打工人数达到 200 人，而他们的工钱是每天男工 100 元，女工 80 元。

"既然是带贫企业就要担起责任，必须帮助老百姓改善生活，让他们在家门口就能挣到钱。"兄弟俩铿锵地说。

64 岁村民杨会生，是建档立卡贫困户、低保户，他因为在佳园打工，每天都喜滋滋的，"现在一天挣 100 元，够生活了，咋能不高兴呢！以前都愁死了，媳妇有癫痫病，离不开人，只能在近边儿找工，老板知道我的情况，对我特殊照顾，媳妇一犯病，我请假了就往家跑，从来没有不给假的时候啊。"

哥哥杜田左曾是卢龙刘田各庄镇 7 个行政村的村书记，他以一句朴实无华的话来形容自己的心情："用自己的最大能力，带着各个村向前扑腾！"

弟弟杜田右也紧跟哥哥的步伐，学习哥哥的爱党为民精神，于 2007 年加入中国共产党，2011 年至 2020 年连续 10 年当选卢龙县政治协商会委员，为乡村发展献计献策。

"只要村里有需要，一个电话，我立刻跑过去。"出生于枣林村的杜田右，今年当选为枣林村党支部书记兼村主任，对村里的大小事务，他都亲力亲为。

为了改善枣林村村容村貌，杜田右为村里建了卫生室，安上路灯，还安了村头大喇叭等设施，而这些，多数都是他自己出资的。

振兴教育产业，回报一方百姓

"是卢龙的一方水土养育了我们，为了回报社会，我们创办了弘远学校。"左右兄弟将热爱家乡、建设家乡、服务家乡之情用于教育事业。

2012 年，经教育部门批准，哥俩筹措的卢龙弘远私立学校成立。弘远学校实施准军事化管理和班级量化考核积分制，让学生学会生活、学会学习、学会管理、学会做人。学校按照一日生活制度，对学生进行全时制、全方位、全员的行为约束，从作息时间、课间操到卫生检查、仪容仪表检查，形成良好的教育教学环境。

2016 年，主要面向农民工子女，弘远学校致力于把更多的农村孩子送进理想学校，用教育改变孩子的命运。

快速崛起得益于办学理念、发展定位和推动课堂改革。通过 354 课堂改革，将大单元、大数据、大平台灵活运用到教学中，促进学生健康成长，提升考试成绩。

弘远学校还把劳动教育、国学教育、礼仪教育融入其中，提升教育水平。现今已经拥有包括幼儿园、小学、初中、普通高中办学能力，生源由最初的 350 人发展为现在的

4200人，为秦皇岛一中、卢龙一中输送了大量优秀生苗，出现入学"一位难求"的局面。

兄弟俩虽然文化程度并不高，但对于文化有着深深的热爱和尊重，他们倾心打造的左右佳园，也想努力成为卢龙文化的地标。为此，从2020年开始，他们斥资修建了一座山中的艺术馆——弘远艺术馆，以山峦为脊，与森林为伍，艺术馆可收藏名家书画、珍品，展现中外艺术风采，可谓是大自然中的一颗闪亮明珠。在喜迎党的百年华诞之际，新开张的弘远艺术馆将来自全国60多名学术代表性画家（包括中国美协副主席、理事，各省市美协主席团成员、画院专职画家，学院教授、学者等）的100多幅作品汇集于此，他们绘山河、歌盛世，用最直观的视觉表现方式来表达对祖国真挚的热爱、对党由衷的感恩。

著名画家王界山对左右佳园十分喜爱，并把工作室建在了这里。他以"云山高峻水流长，清圣名争日月光。逃国衣冠同揖让，采薇歌曲忆羲皇"的诗句盛赞这片热土，对杜氏兄弟尊崇古代圣贤伯夷、叔齐兄弟的行为，弘扬其诚信礼让、远离名利、忠于祖国、抱节守志、清正廉明的仁哲大义的善举，也给予肯定和赞颂。

多年来，杜氏兄弟亲如一人，即使面对外界，也都是以左右兄弟相称，包括其开发的品牌也以此命名，在众人心中，他们不是两个人，而是一个整体。对此，杜田右自豪地说："在我认识的人中，像我们哥俩这样一起创业从没红过脸的人不多，我们卢龙人崇拜伯夷叔齐，我们哥俩也要向他们学习。"

赵洪辉：在光与影中记录家乡美

63

◎赵洪辉，中国摄影家协会会员，河北省艺术摄影家学会理事，秦皇岛市摄影家协会副秘书长，秦皇岛航拍学会副主席，北戴河摄影家协会主席，北戴河第一批专业技术拔尖人才，秦皇岛市首批市管优秀专家，秦皇岛市劳动模范，秦皇岛市艺德标兵。

蜿蜒美丽的北戴河，滋润着这块肥沃的土地，也滋养着人的灵性。一个个光环的背后有着赵洪辉长年坚持不懈的努力和无怨无悔的付出，同样，光环背后的赵洪辉，也一直忠实地用镜头记录着他在敦厚谦逊外表下的深情厚谊。

玩摄影，一个电影放映员的艺术梦

北戴河劳动人民文化宫是一座典型的欧式建筑，唯美又厚重。京剧名角荀慧生、尚小云、马连良曾在这里粉墨登场，国画大师李可染、吴作人、陈半丁曾在这里挥毫泼墨，歌唱家郭兰英、马玉涛、马国光曾在这里激情放歌……

这也是赵洪辉从小就一直喜欢、眷恋的地方。

时光追溯到20世纪的70年代，当时的北戴河劳动人民文化宫里有一个活泼好动、调皮机灵的"小毛头"，平时没事就喜欢在文化宫广场上奔跑、在舞台的幕布后目不转睛看演出、在电影放映厅帮助放映员传递电影拷贝，这个活泼好动的孩子就是赵洪辉。放学后、假期里，只要一有闲暇，赵洪辉就会泡在文化宫。

就是在这座艺术宫殿的熏陶与陪伴下，赵洪辉一天天长大，也就此与文化宫结下不

解之缘。

1980年，高中毕业的赵洪辉放弃了参军入伍甚至放弃了继续求学的机会，毅然地走进了北戴河劳动人民文化宫，担任了最基层的电影放映员的工作。

身为电影放映员，他在变幻莫测的光影世界里知道了什么是蒙太奇，在一个个感人的英雄故事里明白了如何做人。不仅如此，他还虚心地和美术师学习绘画，在新片上映后写影评，在观赏文艺演出中感受音乐的魅力。

1986年，文化宫电影美术师李英的一幅黑白色调的电影海报让赵洪辉喜欢得不得了，他借来了一台120相机，调整好光线，按下了一次对他一生都有重大影响的快门。就是这张海报照，在不久后举行的河北省文化系统摄影比赛中获奖。

就是这样一个偶然的机会，让赵洪辉爱上了摄影，慢慢地变得痴迷。而摄影这门艺术，也让他更加地热爱光影下美不胜收的家乡，并把对家乡的爱，反馈到了他的工作与生活中。

拍家乡，成为他终生不懈的追求

因为从小在北戴河长大，赵洪辉的镜头更多地聚焦于北戴河的自然风光，人文景观，社会发展，拍摄了大量摄影作品，对宣传家乡北戴河、丰富家乡文化生活、促进北戴河的文化大发展大繁荣、建设幸福美丽北戴河作出积极贡献。

他把摄影当作一门艺术，也当作一种责任，每个黎明与黄昏，人们经常会在滨海大道、鸽子窝前、老虎石边、石塘路里，看见他扛着相机、三脚架的身影，在光与影之间，他找到了自己与家乡紧密联系的纽带，也把从小就蕴藏在心里的爱，淋漓尽致地发挥出来。

在秦皇岛摄影圈里，赵洪辉早就占有一席之地。但他不满足于自己小有成就，还要带动他人、授之他人，为提高北戴河摄影爱好者的理论知识和摄影技巧，从1995年开始，赵洪辉曾多次举办摄影培训班，无偿讲授摄影基础理论知识与美学修养等课程，对提高广大摄影爱好者整体创作水平、凝聚摄影艺术骨干力量、共同传扬家乡美景、繁荣家乡文化事业，起到了积极作用。

1996年，因为出色的工作成绩，赵洪辉从放映员的岗位上得到提拔，任文化宫副主任，2007年又担任主任一职。在他任职期间，正值繁荣农村文化生活工作如火如荼地开展，赵洪辉和他的同事们担负起北戴河25个行政村的农村公益电影放映任务，从那时起至今，他们一直负责北戴河三镇43个行政村的放映任务，在坚守农村公益放映活动中，北戴河劳动人民文化宫得到省市文广新局表彰，这期间，被省文化厅评为先进集体及个人。

2002 年 7 月，在北戴河区委宣传部和区文联的大力支持下，赵洪辉牵头组建了北戴河摄影家协会，并经第一届会员代表大会民主选举，当选为北戴河摄影家协会主席，后又当选市摄影家协会常务理事、河北省艺术摄影家学会理事。

从放映员到地区文化的领头人之一，赵洪辉利用文化宫开展了各项公益文化活动，其中，书画摄影展、公益性演出、数字电影放映、中小学生演出等公益活动多次得到市、区文化部门表彰，特别是在暑期的文化活动中，劳动人民文化宫承办了许多面向中外游客、国家及省级领导的文艺演出、活动，成为北戴河文化阵线上的一块著名招牌，赵洪辉，也完成了从一个艺术爱好者到文化活动组织者、负责人的转身。

当主席，成为北戴河摄影艺术的带头人

在从事摄影和任北戴河摄影家协会主席的 27 年时间里，赵洪辉坚持深入生活，亲近自然，关注民生，以摄影的独特表现形式，不遗余力地记录着、传扬着家乡景色的美好、人的美好，自己的人生也因此变得充实和精彩。

他先后有 120 幅摄影作品在市、省、国家级影赛、影展、杂志中刊发、获奖，并参展韩国第 47 届国际摄影展。其摄影作品《美丽北戴河》，还作为北戴河对外招商宣传册封面一直使用至今。

近十多年来，得益于北戴河区委宣传部、区文联的大力支持，通过赵洪辉和摄影家协会一大批骨干的积极努力，用镜头记录家乡建设、传颂家乡美好生活的人越来越多，氛围越来越浓厚。为给众多摄影艺术爱好者提供更多的切磋和展示的机会，赵洪辉先后组织举办各级展览、影赛 60 多次，使得大家摄影水平不断提高，在各级报刊上发表摄影作品 900 多幅，本地的摄影艺术在社会上的影响力越来越大，同时也让更多的外地摄影界朋友走进北戴河，与他们一起，了解北戴河，聚焦北戴河，感受北戴河的魅力。

2011 年以来，通过多方联系协调，北戴河摄影家协会先后与张家界市摄影家协会共同举办了"北戴河·张家界风光"摄影展；与《大众摄影》杂志社共同举办了首届"魅力北戴河"摄影展；与河北省摄影家协会共同举办了"北戴河休闲之冬"全国旅游摄影大赛等活动。通过这种请进来、走出去、共同交流的形式，提高了本地会员们的摄影理论、技术水平和鉴赏水平，扩大了北戴河摄影家协会的知名度和影响力，让北戴河的摄影文化氛围愈发浓郁，同时也用这种形式，进一步宣传了北戴河，提高了北戴河美誉度。赵洪辉自己还先后 17 次在河北省图书馆、唐山市摄影家协会、北戴河老年大学、武警三支队、政务中心等地，为部队、学校、机关摄影协会会员讲授摄影理论知识、艺术修养、

作品演示等课程。为推动和普及摄影艺术，他倾其所学，毫无保留。

2012年，中国摄影家协会摄影信息中心出版了他的摄影集《中国摄影家——赵洪辉》，当年还出版有《北戴河风光》摄影作品集。除此外，有50余幅摄影作品在《大众摄影》《中国摄影报》《中国国家地理》《中国人才》《河北画报》《当代人》《秦皇岛日报》等报刊上刊发，或在国家、省、市级摄影展上展示。其中国家级12幅、省级27幅、市级11幅。2013年，《堆玉》等5幅摄影作品入选美丽中国·美丽河北摄影作品展。2014年，《夏日北戴河》荣获秦皇岛第四届文艺繁荣奖，《科技助力》获全国人才摄影优秀奖，《年代记忆》获大众摄影杂志影赛三等奖。2015年，《多彩的世界》获第二届中国园林摄影大展铜质收藏奖。2018年，《大美北戴河》获"鸟瞰河北——庆祝改革开放四十周年"航拍作品大赛佳作奖。2019年，《北戴河乔庄的新建筑》入选"美丽河北·辉煌成就"庆祝新中国成立70周年航拍创作优秀作品。2020年，《北戴河的路》荣获"美丽河北·辉煌成就"航拍摄影大赛优秀奖，《使命》荣获河北省"聚力同心 抗击疫情"主题摄影作品征集评选获铜奖……

小小镜头，折射出的是个大世界，山川河海、城市乡村、世间百态……尽可在框景之中，拍下的是瞬间，留下的是永恒。小小镜头，也是一支笔，在赵洪辉的镜头里，你可以看到更加奇妙的世界，淋漓尽致的视觉表达和激情宣泄。他说："用摄影的独特的艺术赞誉北戴河，宣扬北戴河，我想我会让昨天的故事，随着我的梦想走向远方……"

张玉锦：现代婚礼模式的引领者

64

◎张玉锦，曾在山桥厂工作，后参加成人高考于北京工业大学电子工程系毕业，1989年开始进行婚礼主持，2004年参加全国婚礼主持人大赛获奖，2006年参加秦皇岛电视台举办的婚礼主持人大赛获第一名，曾担任河北省婚庆协会秘书长兼副会长，中国礼仪联盟会秘书长兼副主席，全国婚礼大赛首席评委、专家评委，2009年成为中国民间艺术家协会理事。

在婚礼的殿堂上，不知什么时候起，一个名字经常被人提起——张玉锦，一个形象也经常映现在人们的眼帘：得体的西装，笔直的腰板，幽默诙谐的主持，成熟、睿智与精干的风格……

伴着欢声笑语与美好祝福，张玉锦成为人们走进婚姻殿堂的牵手人，而在他心中，更在乎的是被人们称为现代婚礼模式的开拓者。

卖汽车换摄像机

1981年夏天，年少的张玉锦在炎热的考场里奋笔疾书，憧憬着大学的美好生活。可命运的安排，让他和心目中的大学失之交臂。

在山桥厂工作，成为一名工人，可这个从不服输的小伙子，并不甘心这样的选择，从小他就喜欢文艺、热爱表演，这个梦想，也一直没有磨灭。于是他选择一边工作，一边自学。车间里、厂房中他争当先进，下班后，宿舍里他埋头苦读，节日间，舞台上他一展才华。

短短几年时间，他不仅通过成人高考考入北京工业大学，还凭借自己对艺术的热爱和刻苦的练习，成了单位里的文艺骨干。

年轻帅气的张玉锦爱唱歌，爱表演，也爱摄像，为了心中的文艺梦想，他卖掉上班积攒几年积蓄买来的汽车，换来了一台价值一万多的摄像机。在1986年，一万多可是一笔巨款啊。

不在乎他人的嘲笑和不解，他用这台摄像机记录演出，记录生活，也开始记录着一场场朴实的婚礼。

20世纪80年代的摄像条件和现在无法相比，老式摄像机清晰度低，收音效果差，剪辑难度大。因为喜爱，张玉锦的业余时间除了拍摄，就是鼓捣设备、配音和剪辑成片。采编导播只能一个人完成，他却乐此不疲。

1989年4月27日，张玉锦第一次从幕后走向了台前，一台电子琴，一个麦克风，一份紧张又激动的心情，伴着他完成了第一场婚礼的主持。在掌声和欢呼里，张玉锦沉醉了，在这喜悦和幸福的舞台上，他找到了自己的道路，找到了值得自己奋斗终生的事业。

90年代初，随着生活水平的提高，人们对婚礼有了更多的要求，要隆重热闹，要有影像记录，举办婚礼的场所也由自家院落变成了酒店饭店。那个时候恰逢卡拉OK在港城兴起，婚礼也成了人们娱乐表演的重要舞台。于是到处都出现了这样的场面：新婚车队排成长龙，载满宾客前往酒店。彩虹门迎宾，鞭炮、礼炮此起彼伏，主持人说着喜庆通俗的吉祥话，人们载歌载舞，分享着幸福和喜悦。

就是在这样的背景下，张玉锦没想到从此这一干就是几十年。他开始活跃在各种各样的庆典舞台上。

婚庆司仪的领头羊

张玉锦的台风稳重端庄，主持语言优美抒情。他认为婚礼承载着两个家庭的幸福，包含着一对新人的幸福和爱情，既要有隆重喜庆感，也要有庄重的仪式感。这个有想法、有梦想的"60后"，大胆尝试，精心策划，建立了一套集喜庆感、仪式感于一身，彰显亲情、爱情充满正能量的婚礼流程。

在那个乐队还没有走入婚庆的时代，他率先用一曲《世上只有妈妈好》，在热闹喜庆之外，又激发了亲情和感恩，诉说新人的一片孝心。

在那个婚宴还没有走出饭店、家门的时代，他借助家乡优美的海岸风光，首创了外景拍摄的婚礼环节。这个环节一直被婚庆界奉为经典继承至今。

他还吸取中国传统婚庆礼仪经验，引进西方浪漫婚庆元素，制定和完善了送女出阁、感恩父母、拜天地礼、分享经历、交换信物、答谢来宾等完整规范的婚庆流程。时至今日这些仪式和流程已然成为婚庆行业的公认行规。

张玉锦自豪地说："秦皇岛婚庆礼仪的形成，我绝对是一个先行者。"

从山海关到秦皇岛，从石家庄到北京，张玉锦的婚庆典礼风格一直被推崇和模仿。2004 年他参加了首届全国婚礼主持人大会，并荣获金奖。2006 年他获得秦皇岛婚庆主持大赛第一名。

喜庆活动的创新者

荣誉和成就并没有让张玉锦放慢追逐梦想的脚步，从大兴安岭到江南小镇，张玉锦的足迹遍布全国各地，吸纳各地婚庆习俗的特点，他的技艺水平不断提高，创意和灵感不断迸发。2008 年他进军北京婚庆市场，也是在这一年，他当选为中国礼仪庆典协会秘书长、副主席。

面对蒸蒸日上的事业，张玉锦并没有沾沾自喜，他并不想只做一名婚礼主持人，那时他的最大愿望是做一名见证爱情奇迹、实现新人梦想、让婚礼不留遗憾的婚庆"魔术师"。

2010 年以来，互联网和手机媒体的普及改变了人们的生活，科技的发展和观念的进步也让人们对婚礼和仪式有了更多的要求。为了契合时代的发展，张玉锦为公司成立了专门的舞台设计部。先进的灯光、音响，时尚的舞台设计，让婚庆典礼千变万化。中式婚礼的典雅庄重，西式婚礼的浪漫新潮，在他的手中完美演绎。服装、舞台、表演、科技各项创意在他的指挥棒下融会贯通，让婚庆典礼上升为一种集仪式、情感、文化于一身的艺术盛宴。

这些先进理念，再一次让同行争相跟风效仿。一时间创意婚礼、华丽婚礼的浪潮此起彼伏，铺张、炫富等不良风气不断抬头。某些婚庆公司、婚庆主持程式化、套路化的夸张做作更是助长了这些不正之风。

但张玉锦始终没有忘却初心，他认为："婚礼不是作秀、不是炫富，更不能华而不实。"从业至今，张玉锦始终以认真专注的态度面对每一对新人、每一场婚礼。每次他都从头到尾，全程参加，从不做无准备的表演。筹备每一场婚礼他都要和一对新人、和他们的父母亲人进行深入的交流，聆听新人的爱情故事，聆听家庭的琐碎生活，聆听每一位新人的愿望和诉求。再累再忙，这个流程他始终坚持如一。

30 年来张玉锦主持了近 5000 场婚礼，见证了近 5000 对新人的美好爱情，聆听了近

万个家庭的喜怒哀乐、悲欢离合。正是这些普通人的故事，给了他无尽的创作灵感；正是这些普通人的亲情、爱情让他不忘初心，坚定了自己理想和事业的方向。

2010 年以来，在市场的驱动下，婚庆行业发展更加迅速，婚庆队伍不断壮大，传统婚庆公司的中介合作模式难以满足人们不断变化的婚庆需求。婚庆公司和客户、酒店的矛盾时有发生。入行最早的张玉锦为行业的良性发展不断思考探索。2011 年他率先和蜀川天府酒店签订合作协议，开创酒店和婚庆公司合作共赢的全新婚庆模式。在他的促成下，酒店和婚庆公司实现了资源整合。

可就是这个能够节约成本、提高效率的合作模式，让港城的婚庆市场受到了巨大的冲击，也让张玉锦受到了一些质疑，然而事实胜于雄辩，现在越来越多的酒店拥有了属于自己的婚庆部门。市场上的婚庆公司也大多数选择了和酒店合作的道路。张玉锦用独到的眼光预判了市场发展的趋势，并再一次引领了行业转型发展。

与此同时，张玉锦还对婚庆行业市场进行了不断的延展，开创了求婚仪式、订婚仪式等充满创意的服务体验，迎来了越来越多年轻人的喜爱和欢迎，同时他也开创着属于自己的婚礼艺术主题酒店。

1999—2021 年，张玉锦先后成立了多家婚庆公司，筹办了多家婚庆酒店，经过他和同行们的共同努力，婚庆行业逐步迈入了市场化、正规化的道路，婚庆宴会企业如雨后春笋在港城蓬勃发展。

时光荏苒，30 年前婚礼中的新娘，现如今已为人岳母。女儿的婚礼，她依然邀请张玉锦亲自主持。30 年的时光交错，承载着太多的幸福。张玉锦坚信，他还会让这种幸福，伴着一场场婚礼传递下去。

高丽莉：喧嚣都市里的文化"摆渡人"

65 ◎高丽莉，1996 年中专毕业分配到华联，从事一线销售工作；2006 年 2 月辞职加入五兴图书广场担任楼层经理，2007 年年初被集团任命为五兴图书广场常务副总经理。先后荣获市区级"三八"红旗手标兵、优秀共产党员、先进女职工工作者、巾帼安全生产标兵等荣誉称号。

在秦皇岛，太阳城是个繁华商业区。这里嘈杂热闹，人来人往，手里提着各种物品的男人、女人、老人、孩子摩肩接踵，笑语喧哗。

五兴图书广场，就巍然矗立在这里。它是岛上最大的民营书店，更是这座城市位于黄金地段的文化地标。如果说书店外是紫陌红尘，那么走进店内，就进入了一处世外桃源。所有的喧腾热烈都被隔绝在数步之外，这里呈现给你的，是安闲与宁静。

一座书店，售书是必然目的，毕竟，书变成商品，才能谈到盈利谈到收益，但是作为这家书店的管理者，在经营商品的同时也在传播、守护着文化。五兴图书有限公司的常务副总经理高丽莉，这位外表文静的女孩，就是这座文化地标的掌门人。

因为爱书，才能给自己机会与书为伴

2006 年，一次偶然的机会，让时为某商场文秘的高丽莉看到一份招聘广告，内容恰与她最喜欢的书有关，不由地多看了几眼，而这，注定了一份缘起。

因为爱书，她关心与书有关的一切事情，也爱做与书有关的工作。她又有营销的底子，也有能力，不免跃跃欲试，却又有些顾虑：当时工作稳定，如果去应聘就必须先放

弃，到底要怎么办呢？朋友提醒她，这么年轻，为什么不给自己一次机会呢？这句话，让她豁然开朗，是呀，有舍才有得。投出的简历在一个月后给她带来了回音：面试，接着是被录用的消息。自此，她迈进了五兴图书广场的大门。

进公司半年以后，高丽莉被提拔做了办公室主任，工作更多了，她接手以后，事事处处管理得井井有条。又是半年以后，做了常务副总。她印象最深的，就是集团领导们对她的传帮带。鼓励她自己作决定，告诉她，如果错了，就当交了学费，"因为我们相信你的人品"。这样的支持让她多了底气，可以放手去做认为对书店有益的决定。一路走来，从青涩稚嫩到成熟稳重、独当一面，她说，她是来到了一个大家庭，最初集团的领导给她把控着大方向，却不会干涉具体细节，这让她迅速成长起来。三四个月以后，她就懂得掌控全局、权衡利弊，作正确的决定了。

对于一个民营企业来说，领导者的文化就是整个企业的文化，领导者的眼光就是整个企业的氛围。高丽莉把书店管理成了一个颇富凝聚力的集体，直到现在，60多个工作人员中，还有20多人是书店初创时就在这里工作的。她们之所以选择坚持和坚守，更多的，是喜欢这里愉悦的工作环境。

一个年轻女孩，才29岁，却要管理60人的团队。对任何人来说，都是一个难题。高丽莉却说，制度是冷冰冰的规矩，但人是有温度的，而这种带有女性独特意义的温度，是她与多数管理者不同的地方。现在书店的中层管理人员有13人，其中8人是从基层提上来的，也都是她生活中的兄弟姐妹。她希望大家知道，只要做得好，每个人都有希望奔向更高的目标，可以创造属于自己更大的价值。她的管理理念，给大家提供了一个更好地展示自己的平台。

因为爱书，才能以书为业无怨无悔

五兴集团涉猎多个行业，从房地产、物业、书城、居饰商场到餐饮。作为五兴集团的一位得力干将，高丽莉并不是没有其他选择，可她一直固守在书店，面对外界各种行业的诱惑，初心不改，默默坚守。

这一方面是因为得到了老板和公司的认可与器重，另一方面是自己愿意与书打交道。

小时候，她就是个品学兼优的孩子，受父亲影响，书籍一直是她的最爱。后来在部队大院生活，让她从小养成了严谨奋进的性情。不论策划任何活动，她都全力以赴，考虑周全，连一星半点的小细节也不放过。小到一个书袋里标签的位置，她都要自己把关。

2012年五兴图书广场通过竞争，拿到了秦皇岛移动公司为大客户每人送一本书的业务。从订书、加工书、快递、打包到邮寄，都由书店完成。白天要营业，这些工作留在晚上进行，这是全员参与的，每天都要留下一部分员工来做腰封和书签——上边有移动公司的LOGO。这项工作足足做了两个月，每天都要工作到晚上十点多。有一次，一名新员工把书签插得有些歪斜，负责最后一道工序审核的老员工指着那一大捆书说："重新做吧，要是高姐在，也过不了。"从这句话中不难看出，高丽莉的严要求已经渗透到工作的方方面面，不论她在与不在，大家都能够以她的标准来严格要求自己。

高丽莉说，这不是对员工的苛刻，是对顾客负责。用心，才能把事情做好。当时的移动用户，遍及市内市外四县三区以及偏远的农村，有些地方，快递是不给送货的。她们就把书打包好，去邮局投递，最后确保好几千册书无一例外地送到了每一位客户手中。汗水不会白流，辛苦多日之后，换来的是客户的盛赞。

不论什么事情，她都和大家一起，从来不会高高在上地指挥，她说："作为领导者，有了好处要舍要让，但有了脏活累活要带着大家一起上，这不是我做得更好，其实论业务，我们的员工个个都是好手儿，领导跟着干点儿活，是心气儿的事。"她不只是和大家工作在一起，员工的生日、书店的店庆日、各个传统节日，她都会制造一些小惊喜来活跃团队氛围。她认为，哪怕是一个红包，也是一份祝福与问候。礼轻情义重，真心换真情，她把每一位员工都视同亲人，换回的是更多的关爱。偶尔有个头疼脑热的，大家都会嘘寒问暖，特别关心她。她们这个团队不只得到了集团的认可，而且社会效益好。

高丽莉应该为这份成绩单骄傲，因为这每一分收获，都与她的努力分不开。

因为爱书，坚定方向从不轻言放弃

12年时间，五兴图书广场已经成为地处城市中央黄金商圈里一座具有独特文化意义的坐标，也成为这个城市里与国营、公立书店相映生辉的最具人文价值的民营书店。很多人已经习惯了在逛商场、看电影、泡歌厅或餐饮娱乐之余，到书店里坐一坐。嗅嗅书香，读读美文，让精神放松一下，洗礼一次，是令人惬意的事。五兴于他们，不是一间书店，更像是体现生活品位与质量的一个落脚点。

高丽莉通过书，结识了很多朋友，也有更多的人，在高丽莉这里，感受着老牌传统书店的魅力。一个电话，一个短信，一次问询，都会得到满意的回复。每周更新的书籍排行榜，也指引着人们对于书的理性选择。高丽莉让五兴既提供产品，也提供服务。她是大家眼中的送书人，也是大家眼中的传承者。

近些年来，网络的发展，让碎片化阅读成为主流阅读形式，而各种网络售书平台如雨后春笋般出现，给实体书店带来不小的冲击。很多书店倒闭，很多书店经营已改弦易张，而这一切，让年轻的高丽莉难免被触动。

　　"我不会改变，我还会坚持。"高丽莉说。她并没有急于改变，她说，什么事情都可以稍微沉淀下，才能把每一步走稳。虽说创造效益是第一位的，但改变思路才是必然的事。

　　与网络平台相比，实体书店面对团购客户可以提供上门服务，就是最大的优势。于是，从2012年开始，她将目标从零售转向了团购。保持零售，重点抓团购。她们在图书深加工方面提供了更优质的服务外包，这项工作面向各机关单位的图书室，从订书到按《中国图书馆分类法》分类，"做最专业的行业导购员"，是她们的口号。

　　国家提倡全民阅读，这让高丽莉看到了新的利润点。2017年，她开始做微信售书平台，大家可以在微商城下订单，书店提供免费送书服务，这样一来，实体书店可以完成同城同一天送达的目标。在线下，她还决定配套完成自助购书方式，这样，更受年轻人喜欢。

　　高丽莉和五兴图书广场还做了许多有益的线下读书活动，这些深度服务，更有利于稳定中层顾客群。比如她们提供的专业沙龙就很有特色，这些沙龙涉及"投资理财""烘焙""生活常识"等多个方面。她们还在暑假期间为孩子们提供了"每天阅读半小时"活动，让孩子们在每天的阅读中潜移默化地记住了《弟子规》以及《小学生必背古诗词》中的内容。在参与活动的两名员工的带动下，孩子们还学会了汉字拼写、成语接龙，以及口算题。有些来参加活动的孩子带来了小伙伴，有的是和家长一起来的，无疑，这让更多人走进了书店。

郭强：他把云南的美食带到了秦皇岛

66

◎郭强，秦皇岛元鼎餐饮有限公司创始人，总经理。毕业于天津商业大学酒店管理专业。曾于北辰集团秦皇岛北辰度假村任部门经理等职；后进入世界五百强企业百胜餐饮集团，担任肯德基城市运营经理，为秦皇岛较早的一批餐饮行业职业经理人。2011年创办元鼎餐饮有限公司，成为将云南美食引进秦皇岛的第一人。2021年当选为秦皇岛市第十四届政协委员。

云南，一提起这两个字，就让人产生无数的遐想。

丽江的浪漫，大理的秀美，昆明的妩媚，西双版纳的风情，腾冲瑞丽的神秘，云南的自然风光吸引着全国各地的游客，云南独特的民俗文化也是中国少数民族文化的精华。

然而，云南除了山水、民俗，还有美食，也一样是中华文化的瑰宝。每一道美食里，既有浓郁的地方特色，也蕴含着深厚的文化内涵。

有人醉心于云南的自然风光，有人沉醉于云南的民族风情，但也有人痴迷于云南的美食文化，并立志要把自己所爱的"移接"到家乡，让云南美食在这里发扬光大。

郭强，就是这个痴迷于云南美食文化的人。而这种痴迷，也让他完成了一个转变：从一个餐饮业达人，变成了一个传递文化的使者。

三十岁，他成了当地肯德基的当家人

1991年，郭强从天津商业大学毕业，因为学的是酒店管理专业，毕业后带着国家干部指标分配到北辰实业集团公司秦皇岛亚运村接待处。

北辰实业集团公司成立于1990年8月8日，其前身就是第十一届亚运会运动员村服务中心。因为第十一届亚运会的帆船锦标赛等赛事的分会场在秦皇岛，所以在当地也成立了秦皇岛亚运村接待处。

郭强在亚运村接待处里，接触到了真正的酒店管理专业。他从酒吧工作开始，做过调酒师，后来又进入了娱乐部，当过娱乐部的副经理。

郭强说："我当时只有19岁，因为上学时跳过级，所以毕业时特别年轻，但比较幸运，早早地进入了酒店工作，学习了不少知识。"

但这种幸运并没有持续太长时间，亚运会结束后，接待处转型成为专营的酒店，一度辉煌不再，很多人失去了身份，开始选择了离岗创业，郭强也开始动心了。

是留下来继续吃老本，从事过去轻车熟路的工作，还是自谋发展？选择摆在了郭强的眼前。

2001年，秦皇岛第一家肯德基上市了，开始招聘管理人员。对这个著名的快餐连锁企业，郭强早有耳闻。1987年肯德基进入中国后，十几年间，以规范化管理、标准化服务、连锁式销售风靡一时，开创了中国餐饮行业的新时代。如今这家企业也要入驻秦皇岛了，郭强觉得，对自己来说，这是一个好机会。

抱着试试看的想法，他去应聘了。因为过去的工作资历，应聘很顺利，28岁的郭强成为当地肯德基快餐业的第一代管理者。但肯德基要求所有人必须从最基层做起，所以郭强虽然应聘的是店长助理，但也得从服务生做起，包括打扫厕所、端盘子、收款等等，他们还要去天津学习深造，亲眼见到了传说中肯德基厚厚几大本的管理规范。

"肯德基这段日子对我非常重要。"郭强回忆说，"这是标准的美式管理体系，当时在世界范围内都是很先进的，我在里面主要学到了全新的管理思维、行为习惯，这些是在亚运村没有学过的。"

从2001年进入肯德基开始，郭强用了两年的时间，从店长助理做到餐厅经理，又用了四年的时间，做到区域经理，对天津、唐山、秦皇岛等几个地区各个店面进行一线运营管理。

2007年、2008年两年，对郭强来说是值得骄傲的两年，在肯德基开展的区域经理教练培训活动中，他连续两年都当选了全国最佳教练。其间，津、晋、蒙、宁、冀地区一共只出现过两个全国最佳，他就是其中一个。

从28岁进入肯德基开始，七年的时间，郭强在肯德基标准化培训的训练下，完成了从一个基层餐饮工作者向职业经理人的转变。

走进云南，他找到了创业的方向

2008 年，郭强再次面临事业的瓶颈，肯德基的发展已经进入了固化、稳定的状态，不再有新的突破空间，而因工作需要，他又面临举家搬迁上海的选择。

"我当时常住天津，当区域经理，去上海发展，有点放不下家里。更重要的原因，是那边的发展通道太明朗，未来太清楚，我的价值体系也快要到头了。"

像武侠小说中一个人身怀绝技后，必然要挑战新的对手一样，郭强最终还是放弃了肯德基优厚的待遇，而选择了更为艰难的自主创业。他依然从自己最熟悉的餐饮业入手，去了大连一家准备上市的民营企业，继续做快餐业的经理。

2011 年，37 岁的郭强告别了大连，终于决定回来创业。这次回来，他对餐饮营销有了新的观念：要么做第一，要么做唯一，一定要避开行业之间的同质化竞争。

他回来时带来了一个新项目——斑鱼火锅。

斑鱼产于云南等南方地区，其肉质细腻，肉味鲜美，刺少肉多，富含高蛋白，营养价值极高，熬制成汤后，更是鲜甜去腥，在我国南方地区被视为病后康复和体虚者的滋补珍品。郭强在大连时，发现这一产品特别受欢迎。经过深度考察后，他觉得这是一个很好的项目。

他决定引进这个项目，开秦皇岛第一个斑鱼火锅店。因为按照行业规律，在大连、青岛这些二线发展城市比较火爆的食品，往往在一个时期内传到秦皇岛时，会产生病毒般的复制效应。

2011 年，元鼎斑鱼庄正式开业，这是秦皇岛第一家以斑鱼为主打的火锅店，也是郭强在多年的职业经理人生涯之后，转型自己做老板的第一个产业。但在当时，他还没有主打云南元素的想法，而产生这些想法，是他在去了云南考察之后。

因为这些食材的源头在云南的丽江，郭强开始频繁前往云南，寻找新鲜食材。在多次前往云南的过程中，他渐渐地爱上了云南的自然风光、风土人情，也让自己从餐饮业的需求，开始转向了文化的需求。

一个传播健康与原生态的人

郭强给自己的定位是："我是这里第一个把纯正的云南食材和品类带入秦皇岛的人，也开了把云南文化植入进来的第一家饭店。我们一直在追求健康、原生态的食品。"

他有这个自信，不仅是因为他带回来的食材都是云南当地的特产，更重要的是，他带回来的，还有当地的人和文化。

一年间，郭强七次去往云南。和普通游客不一样，他去的不是风景名胜区，而是

少数民族最原始、古朴的村落，因为只有在这里，才有民间最纯朴的美食、最原生态的文化。

"我去了沧源，那里是傣族、佤族的聚集区，他们的食物完全是自然的、野生的，而这里的人，特别纯朴，和北方人差异极大。"

文化差异，让郭强对云南的食品，更对少数民族的风俗产生了极大的兴趣，而少数民族聚集区的贫穷、落后和远离文明，也让他深感震惊。

他回忆起一次吃饭的经历。他们在一个当地人家中用餐，当地人用树枝支起一个锅，下面烧柴火，锅里有一只鸡还有饭、野菜，混在一起煮。据说，这是当地人招待最尊贵客人才吃的饭。他后来把这道菜引进过来，叫鸡肉烂饭。

他也曾经住在当地人的家中，看见一家几口人都挤在一起，只有一张床，地上还铺了个席子。作为客人，他们把床让给了他，其他人都睡在地板的席子上，夜半的时候，外面的风呼呼吹进来，把稀薄的窗子都要打烂了。

优美的自然风光，健康的原生态食品，让郭强更加难忘的还有当地人的纯朴和善良，他们爱说爱唱，能歌善舞，乐观向上，这促使了他对餐饮业进行重新的定位。

"我开始探索把当地的民族文化、民俗民风移到这里来，我们不仅是做一种餐饮，更应该是传递一种文化形式，不仅做餐饮业，还要做餐饮娱乐业。"

于是，郭强开始和当地的旅游、艺术院校合作，把有艺术表演才能的学生引进到秦皇岛来，招聘为自己的员工。而他自己，则更加频繁地来往于秦皇岛、云南两地，这次他带回来的不仅是云南的食材，还有更多的具有文化符号的器物——桌椅、摆件、书画、饰物、炊具、碗碟、生活用品……

佤族员工成为秦皇岛餐饮业一道风景线

似乎是一夜之间，几十个来自云南大山深处的佤族、傣族、白族等少数民族的青年男女们，开始在元鼎斑鱼庄出现了，他们穿上具有风情的服装，跳起了少数民族的舞蹈，唱起了当地方言的民歌，他们的到来，像一道清风吹过，把云南的风情移植到了港城……

更多人们没见过的云南原生态的食材也进入了人们的视野，这些没有添加剂、防腐剂的食物，带着一股山野风和土腥味，和当地过来的人一样，注重的是原生态，传达的也是养生、健康的理念……

元鼎斑鱼庄一连开了四家，斑鱼的美味口口相传，成了当地一个颇具特色的食品；郭强又去了宝山，开发、引进了当地特别流行的火瓢牛肉，这道食品是当年马帮经过茶马古道时创造出来的，他想借用这道食品，恢复茶马古道流传已久的饮食文化，也让人们重温茶马古道的历史……

对郭强来说，最让他骄傲的不仅仅是连续开了六七家云南特色的连锁店，而是在这个过程中，给自己赋予了文化使者的身份。

"我们现在有 60 多名在职的佤族员工，在公司工作的佤族员工累计已经达到了 200 多人。这些员工，多数来自贫困的山区，可是在我这里，他们能有比较好的收入，有些还在当地安家立业、买房买车、结婚生子了。他们中的有些人，回到老家，还被当成了大款。"

与云南原住民在一起工作、生活，郭强充分尊重他们的习惯，每当到他们的节日，都要与他们一起狂欢、祭祀，后来他把这些节日庆典活动也引进了饭店里，让更多用餐的当地人了解这些民俗，并参与互动，推出后很受欢迎。

郭强更把这些少数民族员工的培训、成长作为自己的责任。他与当地的旅游、餐饮专业院校进行了合作，由自己亲自主讲餐饮培训课程，通过把课程开到学校里，定向招生，培养专业的人才。

能够改变少数民族员工的家庭状况，是一件令人欣喜的善事，但郭强更注重的是通过与他们的接触，实行汉民族的文明与教化。他曾经制定过一项制度，要求员工必须每个月给家里寄钱，到年底统计核查后，给家里寄得最多的，年度再奖励三千块钱。而对于在职三个月以上的员工，除正常薪酬外，公司还额外发放给他们的父母二百元钱。他想通过这些手段来教育所有的员工，尽孝是人的本分。

如今，无论是走进元鼎斑鱼庄还是火瓢牛肉，在郭强旗下的所有企业里，每一个角落，每一处细节，均可见到云南的地域特色与风情。云南菜，云南人，云南的各种文化符号，体现了郭强的审美情趣，也传递着一个人的文化情结。

张伟 张军：用软枣猕猴桃开创致富路

（图为张军）

◎张伟，秦皇岛正朴农业开发有限公司经理，2014 年与弟弟张军一起返乡创业
种植软枣猕猴桃。2017 年 9 月种植的软枣猕猴桃获得了京津冀果王争霸赛金奖，
2020 年张军荣获河北省最美农民工和全国优秀农民工荣誉称号。

67

　　两个土生土长的卢龙兄弟，为了一个心仪已久的农产品项目，毅然辞去了稳定的工作回到家乡创业，他们在这片土地上投入了六年的时光，终于开花结果。如今，在他们的庄园里，茂密的藤干与藤蔓爬满了棚架，花生大小的软枣猕猴桃成串地吊在藤叉上青涩待熟。

　　近日，两位回乡创业的兄弟——卢龙县张田各庄村的张伟、张军种植软枣猕猴桃的事迹，经当地媒体报道后，又被学习强国刊发。几年的努力，终于得到了人们的认可，在他们的眼前，一条康庄大道就在脚下，宽广无限。

离开舒适的环境，回家乡创业

　　张伟曾在河北供销学校学习市场营销专业，毕业后，给企业打工，一直做各种饲料的营销工作，走南闯北，增长了不少见识。弟弟张军则在市里一家企业打工。兄弟俩人的收入都不错，好的时候，张伟一年能拿到七八万块钱，张军也能拿到四万块钱左右。

　　稳定的工作和收入，却没有削减兄弟俩对家乡的眷恋。近年来，随着国家农业产业结构调整政策的不断深入，多元化种植产业日渐兴起，有着多年农资产品销售经验的张伟觉得种植产业的春风已经吹来，而自己老家有田有地，可以搞出一些名堂来。

多年的销售经历,让张伟认识了不少朋友。他曾想过种植蓝莓等果品,但通过朋友的介绍,他听说了丹东有将野生软枣猕猴桃树木成功改良进行家庭种植的事例,本身就喜欢吃猕猴桃的张伟,对于外壳光滑无毛的软枣猕猴桃很感兴趣,觉得这是一个致富良机。

但当时卢龙并没有种植这种果品的先例,只能上网查询证实,但远水解不了近渴,为此,张伟派刚辞职的弟弟张军率先去丹东考察。张军回来时,带回了一盒软枣猕猴桃。

提起猕猴桃,大家都会联想到外表土褐色带有密密麻麻果毛的猕猴桃,但其实这种水果还有不同种类,软枣猕猴桃与猕猴桃属于"近亲",含有丰富的维 C、多糖、黄酮、叶酸、氨基酸、膳食纤维等营养成分,果皮光滑无毛,类似葡萄,可连皮食用。在国外,软枣猕猴桃被称为奇异莓,由于营养价值高,售价达每斤 100 元。

张军介绍说,丹东宽甸已经成立了软枣猕猴桃协会,并和吉林特产研究所共同研究搞农业科研,说明软枣猕猴桃种植技术在当地已经相当成熟了。

品尝到原汁原味的野生软枣猕猴后,张伟觉得味道非常好,并且认为这里面有很多可挖掘的商机,它既可以直接食用,还可以深加工,做酒、饮料,提取里面的维 C 等做保健品等,于是他连夜买了车票,与弟弟张军再次前往丹东实地考察,探讨合作的可行性。

这次考察后,发现丹东与卢龙同属北方地区,卢龙又具有种植软枣猕猴桃的弱酸性土壤,气候温度又适宜,哥俩决定引进品种进行培育。而这需要投入全部的精力和时间,权衡之下,张伟毅然决定,辞去工作,重返家乡创业。

做卢龙县第一个吃"螃蟹"的人

这种新型的果品,当时在卢龙县还没有种植的先例。为了让产业规模化,他们承包了几十亩地,成立了正朴农业开发有限公司,开始软枣猕猴桃种植、品种选育和苗木销售,包括早红蜜、龙成 2 号、大红袍、红贝等多个软枣猕猴桃品种。

卢龙被称为"甘薯之乡",种植业一直非常发达,玉米、红薯、小麦这些基本农作物从未缺少,但张伟认为,在多元化种植中,家乡更需要种植一些精品、特色农产品。虽然资金短缺,但张伟兄弟在没有退路的情况下背水一战,开始了艰难的创业之路。

从丹东将品种引育来了,技术也都学了,然后就是栽苗、搭棚、授粉、施肥,哥俩甚至在果棚旁边建了一个简易小屋,吃住在那里,便于每天观察记录。树藤喜阴,但要保持干燥,叶片又喜阳光雨露,株距 2 米左右最合适……他们看着树苗成长,也研究总结着树苗的特点和喜好。

一次次的育苗失败，没有动摇他们的决心，在哥俩的努力下，软枣猕猴桃终于扎下根来，一个新品种在这片土地上诞生了，它长势良好，并开始迎来了丰收，而张氏兄弟，也终于走出了一条不一样的路。

2017年，秦皇岛市林业局选取正朴农业果实饱满、光感诱人的软枣猕猴桃产品参加了"红石沟杯"京津冀果王争霸赛，最终以金奖的成绩获得了河北省林业厅颁发的证书和奖杯；2018年，在河北首届软枣猕猴桃品尝观摩大会上，参与品尝的各界人士对来自正朴农业的软枣猕猴桃发出了赞叹之声。他们认为这个农产品"非常好吃，酸甜可口，果香浓郁！"

2018年，哥俩又从杜庄租下6亩地做采摘园，这样如果市区的朋友想吃，可以去现场直接采摘，既新鲜又方便。目前他们的种植和育苗面积已经从最初的不到10亩发展为50亩。

他们想带动更多的农户致富

"这是非常好的农业项目，1亩地的收入顶种10亩玉米。目前掌握这项种植技术的人还不多，所以我们想带动周边老百姓一起发展这个产业，一起致富。"张伟、张军哥俩这样说。他们也开始大力推广软枣猕猴桃种植项目，并进行育苗、栽植管理培训和售后技术支持。有一个山海关的张姓农户，以前种植苹果树，2017年从哥俩的农场买了60棵软枣猕猴桃树苗，去年结果后，以30元一斤的价格卖出，收益不少，这可乐坏了他，于是今年又介绍四五个果农过来买苗。

在推广项目过程中，哥俩对农户们实心实意，讲究诚信经营。2018年开春，承德有个农户跟他们订了树苗，由于当地气温低没法种植，农户迟迟没有取苗，而育好的树苗在储苗冷库中放置时间过长死掉了，但是表面看上去完好，哥俩虽然很心疼，但还是把死苗全部拔掉了，这一次让他们损失了10多万元。

在记者进行采访时，正好有一个人过来买苗，在聊天中得知，卢龙县前上庄村、郝田各庄村、万庄村等周边的十多个村都从哥俩这儿买了软枣猕猴桃树苗，开始了大面积种植。

卖苗后，张伟兄弟免费对农户进行技术指导，小问题就从微信视频上进行说明解释，涉及修剪果树或病虫害防治等技术问题，他们就开车去农户家里，哪怕是抚宁、唐山或再远的地方，他们也会驱车前往，不收任何报酬。

植根农业，回报家乡，走多元化种植的产业化之路，这是张伟、张军哥俩的心愿，在这条致富路上，他们信心十足，也坚信未来可期。

单亚军：驾驶着秦皇岛号走向世界

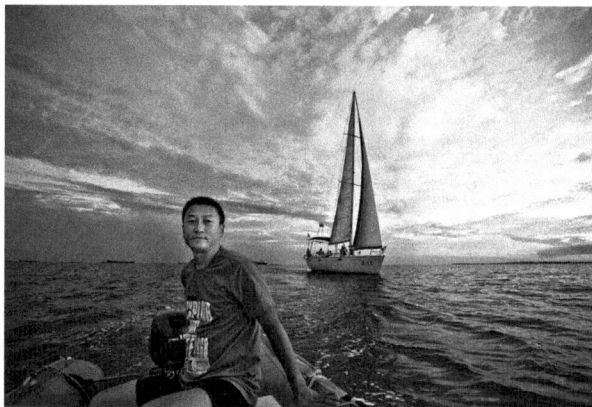

68 ◎单亚军，户外极限运动达人，拥有汽车驾驶执照、帆船执照、航空执照、潜水执照等；2012年、2020年两次开帆船由秦皇岛至三亚及西沙群岛的航海，两次由秦皇岛至日本航海，一次由秦皇岛至青岛参加帆船赛，并环航东南亚沿海。参加过多项"7+2"的极限挑战活动：去过南极大陆，到达南极点，登过大洋洲最高峰查亚峰和南美洲最高峰阿空加瓜峰。

阳光，大海，帆船，来过秦皇岛的人，经常会在这个城市的各种 LOGO 和宣传画上看见这三种事物。

单亚军很幸运，因为在他的生活中同时拥有这三件东西：生于海边，沐浴阳光，驾驶帆船，这是很多人的梦想，如今一一实现了。这不仅让他最深度地融于这个城市，也让他的生活里充满了阳光与希望。

捕风的汉子

单亚军是秦皇岛户外极限运动的传奇人物。他是秦皇岛第一个同时拥有飞行驾照、自由潜水和水肺潜水执照、游艇帆船驾照三项执照的人，越野穿越、飞行上天、潜水入海、驾船远航、骑行攀山、马拉松长跑，这些运动他一项不落、个个精通。在"7+2"的极限运动中，他完成了其中最难的三项，他曾攀登过查亚峰和阿空加瓜高峰，到达了南极点，还自驾行驶了全中国百分之八十五的公路，自助游了世界上二十几个国家。

这是一个"玩"心很大的人，也是一个敢"玩"会"玩"，为了"玩"不惜代价的

人。在这"玩"心的背后，其实是一个人对于生活的热爱和永远向前、不肯停留的生活态度。

作为土生土长的秦皇岛人，单亚军从小在北戴河的海边长大，后来从事过汽车维修、服务、销售等工作，对汽车的热爱，成为他最初"玩"的动力，他曾自驾房车出游，由玩车开始，一步步成了极限运动爱好者。

这些极具挑战性的运动项目，造就了单亚军坚韧的性格和强健的体魄，在各种极限运动中，单亚军对海上运动情有独钟。

他从小就在海边长大，大海的壮美与神秘，海洋深处那未知的世界，让他年少的心灵有过无限憧憬与幻想。他曾攀越过无数高山，也想过要征服大海，为此考取了潜水执照，多次深入海洋深处探寻秘密，还曾玩过摩托艇、快艇，在速度中享受海浪的激情。

然而，这些运动都没有让他真正地与大海融合，直至一个偶然的机会，当他拥有了一艘帆船时，才让他真正地接近了大海，成了在海上捕风的人。

踏浪的勇士

2011 年，单亚军得知了一个消息，一位日本船东在出售一艘专业性很强的帆船。

这艘帆船于 1989 年在法国建造，船长 43 英尺、宽 4.5 米、重达 12 吨，属重型航海帆船。舱内有 4 间卧室、两个卫生间及一体的客厅、厨房，液化气、灶具等生活用品一应俱全。最重要的是，这是一艘巡航式的帆船，可以完成出海远行的梦想。

拥有它，驾驶它，成为单亚军征服大海的动力。11 月 28 日，在与日本船东接触达成共识后，单亚军与两个朋友乘飞机抵达日本名古屋提船。办理相关手续后，12 月 2 日，三人驾船从名古屋三重县鸟羽市港出发，随后由于遇到恶劣天气，不得不到日本福冈市博多港避风。12 月 17 日，启航返回国内，后在江苏省盐城射阳港避风停靠。19 日早出发，两天后抵达山东威海，24 日出发后于次日回到了秦皇岛。

在海上航行 20 多天，先后途经太平洋、日本内海、横跨日本海、黄海、渤海。其间多次遇到恶劣天气，最大为 10 级风，浪高达 5 米多，由于需要两人分工掌舵、瞭望，他们最长 30 多个小时不能睡觉，三天吃两顿饭。在秦皇岛历史上，个人完成如此长的航行还从未有过。

返航后，单亚军将这艘船命名为"秦皇岛"号，以纪念自己的家乡。

为了更好地驾驶帆船，单亚军曾多次前往青岛进行学习，并自学了修船的技术，因为"秦皇岛号"在日本时年久未使用，有很多仪器设备陈旧，也缺少适合远洋的设备，甚至连绳索、帆都已经老化，回来之后，他自己动手进行维修、保养、更换，虽然辛苦，但也学习了很多修船的知识。

2012 年 8 月 15 日，单亚军驾驶着"秦皇岛号"前往青岛，参加威海·青岛国际帆船拉力赛，这是秦皇岛历史上第一次个人驾船参加正式的帆船比赛，在大赛的欢迎宴会上，中帆协主席、国家体育总局副局长王军听说秦皇岛也有了自己的帆船，非常高兴，并留下了"星星之火，可以燎原"的寄望，这对单亚军来说，是一个很大的鼓舞。

让秦皇岛号走向世界

2011 年以来，单亚军驾驶着"秦皇岛"号，和他的朋友们走遍了中国的各个海域。一次次的乘船远行，不仅完成了个人遨游大海的梦想，还把"秦皇岛"的名字带到了祖国各地。

他曾乘船远行，前往三亚，又从三亚去往中国最美的海峡——西沙群岛，创造了秦皇岛历史上最长的一次帆船远行纪录，他也曾与著名航海者翟墨等人一道，率领"秦皇岛号"帆船前往韩国、日本，完成"重走海上丝绸之路"的壮举。他们从秦皇岛启航，穿越渤海、黄海、东海、北太平洋等海域，途经韩国仁川、济州、釜山，最终抵达日本福冈，串联起整个海上丝路东线沿线国家和地区的文化交流纽带。

航海中也遇到过危险，曾经有过渔网缠舵、缠住螺旋桨而不得不停泊的困难，甚至有一次都出动了直升机救援。但一次次的化险为夷，不是因为幸运，而靠的是严格执行操作规程，做好各项安全防控。这也是参与任何极限运动都必须做好的准备。

单亚军的潜水本领也在驾船中得到了很好的应用，渔网缠绕时，他也经常下海，亲自解决这些困难。

"极限运动不是冒险，而要靠严格的规范和自律，航海中什么情况都可能发生，安全永远是第一位的。"单亚军说。

单亚军的帆船不仅仅是个人游玩的工具，也永远向所有喜欢航海的人敞开，多年来，不知有多少人上过他的船，领略了大海的美。他坚持不驾船进行商业用途，只用于推广秦皇岛的帆船运动，帆船主帆和船舷两侧都印上了"秦皇岛"字样，出航时有时还要贴上旅游标识和宣传口号，他力争把这座大帆船打造成秦皇岛的流动宣传站。

作为秦皇岛市海港区的一位政协委员，单亚军也多次通过提案、建议的方式，为帆船运动鼓与呼，他认为，秦皇岛有得天独厚的资源优势，希望通过发展秦皇岛帆船游艇项目，能推动旅游经济和体育运动的发展，他真诚地希望秦皇岛的帆船能再多一点，海上运动项目与交流能再多一点。

进入 2020 年以来，单亚军有一个宏伟的梦想。他计划于 11 月份完成环东南亚（东

北亚）航海的壮举，行程途径我国台湾、香港地区，以及越南、柬埔寨、泰国、新加坡、马来西亚、印度尼西亚、菲律宾等国家，预计用时 6 个月。将完成秦皇岛历史前所未有的一个壮举，也是"秦皇岛"号开始环球之旅、走向世界的开端。

提及这次活动的初衷，他说："我不想做惊天动地的事，只想让大家在秦皇岛号上玩得开心，感受生活的美！"

截至本文完成时，新华社记者根据"精彩秦皇岛人"提供的线索，也采访了单亚军，并以《带着家乡环游世界》为题发表了对他的报道，如今，单亚军已经如期踏上了东南亚海上航行之旅，并即将结束航程，他说："一次次乘船远行，不仅完成了个人遨游大海的梦想，还把家乡秦皇岛的名字带到了各地，特别有意义。"

冯晓娜：抗疫勇士们的守护者

69

◎冯晓娜，供职于河北省地矿局第八地质大队。现任宝地、秦地公司专职副书记，海秦酒店总经理，任职酒店总经理 12 年，曾获得绿色酒店评选先进个人称号，2015 年度带领酒店荣获秦皇岛市总工会十佳女职工标兵岗，2018 年度荣获秦皇岛市总工会颁发的五一巾帼建功标兵岗等荣誉。

2020 年 4 月 10 日，秦皇岛市第三医院为海秦酒店进行最后一次病毒消杀处理，这意味着这家酒店已经圆满完成了疫情期间担任隔离酒店的任务，所有的工作人员终于可以松一口气了。

总经理冯晓娜说："我的心终于落地，这颗心悬了三个月之久。"

虽然还不能完全放松，但海秦酒店已经光荣地完成了职责，在这 3 个月期间，未出现一例传染，工作没有任何纰漏，这位总经理心头的重担终于卸下了。

年轻的总经理，再一次见证了历史的重演。17 年前，她所在的海秦酒店（原名秦海酒店）因接待过一名"非典"患者而被隔离 14 天，那时她就在现场，作为一名管理者，危险近在咫尺；17 年后，已担任酒店总经理的她，又一次靠近危险，站在了抗击新冠肺炎疫情的第一线，承担起医护人员的后勤保障服务工作。

海秦酒店，与秦皇岛市第三医院仅百米之遥。市第三医院是秦皇岛市抗击新冠肺炎疫情的定点医院，承担着确诊病例和疑似病例的救治工作，以及所有发热病人的治疗、留观等艰巨任务。自收治秦皇岛市第一例确诊病例至今，市第三医院的医护人员就再没回过家，市委市政府陆续安排了两三家酒店为医护人员提供住宿服务，但是随着诊疗方

案的改变和疫情的发展，三院开设了 6 个病区，投入 200 多名医护力量，再加上各县区前来支援的同行，总共有 250 多人的住宿问题需要解决。

而这些，就都落在了海秦酒店的肩上。海秦酒店隶属于河北省地矿局第八地质大队，队党委得知市三院医护人员住宿紧张的情况后，向市委市政府主动请缨，为全市抗击疫情提供保障服务。

虽未冲锋在一线，但酒店却提供了稳定的大后方，他们甘做行业逆行者。

"走在前，收在尾""兵马未动，粮草先行"，完善的后勤保障工作也成为打赢这场防疫战的关键一环。这天然的使命，也让冯晓娜与这场抗疫战争联系起来。

"尽快清空酒店，腾出房间给全市的医护人员使用！" 2 月 10 日上午，冯晓娜突然接到大队党委的指示，"海秦酒店要为奋战在一线的医护人员提供舒适的休息环境和贴心的日常服务！"

第八地质大队队长郭连军在部署工作时指出，要用温情服务医护人员，照顾好他们的起居生活，把酒店打造成医护人员火线上的"家"。接到指示的冯晓娜当即与市第三医院总务科科长李铁权取得联系。"万分感谢！给你们添麻烦了。房间越快越好，最好下午 5 点半之前能交接，我们这边有 100 来号人需要入住。"李铁权一见到冯晓娜，就急切地提出医院的需求。

看着李铁权疲惫而急迫的眼神，冯晓娜心里一阵刺痛，使命感一下子涌上心头。她看看表，已经是下午 1 点多，只有 4 个小时做准备，时间刻不容缓！她立即召集酒店中层开会，安排员工们制作了 210 张房卡，准备好 200 套布草，给房间清理消毒，检查房门锁和水电暖等设施……

大家紧锣密鼓地忙活了一下午，完成所有前期工作，提前半小时将房卡交到了医院管理员手中。接下来的担子更重了。要随时关注每个房间设施的正常运转，哪个房间马桶堵了，谁的房卡锁在房间忘了带，哪个房间需要补充物资……都需要他们及时处理。

大队成立防疫小组，除了为职工配齐体温计、口罩、防护用品、消毒液等之外，还排出 24 小时值班表并制定值班要求、每日体温监测表和交接物品流程，由包括郭连军在内的大队 8 名领导轮值带班，包括冯晓娜在内的酒店 28 名职工分班值守，而作为酒店总经理的冯晓娜每天都要到酒店巡守。

而在这期间，为了防止传染，酒店的值班人员与隔离的医护者基本不能见面，一至七楼都划给了医护人员，工作人员从后门进出，虽然不能像常人一样见面接触，但大家却仍能感受到共在一个集体、一个空间内的同袍之情。

平时穿的是职业的酒店工作服装，现在他们和医护人员一样，在进入房间时，都换成了厚厚的防护服，从远处看去，都分不清谁是谁。

"向医护人员致敬！""我们在你身边""望平安回家"……为减少人员接触，酒店在大堂设置了一个"物品交接处"，不间断提供方便面、矿泉水等物资供医护人员随时取用，职工们还把温馨的话语写在卡片上，传递着对医护人员的关爱和敬重，他们用实实在在的行动为一线医护人员排除后顾之忧。虽然他们见不到这些人的脸，但当听到一个个治愈患者出院的消息时，每位值守人员都欢呼雀跃备受鼓舞。

当李铁权在微信群里竖起大拇指说："也有你们的功劳！非常感谢你们！"时，冯晓娜和职工们的心里暖暖的，大家都为自己在国家危难时刻能尽一点绵薄之力而骄傲。

尽管得到了领导和医疗工作者的赞誉，然而冯晓娜肩上的压力与责任，却如同一座座大山，有时压得她都喘不过气来。

丈夫在青龙扶贫，要在一线坚守五年，大年初七，在家里待了没几天就返回贫困山区，只留下妻子和女儿在家中相依抗疫，在这期间，她都不敢告诉丈夫酒店并没有放假，而是在承接着如此艰巨的责任，怕丈夫担忧……

除负责海秦酒店外，她平时还负责着省局招待处的管理工作，每个月都要去省里，孩子没有人看管时，只能由同事帮着照看，有时还要住到朋友或同事家里，在疫情期间，这些工作也没有放下，她既要亲临一线负责防疫、隔离工作，还要用微信群遥控管理其他各项工作，肩挑两担，无一遗漏；两个年迈的需要照顾的老人，孩子，还有好几摊子的工作，她一个人奔走在这几条线中间……

冯晓娜说，在这些压力面前，她有过焦虑害怕，但又不敢也不能将这些情绪传给同事、家人、朋友、客户，常常夜不能寐，有的时候，做梦都会梦到身边有医护人员被传染了，大家都要隔离，她甚至一度觉得自己得了抑郁症……

冯晓娜曾用笔记录下坚守多天来的感受，包括压力、焦虑、恐惧，但见到全国上下众志成城的守望相助、医护人员义无反顾地负重前行和上级领导的关怀鼓励，所有的焦虑都变为了责任与使命，她也觉得，自己所做的，正是一名共产党员应有的担当，也是地矿人的精神。

如今，海秦酒店的火线之家圆满地完成了历史使命，在抗击疫情的日子里，他们也是英雄们的守护者。

冯晓娜说，在灾难面前，谁都不能独善其身！现在最大的愿望就是疫情过后，能够去隔壁"邻居"家串个门，亲自看望一下曾经守护过的这些逆行者们，在朝夕相处的几十天里，她只知道他们的名字，却没有看清过他们的脸。现在她最想看到的是，那一张张不再用口罩遮挡的、美丽的脸，然后给他们一个大大的拥抱，一起迎接美好的春天。

许国华：从农民、煤老板，到长城守护者

◎许国华，秦皇岛长谷口旅游开发有限公司董事长。2001 年，开发了板厂峪风景区。2010 年，该景区被评为"河北省风景名胜区"。他同时还十分关心长城文物的收集、整理，投资千万元办起了板厂峪长城文物展览馆，共藏有长城碑刻十余通，长城火铳数十件，长城生产、生活用具数百件。

70

今年 64 岁的许国华，原本是一个地地道道的农民，但因多年来致力于古长城等历史文物的保护、历史文化的发掘，让他的人生变得与众不同。

他主持开发了在秦皇岛颇有影响的自然长城博物馆——板厂峪景区，他是板厂峪长城砖窑群和世界唯一完整斑鬣狗化石的发现者之一，板厂峪村长城文物陈列室的建立者之一。为长城作出的贡献，以及这些轰动全国的发现，令许国华这位白手起家的农民，人生充满了传奇的色彩。

从贫困户到煤老板，他改变了人生的走向

板厂峪村地处深山老峪，地少人多。20 世纪七八十年代，全村人的生活非常贫困。当时全村 470 户人家中，仅 20 ～ 25 岁的男光棍就有 270 人之多。许国华从小在这里长大，老家留给他的第一个印象，就是贫穷。

年轻时的许国华做过木匠，赶过马车，当过售货员。为了早日摆脱贫困的生活，早在 1974 年，他就多方寻找对策，终于发现了村里的北山上有矾土，通过对矾土矿石的开发，他挣到了钱，走上了勤劳致富之路。

1980 年，26 岁的许国华在村里入股开煤窑，当时村里没有通电，全靠人力用绞盘从井口拉煤。3 年多过去了，始终没有见到煤，股东纷纷撤股，只剩下许国华一人维持。1984 年，因为没钱雇工人，他就带着媳妇李桂芳和两个儿子干活。挖煤最困难的时候，他们家连着 3 年都没有过年。

苦尽甘来，许国华的煤矿赶上了好时候。20 世纪 80 年代中期，他花 31200 元购买了一台罗马尼亚产的罗马吉普车为长谷煤矿跑煤炭生意。一直到 90 年代，许国华的煤矿迎来黄金发展期。鼎盛时，他有 7 座煤矿，每个煤矿 100 多人，板厂峪村和附近周边的村民 800 多人都在许国华的矿上工作。

有了钱之后，他在北京买了一辆切诺基牌汽车，花了 17.6 万元。听卖车的人说，他是第一个以个人名义拿现金提车的人，当年秦皇岛并没有私家车牌照，两年后这辆切诺基才办理上秦皇岛第一台私家车车牌。

2000 年以后，随着国家政策的调整，中、小煤矿关停并转，许国华的煤矿在范围之内，为许国华积攒人生第一笔财富的煤炭生意至此终结。他面临着生存的选择，又开始琢磨新的业务。

因为对于家乡的喜爱，他又想用赚的钱服务家乡，开发自己的家乡——板厂峪长城旅游景区。

发掘长城历史，以后就"吃"这碗饭

许国华认为，板厂峪具有天然的旅游资源，长城是其中的代表，此外还有古刹遗址、古塔、天然洞、岩洞和抗日战争时期中共青抚绥县委遗址等。他对板厂峪长城景区进行了全面考察，在朋友们的帮助下，决定投资开发这片宝地。

这一想法得到了市委、市政府领导同志的认同和支持，他和志同道合的朋友们开始走上了板厂峪景区的开发之路。

面对倒塌的长城，许国华决定自费包山、护林、修复长城。当时，全家人都反对他的决定，村民们也多有嘲讽之声。在周围人眼里，这是一个败家的想法，大量现金投入山林，迟迟得不到回报，谁会干这样的傻事。但许国华却没有放弃，和当年全家人一起挖煤矿一样，他愿意当这样的"傻子"。

许国华首先提出"要致富，先修路"的设想。2000 年以后，从驻操营镇北边河桥开始，他投资数百万元，主持修建至板厂峪村全长 4.8 里的水泥路，这条 5 米多宽的水泥路，从山沟一直通往板厂峪长城景区的门口，既是一条致富路，也是一条联结长城与城市的旅游"天路"。

在经营景区、努力开发的同时，许国华把他多年来对家乡的爱，用保护文物的形式充分地体现出来。在许国华保护的板厂峪景区范畴之内，保留有绵延25公里的明长城和67座敌楼，据《临榆县志》记载，这段长城始建于明洪武十四年（1381年），隆庆五年（1571年）戚继光任蓟镇总兵后，派中军门谭纶再次重修。这里的古长城地势险要，建筑雄伟，敌楼星罗棋布，最高敌楼修建在800多米高的山顶上。其中现存十几处长城界碑，在现存明长城中十分罕见。烽火烟墩与敌楼战台遥相呼应，全方位、多层次地展示了明长城军事防御体系独特的风貌。

自2000年夏天起，在开发保护的过程中，许国华发现了大量的石雷、石炮、石雷库和石雷石炮阵地，还先后发现明长城砖窑三处遗址。

板厂峪景区埋有大量长城砖窑的传说一直都有。这一切让许国华下定决心把砖窑找出来。2002年的冬天，许国华等人经过一冬的寻找，终于在板厂峪长城脚下的一面坡地发现了沉睡百年的砖窑群，这一新发现震动了全国。

沉睡的古迹让板厂峪声名鹊起

2008年，许国华又发现面积达4800平方米的陷马坑，每个坑的目测直径为1.5米，间距为1.1米，土坑内放置三角铁钉，用来防御马队的进攻。

这些发现更加坚定了许国华的信念，使他寻找文化遗迹的劲头更足了，并且有了一个想法：要把2000年以来在开发板厂峪搞旅游时发现的长城文物，以及地方民居生活物品收集、整理和保存积累起来，建立一间明长城文物的陈列室。

在当地文物工作者的支持与帮助下，这间占地约200平方米的文物陈列室终于建成了。这里面既有许国华搜集挖掘的文物，也有秦皇岛文物部门、长城爱好者们提供的展品。院内的一侧矗立着10余块戚继光率义乌兵修筑长城、守护长城的记事碑，另一侧的展棚下摆放着利用当地山上的石材凿刻的门当、户对、上马石、石炮、石锁、石雷等石器。

陈列室共分三个展室：一进屋的展室，在玻璃罩内陈列着震惊世界的亚欧大陆已灭绝的斑鬣狗躯体化石；左侧的展室陈列着板厂峪一带长城守护官兵作战时所用的火铳、爪勾、铁炮、石弹、石雷、火药匙、箭头等防御武器，以及铁锹、铁锄、青花碗、温酒壶、火盆、石臼、小刀、剪刀、穿心灯、棋子、笔墨盒等生活用具，还有刻有万历三年保河营造、万历十四年德州营造等字样的长城文字砖；右侧的展室陈列着板厂峪一带民用器物，有民国时期的民用瓷器、地契，婚礼单、老照片、马鞍等。这些器物的收集、整理和保存，均是许国华等爱护长城的人们的珍藏。

2006 年冬，许国华组织工人对古洞"灵仙洞"进行发掘，在此过程中，4 个缺失了下颌骨的不明兽头骨被刨了出来。头骨的牙齿粗大尖利，有的牙齿长四五厘米，用手轻轻擦拭，牙齿光洁白亮。许国华说："凭借直观，当时就可以断定出土的兽骨已是化石，年代也一定非常久远，于是赶紧给文物部门打了电话。"

村民有了许多猜想，甚至有人认为出土的是龙的头骨化石。灵仙洞发现不明"怪兽"头骨的消息不胫而走。这使得原本就有颇多传说的古洞，在村民眼中更添了几分神秘。2007 年 1 月 11 日，许国华与当地文物工作者携带着一些化石赶往北京，寻求帮助。很快，谜底就被中国科学院古脊椎动物与古人类研究所金昌柱教授揭开——这些动物头骨化石正是已在亚欧大陆灭绝的斑鬣狗化石，在我国第一次发现这么完整的斑鬣狗头骨化石。

这个发现极其重大，中科院为此立项。专家们纷纷赶来，随着发掘工作的陆续展开，到 2007 年，发现了 48 个斑鬣狗头骨化石，3 具完整的斑鬣狗躯体化石，这在国内乃至国外都是绝无仅有的，板厂峪的这个发现震惊了世界。

2010 年，以秦皇岛市板厂峪景区灵仙洞斑鬣狗化石研究为主题的"我国更新世斑鬣狗的骨骼形态与系统分类、演化研究"项目被国家自然科学基金委员会批准立项，连续3 年，中科院古脊椎动物与古人类研究所刘金毅博士主持灵仙洞斑鬣狗化石的系统性发掘研究工作，并展开了对整个柳江盆地古生物形态的实地考察。

明长城、峪长城砖窑群、世界唯一完整斑鬣狗化石、亿年火山口，这些历史遗留之所以能够近乎完美地呈现在板厂峪景区，得益于醇厚的乡风，更得益于许国华等建设者们，他们的付出催醒了沉睡已久的乡村旅游，用散落的文物唤醒了人们的文化意识，而许国华等人主动地寻找也在客观上给这些沉睡的古迹一个重见天日的机会。

寻根问祖话长城，促进河北浙江的交流

2009 年春，秦皇岛市抚宁县长城沿线发现大量古墓，考古学家通过考察这些古墓了解到，400 余年前的明隆庆年间，蓟镇总兵戚继光奉调北上，训练边军、修筑长城，随之北上的浙江义乌兵以生命和精神融入长城之中，戍守、修筑，扎根繁衍。在秦皇岛境内 374.5 公里的明长城沿线，就有 158 个自然村里有筑守长城的后裔聚居，对待祖先留下的基业，这些义乌兵后裔依然是倾力守护，世代传承。作为长城义乌兵后裔，祖辈口口相传的乡情令许国华致力于到浙江寻根、与同族交流，并由此衍生出感人的故事。

2012 年，一场大雨冲倒了板厂峪村 25 米明长城，显露出关于"三屯营当中军守备许大成"巡视长城的记事碑，经考证，"许大成"即"许大洪"。据浙江义乌市许宅村许氏家谱记载，明隆庆二年（1568 年）奉戚继光之命，许大洪带着两个儿子许伟继、许伟

纯来到板厂峪。许大洪在三屯营当中军守备，后调义院口任游击将军，镇守义院口关。经过严谨的推论，许国华为许宅村许氏 23 辈孙。

同年 8 月，许国华将多年收藏的义乌将士守城和筑城时使用的箭头、刀、剑、瓷碗、石雷、铁火铳等文物捐献给了义乌市博物馆。作为义乌兵后裔，许国华与板厂峪的长城后裔们，怀揣父亲坟头一抔土亲自前往浙江义乌寻根。他们来到浙江义乌许宅村祭奠先祖，跪在先祖面前，寻根追源，许国华自信守住了先祖留下的长城基业。

而他所做出的工作，也促进了义乌与秦皇岛长城后裔的联系与交流，他们一行人受到了义乌市政府领导的接见，也让义乌市许宅村与秦皇岛市板厂峪村结下了深厚的骨肉亲情。从浙江寻祖回来，许国华又在景区搞起了长城沿线义乌兵后裔祭祖仪式。

长城，把两个遥远的地方连接起来，寻根问祖的往来之间，则让长城文化穿越了时空，连起了今天。

而许国华，也由一个农民、煤老板，成长为一位土生土长的长城文保专家。他的工作得到了很多媒体的关注。2014 年，在许国华修复长城的过程中，法国第四频道的纪录片摄制组特意来到板厂峪取景拍摄长城的秘密，把长城介绍给异国他乡的人民。

2017 年 9 月，正值旅发大会召开之际，在海港区区委、区政府的主持下，由秦皇岛长城学会与部分专家学者共同建设的"板厂峪明长城博物馆"，正式向游人开放。而作为当年板厂峪长城的开发者，许国华坚信，长城这条盘旋在秦皇岛山水之间的龙，一定会飞得更高，飞得更远。

罗永安：用珍珠让人们记住秦皇岛

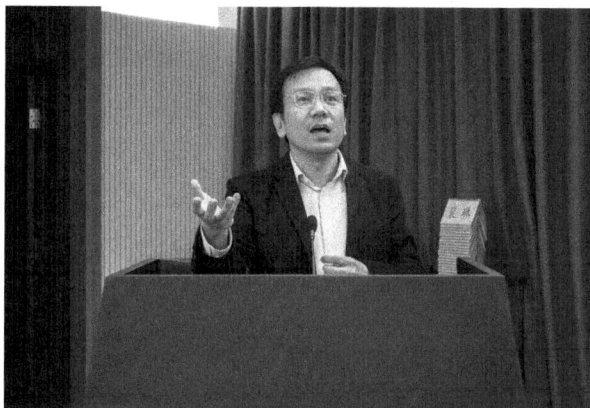

71

◎罗永安，湖南省邵东县人，燕山大学经济管理专业毕业，研究生学历，博士学位，副教授，燕山大学材料学院教师。现为燕山大学宝玉石研究中心副主任、秦皇岛市宝玉石协会会长、中国珠宝首饰行业协会理事。

坐公交车，有时你会听到这样一句广告语："姜女珍珠，能带走的北戴河"。

姜女珍珠，位于北戴河石塘路市场。石塘路市场作为北方最大的珍珠批发市场，"盘踞"着大大小小上百个商家，经营着从珍珠项链到翡翠玉石各种各样的旅游纪念品。但"姜女珍珠"的店，却和其他商家迥然不同，甚至有些"奇葩"。

一是选址"奇葩"，石塘路市场里面客流量巨大，是商家必争之地，而这家店却偏偏跳出市场之外选址；二是营销思路"奇葩"，谢绝讲价，全部商品明码标价；三是服务"奇葩"，所购珍珠产品，不满意可享受半年包换服务。

这样一个看似"不善经营"的商家，却凭借着无比"僵硬"、不知变通的经营方式，在石塘路市场一开就是十多年，而且仅在这一片地方就有了七家分店，也赢得了众多游客的"芳心"，收获了一票忠实粉丝。

更"奇葩"的是，姜女珍珠的掌舵人并不是一位纯粹的商人，而是一位大学教授。

他就是罗永安。

他要走出一条产学研的新路

罗永安毕业于中国地质大学，现在秦皇岛燕山大学珠宝专业任教。

大学念研究生时，主攻的方向是翡翠玉石。而大学教授的身份，也让他与石塘路市场多数的经营者不同。

2002年，罗永安所在高校建立了秦皇岛珠宝玉石质检站，他和他的团队也开始了产学研的探索。就在这一年的暑期，罗永安到石塘路作调研时，发现北戴河珍珠产品市场规模极大，购买用户也很多，但这些珍珠饰品的商户经营并不怎么规范，多数是各自为战、分散经营，市场上珍珠整体也很低端，更重要的是没有一个像样的本地品牌。

走品牌化运作路线，做正规货，无疑是当时北戴河市场急需解决的问题。作为科研人员的罗永安，在这一刻敏锐地意识到了这一点。

他们有技术、有专业，这里有市场、有客户，应该可以完美地结合起来。抱着在产学研中创新的思路，罗永安团队开始接触石塘路的商家，然而美好的愿景在现实中却遭遇了各种挫败，他们与市场里有一定实力的至少5家商户谈了谈，但每次都失望而归，居然没有一个敢做的。

究其原因，归为两个字——风险。

在现有的经营模式之下，石塘路市场商户们的小日子过得很滋润，一年顶多辛苦半年，赚得并不少，而走品牌化路线，就意味着改变现有模式，改变就意味着风险，再加之商户们普遍没有品牌意识，用他们的话说："以前都是打鱼摸虾的，眼下挺好的，做品牌没那个眼力，也没有那个能力。"

秦皇岛作为全国最知名的旅游城市之一，却没有一个自己的珍珠品牌，从拉动就业、产业布局和产业贡献等方面来讲，珍珠产业都没有形成规模，只富了个别商贩，对秦皇岛旅游产品的贡献也几乎可以忽略。

在迷茫之中，罗永安和他的团队，一时间有各种想法萦绕在心头。如何更好地走出一条产学研之路，成了罗永安念兹于心的牵挂。

他要开发当地的珍珠品牌

幸运的是，一次重要的产学研成果，让他们终于寻到了一把突破桎梏的钥匙。这个成果就是他们自主研发、生产了失踪多年的"北珠"。

北珠，是秦皇岛历史上曾经出现过的非常著名的珍珠品种。这种珍珠曾诞生于东北极寒之地，在宋代以后，成为辽、金与宋互市往来时重要的贡品，而其采撷史到清朝达到鼎盛，备受当时达官贵人的青睐，是高品质的代名词。可惜的是，"北珠"早已消失了数百年。曾经有人梦想着在我国北方养殖出"北珠"，但由于我国北方环境、水质等条件明显不同于南方，探索者无不以失败而告终。

把北珠作为当地品牌珍珠的一个突围，成为罗永安心头的责任，也成为他们后来产学研的方向。

罗永安的老家湖北，就有不少人养珍珠，从小到大，养珍珠对他来说并不算陌生的技术。但老家人养殖珍珠靠的是经验，没有任何理论基础。凭借从老家学来的养殖经验，2004年，罗永安在抚宁县借用了一个鱼塘，试着培育珍珠。事情哪儿有那么容易，不出意外的，第一批100个蚌都死光了；第二批，同样的下场；第三批，也好不到哪儿去。

一次次失望、一次次尝试之后，这个学术团队从没有放弃的念头。老天不负有心人，终于多次试验后，收获了一颗小小的珍珠，当闪着特殊光泽的珍珠捧在掌心的时候，大家心潮澎湃。这意味着复兴"北珠"的梦想迈出了至关重要的第一步。

北珠的发现，也成为当地珍宝界的一件盛事。罗永安随后为北珠注册了"姜女珍珠"的品牌，曾荣获秦皇岛市知名商标、中国珍珠真品标志。其撰写的《北方珍珠养殖技术》也于2016年申请发明专利。

这是属于秦皇岛本地的珍珠产品，在当地旅游商品中具有文化地标的意义。但如何能让这一产品走向千家万户呢？罗永安坚信，首先要走品牌之路。

他要让人们记住秦皇岛

姜女珍珠，源自当地流传的孟姜女的传说，用这个名字作为品牌，也代表了罗永安的理想——他要这个珍珠品牌，从一产生就带有明显的"秦皇岛"的烙印。

要让这个品牌在当地发扬光大，甚至传遍全国，仅靠科研是不可能的，进行市场的流通与销售，是其从产学研成果走向全国的重要一步。

在此背景下，石塘路终于出现了一个当地的珍珠品牌专卖店——姜女珍珠专卖店。

从学者到经营者，罗永安也完成了人生的一个新的定位。

姜女珍珠最初只是石塘路市场里的一个小门脸，但随着北珠各品种的研制成功、工艺设计的逐步完善，仅靠一个小门脸，已经不能完成姜女珍珠的"复兴"大计，为了扩大影响，吸引更多的客源，也寻求不一样的生存空间，罗永安决定再投资一家姜女珍珠店的旗舰店。但这个想法，仅靠石塘路市场内的狭窄空间和品牌密集的现状是无法完成的，无奈之下，他孤注一掷，作出了大胆的选择，他把店面选择在了市场外面。

2009年5月1日，是罗永安永生难忘的一天。

这一天，是姜女珍珠旗舰店开业的日子，开业当天，客人并不多，直至下午才做成一单生意。然而，就是这一单生意，让罗永安看到了希望。

此后几天的时间，尽管营业额不算多，但门店却挺了下来，没有出现亏损。到了10

月份，旅游旺季结束了，按照惯例，石塘路市场的门店基本上关门了，因为旅游品销售基本上不指望回头客。但罗永安发现，姜女珍珠的回头客越来越多，保真的货品备受青睐，不还价、可退可换的经营策略也慢慢得到了认可和接受。

接下来的几年里，在整体市场下滑的情况下，姜女珍珠逆势而行，接二连三在石塘路、刘庄等地开了六家分店，这些店铺都开在了石塘路外面，形成了一个包围圈，甚至有"自己打自己"的感觉，当时在珠宝行业引起了不小的关注与质疑。

现在，这几个店面营业情况极好，游客的复购达到全年销售额的三分之一还多点儿，现在人们只要进入石塘路，根本无须进入市场里面，就可以在第一时间买到秦皇岛原产地的珍珠。姜女珍珠还常年保持一个店不关门，方便顾客到店购买。

作为一个学者，而不是单纯的经营者，罗永安也一直没有放弃他的学术研究之路。他一直在试图将学术研究与经营发展结合起来。

与其他珍珠厂家不同的是，姜女珍珠每年也都会推出自己的产品，其珍珠项链设计作品《海上生明月》与《葡萄熟了》均获得了首届秦皇岛旅游商品设计大赛的金奖，《珍珠咖啡托盘》，获得第三届秦皇岛旅游商品设计大赛金奖。《北方珍珠养殖技术》于2020年3月获得国家发明专利授权。近些年来，针对各个层次、年龄段的工艺设计，也让姜女珍珠扩大了受众的范围。

在互联网高度发展的今天，姜女珍珠也把建立"互联网+"作为突围的重要手段，目前，他们正在开发、探索线上的销售模式，打造"网红"模式的珍珠产品，增加线上的流量，也成为姜女珍珠今后发展中的重要途径。

罗永安的梦想是，购买姜女珍珠，带走的不仅仅是一颗珍珠，还有北戴河的风情，以及秦皇岛当地的历史文化传承。

马芳：为家乡奔走不倦的电视人

72 ◎马芳，中共党员，高级记者，1996年8月至今在秦皇岛电视台从事新闻采编工作，第九届中华全国新闻工作者协会理事。在负责对上工作期间，秦皇岛电视台对上报道在全省实现十四连冠、连续三年中央电视台发稿在全国城市台排名第一。

有人说，背起行囊，你就是过客；放下包袱，就找到了故乡。

对马芳来说，她的行囊整日背在肩上，不过，她不是过客，而是时代的见证者。故乡，在她的心里，也有如一轮明月。她十几年来的工作，就是使这轮明月让更多的人看到，让中国和世界更多地了解秦皇岛，认识秦皇岛。

细心的秦皇岛人可能会发现，打开电视，经常会在央视看到秦皇岛的新闻和美丽的风光，特别是节假日，经常有秦皇岛的镜头出现。那一个个镜头，是马芳和她的同事们牺牲了一个个休息时间，辛苦努力换来的。

负轭就要前行，奔路就是方向

24岁，芳华正茂，一个理想倾吐芳华的年龄，她踏入了记者行列，从此开始了一种与别的行业女子不一样的人生。

大学，马芳学的是理工科，为了更好地胜任这一岗位，她又修了一个中文系的相关专业。为了写出有深度的报道，她的业余时间几乎都用在了读书上。做编辑的那几年，是最安静也最丰富的日子。一个个凌乱的镜头，原本毫无生气的画面，在她的手里巧妙地衔接，一组组丰富的画面语言，简洁流畅又内涵丰富，此时的她像一个出色的画师。

2008年，秦皇岛电视台成立了对上供稿部，马芳担任部门主任，她的主要任务就是宣传秦皇岛，让更多的人从央视这个大媒体上了解秦皇岛、认识秦皇岛，提升秦皇岛的知名度和影响力就成为她肩头上的重任。

马芳认为，作为党的新闻工作者，必须把握好"两个场"：一个是立场，一个是现场。

立场就是党性原则，现场就是身先士卒，当心中坚定了立场，新闻发生时，就一定会出现在新闻现场。

2011年4月12日，抚宁县（今抚宁区）发生特大山火，马芳得知消息，马上赶赴现场，七天七夜没有回家。期间，为了采访到一线救火的消防官兵，拍摄他们英勇无畏扑火的现场，她和摄像跟随消防员多次进山，消防员扑火时，她不顾个人安危，观察一个又一个细节，寻找最好的拍摄角度。可是，此时的她还不知道，来时的路已经被大火覆盖，而在她的前方有一座正在着火的大山，山上的浓烟像乌云一样，从山头压下来，离她越来越近。忽然，她听到一位年轻的消防员说，回去的路已经被火封住了。

这时，马芳才意识到，自己正处在危险之中，自己手里除了一支话筒，任何护具都没有。山上没有任何通信信号，与外界联系不上。浓烟的味道已经很刺鼻了，她只能用袖子捂住自己的口鼻，危险越来越近。幸运的是，后来消防官兵奋力扑灭了来时路上的山火，他们才得以平安地原路返回。

当晚，她和同事来不及休息，马上制作片子准备播出。

奋斗的日子里留下了马芳无数的足迹。

2008年1月南方冰雪灾害时，在时任中共中央总书记胡锦涛视察秦皇岛港时的码头上；"5·12"汶川大地震后秦皇岛为支援前线生产帐篷的车间里；北京奥运会秦皇岛分赛区赛场旁；"4·12"抚宁区特大山火的火海中；"7·21"洪涝灾害时的堤坝上；省党代会的会场中；救助李博亚的病房外……每一个重要的新闻现场，马芳一定是见证者、记录者、传播者。

到处青山山有树，故园情深深如海

著名诗人艾青曾经写下过这样的诗篇："为什么我的眼里常含泪水？因为我对这土地爱得深沉……"因为一份深沉的爱，秦皇岛的每一个变化，都深深地牵动着马芳的心，理想如炬，澎湃如昨。

2007年，马芳在采访秦皇岛长城保护工作时，听到了一个名叫张鹤珊的农民义务保护家乡长城的故事，她随即联络当地宣传部门，找到了张鹤珊。

眼前的这个农家汉子是当年修建长城的戚家军后裔，就是因为热爱长城，便义无反顾地将保护长城当成自己的责任，每天义务巡视长城，除去长城上的杂草和垃圾，驱赶为一己私利企图破坏长城的人，更重要的是，他将这义举坚持了 20 多年。

张鹤珊的情怀感动了马芳，她深入挖掘了张鹤珊的事迹，对他进行了专访，节目成功地在中央电视台播出。节目一经播出，在社会上引起了巨大反响，学术界、文化界、当地政府、爱心企业，纷纷将目光聚焦到了张鹤珊的家乡——小小的城子峪村。

付华、温守文、沈汝波、张海波……一个个时代楷模都在马芳的笔下鲜活起来，感动着观众；小泥河村、南胡哈村、南石门村……一个个贫困的村庄通过马芳的报道，吸引了更多的关注；驻村干部、村医乡教、港口工人……一个个平凡的岗位，在马芳的报道中闪耀着他们的美丽人生。

2012 年国庆节，中央电视台策划了十一特别节目《日出东方》，要通过直播镜头，展现祖国各地日出的壮美画面，山海关老龙头作为长城起点成为央视的一个直播点。为了将老龙头的日出展现好，马芳提前半个月开始了踩点工作，每天早晨 4 点钟起床，赶到老龙头，观察日出的时间、时长和位置，为中央台直播做好一切前期准备工作。十一当天，老龙头日出成功播出，阳光洒在古老的澄海楼上成为经典的画面，当晚又在《新闻联播》中播出。

有一次，上级领导给马芳提供了一个新闻线索——青龙一个村庄山上的梨树在结果期开了花。这个新鲜事立即调动了马芳的兴趣。当时部里没有人手，她就从别的部门请求支援。等到两个人上了车，对方告诉了马芳一个惊雷般的消息："姐，我不会开车。"马芳的驾龄只有几个月，还没有出过城区，高速路从来都没敢上过。稍微犹豫了一下，马芳说："没事，我来开。"出了市区她就傻眼了，根本找不到路！一路上，山路崎岖，危险重重，胆大心细的她居然一路爬上了高高的山梁。到了采访地点，面对偌大的山林，到哪里去找那棵树呢？询问了几十个村民，才在最远的山顶上找到了那棵树，战战兢兢地一路开回来，第二天又马不停蹄地奔赴昌黎采访专家。

有人说，只要对上部的灯亮着，就是马芳在工作。"带月荷锄归"几乎是她的工作常态。正是因为这份勤奋，才让她收获颇丰，工作以来，她在各级媒体发稿三千多篇，其中，央视、省台发稿两千多篇，荣获国家、省、市新闻奖三百多项，荣获国家、省、市各级各部门荣誉五十多项。2016 年荣任中国记协理事。

在她的努力下，秦皇岛电视台连续 14 年对上报道全省第一，连续三年中央电视台发稿在全国城市台排名第一，为宣传秦皇岛作出了突出贡献。

家乡的方向，是记忆深处最美的凝望

一张照片，一张老照片；一条街道，一条老街道；一个人物，一群心系家乡的人物，岁月沉淀了多少辉煌的往事，也沉积下马芳对故乡的无比深情。每当她和同事们拍摄剪辑的秦皇岛的画面在央视上出现，都是她最自豪的时候。

2011年的春节，央视首次推出《江山多娇》直播策划，马芳拿到策划后，第一时间报题推送秦皇岛经典的自然和人文景观，在她的积极努力下，为秦皇岛争取到这次难得的直播机会。直播的设备很重，她和同事一起，背着沉甸甸的设备爬上了角山长城。组装，拍摄，上星，很快的，秦皇岛的美丽景色就出现在了央视的屏幕上。当她们大年初一在老龙头做另外一组直播的时候，旁边一直有几个游客好奇地围着他们问来问去。当他们回答是与央视做直播时，那几个游客惊讶地说："早上中央电视台播出的老龙头日出是你们拍的吗？太美啦！我们一家就是看了那个才决定来老龙头玩的！"

露从今夜白，月是故乡明。故乡的日出和夕阳如此美好，每一朵花都充满了诗意。镜头里，采访的人物换了一个又一个，不变的，是眼神里对故乡的赞许，是嘴里一次又一次对家乡的欣赏和自豪，面对镜头，他们丝毫不掩饰对家乡的热爱，这些，也让马芳感同身受。

有一次，她和同事在西浴场附近做采访。一个已经退休的老同志面对镜头，面对记者的提问，直言道："我的同学分布在祖国各地，我每年都招呼同学来秦皇岛游玩，让他们感受到秦皇岛的美丽。就在刚才还在电话里和我同学争论，你们说你们的家乡好，你们的家乡有碧海蓝天吗？你们有大漠金沙吗？没有吧？我们秦皇岛就有！"

这样的骄傲和自豪，这样的热忱和热爱，是这个城市市民来自心底的最真实的声音。这声音，这赞美，每天，她都在关注与倾听；每天，她都在记录与思考，向更大的世界传播这个城市的一切美好，是她的使命。

当真诚、勤奋、执着这些品质都集中在一个人的身上的时候，想不发光几乎是不可能的。马芳用她的故事告诉我们：在路上，有她们这样的记录者陪伴着，世界就是温暖的、美好的。

周博：用更丰满的形态回归传统

73

◎周博，别署坦斋，河北山海关人。现为中国书法家协会会员，中国文艺评论家协会会员，河北省书协学术委员、草书专业委员会委员，秦皇岛市书协副主席兼秘书长，《书画纵横》副总编辑，中国书法网总版主。

"就定在这里吧？"

"好！"

2000年的某一天，古城山海关，几名年轻人围着一处破旧的红砖房议论着。他们都是书法爱好者，相同的志趣把他们聚在一起，切磋、交流，其乐融融。为了寻找一个固定的场所，办一个小型书法沙龙，几个人骑着自行车在古城里绕了几天，终于找到一处闲置的房屋。经过情绪激昂的讨论，这间房有了一个寓意美好的名字——"有邻书馆"。

箪食瓢饮，不改其乐。正是在这个简陋的空间，乔海光、李杰几个人晚上凑在一起，写字、交流，有条件时还请来老师进行书法、绘画等方面的讲座。正是得益于这样的学习交流机会，其中七人先后成为中国书协会员，并且多年来屡获国家级大奖。

周博便是这七分之一。

君于此艺亦云至

周博自幼喜好书法，从几岁的时候就开始练习，随山桥中学的胡福顺先生学习书法以及素描、水彩，1977年出生的他书龄超过了30年。对于书法，他是真心热爱痴迷，以至于少年时在学校获奖，得到一支毛笔，兴奋了好几天。时至今日，周博在毛笔上的

花销上千上万，唯有那一支奖品毛笔才是"真香"。日有所思夜有所梦，有一天在梦中得到著名的楷书字帖《夫子庙堂碑》和《九成宫醴泉铭》，那样的满足感时至今日依然清晰记得。

为了购买自己心仪的字帖，每隔一段时间周博就从山海关来市区一趟，龙媒和亚都是必须"打卡"的地方，龙媒书店是文史书店，很有品位；亚都书店是书画图书专营书店，资料齐全。这两家书店伴随着周博的成长。

2002年，有邻书馆办起了书画八人联展，其中自然有周博，这正是对他多年努力的回馈和认可。再后来，随着书法技艺的精进，又一次次入选书法的国展。对于很多写字的人来说，写到一定程度，达到一定水准，都想参加全国书法篆刻大赛，但不是人人都能如愿以偿升堂入室。入选国展让周博站在更高的维度。

2014年12月，"如琢如磨周博书法作品展"开展，60余件纸本书法和写瓷作品，涵盖作者多种书体书风，这是周博30年书法生涯的一次集中展示，引起了市民的关注。

在周博学书经历中，有一件事不可不提。二十几岁的时候他还在山桥厂工作，在一次常驻外地做商务的时候，有了长时间的上网机会，通过那个年代并不普及的网络，他认识了很多朋友，其中不少人功力深厚，周博和他们结下了深厚的友谊，积攒了人脉，经常相互交流，也让他的书艺有了很大的进步。

周博的书法用笔老练、丰腴雄健，篆隶草真行，都能自如写出。最近十多年来，他勤于临习，从清明书法名家一路上溯，至宋、唐、晋、汉，直到先秦，渐次写出自己的情性。既能呈现诸体的佳妙，又统一在自己的审美意旨中，这是非常难得的。

周博学习书法比较刻苦，临过千百种碑帖，一天多的时候临帖十几个小时，有时候沉浸其中，时间久了落下了腰椎间盘突出和颈椎病的毛病，朋友戏谑他是三硬：脖子硬、腰硬、人硬。自然，有付出才有收获。

周博还有一个身份，他是《书画纵横》副总编辑，中国书法论坛、中国书法网总版主，通过这样的书法网络平台，他结识了很多书法上有代表性的人物。2010年以后，他多次去北京、深圳、杭州、兰州、敦煌等城市作讲座，进行交流，这也为他的个人艺术成长传播提供了机会。

归来妙意独追求

同其他书法家不太一样的是，周博有很深的书法理论素养，有近三十万字的散文、文艺评论发表于各类报刊。他认为，理论有自洽的逻辑，自己需要做的研讨就是要对前人和现代人语境的隔离作个注解，力争带动更多人认识到没有被发现的传统，减少传递当中的误解。他强调学书者要多看博物馆的东西，多看诗论、书论，提升感觉的纯度和厚度。

对于书法本体语言的探究，周博认为要从结构修养和线性修养入手。他将历代书法的结构转换衍生过程视为时代语境转化过程，提供可供借鉴资源的同时也提供了边界限度。他不想用笔画这个书法家常用的概念，觉得笔画是有明确边界和形态的，但认为截取一个书法家的线条片段，也能感知他笔墨语言的深度和层级，一个书法家在此基础上建立的符号系统也就是笔墨系统才是一个可贵的独立的存在。

作为一个书法家，周博的专业口碑、个人声名、作品价值等方面，在全国各地都得到程度不同的认可，可以说远远超过了他青年时代的自我期许。周博由此思考自己能为书法做些什么。于是，就有了"坦斋私享会"。2019年起，周博同广州大相文化传播有限公司的无界线平台合作，创办"坦斋私享会"，这是一个与学员探讨培养的互动互助计划，在意的是交流中碰撞，对他人的影响。周博通过图文讲稿、临创视频、示范作品等方式，梳理书法史流变，探究笔墨语言深入过程与方式。这种求真务实的纯粹氛围是当前社会稀缺的，得到学员们的极大认可，也刷新了学员们对书法的认识。特别是"点评答疑"环节，学员们随时随机把自己的习作和一些想法发至群里，周博及时去看，并且当即点评、答疑，充分展示了周博知识储备、学识学养的全面。"坦斋私享会"一年一期，受到越来越多人的关注和认可。

引领东风上北枝

周博20世纪70年代生人，他的年轻时代正是阅读的时代，所以对读书情有独钟，躺着听音乐和翻闲书是他平常的爱好。周博家中有近万册图书，书法类占了三分之一，其他还有文史类、文学类书籍。他的阅读范围比较驳杂，散文和小说，以及写作的理论、讲稿都看，平时床边、地上大概会放二三百册，没有目的地读书让他感到幸福。

有两个事情，周博特别想做，一个是古文字读解，还有就是沉下心来读哲学、现代艺术史著作，读这些日常不用的书，但总是抽不出时间，这让他遗憾。

周博为人直率，自我评价是，直率不等于个性，而是尽量减少修饰。这来源于他对效率的渴望。周博父亲去世得早，家庭面临困难，也造成他自己面对困难必要战胜的坚毅性格。

作为一个社会公众人物，周博目前担任市书协副主席、秘书长，同时也是河北省书协学术委员，他非常希望能够立足于艺术本身，为书法的发展做些工作。首先是通过"坦斋私享会"这个线下平台，利用5～8年的时间，对中国书法进行梳理。另外还借助

中国书法网等网络平台，推出栏目、约稿、交流，建立更广泛的沟通。

身为市书协秘书长，针对最广泛的学习书法的群体，周博有几点想法：组织成立志愿者团队，将作品和人带到基层，面对面地沟通；做一些常规化的点评，组织泛文化、书法相关、古典艺术的讲座，为全市初级书法爱好者群体提升水平和兴趣；对一些已经有一定基础的书法爱好者，进行辅导，看稿件。值得一提的是，这些都是纯公益性质的，就是为了服务大众。

采访最后，记者问及"坦斋"一号有什么寓意，是欣赏王羲之东床坦腹的名士风度，还是心仪《论语》君子坦荡荡的品质？周博却说并没有认真想过。或许都有。他说如果非要归结一个意思，那就取平坦之意，"希望一生平顺，没有大的波折吧"。

在书法的天地里，周博的艺术道路一定会越走越宽广。

孙笛：用责任定义医生

74 ◎孙笛，秦皇岛军工医院骨科主任、副主任医师，1991年毕业于解放军空军医专，从事骨科临床工作20余年，曾在北京中日友好医院、哈尔滨医科大学附属医院等多家医院进修学习，主要擅长中西医结合治疗股骨头坏死、创伤骨科、骨盆骨折、脊柱外科、矫形外科、手外科等疾病的诊断及治疗。发表核心期刊论文10余篇，获得市级科技进步奖。

有人把医生定义为一种职业，救死扶伤是其最基本的职业素养。而在秦皇岛军工医院骨二科主任孙笛看来，一份关乎生老病死、人间疾苦、悲欢离合的工作，似乎早已超越了所谓"职业"。或者说，在孙笛眼里，医生已不再是一种能养家糊口的职业，而是一种责任，一种主动伸出援助之手的责任。

从一名普通的外科医生，到医技精湛的主治医师，再到惠民医疗项目牵头人，孙笛从医30多年，用自己的一步步成长诠释着他口中的"责任"。

从小便有从医梦

从医，对于孙笛来说，似乎是一件"命中注定"的事情。

出生于满洲里的孙笛，从小就接触医学，爷爷是一名中医，在营口一家中医诊室坐诊，父亲和母亲分别就职于满洲里矿务局医院的泌外科和心内科。

生长在这样的家庭中，孙笛自然对医学产生了浓厚的兴趣，他经常翻阅家里的医疗书籍，梦想着将来能像父母一样，穿上神气的白大褂。

1988 年，孙笛考入了隶属沈阳军区的解放军空军医专（现为吉林医药学院）。这是一所治学严谨、军事化管理的专科学校。3 年的时间里，孙笛如饥似渴地学习，尤其为以后从事的骨科打下了良好的基础。

要知道，人体解剖课对于一名外科医生来说是何其重要，而这所部队院校恰恰为他提供了如此宝贵的机会。

由于受家庭影响，孙笛对人体的认知上比其他同学要早很多。上起解剖课来，孙笛的表现令人刮目相看，他胆大心细，常常是第一个拿起手术刀，沉稳得与年龄不相符。从大体解剖到局部解剖，孙笛对人体有了深刻的认知，骨骼、血管、器官非常立体地呈现在大脑里。结业的时候，解剖课他考出了 99 分的好成绩。

曾经有位老师说，孙笛将来会成为一个优秀的外科医生。

正如这位老师所预料的那样，走上工作岗位后，扎实的解剖知识，加之临床历练，孙笛真的成长为一名能进行复杂手术的、技艺高超的骨科医生。他的手术操作非常准确、精细，能巧妙地避开重要的器官、组织，把对病人造成的损伤降到最低，而这一切和他强大的学习能力密不可分。

治疗骨病医术高超

1991 年，孙笛以优异的成绩从解放军空军医专毕业，进入了满洲里矿务局医院，成为一名普外科医生。

穿上了神气的白大褂，孙笛小时候的理想终得实现，开始了他的从医之路。

"要端正思想和态度，不但要认真和老师学技术，还要学会尊重病人，医生是一个良心职业，要对自己病人做到尽心尽力。"从上班第一天起，父母就不断教诲孙笛。经过在矿务局医院的历练，孙笛逐渐成长起来，从一名青涩的大学生变成了能独当一面的医师。

2000 年父母退休，孙笛随父母来到了秦皇岛，受聘于公安医院。

相对于满洲里矿务局医院，公安医院更为专业，很多因交通事故骨折的病人需要紧急处理，有时候手术一台接着一台，孙笛得到了真正的锻炼。2003 年"非典"的时候，外伤病人都集中到公安医院来了，本来不大的医院变得分外拥挤，手术一台又一台，尽管很累，但他对骨科有了更深刻的认识和理解。

2009 年，孙笛到中日友好医院进行了一年的进修，医技得以再次提高，尤其是骨病的治疗，他掌握了更加高难的手术技巧。

2012 年，孙笛又受聘到军工医院，任骨二科主任。

在公安医院的时候,孙笛经历最多的是交通事故病人,而在军工医院,他治疗的多是外科常见病、多发病,多年骨科经验让他能够进行一些高难骨病手术。

骨质疏松号称隐形杀手,是腰背痛的主要原因,在没有明显外力的情况下,就可能导致脊椎骨折,尤其是一些老年人。治疗腰椎骨折的手术风险非常大,需要打开脊椎,注入医用骨水泥,手术过程中,稍有闪失可能就会扎破脊髓。不仅如此,医用水泥只需15分钟就凝固了,这就意味着,要在15分钟之内,精准地完成所有操作。

孙笛积累了丰富的临床经验,独立完成胸椎压缩骨折已经达10余例,最高到第八胸椎。第八胸椎意味着很高的难度,从一个侧面也显示出他高超的手术技巧,备受同行赞许。

每年,孙笛都要完成400台手术,能独立完成人工髋关节置换术、腰椎间盘髓核摘除术、腰椎管狭窄症后路减压手术、腰椎滑脱后路固定减压术、脊柱骨折后路减压椎弓根钉内固定等手术。

向贫困病人伸出援手

坐轮椅的、拄拐的、瘫痪在床的,多年的临床经历,孙笛看到了太多让人心痛的画面,尤其是那些来自穷苦家庭或者贫困地区的病人。

他们中大部分是膝关节、股骨头坏死,这些疾病属于综合外科常见病、多发病,孙笛对此关注得最多,他的科研项目就是秦皇岛北部山区股骨头坏死流行病学调查。

事实上,之所以孙笛觉得痛心,不仅仅是因为疾病本身,而且是明明有很成熟的治疗方案,他们却因股骨头坏死丧失劳动能力,导致家庭贫困,无经济能力支付手术费,不得不选择放弃,继续忍受病痛折磨。

"主任,帮我们想想办法吧!""医生,不手术还有别的办法吗?"每每孙笛听到这样的话语,看到病人和家属那渴望的眼神,作为肩负救死扶伤责任的医生,心里总是觉得应该多做些什么。

没错,救死扶伤是一名医生最基本的职业素养,但终究个人的力量是有限的。怎么帮助他们?孙笛想到了借助社会力量、公益力量。孙笛的想法也得到了院方的大力支持,同意减免部分手术费用。

作为牵头人,孙笛找到红十字会,提出借助公益平台惠及这部分人群,为他们解决实际问题。经过与红十字会、残联反复沟通,孙笛最终争取到了膝关节和股骨头坏死惠民医疗项目和资金。以股骨头坏死为例,医院减免部分费用后,正常手术费用4万元左右,农合报销以后,红十字再提供8000元医疗救助款,病人只需花1万多块钱。

　　为了把医疗款用到刀刃上，孙笛带领团队深入青龙，翻山越岭，走进贫困病人家里，查看病情，筛查可以手术的病人。当孙笛看到有些家庭一贫如洗，甚至连最基本的手术费用都拿不出来时，救治他们的决心更加坚定了。

　　作为青龙北部山区一种常见骨病，股骨头坏死后期只能手术，只要换上人工股骨头，就能改变他们的生活质量，重新过上正常人的生活。孙笛亲自为那些符合手术条件的贫困患者实施人工股骨头置换手术，看着他们扔掉拐杖，慢慢站立起来，直到恢复活动，孙笛感觉自己的每一次付出、每一次努力、每一次筛查都意义非凡。

席立新：心系青龙河，写尽家乡事

75

◎席立新，笔名梅里，秦皇岛市卢龙县人，中国作协会员，中华诗词学会会员。作品散见《天津文学》《长城》等文学期刊，其中《河戒》荣获河北省"五个一工程奖"。

青龙河水，蜿蜒流淌，用它壮阔的身躯，哺育了两岸的生灵，浇灌着肥田沃野，既是人们的生活之源，也传递着朴素、独特的文化源泉。

席立新，就是在青龙河畔长大、经青龙河水哺育成长的原住民，守着一条青龙河，他沐浴山河灵气，根系乡野之间，用手中的笔，调动全部的才情，完成了一个地域作家从青涩萌芽到瓜熟蒂落的创作之路。如著名作家陈建功所评价："作家对自己家乡的那条河流以及生于斯、长于斯群体生象独具匠心的描写，体现了朴素的情感和深沉的爱。"

生于青龙河，写遍青龙河，也成为席立新的人生创作方向。

寄家乡情，传递父辈的爱

席立新出生于卢龙县刘家营乡鹿尾山村。家门的前面，就是青龙河。在小时候的记忆里，青龙河畔是他玩耍的天堂，无论是两岸的杨柳树、河中的鱼虾蟹，还是河滩上的每一块石头、小动物或是古城堡，他都如数家珍，皆因这些东西，从小伴他成长，朝夕相处。

但对席立新来说，除了无忧无虑的少年时代，青龙河在他眼中还有另一层意义。它是父辈这一代人为之打拼、奉献青春的圣地。

席立新的父亲席廷高，是卢龙县当地的名人，作为县城里为数不多的省级劳模，多年担任村干部的父亲，一直以兢兢业业、踏实肯干的工作作风，而深受百姓的拥戴，父亲心系青龙河，为青龙河的建设，流下过许多辛勤的汗水，而他对家乡深沉的爱，也同样传承给了儿子。

席廷高不仅是一位出色的村干部，还是乡里少有的读书人，也让席立新在同伴们于青龙河畔尽情玩耍之余，早早地浸淫了书本的海洋。父亲藏书甚多，从通俗易懂的《三国演义》《水浒传》《西游记》到高雅精深的四书五经，席立新都曾涉足，对古典文学的热爱，也在后来深深地影响了他走上了诗词创作之路。

1982年，席立新进入刘家营中学，成为一名民办教师，三尺讲台，并不能全部燃尽一个热爱文学的青年的胸中之火。他订了大批文学刊物，也萌生了试着写一写的冲动，没想到的是，这一写，就是几十年。

席立新以梅里为笔名，最初写作的多为诗歌作品，后期开始写小说，20世纪90年代初，他将写过的短篇小说结集出版，名为《痛苦的生命》。这些小说，在他看来，多数带有青春成长的烙印，虽然并不成熟，但反映了一个青年在现实面前苦闷、彷徨的心态，是当时自己生命阶段的真实写照，这些作品，尽管多有模仿的成分，但已经初步建立了自己的写作风格，那就是立身于自己生之以斯、长之以斯的土地，例如《宁静的夜》就是以引青济秦工程为背景，描写青龙河上一家人在即将面临河水被引走时的惆怅心情，堪称文集中的代表之作。

1989年，席立新正式调入卢龙县文联，从此走上专职创作之路；1990年，他调入县委组织部，担任组织部副部长；2009年又兼任县人事劳动和社会保障局局长。在这段成为基层领导者的岁月里，他没有放弃写作，相反，丰富的社会实践和工作经验促使他对社会变革进行了更深入的思考和探索，也让自己的创作走出"情绪化"时代，从写"小我"变成了写"大我"。

写家乡事，记录社会发展历程

从2009年开始，席立新历时三年，完成了以青龙河为背景的长篇小说《河戒》的创作。

《河戒》的故事，简单概括就是"三个家族，一条河流，六十年历史"。小说故事跨度从20世纪50年代合作化生产队阶段开始，一直写到1978年改革开放至今，重点描写了王家三代人在青龙河的生活，从第一代人物王三木到第三代人物王水强，他们亲眼见证了青龙河随着时代发展、变迁的历史，也目睹了一个村庄历时半个世纪的沉浮，从政治结构变革、生产关系变革到风俗习惯演化，直至人性人情蜕变，青龙河在时代大潮中浮沉潮落，不停地发生着变化，但以王家人为代表的乡民们，一直坚守着护卫家乡河流的清澈与纯净，与破坏河流的各种势力作着不屈的斗争。

书中一个个鲜活的人物，虽是文学创作，但都有其原型，从父辈席廷高开始，直至身边的伙伴、朋友、乡亲们，都为席立新创作人物提供了丰厚的生活基础。而书中的故事，也多数都来源于他的所闻所见。

席立新目睹了青龙河几十年来的发展历史，也痛惜地发现，随着现代化脚步的迈进，为了追求眼前利益，青龙河遭遇到种种人为的破坏、污染的现实，美丽、清澈、一尘不染的河岸，近年来，却被非法牟利之人投放鱼塘精、火药炸鱼、引走河水、伐林盗木、挖沙卖地……在现代化的进程中，环境的破坏，像一只利箭射在了他的心上，让他痛心、伤心，也忍不住用手中的笔，大声疾呼，保护环境，保护青龙河……

而多年来对于基层工作的亲身实践，也让他更加了解基层群众的所思所想，生活中的酸甜苦辣，甚至在农村土地改革中所面临的尖锐的问题与矛盾……

这些思考，都集中反映在了这部地域文学之中，可以说，从一个纯自然状态的写作模式，转为现实主义写作者，是席立新十几年来在写作生涯中的成功转型。

2013年《河戒》一书由长江文艺出版社出版发行，受到读者和评论界的好评。著名评论家冯立三认为："《河戒》以青龙河之历史演变为总体象征，意象映照人间沧桑，它将一个村庄几个家族历经半个世纪的沉浮、悠长的故事，以其多视角、多色彩，细致入微地摄入小说，使它显得结构宏大，内容厚重，既有认知价值又有审美意义。"《河戒》也荣获了当年度的河北省"五个一工程奖"。

在《河戒》之后，席立新更坚定了以家乡为背景的现实主义写作之路，相继创作出版了以农村土地改革为背景的长篇小说《佛耳山歌》、描写伯夷叔齐在卢龙的历史题材小说《采薇歌》等作品。

圆家乡梦，打造诗词创作之乡

席立新不仅是一个作家，作为卢龙县作协主席，他还是基层作者们的组织者和领导者，在他努力创作的同时，也培养了一批有志于创作的基层文艺作者。为了提高家乡文化的品位和格调，席立新经常组织各种文化交流、学习活动，成为当地乃至秦皇岛较有影响的文艺活动家。

而对于古诗词的喜爱，则让席立新更好地完成了他的使命。席立新在写长篇小说的同时，多年致力于古典诗词的创作，曾在全国许多诗词大赛中都获得过金奖，他曾出版

过专业古典诗词集《梅里诗词选》，也曾主编过《中国诗词选刊》等，因为在诗词方面的成就，他是中华诗词学会会员，也是河北省诗词学会副会长、秦皇岛诗词学会会长，成为秦皇岛古典诗词创作者的带头人。

对于热爱文学的人，席立新总是竭尽全力，伸出扶持、提携之手。这里还有一段他与卢龙农民诗人李志田的佳话。1999年，他在下乡工作时，结识了农民诗人李志田，李志田生活贫困，却酷爱诗词，写了很多诗词作品，席立新被李志田的精神感动，不仅在生活上对他多加照顾，还帮助李志田等三位农民诗人出了诗集，让诗歌真正地走出了"田间地头"。

席立新在担任秦皇岛市诗词学会会长期间，最让他骄傲的事是为秦皇岛市争取到了来之不易的"中华诗词之市"的称号。2017年6月13日，经过中华诗词学会一系列验收、审核，秦皇岛市正式荣获"中华诗词之市"称号，成为河北省唯一获此殊荣的城市。

中华诗词学会以中诗字〔2017〕第5号文件正式下发了《关于授予河北省秦皇岛市"中华诗词之市"称号的通知》，正式授予秦皇岛市"中华诗词之市"称号，同时中华诗词学会还分别授予秦皇岛市海港区、青龙满族自治县"中华诗词之乡"称号，授予秦皇岛市第十六中学、白塔岭街道、海港区迎宾路小学、海港区文耀里小学、海港区白塔岭小学、北戴河区筑梦园文化传播有限公司、青龙满族自治县祖山兰亭中学、龙王庙小学、卢龙县大刘庄小学"中华诗教先进单位"称号。

席立新说："'中华诗词之市'称号的取得，标志着我市'中华诗词之市'创建工作取得了圆满成功，也为我市诗词文化事业发展开启了新纪元。"而做到这一切，他认为也离不开秦皇岛诗人团体的努力。秦皇岛市诗词学会目前已经拥有市级会员900余人，下设基层诗社100多个，全市城乡诗词队伍总数已达万人。这样一支庞大、高水准的诗人团队，在河北省各个城市都是罕见的，就是这一群诗人的群策群力、团结携手，才实现了秦皇岛市的文学创作之梦。

在创作之路上默默耕耘的席立新，有着和多数文人一样的洒脱和率性，每天早晨四五点钟，他就会一成不变地起床创作，早8点之后，他开始工作，晚间，则与志同道合的朋友们相聚，交流创作体会。尽管现在所居住的地方已经远离了小时候的家乡青龙河，但是他念兹及兹、感同身受的，却永远是那一片土地……

王刚：从企业高管变身旅游达人

76 ◎王刚，中国摄影家协会会员、摄影达人、旅行达人、专栏作家、旅游博主、新浪头条作者、秒拍签约旅行达人、途牛大玩家、《旅游纵览》杂志签约摄影师。入驻今日头条、搜狐、一点资讯、新浪看点、百家号、网易号、企鹅号、凤凰号、百度旅游、QQ公众平台等自媒体。

他是公司高管，他是企业管理培训讲师，他是ISO 9000质量体系内审员，他是中国摄影家协会会员，他是很多网站的专栏作家……在诸多身份、诸多角色中，还有一个为众多粉丝追随的身份——灵感旅行家。

他的微博粉丝有数万人，在今日头条、乐途网上有数百万的点击率，他也曾被乐途旅游网、新浪微博聘为旅游专栏作家，以知名网络大V身份走遍了全国很多地方，特别是一些穷困的少数民族地区，他还曾作为网红在"魅力秦皇岛，直播全世界"的直播平台当过主播，向全世界宣传秦皇岛的旅游和美食，他就是王刚。

从企业高管到摄影师，他从"不安分"

王刚的人生经历，一开始与旅游、创作、摄影其实并无关系，他是一位地质工作者。

1986年9月于沈阳黄金学院（现归属东北大学）地质系地质专业毕业，大学毕业后，他分配到黑龙江省地质局第二地质研究所204队一班，作为一名地质技术员，开始了长达数年的地质研究工作。地质工作艰苦、枯燥，有时还要在恶劣的环境下风餐露宿，这

些工作经历，锻造了王刚乐观、积极、吃苦耐劳的品质。此后，他从地质部门辞职应聘到秦皇岛一家外国独资的企业，担任总经理助理兼行政部经理，走上了与高新技术型企业接轨的企业高管之路。

此后，王刚曾经有过数次难忘的履职经历，他曾先后在秦皇岛市一家大型商业购物中心、一家大型旅游景区分别担任过副总经理、常务副总经理，后又进入过民企，担任总经理等职务十多年。作为国际 ISO 9000 质量体系认证标准化专员，也曾给多家科技公司、国有地勘单位、国有林场、培训咨询公司和私企等讲授有关经营管理、国际标准化管理、营销管理、公共关系等课程，受到业内一致好评。

从技术人员到企业高管，在不断提高管理能力的同时，也增强了他的自信与眼界，坎坷的经历，一次次成功的职业转型，构成了王刚精彩纷呈的人生，然而，在这些职业辉煌背后，王刚却还有着一颗艺术的、时刻捕捉美的心。他对摄影的爱好来自父亲。想当年，爱好摄影的父亲送给他一部海鸥照相机，从此开启了他的摄影之旅。

前半生经历坎坷，辗转祖国各地，足迹踏遍各个城市、山野之间。在这颗"不安分"的心的背后，用镜头捕捉生活，缓解压力，舒畅心情，则成了王刚精神世界里的一大爱好。

人生的无数精彩瞬间被他的镜头捕捉，形成具象的图片呈现出来。这种与商场、职场完全不同的美学追求，驱使着王刚一次次走出去，走到山里，走到河边，走进一条条静美斑驳的巷子，走进一座座古意盎然的村落。透过镜头，他看到了别样的世界，山之高昂、水之深流，大自然的美妙与神秘，时时刻刻以不同的方式，带给他惊喜、激越与震撼。

不断进取的个性，也让王刚在大量的摄影活动中，有了自己的摄影理念：自然风光照片虽然能够从多角度、多方位体现大自然的美，但它的内涵仅限于单纯的美感，记录性略差。在记录性、延伸性方面，人文照片要比单纯的自然风光照片有优势。

每每看到过去拍的人文片子，那些风云过往便会如电影般回放。于是，流逝的光阴都回来了，一张张亲切而生动的笑脸呈现在心底，与新朋老友共度的日子，月色下的把酒欢歌，老村里的邂逅擦肩，一起过的苗年，一朵苗绣的花，一场高山流水的酒，一顿精美的西餐，甚至掠过脸颊的风……

王刚在摄影中得到快乐与成就的同时，也一直在思考一个问题：通过什么样的途径，能够把拍到的照片广而传播，让更多的人欣赏到自然之美，看到祖国山河的壮观、人文历史的独特悠久？他觉得，这才是摄影的真正魅力所在。

在朋友的鼓励下，他成为旅游达人

因为摄影，王刚有了很多圈内圈外的朋友，而网络平台的兴起与发展，则让他的这一爱好有了更好的延展空间。通过微博，他以片会友，结交了全国各地的朋友，微信的出现，也让他能及时地将自己的作品通过朋友圈传播。有一次，王刚的摄影作品被微信好友"咖啡"看见了，"咖啡"是著名的旅游大咖，和乐途旅游网等著名网站有着密切的联系，他觉得王刚的旅游图片和文字通俗易懂、生动接地气，于是将他推荐给了乐途旅游网，也希望王刚能够在乐途旅游网这个平台上多发些旅游心得，成为签约作家。

与网络的"亲密接触"由此开始，而王刚没有想到的是，这一次开始，竟然是他人生的又一个转型。

从最初的几十点击率，到后来动辄几十万上百万的点击率，王刚在摄影和文字上出色的表现，逐渐赢得了读者的心。从乐途旅游网开始，他被许多大型网站发现，并邀请入驻，先后成为秒拍签约旅行达人、途牛大玩家、新浪旅游博主、新浪头条作者。入驻今日头条、搜狐号、新浪看点、百家号、企鹅号、网易号、凤凰号、一点号、新浪微博、百度旅游等多个自媒体，还在一直播、花椒等直播平台担任主播，彻底成了摄影达人、旅行达人。

作为乐途等旅游网站的签约专栏作家，他比别人有更多的机会走出去，在旅游网站组织的各种活动中，他走南闯北，认识了很多志同道合的伙伴，也用图片与文字写下了大量的旅游文章。摄影与文学，一个具体、一个抽象，在网络平台的支持下，在王刚不断求索、不断突破的人生之旅上，互相滋养，相映生辉。

如今，王刚的微博粉丝达到近 10 万人，而且还在不断地涨粉，成了秦皇岛名副其实的旅游大咖。旅游经历，也提高了他的摄影技能与文字功底。

对民族文化的热爱，让他成为"灵感旅行家"

一次又一次的行走，王刚越来越深刻地感觉到中华民族文化的深广。他不打算再去国外，只愿寻访古村古寨，去少数民族聚居地体验他们独有的民族风情。越走，越感觉未知的东西多；越走，越感觉华夏大地的辽阔。

他身后的墙上，是一幅黑白照片，苍凉破败的城墙敌楼，玄幻神秘的夜空星轨，显现出历史的沧桑与光阴的无际，令人产生古往今来的遥想，产生不断探究的欲望。这也是王刚对人生、对旅行的思考。怎么定义"活着"，什么样的人生才更有意义？王刚在行走中探寻。他觉得人不应该把精力和心思都局限在家庭事业上，这两者固然重要，但在生命历程中转换视野，变换角度，学会变身，才能使生命更丰沛。所有走过的路、读过

的书、写过的字都会在人的一生中留下痕迹，都会在潜移默化中影响到身边的人，这也是一个润物无声的过程。

这些年，王刚去过很多少数民族聚居地，最令他惊讶震撼的是，那些少数民族住得相对偏远，物质文化生活并不丰富，但却都那么知足快乐。他们淳朴，他们善良，他们坚守传承着自己传统的民族文化。他们看似边缘、贫穷，但精神丰满。正因为少数民族对自己传统文化不折不扣地继承发扬，才让今天的我们仍旧能够看到隆重的苗年、佤族部落的祭祀、傣族的泼水节、苗族的高山流水酒……

旅行中，王刚经历过印尼飞机失事，看到机舱里没系安全带的乘客被高高抛离座位，又重重落下。降落后，飞机的轮子尽毁。他拍佤族部落祭祀活动，事后整理照片，发现祭祀用的牛头上，盘踞着一条有剧毒的竹叶青蛇，而他拍摄的距离，远远小于竹叶青蛇的攻击距离。去贵州走盘山路，遇到过泥石流。一次次惊险之后，仔细想来都会后怕，但不会被吓倒。正是因为旅行中的无尽风光与民族风情吸引着他，让他一次又一次迈开脚步，走出去。

当苗年仪式进入尾声，四个孩子举着一面五星红旗款款而来，在场的所有人都被深深感动了，王刚眼噙热泪，泪光中，国旗更加鲜艳，五星更加璀璨。甚至老挝的苗寨都十分欢迎中国人，对那里的苗族人而言，他们的祖国是中国。在路上，王刚常常被这样的场景感动着，温暖着。

王刚说，旅行，只是想找到另一个自己。而旅行，带给他的不只是美景、见识和人文，还有写在远方的诗。而一篇篇情景交融的文章，也让王刚收获了很多读者的心，被称为"灵感旅行家"。

从对物质世界的拼搏，到精神世界的追求，一年有三分之一的时间在华夏大地行走，怎么协调事业与旅行、物质与精神之间的关系？这些疑问，在见到闲坐茶台旁的王刚时，都有了答案。王刚说，工作的时候，玩命工作；走出去的时候，彻底放松。他的专注与睿智，给了自己更多走出去的机会。而每一次出行归来，又为日后的工作充足了电。

走出去，是为了寻觅；归来时，必定带着妙悟。归去来兮，华夏大地上，留下的是一串串执着坚定的足迹，还有人生的精彩。

杨晓东：城市交通安全的守护者

77 ◎杨晓东，中共党员，一级警督警衔，1987年8月参加公安交通管理工作，曾担任秦皇岛市公安局交通交警支队二大队中队长、副大队长、大队长等职务，2021年被评为秦皇岛市先进工作者。

每天奔跑在街上，睡觉时心也不踏实，做梦的时候经常会在路上看着车来车往，这可能是很多一线交警的常态。

面对繁重的工作、群众有时的不理解，他们心里也有委屈，也有疲倦，但只要穿上这身警服，就会立刻投入状态，为了城市的交通安全，为了人民的出行安全，无怨无悔，努力奔跑。

在千千万万个奋战在一线的交警中，杨晓东是其中的一个典型人物。

他所领导的秦皇岛市公安局交通警察支队二大队，辖区西至红旗路，北至北环路，东至山海关交界，南至朝阳街，共有秦皇东大街、文化路等主要街道12条，党政机关、商场、学校、医院、住宅区密集，整个城市的主干线贯穿其中，出勤任务极其繁重，作为一名大队长，他和所有警员一样，一直奋斗在城市交通管理一线，这几乎成了他的生活常态。

身着警服头顶国徽，自1987年从警以来，杨晓东先后多次被评为全省公安交警系统"先进个人"、全市"优秀公务员"、6次荣记个人"三等功"；所带领的二大队连续多年被评为全省公安交管系统"先进大队"、"执法示范单位"、全市公安机关严打整治"先进集体"。这所有的荣誉，都是他在二大队工作时取得的，从走上交警岗位的第一天起，

他没有一天离开过这个地方。在二大队警员的心中，他是好领导，也是老大哥，更是主心骨。

2021年五一前，杨晓东以"市先进工作者"身份参加市直机关以"学党史、话党恩、听党话、跟党走"为主题召开的职工先进典型座谈会，听取会议精神，发表感言，也让更多的人了解了这位交警的感人事迹。

老百姓需要的时候，我们上！

浓浓奉献情，悠悠为民心。多年来，杨晓东一直秉承着立足本职工作，实现为民服务、奉献社会的宗旨，在各种急难险重的任务面前，杨晓东的一句"我们上"，是最朴素也是最坚定的回答。

2019年6月，在得知一场全市万名党员主题党日大型活动将在人民广场举办时，杨晓东提前开始进行科学部署、精心组织以确保当天的交通安保秩序。

由于活动参加人员较多，50余辆党员乘坐的大型客车需要来往停靠在人民广场附近，尤其是当天早晨5点多，一场暴雨突降，更为交通指挥造成很大压力。

杨晓东带领值班民警克服各种困难，在大雨中全力疏导交通。通过全体民警的不懈努力，活动现场周边交通秩序井然，没有出现交通拥堵等问题，确保了活动的顺利开展。

6月我市高考拉开序幕，为给广大考生营造安全有序、高效畅通的道路交通环境，杨晓东主动与辖区第三中学、实验中学两个高考考点学校负责人取得联系，掌握了考生人数和考场分布情况；多次深入考点周边道路实地走访踏查，提前做好勤务安排。

考试期间，他组织全体民警准时到达各执勤岗位，摆放反光锥筒、布设禁止鸣笛标志、安装交通管制提示牌等，对考点周边车辆进行指挥和引导，使得接送考生车辆没有因为交通管制而延误学生参加考试，赢得考生家长及社会各界的一致肯定。

每年的旅游旺季，都是对我市交通管理的严峻考验。面对管理实战，杨晓东带领二大队全体民警树牢"四个意识"，坚决做到"两个维护"，组织研究制订方案、带队实地踏查点线、科学设定警力站位、反复推敲拉动演练，做到每一个环节都无缝对接、安全可靠。

在旅游旺季高峰时段，交通疏导任务接连不断，杨晓东每天早晨6点多就赶到单位研究部署当日勤务，之后顶烈日、冒酷暑带队到一线执勤，到了晚上，他点份外卖凑合吃完，又要回队里梳理当日情况、查找不足、总结改进措施。整个旅游旺季，他加班到夜间十一二点已经成了常态。

去年夏季，由于连续疲惫工作得不到休息，他受风寒得了重感冒高烧39度，却依然坚持轻伤不下火线，硬是靠吃药挺着坚守岗位。这种工作热情和拼搏精神，极大地鼓舞了全队同志们的士气，大家齐心协力、优质高效地完成了旅游旺季交通管理任务。

在勤务任务繁重、人员紧张，特别是去年他年迈的父母身体状况不佳的情况下，杨晓东始终以工作为重、以奉献为主，自觉克服家庭困难，把全部精力投入到交通管理工作中来。

2020年5月4日晚高峰时段，二大队接到海港区一市民求助电话，称其母亲手指被洗衣机绞断，其驾车前往市第一医院就医途中被堵在了建设大街与广场西路交叉口，请交警帮忙疏导交通。

杨晓东得知这一情况后，立刻用对讲机指令建设大街、文化路线路为伤者开辟就医通道，仅用3分钟就将载送伤者的车辆疏导至医院急诊室门前。随后，执勤民警又帮助家属将伤者送到急诊室，并帮忙挂号后才离开医院，让伤者家属备受感动。5月10日上午，其家属专程将一面题有"人民交警为人民，永远警民一家亲"的锦旗赠予二大队表示感谢。

有任何违规的行为，我们查！

为有效提高大队辖区的交通管理水平，保障道路畅通有序，杨晓东坚决贯彻落实上级指示要求和支队工作部署，积极带领大队全体民警严厉开展重点交通违法行为集中整治行动。

执法中，杨晓东要求各中队严惩酒驾、醉酒、涉牌涉证等严重危害交通安全、影响交管秩序的违法行为；依托警务"大数据"和警务通人脸识别系统，对交通违法人员开展虚假身份信息核查，针对有驾驶人员伪造证件、不带证件、不说真实姓名等问题，坚持严查严管、执法不怠；针对辖区道路交通违法行为发生的规律特点，科学用警，合理布哨，做到多时段、全覆盖、不遗漏地进行检查；要求执勤民警上岗必须佩戴执法记录仪，按照操作规程对过往车辆驾驶员进行严格检查。

2020年6月19日，杨晓东在组织民警进行集中整治行动时，查获一名酒驾司机以没有随身携带驾驶证，只在手机里有自己身份证照片为由，不提供有效证件，民警立刻通过警务通人脸识别系统核查出该人身份，其终于承认机动车驾驶证2015年已经注销，系无证驾驶，民警依法对其违法行为处以罚款和拘留15天处罚。

杨晓东在组织机动中队民警通过车辆大数据系统筛查嫌疑车辆时，发现车牌号为冀C9J××0部局督办套牌车，随后，他和民警通过公安交通集成指挥平台搜索该车近3个月的行驶轨迹，并将该车和近两千辆机动车进行比对筛查，历时4天锁定嫌疑车辆后，

他安排四组警力精准布控，于 4 月 23 日在山海关区将套牌车辆和嫌疑人查获。经查，驾驶员齐某某未取得机动车驾驶证属无证驾驶且存在吸毒史，将其及时抓获，为社会剔除了一重大交通安全隐患。

据统计，2020 年以来二大队共查处酒驾 345 起、醉驾 349 起、再次饮酒 27 起，酒后驾驶营运机动车 9 起、套牌车 92 起，行政拘留 74 人、刑事拘留 138 人。

锤炼一支过硬队伍，我们行！

杨晓东认为，每名同志都应该有"窗口""标杆"意识，大家在执勤执法中的一言一行都代表着交警形象，反映着新时期人民警察的精神面貌和优良作风。

因此他提出各中队每隔一段时间就组织开展大练兵，每周五开展一次队列和交通手势训练，并在训练中做到警容严整、姿态端正、动作标准、规范一致。

杨晓东经常说："要胜任一个岗位，就必须坚持学习，增强素质，努力做'复合型'人才。"他组织每月开展执法质量考评，对民警执勤执法情况、业务办理情况、事故处理情况等进行一次综合考评，强化了民警的责任意识，提升了整体执法质量和效率。

他组织大队全体民警开展交通管理业务知识学习活动，采取理论与实践结合、网上与网下融合、向大学教授和法律专家请教等方式，全面提升交通业务管理和执法办案能力，建立了定期学习、专题研讨、案件评析、检查通报等相关制度。

2020 年 8 月 14 日，港城突降暴雨，雨势持续近 12 个小时，造成二大队辖区多路段交通信号灯断电，交通设施损坏，部分路面积水严重，河北大街中段、建设大街、秦皇东大街、文化路、民族路等交通干路大量车辆滞留。

警情就是命令，杨晓东第一时间带领民警到一线指挥交通，通过打手势、吹哨笛等方式指挥进出路口车辆减速通过；对熄火被困深水区的车辆，组织民警下水推车、指挥其他车辆减速绕行，确保安全通行。尽管大家全身被雨水浸透，但始终把人民群众的生命财产安全放在首位，没有一人在大水中退缩。过往群众和司机朋友深深地被他们的精神所感动，更有群众拨打 12345 市长热线为雨中执勤的交警点赞。

二大队在保障平安、和谐、畅通的道路交通环境下，锤炼成了一支优秀过硬的交警队伍，涌现出了新闻报道中"交通护航学生户外远足拉练""不顾个人安危扑灭出租车自燃险情""帮助走失儿童找到家长""紧急救助路边心脏病突发病人"等一批先进典型。

多年来，杨晓东始终把"不忘初心、牢记使命"作为为党奉献、为民服务的宗旨，把每一次荣誉当作新的起点，以实际行动诠释了人民警察的神圣使命，以出色的工作彰显了党员干部的担当作为，展现了新时期人民交警的奉献精神。

陈继东：为了原种米他重返农村

78 ◎陈继东，1997 年于河北化工学校学习化工机械，毕业后同年进入中阿化肥，从事市场营销工作，曾担任中阿公司业务经理职务；2013 年自主创业，至今从事农业种植工作，现为东奎家庭农场主负责人、冀东国家农作物品种区域试验站主负责人。

站在西河南村二百亩的水稻田前，陈继东自豪地介绍："这是我们的原种米。"

出生于西河南村，成年后又在城市奔波多年，人到中年，陈继东选择了回到家乡，完成自己心中的梦想。

家乡的米香味，对于陈继东来说，就是他遥远而不能忘却的乡愁。而留住这个乡愁，是这个历经人世沧桑的汉子的终极梦想。

难忘小时候的米香味

从小在西河南村长大，又去技桥学习机械，后来自修本科学历，进入中阿化肥公司的销售团队，成为"金牌销售员"，随后又面临单位解体、离职创业，陈继东几十年的人生经历中，颇多坎坷与曲折。

对于他重回土地，变成农民，多数人都不理解，多年来的销售经历、经商生涯，让他变得能说会道，头脑灵活，早已经与城市融为一体，现在又要"重吃二遍苦"，是为了什么？

陈继东说，是源于小时候就听到的一个传说。西河南，他的故乡，出过"贡米"。

贡米，就是朝廷上贡吃的精品专用米。隶属于留守营镇的西河南村，其生产的大米曾经全国闻名，被称为"留守营大米"。

全盛时期，抚宁县曾有过 20 多万亩水稻田，遍地水稻，大米产量惊人，其中最著名的"留守营大米"，曾经远销京津冀，甚至出口至国外，在当时，提起留守营大米，就是名优特优的保证。

陈继东查过县志，300 多年前，抚宁留守营大米就已经非常有名了，因为当地处于沿海温带性季风气候，土壤有盐碱性，特别适合种植水稻，自古以来，人们在这片土地上辛苦耕作，培育了优质的抚宁大米，也给后人留下了一笔财富，贡米之说，也由此而来。

留守营大名甚至都传到了国外。据记载，新中国成立后韩国还派人来西河南村种植水稻，进行学习观摩，并有一部分人留在这里种植水稻。

陈继东说他是从小吃留守营大米长大的。但成年以后，他却发现自己很久没有吃过当年香飘满屋的大米了。

近年来，因为水源污染严重，劳动力减少，再加上种植业辛苦又不赚钱，种植水稻从一时的兴盛转至低谷，曾经名震一时的"留守营大米"，似乎渐渐走向低落。

陈继东难忘一件事，有一次他给朋友家送大米，说是产自西河南的，竟然遭到拒绝，对方称他们老家的大米是被污染过的，怕吃了不健康。这让陈继东既尴尬又气愤。

我们老家的大米，怎么会有这样的口碑？从那时起，他就憋了一口气，要为老家的大米"正名"！

一生难忘农业情

陈继东有这样的理想，和他从事多年的农化服务工作有关。

1999 年，陈继东从河北化工学院毕业，进入中阿化肥公司工作，第二年，成为一名销售人员。

从那时起，这个农家子弟就开始走上了农化服务的道路。化肥销售、技术推广、农业帮扶，一连十几年时间，他都奔走在全国各地，每日与农民打交道，为农产品把脉、护航，在或是肥沃或是贫瘠的土地上，处处都留下了他的脚步。

"我懂土地，我爱土地，我和他们一样，也是农民。"

陈继东认为自己是幸运的，在农产品销售市场拼搏、奋斗，学了一身本领，又能乘着国家全力服务"三农"、大力发展农村经济的东风，把这一身本领用于农业。

2013 年，陈继东在村里包了 20 亩地，开始了他生产优质大米的创业之路。

此后，他每年承包的土地都有所增加，从最初的 20 亩涨至 200 多亩，后来他与舅舅孙建英一起，成立了秦皇岛骊城农业科技有限公司，并由孙建英担任技术顾问。孙建英当时已经年近七旬，退休前是抚宁农业局种子公司经理，也是北方有名的农业专家。陈继东既请他把关，也向他学习。

他把在农化服务中学习的技术也用于种植中，包括土壤病虫害防治、测土配方施肥等，又与秦皇岛市农业局土肥站、种子站、植保站、技术站保持联系，取得了他们的支持。

陈继东的梦想，是做"原种米"，让熟悉的味道重回到人们的餐桌上。

打造秦皇岛唯一的试验站

开发新品种，生长有地域特色的农作物，是这片"试验室"的主要工作，也是重现当年非杂交的"留守营大米"的重要手段。

最初，河北省水稻研究所提供了原种，让他们进行试验。试验很辛苦，所有的育苗、插秧、除草、施肥、拔秧都要他亲自完成，每天起早贪黑，长在土地上。而最让人痛心的是，还要承受因试验失败而带来的经济上的损失。

种过水稻的人都知道，进行水稻品种试验、开发是十年磨一剑的事，有"前三年，中三年，后三年"之说，前三年是水稻生试试验，中三年是续事试验，后三年是生产试验，这九年的时光过去后，最后一年才能定名，普及种植推广。

在生试试验过程中，几乎年年都有不顺利的时候，因为取种的不适合、肥料试用剂量的偏差等，土肥试验失败是家常便饭。仅 2016 年一年，陈继东就因为试验失败，损失了十几万元，最惨的是 2018 年，140 亩的种苗全死了，这些损失累计达到 40 多万元。

但陈继东不怕失败，也不怕赔钱，他说："失败是好事，因为试验的结果就是要发现问题，只有发现问题，才能找到解决方案。"

功夫不负有心人，因为长期致力于水稻试验，他也赢得了当地农业部门的关注和支持。而由他所在农场出具的科研报告，得到了农业部的肯定。

2016 年，农业部下发文件，在全国建立 32 个农作物品种区域试验站，冀东国家农作物品种区域试验站的牌子随后竖在了陈继东的试验田里，这也是秦皇岛唯一一个国家级别的农作物品种区域试验站。

有了国家农业部门的支持，更多的原种米进入了试验田，陈继东的工作开始步入正轨，他担负起了为国家农业试验、开发新品种的任务。

除了 223.45 亩的水稻试验田亩外，陈继东还承包了 200 亩的玉米试验田，60 亩的

小麦试验田，至今已经试验示范 1000 多个水稻品种、2 万多个玉米品种和 300 多个小麦品种。

他还多次与全国的同行们交流、合作，进行引种试验和推广，最远的引种试验合作到海南、新疆等地。

2018 年，陈继东在北戴河新区成立了东奎家庭农场，推出以"西河南"为标志的原种米，这意味着，本地优质大米已经开始正式走向市场。

2019 年，响应秦皇岛农业部门要求，陈继东在试验田里进行了"农药化肥减量增效"试验，并被列为秦皇岛市优质水稻品种农药化肥减量增效试验区。

除了推广新品种外，陈继东还在西河南及周边的村落里，推广农药化肥减量增效的种植技术，以减少农民成本负担，降低农残，提高水稻质量。他相信通过使用新技术、开发新品种，不但能够实现农民土地上的绿色环保、增产增量，还能让更多的人加入水稻种植中，重返那个家家户户种植"留守营大米"的辉煌时代。

最近，陈继东又接到了一个好消息，他的东奎家庭农场 2019 年通过了市级农业部门的支持，积极申报京津冀农业科技示范基地，并已经取得这一资质。

从农村到城市，又从城市到农村，陈继东的命运与土地息息相关，从未分离。炊烟，米香，清晨时田野氤氲的雾气，垄沟里一茬茬攀升的青色秧苗，这些，都让他的生活充满了希望和憧憬。陈继东相信，只要土地还在，希望就在，他也一定会让秦皇岛人自己生产出来的优质品牌大米，走向全国，走向世界。

王彩峰：用 100 幅油画画出心中的北戴河

79 ◎王彩峰，河北科技师范学院城市建设学院教授，秦皇岛市油画学会副主席。油画作品《盼》入选吉林省《建国四十周年全国美展》，《古村落印象》入选《中国美术教师优秀作品集》，2016 年出版《百年北戴河海滨·印象》系列油画，2018年油画《徽·见》系列入选中国当代油画院"江南问道"画展。

他是一位油画家，来自东北的吉林，30 多年前，因为一个偶然的出差机会，他来到了北戴河，从此爱上了这个风光秀丽的地方。

机缘巧合，他后来又来到秦皇岛工作、定居，不知不觉，这里成了他的家乡。而北戴河，则在他的画笔中与他的生活轨迹融为一体。

他要用 100 幅油画，展现他心中永远美丽的北戴河，也要用这些画，留住时间的记忆，让记忆成为永恒。

他就是王彩峰。

爱上北戴河，是因为它的美丽

王彩峰出生于吉林省延边州龙井市，毕业于东北师范大学美术系，主攻油画创作。30 多年前，因为一次偶然的机会到北戴河出差，他立刻就被北戴河的独特魅力所吸引。

那时的北戴河，让他惊讶的不只是海边，还有植被和建筑。

"北戴河有最好的松树，高低错落，也有最好的建筑，松树与建筑交织辉映，这是北戴河独有的魅力！"

王彩峰说，这份与众不同的意蕴与雅致，让他瞬间迷上了北戴河。短短几天行程里，他在速写本上用画笔不停地记录着北戴河，努力地去接近、读懂北戴河。

王彩峰的老家龙井市是一个县城，没有海，也没有洋气的建筑，北戴河得天独厚的美，让从小就喜欢艺术的他，铭刻于脑海中，终生难忘。

"思君忆君，魂牵梦萦"。——北戴河从此成了王彩峰心中的圣地。

似乎是上天知道他的心思，不久之后，毕业于东北师范大学的王彩峰，竟然以人才引进的方式调到了秦皇岛工作，从此，成了一名秦皇岛人。

而他也开始了与北戴河的相依相伴。

画出北戴河，是为了心中的爱

1998 年，王彩峰调入河北科技师范学院艺术学院任教。那一年，恰好是清政府宣布将北戴河辟为避暑区 100 周年。

历经百年风雨的北戴河，形成了集西洋建筑的格调、东方文化的品性、人文荟萃的钟毓于大成的独具魅力的城市内涵。也就是那一年，一个愿景开始在王彩峰的脑海中不断地升腾——用 100 幅油画描绘百年的北戴河，以此表达对北戴河的痴爱。

就是为这个梦想，王彩峰开始了长达 20 年的北戴河油画创作之旅。

那时，私家车尚未普及，公交车、自行车是连接秦皇岛市海港区与北戴河区的交通主力。周末，他常常早出晚归，背着画夹，提着画箱，行走于北戴河的大街小巷。有一次晚归，自行车坏在了半路，他硬是推着车子一步步走回了海港区；难得赶上一次北戴河下雪，为了记录那美好的一瞬，他天不亮就从家中出发……

周六周日，基本上他把时间都给了北戴河。但即使如此，100 幅油画，仍是一项浩繁艰巨的工程。尺幅多大？如何取舍？采用古典的写实手法还是色彩斑斓的印象风格？这些都需要王彩峰作出选择。

在画北戴河的过程中，他也更多地了解了北戴河，他去过北戴河的每一个老别墅，也走过北戴河每一条大街小巷，他混迹在北戴河土生土长的当地人身边，和他们一起生活、体验，一边在北戴河的历史文化史料中汲取营养，一边尝试着油画创作。课余，他常到图书馆去查阅资料；周末，就到北戴河写生或是与画友交流。

渐渐地，他以北戴河为题材创作的油画《戴河口》《力》等作品开始陆续入选全国全省各类美展并获奖，受到了同行的肯定。北戴河，成了他美术之路上重要的组成部分。

述说北戴河，是为了历史文化的传承

2011 年，河北科技师范学院城市建设学院开办城乡规划专业，王彩峰又被力邀任教。这份工作，让他眼中对于北戴河的观察，又有了新的高度。

结合自己所教授专业，他发现了北戴河最有魅力的部分——建筑的美！他要在北戴河一些建筑与街景的创作中，融入城市规划、建筑美学方面的思索与内涵，使其更增添了一份文化自觉与人文关怀。

城市规划的专业，让王彩峰对于北戴河的艺术之美，找到了全新的角度：

画北戴河的建筑，成了王彩峰油画创作的宗旨和方向。从陌生到熟悉，北戴河海滨的每一幢建筑、每一处街景，王彩峰都如数家珍，他在以画家和城建美学专家的独特视角默默地审视它们、表现它们、记录它们。

对于北戴河，他有了更多的认知。

"世界上有一个慢城协会，会址在韩国，是打造慢生活的一个协会。北戴河是最适合成为慢城的，很多人来北戴河，关注海边和海鲜这些东西，我不关注，因为这都是纯自然的，我关注的是北戴河能站住的地方。在这里，能看到的最有力量、能站得住的就是建筑，它是文化承载的符号，也是美术的三种形式之一，建筑的美是北戴河对我最有冲击力的地方。"

"北戴河要想让人留得长久，不能光是吃海鲜、洗海澡，尤其对于年轻人，他们讲究的是体验，对环境的体验则体现在建筑上，因为这是时间的积累。现在北戴河缺少一些留有时间记忆的东西，这是一个缺陷。欧洲的街头就随处可见，包括一个垃圾桶、一个摇椅、一个自行车，都能看见时间的痕迹。北戴河应该有一些有时间记忆的物件，要把它们像文物一样保留起来，哪怕是一个残缺的墙。"

站在建筑特色与传承文化的角度，王彩峰的北戴河油画创作具有了地域文化传承的意义。

2012 年到 2015 年，王彩峰先后应邀赴德国、波兰、韩国、澳大利亚等地进行学术交流或举办画展，以表现北戴河为主题的多幅作品被国外画廊或收藏家收藏。他用他的油画，作为一个文化的入口，向更多的人介绍了他喜爱的北戴河。

而作为城市规划专业的教授，北戴河的建筑也成了他的课题，数年来，他带领着学生们以北戴河为素材，做出了很多案例，北戴河的建筑成了河北科技师范学院城市规划专业课桌上的学科，有更多的学生在他的影响下，爱上了北戴河，并成为北戴河的研究者。

出一本书，是为了留住记忆

2016 年，应北戴河区政协之邀，王彩峰从 100 多幅表现北戴河的油画作品中精选了近 50 幅，结集成册出版了《百年北戴河——海滨·印象》。

这是一本凝聚了王彩峰近 20 年心血的作品集。

细品这近 50 幅画作，是王彩峰北戴河创作之路上的总结，更是一次百年北戴河建筑与历史文化的回顾。

"今天的北戴河，和过去有很大的改变，但在我的画里，你还能找到过去那个深深打动我的北戴河。"

翻开画册，可以看见北戴河的建筑之美，也可以看见北戴河 20 年来的记忆长河、时光流转。其中的苦与乐，痛且快，痴与迷，只有画者自知。

2019 年，从河北科技师范学院退休后，王彩峰跑北戴河的次数更多了，他仍在不停地画着北戴河。

而在他心中，还有另一个梦想，他要吸取北戴河创作的经验，再完成一个主题：徽州建筑。

他将和他的一位大学同学一道，以"徽见"为主题，完成 60 幅主题油画，再出一本书。

无论是百年北戴河，还是"徽见"，王彩峰都在用他手中的笔，传递着心中的艺术之美，展现着城市的温度和品质以及深挚的文化积淀。他也希望有生之年，能在专业的展室里，向世人陈列他创作的"百年北戴河"系列画作……

夏连海：职业教育的实干家

80 ◎夏连海，男，中共党员，燕山大学法学硕士，新加坡南洋理工大学教育管理硕士，曾任秦皇岛市职业技术学校校长，曾获河北省优秀教育工作者、河北省职业教育名校长、全国学校文化建设名校长等称号。

他将一所濒临倒闭的中等职业学校办成了河北省名牌职业学校；他带领全体师生锐意改革，创造了连续 14 年 100% 就业率的神话；他用出众的个人魅力赢得了师生们的爱戴，成为该校办校历史上第一位获得"终身荣誉奖"的校长；他将自己的教育情怀从学校延伸到社会，多方联络，引进投资机构，又为自己一手培养出来的学生们搭建起了人生的舞台；他用自己的经历告诉人们，无论是教育管理的大道至简还是筑巢引凤的曲径通幽，通往的都是爱与向善。

他是秦皇岛市职业技术学校的校长夏连海，一位将半生热情奉献给职业教育事业的实干者。

临危受命，上下求索

2003 年，一纸委任函将 35 岁的夏连海调任至秦皇岛市职业技术学校，彼时的秦皇岛市职业技术学校招生困难、教师流失严重，学校设备老化但无力投入，一所国办学校处于濒临倒闭的边缘，就在这所学校存亡之际，怀着对教育事业的满腔赤诚热爱，夏连海走进了这所每年招生只有几十人的学校，进行了一系列大刀阔斧的改革。

上任伊始，摆在他这个管理者面前最大的问题是：如何带来生源？职业教育首先要

解决的是学生就业问题，只有让学生在学校能够真正学到技能，又能在社会上找到对口的职业，才是职业教育的出路。为此，他很快组织学校成立市场调研小组，成立就业中心，根据实际情况研究行业形势，了解企业用人需求。随后，学校很快调整了办学策略，一方面撤销过去的专业，转而针对市场需求设立对口专业，为企业订单培养学生。另一方面积极吸引优秀企业与学校合作，并在学校周围成立门面店，便于学生实践学习，形成"前店后校""产学结合"的模式，达成企业与学校的深度融合。

"校企合作"之路的成功探索为秦皇岛市职业技术学校在当地赢得了良好的美誉度，也为学校带来了大量的生源，短短两年时间，学生数量翻了几番。夏连海并没有满足所取得的成绩，他认为，在保证学生就业率的同时还要保证学生的就业质量。就是这样，秦皇岛市职业技术学校从 2004 年开始，先后与乐岛、海尔、海信、金海粮油、山船重工、美丽田园、好利来等业内知名企业合作，为这些行业里的高端品牌企业输送了一批批专业对口的技能人才。

夏连海说："我们合作的企业都是行业里的龙头，是经过我们大家努力调研后为孩子们量身引进的企业，在我的办学理念里，职业教育不仅仅要保证就业率，更要保证就业质量，孩子们不但能走出去，还要把未来的人生路走得特别好！"

桃李不言，下自成蹊

学校的成功经验受到了社会和媒体的关注，《光明日报》《经济日报》《中国教育报》等主流刊物先后刊发文章，大篇幅报道了学校"探索融合式校企合作"人才培养模式的具体做法和所取得的突出成效。

学校曾经作为秦皇岛市职业教育发展的典型被写进了新华社内参，时任国务委员陈至立、教育部长周济批示：总结秦皇岛市职教工作经验，全国交流。秦皇岛市职业技术学校经过几年的苦心经营焕发出了新的活力，连续获得"首批学分制改革试点单位""全国首批百所职业教育半工半读试点学校""全国十佳职业教育创新单位""全国首批百所中等职业教育德育工作实验基地""省级重点中等职业学校""全国百强特色学校""全国学校文化创新校"等殊荣。

一项项荣誉见证着学校的蓬勃发展，也记录着一名教育管理者的奋斗与成长。一转眼，夏连海的十四载青春在"市职校"的琅琅书声中过去了。在学校的年终大会上，学校教师们自发组织，将一个"终身荣誉奖"颁给了他们的校长。夏连海说，这些年的校长生涯里，他获得过大大小小的奖项不计其数，但是在他心中，没有什么奖能够比这样一个不带官方性质的奖项更有分量，因为这不仅仅是对他能力的褒奖，更是对他人品与人格魅力的加冕，不仅藏着师生们的爱戴与认可，更藏着他十几载热血丹心的峥嵘岁月。

认识夏连海的都知道，他不仅是一名在工作中充满魄力的教育工作者，在生活中也喜欢追求完美，是一个爱好广泛、充满情趣的人。作为校长的他更愿意将自己定位成一个大家长，他认为职业教育不仅要让孩子们在学校期间学一门就业的技能，更要全方位培养综合素质。也正在是这种理念的指引下，学校加入了丰富多彩的培训和活动，体育活动、棋琴书画、国学、演讲等课程也走进了这所职业学校的课堂，学生们的人文素养在潜移默化中得到提升。

"我首先是一个校长，这是我的工作，更是我的责任，然后我是一个家长，所有学生的家长，孩子们能成长为什么样的人，是我最关心的。"夏连海常常告诉学生，"无论是生活还是工作，都要讲究品质。"他以这样的师者风范影响过一批批学生，这种在授业、解惑境界之上的"传道""喻德"言行，也为许多孩子打开了一扇理解艺术、启迪美学的窗户。这些接受过综合素质教育又有一技之长的学生毕业后大都去了北京、上海等地参加工作，尤以美容美体专业、烘焙专业的学生居多，她们大都进入大型高端连锁机构。

夏连海没有和他的毕业生们相忘于江湖，而是经常打电话或走进企业关注大家的工作和生活状况，学生们也愿意向他敞开心扉。尤其是学校王牌特色专业美容美体，一些学生尽管工作稳定，收入又高，但"北漂"的孩子们在向他们的大家长谈及生活和未来考虑时，仍然有许多诸如房价等现实的忧虑，表示想要回到秦皇岛发展。当年他看着这样一批批学生走出校门，如今，对这批学生的未来，他似乎还有新的使命，夏连海陷入了思考。

一事精致，便能动人

夏连海决定用自己的行动帮助孩子们实现"回家梦"。他第一个想到的是"美丽田园"。早在 2008 年，秦皇岛市职业技术学校就已经与中信旗下的全国美容美体行业中的龙头企业"美丽田园"合作，前店后校的合作模式也为美容美体专业的学生们带来了便利的学习机会。一向以"绿色、高端"著称的美丽田园有着广阔的客户市场，他想，如果能在秦皇岛开办一家这样的高端美容机构，那些漂泊在外面的孩子不就可以回家了吗？就这样，一家承载着校长育人情怀的美容机构被引入了秦皇岛。

从选址定位，到引入投资，再到装修筹建，夏连海拿出了当年逆境办学的热情，这座位于秦皇岛开发区森林体育公园内的美容机构落成了。

这里的一砖一瓦、一花一木都是他亲手设计的，内室的装修布置、玄关的藤椅小凳、

吊顶的草艺编灯，就连木质纹理的书架，无不表露着主人对品质的态度，闲庭踱步间，清风夹杂着几缕书香气息扑面而来。回归"创业"的初心，夏连海像一位匠人般在这份关于"美丽"的事情上倾注着虔诚。在这位骨子里带着文艺格调的教育者心中，"矮纸斜行闲作草，晴窗细乳戏分茶"的优美氛围，以及"谈笑有鸿儒，往来无白丁"的高雅趣味才是他理想中高端美容机构的正确打开方式。

几名优秀的学子也从北京等一线城市回到了家乡，加入了美丽田园的事业中。高艳杰就是其中的一位。她说，亲自参与一所美容院的筹建是她多年来的梦想，曾帮她树立理想和目标的校长不仅是她人生道路上的引路人，也是她事业的奠基人。她要将自己的能力和热情都放在这样一个来之不易的平台上，为提升小岛美业服务水平增添一抹新的风景。

谈及对未来的期许，夏连海说，这些年他只做了一件事，那便是育人，他希望能够做得更多、更好，即使有一天从校长这个位置上离开，也仍然能为孩子们切切实实地做一些事。

一事精致，便能动人！用自己的方式铺就更多育人的小径，便是夏连海对教育理想的坚守和延续，因为教育，是一种细水长流的爱！

孙岩：他用文学编织教育梦

81

◎孙岩，号大美先生，秦皇岛九州文学创始人，秦皇岛九三学社成员，秦皇岛青少年阅读促进会副会长。

同样的生活，为什么有的人总是满怀抱怨，每当大事猝临之际会一蹶不振，而有的人却感到人间值得，冲劲十足？

对此，孙岩的理解是：世事无常，现实让每个人沉浸于喜怒哀乐之中，志同道合的人终会走到一起，他们凭借强大的内心而不被情绪困扰，能永远积极地面对挑战。

2007 年，孙岩从辽宁大学毕业后就来到了港城，职场历练多年，不忘初心志向，怀着一个做老师的梦，他半路出家考取了教师资格证，决定投身民办教育，创立一家讲授文学课程的学校。

"我是学美学的，而文学是语言文字的艺术，是对美的体现。带孩子们多读文学作品，就能让他们感受到温暖、获得力量、了解世界的美。"九州文学创始人孙岩如是说。

坚持自我，不惧世俗

"我曾经特别在意别人的眼光，作为一个民办教育的创业者，我每天都要面对孩子和家长，众口难调，一味地迎合教育市场，必然会失去自己最初的教育特色。"面对采访，孙岩回顾了自己的创业心路。

最初决定讲授文学这个"冷门"课程的时候，孙岩无论走到哪里，都会有人对他指指点点、出谋划策，经常听到有人说："文学教育没有前途，非刚需的课程肯定不会

在三、四线城市发展起来。"对于他来说，这些指导意见都得听，但听多了就可能失去初心。

"可人生在世，最怕的就是把别人的眼光当成自己生活的唯一标准。到最后，既没有活成别人喜欢的样子，也没有活成自己想要的样子。"孙岩觉得很累，但却没有迷失，一个真正成熟的人不会过度在意别人的眼光，而会把更多注意力放在自我提升上。因为他懂得，别人的眼光永远无法阻挡，只有成为更好的自己才是最大的智慧。

没有市场，那就创造市场；家长不理解文学课程，那就先培育家长。"创业之初，我不是先给孩子上课，而是先给家长上课，文学这个东西真的是包罗万象，它对孩子人生的意义显而易见，凡是家长都爱孩子，爱孩子就会爱上文学这门课。"逻辑捋顺了，不断把工作落实，生源也就不是问题了。

九州文学的口碑越来越好，仅在秦皇岛市海港区学生人数就已超过 2000 人，取得这样的成就，坚持初衷是重要原因。

志同道合，岁月成碑

2014 年，是九州文学的起步之年，这一年，因为一个人的到来，而被永载九州史册。

万事开头难，孙岩最稀缺的就是人才伙伴，在中国国家汉办（孔子学院）多年从事海外讲学的陈荣强老师，恰在这一年回国休假，就在美丽港城秦皇岛，两个有截然不同生活轨迹的人不期而遇。一个是怀揣梦想、一心想做成文学特色教育的追梦人；一个是专业对口、多年海外漂泊但求报效祖国的游子。志同道合的人无须多言，三两句话一拍即合。

"当时我在等美国孟菲斯大学孔子学院的邀请函，这期间遇到孙岩，我被他的真诚打动了，能在自己美丽的家乡小城秦皇岛，讲授自己擅长的中国文学，这也是一件浪漫的事情，我决定留下来和孙岩一起做成这件事。"

德不孤，必有邻。两个三十岁出头的执着青年，开始分工忙碌，孙岩负责学校运营，同时还要担任教学老师；陈荣强负责课程研发及教师培训。为了同一个目标赶路，约好山顶相庆。"不积跬步，无以至千里；不积小流，无以成江海。"人生哪有白走的路，每一步都算数。两人深知，对于民办教育行业，永远不能奢求天上掉馅饼，只有脚踏实地研磨课程，才能赢得学生和家长的信赖。

谁曾见过凌晨三点的秦皇岛？对于孙陈二人来说，一起吹着晚风下班已是家常便饭。"每一个强大的人，都曾咬牙度过艰难时光。过不去，人生就是无底洞；过去了，那就是成人礼。"回首往事，陈荣强老师坦言，岁月已成碑，它会激励现在的自己更加坚定地前行。

老师变脸，温暖万千

2020 年 12 月 24 日，一段老师进教室前调整面部表情的监控视频火速爆红全网，新华社、《人民日报》、中央电视台等各大媒体纷纷报道或转载了这位老师暖人而又敬业的瞬间，而这段视频的主人公就是九州文学的陈荣强老师。

一时间，"变脸老师"成了所有人对陈老师的爱称，更让人感动的是爆红之后陈老师对全社会的表态："我只是一位老师，做了一件老师该做的事，偶然被传到了网上，我无心爆红。其实还有万万千千更加优秀的老师，他们都爱自己的学生，他们上课都会全心投入，那些老师们都是值得歌颂的。"

在 2020 年疫情肆虐的寒冬，陈荣强老师的一个简单举动，温暖了全网，赢得了千万点赞，无数网友被感动落泪。"哪有什么无心插柳、一夜成名，其实都是一次次艰辛付出之后的百炼成钢，作为体制外的老师，我们需要付出更多汗水，把课讲到极致才能得到家长和学生的认可。把自己变得温柔而强大，才能取得成功。"作为事业上的伙伴，孙岩对陈老师的成功感到无比骄傲，"爆红之后，陈老师不变教书之心，给孩子们上课更加投入，这就是我们九州老师的楷模，就是我们九州人不变的精神。"

文学，是九州人对时间的承诺，他们把所有的夜归还给星河，把所有的庸俗沉迷归还给过去。希望他们的坚持，能让孩子眼里有光，胸中有热血，灵魂散发香气。希望他们的坚持，能让天地四海皆入孩子们笔下，让万家忧乐都到孩子们心头。希望那些跟他们学过文学的孩子们片言居要，百意烛照……

九州文学的这对黄金搭档还在人生路上努力，他们正书写着自己的辉煌，他们拼尽全力做好一件事，两个人竟也抵过千军万马。

王力争：他为二百大工匠画像

◎王力争，全国公安美协西画艺委会副主任，天津市油画研究会会员。作品《克星》获全国铁路公安优秀作品奖，《正午阳光》荣获北京青年油画静物展优秀奖，《赶海》等6幅作品参加北京国际艺术博览会，雕塑作品《母与子》在山东济南美术馆获得铜奖。

82

　　李国鹏、许启金、张辉、肉孜买买提·巴克……也许你对这些名字有些陌生，但在他们各自工作的领域，却是大名鼎鼎，他们都是曾被党中央、国务院授予全国劳动模范称号、被中华全国总工会评选为大国工匠的杰出人物，也堪称"大国工匠"。

　　因为北戴河得天独厚的疗养条件，大国工匠们经常会在暑期来这里休疗，他们经常去的京能集团矿工疗养院，也因此被命名为"劳模文化园"，最近，来到劳模文化园的游客们，会发现在一楼临窗的走廊两侧挂满了人物肖像，不用仔细辨认，就能发现这些肖像就是曾经在这里疗养过的大国工匠、劳模们，包括前文提到的李国鹏、许启金、张辉……这些挂在墙壁上的肖像，有几百幅之多。

　　把这些大国工匠"留"下来的人，是一位北戴河油画家——王力争。这些画像，均出自他之手。

　　籍贯河北遵化的王力争，自小在军营里长大，父母都是军队里的干部，在军营里最大的收获，除了让王力争培养了坚忍的意志外，还让他认识了一位名师——中国著名水彩画大师关维兴。因为关维兴当时是部队里的宣传干事，一次，王力争偶然看见关维兴正在部队俱乐部旁的操场上写生，那生动的写生画面一下吸引了少年的他，他从那时起就抱定要跟随关老师拜师学艺的决心，从此走上了艺术创作之路。

少年时在军营长大，青年时随父母辗转各地，从青海、陕西到海南，走南闯北，成年后在秦皇岛的铁路南站派出所工作，丰富的人生经历，从没有抵消他学习美术的热情，在关老师的教导下，王力争后又到天津美术学院油画系深造，他逐渐从一个企业画家，开始成长为一个专业的画家。

走过，见过，画过，这就是王力争的人生历程。他定居在北戴河，并被聘为松石美术馆的馆长，2019年他和他的团队成功举办了"首届秦皇岛国际艺术单年展"，开始接触来自全国各地的美术界人士，小有名气之后，也由此诞生了想为秦皇岛做点事的想法。几年来他已为华贸海滨会馆、北戴河怪楼文化片区等单位做了些文创雕塑作品，受到了好评。

2017年3月，春暖花开之际，他为京能集团矿工疗养院做景观工程，为了美化环境，他为疗养院亭廊里画了北戴河百年历史故事的画像，他的绘画才能由此也被院领导得知。5月份，第一批全国劳模进入疗养院疗养。此时疗养院正处于转制阶段，京能集团上级领导决定以此为契机，提高疗养院的政治高度，创建劳模文化园。院领导与王力争商量后，决定将为劳模画像作为劳模文化园的文化地标象征。

从小就在军营长大、崇拜英雄的王力争，与京能集团领导的想法不谋而合，积极投入到这项工作中。

因为这些劳模和大国工匠都是有组织地来这里学习和休养，白天要开会参加活动，只有晚上才能挤出时间让他画像。满打满算，也只有三天时间完成任务，这就决定第一批的几十个人物形象，必须要在三十分钟，最多四十分钟完成，这样才能配合院内其他各项活动同步进行。

为了快捷，王力争选择了铅笔素描的手段，用人物肖像写生，作为劳模绘画最为生动的表现形式。

为了快速、传神地完成这项任务，他必须要在最短的时间内，深入到这些工匠的内心深处。虽然每个劳模留出的时间不能太长，王力争仍然坚持和每位劳模、工匠多聊一会儿，掌握更多的信息。

相处下来，对于这些大国工匠，王力争心存敬佩。"劳模精神、工匠精神实际上是一种敬业精神，代表着每个人对所从事工作锲而不舍的追求。"

他说，以艺术形式讴歌劳动者立足岗位、敬业奉献的精神，在平凡岗位上作出不平凡业绩的高尚品德，用画笔展现劳模们形神兼备的人物风采、淳厚质朴的音容笑貌，这是自己责无旁贷的责任。

提起这些人，他也如数家珍。

"王尚典，'80后'小伙，健谈；李国鹏，国测一大队队长，这不刚刚带领他的团队又一次完成了珠穆朗玛峰高程测量、南极重力测量等高难度工作，他人很随和……"

通过聊家常了解每位劳模的精神状态，迅速捕捉到每个人与众不同的气质，通过眼神等特征表现每个人不同的个性，争取让每个人都满意、都喜欢。

在这个炎热的夏天，王力争把所有的事情都推后，全身心地做这件事。他经常一坐数个小时，聊天、作画，晚上还对照劳模照片反复揣摩、修改，直至画出劳模的个性和特点，使画像形似且神似为止。

油画家是慢工出细活，但这次的人物肖像，却不能慢，还要更细。不仅要画得像，还要传神，所以要寄予情感。

"你看这位劳模，眼睛向下耷拉，嘴角下垂，这都是上了岁数的特征。还有这位顾秀花，不算漂亮，脸上有一颗痦子，但她做出的成绩是斐然的。我们必须真实地画出她的形象，不能过于美化。"

整整3年多时间，王力争为240多位全国劳模、大国工匠画了肖像画。每人两幅，一幅留在劳模博物院展出，另一幅送给劳模本人。"用手中的画笔记录下每位劳模的动人瞬间，向劳模致敬，是艺术工作者应尽的社会责任，也是传递正能量的一种行动。"王力争说。

为劳模画像，用艺术的形式把工匠精神留在了北戴河，是王力争几年来认为做的最有意义的一件事，接下来，他还有一个宏伟的绘画想法，展现"北戴河百年文化长卷"和"秦皇岛长城老龙头起直至嘉峪关止"。完成一个又一个有深度的长城油画作品。他要把最美的中国文化，用自己的手表现出来。

王海津：乡村记忆就是诗和远方

83

◎王海津，河北青龙人，中国作家协会会员。20世纪80年代开始文学创作，其诗歌、散文等作品曾入选河北年度散文十佳排行榜，荣获"首届华夏散文奖一等奖"等多种奖励，并被选入江苏、湖南、山东、北京等地高中语文试题。

生活不只眼前的苟且，还有诗歌和远方的田野。

这首流行于2016年的歌曲，完全适用于从小在青龙山区长大的王海津。

与很多城里人不同，这个从小就与诗歌、远方的田野相伴的人，从没有背弃过乡村，从没有偏离过记忆的轨道，也从没忘记过乡愁与故土。

于是，2016年，他推出了两本新书。一本名叫《城市鸟群》，一本叫《乡村碎片》。

书名正如他现在的状态：他是飞翔在城市上空的鸟儿，但，落脚的土地，却是永远未曾离开的乡土。

15岁离家的年轻人

生于1964年的王海津，在15岁之前，一直没离开过乡村。

他的老家，在青龙满族自治县一个名叫鹊雀窝沟的山村，这个很拗口的名字，别人念起来很不习惯，但王海津说，用青龙乡音念起来，却别有味道。

青龙多山，多水，也多文人。王海津很庆幸，在他人生的关键时刻，总能碰见影响他命运的文人。

第一个文人算是他的太爷爷，其实他不是传统意义上的文人，没读过书，可是喜欢

书，买过很多书，也让自己的孩子们从小就读书。王海津记得，在"文革"破"四旧"、全民只能阅读"红宝书"的时代，家里人把太爷爷买来的书，藏在屋后地头的一个墙窟窿里，这些沾满了泥土、存了至少百年的书，曾陪伴着王海津在乡村度过了漫长的童年、少年生活。

15岁那年，初中毕业的王海津考入承德地区卫校，子承父业，准备从事医学工作。而此时，正是全民高考揭开序幕的那一年。

读书不再是一件需要偷偷摸摸去做的事，读书人，成了一个受人尊敬的群体。而他也遇到了一群志同道合的读书人。

1982年，被分配到青龙县医院的王海津与解文阁相遇。解文阁，青龙人，中国目前最好的诗人之一，也是当时文学青年们的偶像级人物。与大解、二解兄弟相识，是王海津创作生涯中的重要转折，也让他开始从一个爱好读书的青年，转向创作领域。

"大解当时来医院看我们时，拿过一本书，是惠特曼的《草叶集选》，我看了很喜欢。可是找不到这本书，就借来，一首一首地抄，整本整本地抄。"

那时候，围绕在他们身边的，是一群同样年龄、同样爱好的青年们，这些十八九岁的年轻人，在年龄稍大一点的大解等人的感召下，开始读书、写作，只要闲下来就聚在一起，谈天说地……

而此时，中国正在兴起一股"文学热"，朦胧诗，伤痕文学，新戏剧，西方魔幻主义，意识流……身处这个思想解放、文艺复兴的时代，成为诗人、作家，是当时文艺青年们最时尚、最高端的追求。

"许久东、大解、胡广利、孙明君、李建文、张世民，还有后来更年轻一些的阎天爽、严力红等人，我们常聚在一起，以写诗为主，探讨文学。还成立了一个诗社，叫山鹰诗社。"

如今，山鹰诗社已经成为历史。这个诗社里的很多人，已经离开文学创作之路，走上了不同的工作岗位，但也有人一直在坚持、在创作，例如王海津。

《大屋》让我知道了为什么写作

县文化馆对这群年轻人的举动十分支持，以他们为核心，办过一个刊物，名叫《飞瀑》。

王海津通过发表作品的影响，从医院调到县文联，成为专职文艺工作者。他的诗歌创作才能，得到了更多人的认可。1986年，王海津与秦皇岛日报社副刊编辑刘学勇相识。这位资深的文学编辑认可他的文学才能，破例为他在报纸上发表了组诗。

1989年，王海津开始了创作上的转型，进行散文创作。他的生活也逐渐发生变化，他不再是青龙地区的作者，而变成了市里的作者。2000年，他的工作也开始发生了变化，从青龙调至秦皇岛经济技术开发区工作，离自己熟悉的乡村、县城越来越远。曾经志同道合的朋友们，也纷纷走上了不同的人生道路。这一切，也促使他开始重新思考人生、面临抉择……

创作者永远面临着一件事情：写什么？为谁写？为何写？王海津也一样无法逃脱这个宿命。在写了大量的文字、发表了大量的文章之后，对于写作，他开始重新审视：自己写过真正有价值的东西是什么？自己是否只甘心做一个市区的作者，而千篇一律地重复自己？

2008年，王海津写出了散文《大屋》。

这篇散文完全是当年一段真实的生活经历。当时刚刚分到青龙县文联工作，因为没有地方住，县文化局将一个评剧团排练的大厅借给他住。屋子很大，很空旷，堆放着很多杂物，也充满着一个剧团解散后有些凄凉的记忆。王海津就在这间大屋子里生活了好几年，在这里写作、读书，享受着一个人的孤独，也曾收获了再也不会重来的爱情，后来他有了新的住处，搬出了这间屋子。但每当评剧的音乐响起时，大屋的景象就又会在脑海中重现，宛如记忆，破空而来。

在创作这部作品的时候，王海津已经久居城市多年，早已经住进了宽敞明亮、四季如春的楼房，然而这段艰苦而难忘的岁月，却从未在他脑海中抹去。他写下了这篇情真意切的散文，被权威杂志《散文》刊发，入选2008河北年度散文十佳排行榜。

《大屋》是一个转折点，从那时起，王海津就从一个诗人向一个散文作家转型，就如同一个人告别青春期走向成熟，他的作品，也开始告别了青涩，而走向果实丰华。

每个人的心里都有属于自己的乡村

王海津的散文，渐渐成为秦皇岛文坛一道独特的风景，亦成为以散文作品获得全国影响的本地作家。

他的散文作品荣获过"首届华夏散文奖一等奖"，入选过"全国最佳精短散文选"，还曾进入过多地高中的语文试题，对于自己散文的成就，他认为这是"积累的结果"。

积累，来自生活，来自独特的人生体验，对王海津来说，他生活中无法割舍的永远是乡村。

尽管早已经在城市安家立业，但他的心里，仍难忘生之养之的地方——鹊雀窝沟村。他经常回到故乡，在那里还有他年迈的父母和亲人们。在故乡贫瘠的土地上，他也能发

现城市里没有的财富。

"有天早上，我起得很早，看见枝丫上站立的鸟儿，空气特别清新，鸟儿随着我的走近，呼啦一下飞上天空，绕着大树转来转去，不肯散去。我录下这段视频，这是在久居城市里，看不见的情景。"

王海津认为一个人有两种情结——乡土情结与故乡情结。而生他养他的鹊雀窝沟，是两种情结的完美体现，这里是他的故乡，也是熟悉的乡土。一草一木，一景一物，无不关情。

他开始动起了写故乡的念头。没想到这一写就是五年多。

"我在写这本书的时候，是先有题目，再进行创作。基本是先有纲，后有内容。"把散乱的乡土记忆，纲举目张分门别类，有序地排列成"村庄""地名""旧时""人物""上学""拾柴""家畜""虫兽""庄稼""蔬菜""树木""水果""器物""飞鸟""野花"等回目，让这些文字与章节既是碎片，连起来又是一个整体。

在这种全新的写作技法上，王海津也有自己对于乡土文学的态度。

"我注重文献性，即使抛开了其文学特点，这仍应是一部带有很强资料价值的著作。此外，我不评价，不回忆，甚至不怀念，不煽情，我也不涉及乡村以外的世界和庞杂的知识。我要给大家呈现一个原汁原味的乡村，高度还原一个纯粹的乡村记忆。"

2016年年末，散文集《乡村碎片》出版。

出版后深受好评，秦皇岛市地方志办公室主任孙继胜将此书征集过来，利用其中大量、细致的文献内容，又重新编辑梳理成为《鹊雀窝沟村志》一书，将一部散文集变成了一部真正的村志史。王海津和孙继胜，一位文学作者和一位史志工作者，在无意间也为他的家乡做成了一件事，让从没有过任何志书存在过的小山村，有了一部真正属于自己的村志，弥补了村里缺乏史志的空白。

王海津说："乡愁几乎是一种公共情感，我也不例外。希望通过我的写作，让我自己对此有一个更深入的思考与理解，也让更多的人，知道并相信我们曾经有过如此的生活，有过如此的时光岁月。不论好坏，它依然存在。"

真心爸妈：学霸夫妻变身家教"大神"

84 ◎高志宏，毕业于北京大学中文系，中国传媒大学广告学硕士、博士。徐智明，毕业于北京大学政治学专业。他们曾创办北京龙之媒广告文化书店、"快书包"网上精选便利店，著有《广告策划》《广告文案写作》《我爱做书店》《育儿基本》《育儿基本2：与孩子合作》《阅读手册》。

他们是一座小县城的学生，也是学校有名的"学霸"，在高中时期，他们相识，双双考上北京大学；毕业后，他们终成眷属，却在时代的转变中，又都离开了稳定的工作单位，一起创业；他们曾经一起开创了中国第一家广告人的书店，并成为图书出版业的旗帜性人物，连著名的樊登，当年都曾在他们的书店里买书获益匪浅；图书业萎缩时，他们又关闭书店，大胆创业，开创了电子商务"一小时到货"服务，却因太过超前的理念惨遭失利，一夜间资产丧尽，一无所有……

2016年，他们投身于家庭教育领域，又以"真心爸妈"的笔名重出江湖，成为今日头条的签约作家，全国知名家庭教育作家，在家庭教育领域再次打出了一片天空……

这对曾在商场上"乘风破浪"的夫妻，如今又回归家庭的"真心爸妈"——徐智明、高志宏，是咱家乡抚宁人。

喜欢读书让他们双双成了"别人家的孩子"

徐智明就读于抚宁一中，在中学时带给他最美好记忆的是图书馆。他在那里接触了大量的图书，也认识了高志宏。

当时抚宁县城有两个图书馆，一个是县图书馆，一个是工会图书馆。因为徐智明的父亲当时有两家图书馆的借书卡，他就经常拿着卡去两家图书馆借书，那时候借书，每本书里会插一个卡片，记着什么时间、谁借过，徐智明在好多书的卡片上，都见过另一个名字，叫高志宏。

那个时候，他们疯狂地如同海绵吸水一样，读了大量的书籍，鲁迅、托尔斯泰、雨果，这些文学巨匠的全部作品，还有数不清的人物传记、文学期刊。

中学6年，大量的独立阅读，让小县城长大的两个孩子看到了世界的辽远，思想的深邃，看到了人生境界的高远之处。

徐智明在当时是抚宁一中的"明星"，这个貌不惊人、在人群中毫不起眼的学生，是抚宁一中首届学生会主席，高中的时候就入了党，也是校园的积极分子。1987年，他以秦皇岛文科第2名、全省文科第11名的成绩，考入北京大学政治学专业，是当年抚宁一中唯一一个考上北大的学生。

高志宏比他低一年级，徐智明担任抚宁一中学生会主席时，她是副主席，是学友，也是搭档。一年后，高志宏以秦皇岛市文科第一名的成绩考入北京大学中文系，紧紧追上了学长的脚步。

在去北大之前，徐智明是一个土气的县城孩子，甚至连火车都没坐过，到了北大，他这个全县的学习尖子，面对来自全国的精英，变得平淡无奇，甚至一度产生了自卑心理，不过他很感谢当时的班主任，竟然在精英林立的同辈中发现了他，把班长的重任交给了他，让他就此产生了自信。此后，他一直活跃在北大校园的组织中，还在党支部担任过组织委员。

徐智明说："读大学时我的理想是要立志报国，所以选择了政治学专业，大学四年，对我来说，最大的收获就是社会的责任感与家国的情怀，而北大赋予我们的阅历和视野，又让我产生了不惧怕困难、挑战未知的勇气和底气。知识是很容易过时的，但在学校获得的知识以外的东西才是真正的财富。"

正是因为在北大学习中获得的宝贵财富，让徐智明在毕业以后，并没有选择稳定的单位，而是投身了自己热爱的图书行业，成为一名图书经营者。

他们曾影响了中国一代广告人

1993年，中国的广告业正在蓬勃发展，刚刚毕业一年半的徐智明，认为广告业有远大的前景，为此他毅然辞去工作，开始投身于广告行业。也正是在这一年，相爱多年的两人步入婚姻的殿堂。

1995年1月，27岁的徐智明开始创业，出于对读书的喜爱，他决定创立中国第一家广告图书专卖店，于是龙之媒书店也就应运而生了。

在他创业的同时，高志宏则进入中国传媒大学，开始广告学专业硕士的学习。命运让这对夫妻最终又共同走上了一起创业的道路。1996年，高志宏也加入徐智明的公司，成了他事业的助手和伙伴。

当时中国并没有广告书店，广告人也没有更好的学习教材，徐智明开始尝试从国外引进版权，从出售广告名家书开始，他们也逐渐走上了出版之路，到后来自己开始编写广告类学习书籍。

徐智明和高志宏撰写的《广告策划》《广告文案写作》两本书，被一百多所高校选作广告专业教材，销售了50多万册，他们还共同翻译了《广告的艺术》《大卫·奥格威自传》两本书，在业内引起巨大的反响。

十几年间，他们一共出版了100多种广告专业图书，影响了整个一代广告人。就连今天名满天下的樊登，当年也是龙之媒书店的常客。

此间，徐智明荣获了中国广告25年25人杰出贡献奖、中国广告历史贡献奖等诸多奖项。高志宏则取得了中国传媒大学广告学专业的博士学位。他们还把自己经营书店的经验，写成《我爱做书店》，这本书，成了很多书店的运营指南。

破茧重生成为家庭教育的"真心爸妈"

2010年以后，电子商务逐渐兴起，实体书店业陷入低迷，眼光敏锐的徐智明决定投身于这片崭新的领域，经过几年的筹划，他们提出了"一小时到货服务"的口号，并成立了快书包电子商务公司，获得了新浪微博基金的千万元投资。

为了集中精力更好地开展这一事业，2013年，徐智明忍痛关闭"龙之媒"书店，结束了自己图书出版人的生涯，但集中全部的人力、财力的这一次创业，却因为超前的思路和当时的各种局限，最终夭折，这一次创业以失败告终，亏损近两千万元，几乎一夜之间，他们就失去了所有。

失败的创业经历也并非一无所得。徐智明说："后来这个项目没有做成，但是我们提出的一小时服务，现在已经成了各大电商的标配，像京东、天猫等公司都推出了一小时到货服务，而且使用的模式就是我当初创立的分仓制。"

北大的精神里，没有退缩和胆怯两个字，2015年，一次阴差阳错的事件，让徐智明夫妇再次找到了新的创业生机。

那是因为二胎政策的开放。二胎政策开放后，很多家庭都不得不面对家庭关系、亲

子关系的课题，相关的研究和教学也如雨后春笋般出现。已经有了两个孩子的徐智明夫妇，出于自身家庭教育的需求，很早就开始关心这一课题。

他们倡导早结婚、晚生子的理念，要孩子比较晚。他们的两个男孩，大儿子天真生于 2002 年，小儿子开心生于 2006 年。早在孩子出生之前，他们就翻阅、收集了市面上主要的育儿类书籍，在读书中，他们获取了很多育儿、成长的知识，并一步步地实施运用于两个孩子身上。

这一年，今日头条等自媒体开始兴起，一个朋友邀请他们也在头条上开了一个头条号，他们写了几篇关于二胎政策开放后如何进行家庭教育的文章，没想到获得了几十万的浏览量，也引起了今日头条的关注。今日头条主动联系他们，并与他们签约，让他们开始走上了家庭教育领域的创作之路。

至今，徐智明、高志宏夫妇以"真心爸妈"的笔名，在今日头条上已经发表了两百万字的育儿研究文章，并获得年度头条号称号。2017 年 1 月，根据头条号的文章，他们整理出版了《育儿基本：找到好方法，轻松做爸妈》一书，出版后稳居当当网家教育儿类图书畅销榜前列，并获选豆瓣 2017 年度读书榜单少儿·教育类第四名；2018 年又出版《育儿基本 2：与孩子合作》一书；2020 年出版《阅读手册——成就孩子一生的阅读培养法》。

从 2017 年开始，今日头条号、微信公众号"真心爸妈"累计发表原创文章六百余篇近两百万字。连续五年，他们成为头条号"千人万元计划"签约作者，并获得 2017 年"年度头条号"、2016 年和 2018 年"十大育儿头条号"殊荣。2019 年真心爸妈当选北京阅读季十大金牌阅读推广人。在千聊、中信书院、十点读书等平台开设的音频课程，受到数万父母的欢迎。已在全国各地举办近百场讲座，与父母分享育儿和家庭教育心得。每天还通过十余个微信群与数千位爸爸妈妈交流。

从一次无心的创作，到职业化的选择，北大才子成功变身为真心爸妈，完成了从图书出版者、经营者到电商，再到育儿类作家的又一次转型。

在家庭教育中，他们提出了"让孩子自主""与孩子合作""让孩子满足"三大育儿理念，倡导"客厅变书房"的新生活方式。这些家庭教育理念，正在影响和改变着人们。

例如：他们不把孩子上名牌大学作为学习的目标，而是让他们学会独立、成长，把成为一个快乐的、能够自主选择的人作为最终的标准；他们不让孩子上各种辅导班、学习班，却把自主阅读、全学科阅读作为辅助学习的手段；他们并不反对孩子玩电子游戏，却早早让孩子拥有台式电脑而不是手机，并让孩子在组装电脑中寻找乐趣和知识；他们给孩子更多的选择权，包括穿衣、读书、游玩、学校、用餐、专业，都是孩子在自主选择；他们反对亲子共读、诵读，却把聊天和讨论作为亲子教育的根本……

　　在各种创新的育儿理念中，其实蕴含着阅读大量书籍后的理性思考和实践，也有着夫妇二人在孩子成长的同时，对于自身成长的选择与强化。

　　离开商场，转身于家庭教育，但这一切仍与读书密切相关。徐智明很忙，今年他被聘为樊登书店的战略顾问，每个月要从北京跑到上海樊登读书总部至少一两次。但今年年底，真心爸妈仍会围绕独立阅读推出两本书，未来二十年，他们将会在这一领域继续探索，并将之作为自己事业的主项。

许笑男：享誉国际乐坛的"手风琴王子"

◎许笑男，6 岁开始习琴，2005 年 5 月，以专业第一名的成绩考入中央音乐学院附中手风琴专业，后进入中央音乐学院钢琴系手风琴专业学习；曾入选中央音乐学院首届"拔尖创新人才培养计划"（也称为"BOB"计划）；2016 年中央音乐学院钢琴系手风琴专业硕士研究生毕业后留校任教；2018 年考上首届中央音乐学院手风琴表演博士研究生。现为中央音乐学院钢琴系手风琴专业教师。

85

　　2015 年 11 月，广州，第十届中国音乐金钟奖的会场，出现了音乐界的一件盛事：第一次把手风琴列为永久性比赛项目之一！

　　中国音乐金钟奖创办于 2001 年，是中宣部批准设立、由中国文联和中国音协共同主办的中国音乐界综合性专业大奖，是全国唯一常设的音乐综合性大奖，与戏剧梅花奖、电视金鹰奖、电影金鸡奖等国家级艺术大奖并列。自 2003 年永久落户广州后，逢单数年举办，至今已经成功举办了十届。

　　手风琴大赛开赛了，一个卷发的青年跨着手风琴走上台来，他风度翩翩，台风优雅，面对着严肃的评委和场下的同行们，微微鞠躬后，轻抬指尖，鲜活的音符从灵巧的手指间跳跃而出，如春水流泻、微风轻拂……

　　一曲终罢，掌声雷动，卷发青年的脸上露出了欣慰的笑。他知道，自己再一次征服了评委的心。

　　金钟奖首次增加的手风琴比赛大奖，最终落在了这位"90 后"青年的手上——他，就是来自河北省秦皇岛市的许笑男。在这之前，他已经斩获了无数个国内外同类级别的大奖，更被乐坛称为"手风琴王子"。可在许多家乡人的眼中，他，还是那个从小在报社家属院里长大的孩子。

一把二手琴，带给他一个梦

从小在秦皇岛日报社的家属院里长大的许笑男，父母亲都是知识分子，他音乐的天赋，自5岁时就显现出来了。

据父亲许少强回忆，许笑男很小的时候就有很强的旋律感，每当听到好听的音乐，他就会不由自主地和着音乐的旋律起舞歌唱；还把家里的板凳当成了大鼓，盘子当成了小鼓，筷子当成了鼓槌，凡是可以出声音的东西都成了他的乐器。

因为从小显露的音乐天赋，父亲坚定了让他学习音乐的想法。不过，最初并没有想到这会成为终生职业。"只是为了让他多一点艺术上的爱好，增加个人的修养。"许少强说。他们曾经选择过钢琴，但当时一架钢琴要上万块钱，对于一个工薪阶层来说过于昂贵。还有什么乐器能够"符合"这种家庭条件的孩子学习音乐呢？他最后帮孩子选择了手风琴。当时新的60贝斯手风琴才1000多元一台，要是买个二手的更便宜。于是，一架二手60贝斯手风琴，就伴随着许笑男打开了音乐之门。

手风琴从此也成了许笑男音乐之旅上的伙伴。为了让他的音乐梦顺利实现，父母为他在当地遍寻名师，最终选择了以教学严格著称的冯健老师。不到6岁的笑男开始了手风琴学习。上课时因为个子矮，坐在凳子上脚够不到地面，无法弹琴，姥爷就找人帮着做了一个小凳子让他踩在脚下，每次上课时，爸爸妈妈都会带着这个小凳子去。

刻苦的练琴生活，成为许笑男童年至青年成长生涯最难忘的记忆：夏天练琴，胸口被琴焐出了痱子；冬天练琴，二十几斤的琴架在腿上，把棉裤磨出了窟窿；左胳膊由于经常拉风箱用力过多，比右胳膊粗很多，手指肚上长出了老茧……

许笑男难忘2002年的夏天。那一年因为他不慎摔伤了右手，桡骨手腕处骨折了。一直坚强的许笑男流泪了。因为在6月底他就要进行小学五年级的毕业考试，而8月份还有两次国际手风琴比赛要参加。医生告诉他，这手腕要打石膏固定30天，30天之内右手是不能动的。此时，爸爸妈妈都很着急。笑男强忍伤痛对他们说："没事！琴我可以照样练。右手不行，就先练左手；考试可以练着用左手答。"

在骨折后的近一个月的时间里，他一直坚持左手自由低音的练习；在学习上，也没有因此落过一次课，期末毕业考试的时候，许笑男用左手答完了试卷，并取得了全年级总分第一的好成绩。到了7月初，在本不该拆下石膏的时间，许笑男让医生把右手的石膏拆下了，如期参加了8月份的比赛……

8月10日，第九届北京国际手风琴比赛如期开幕了。在预赛中许笑男顺利过关进入决赛，8月12日的决赛中他出色地完成了演奏，获得了这个组的第二名。颁奖仪式上，他从我国著名手风琴艺术家杨文涛手中接过了奖杯，这一次他绽放了开心的笑容。

遍寻名师，踏上舞台巅峰

初露锋芒之后，许笑男的生活在练琴之外，又增加了新的内容：比赛。

回顾他的青春之路，就是一场又一场的赛事。从2000年开始，许笑男接连几次参加北京的国际手风琴艺术节比赛，均获得了第一名的好成绩。对此，比赛的评委之一、我国著名的手风琴艺术家杨文涛先生夸他的演奏具有"大将风度"。而一位来自俄罗斯的手风琴大师则在给许笑男的评分表上写道：他具有很好的音乐表现能力和技巧。

2002年的10月，许笑男开始了与天津音乐学院孟辉老师的学琴历程。孟辉老师是一名优秀的手风琴教师，她的学生有好多都获得过国际比赛的大奖，如毕业于中央音乐学院的戴钰、张维怡。得遇名师，许笑男分外珍惜。从那以后，每个月都有一个周末，他和爸爸妈妈一家三口，背上琴乘火车到天津去上课，为了节省成本和时间，每次都是当天返回。

2003年，孟辉老师要到俄罗斯格涅辛音乐学院跟随手风琴大师利普斯教授读研究生，为了给笑男找到更好的老师，孟辉老师开始和当时在德国汉诺威音乐学院任手风琴教授的国际著名的手风琴演奏家、教育家曹晓青教授联系，希望曹晓青教授成为笑男的老师。当年11月，在曹晓青教授回国办理相关手续时，许笑男由爸爸带着到北京，正式向曹晓青教授拜师，很荣幸地成了曹晓青教授归国任教后的第一名学生。

许笑男说，他在人生路上难忘三位恩师，冯健老师、孟辉老师和曹晓青教授。在三位恩师的悉心调教下，他从一个对音乐有兴趣的孩子，走上了专业之路，顺利完成了由传统键盘式手风琴向键钮式自由低音手风琴（巴扬）的过渡，直至站到国际音乐大赛的最高殿堂。

2005年，他以专业第一名的成绩考入中央音乐学院附中手风琴学科。2009年以文化课582分的优异成绩保送进入中央音乐学院钢琴系继续攻读手风琴专业，2013年又被免试保送攻读该专业的硕士研究生。

在一路的求学生涯中，他如同一个战士，披荆斩棘，负重跋涉，在各项重大赛事中，都留下了一连串闪光的足迹。在2011年至2012年期间，许笑男先后拿下第61届世界手风琴锦标赛艺术家组第一名、第49届德国克林根塔尔国际手风琴比赛艺术家组第一名、第65届世界杯手风琴锦标赛世界杯组冠军、第37届意大利卡斯特费达多国际手风琴大赛演奏家组第一名、第二届罗马 Santa Cecilia 现代手风琴艺术节演奏家组第一名等，成功实现了手风琴国际顶级赛事最高级别组的大满贯，这在世界上也是罕见的。他还获得我国文化部的奖励，成为中国手风琴界的代表人物，并在世界手风琴舞台上添上了浓墨重彩的一笔。

同时，他也是中央音乐学院拔尖创新人才，围绕在他身边的，则是"国际知名青年演奏家""中国手风琴王子"等一系列闪光的称号。

初心不变，他还是我们家属院的孩子

在位于秦皇岛迎宾路一侧的秦皇岛日报社家属院，很多老人还记得许笑男小时候的样子，小时候他就一头卷发，非常有礼貌，人如其名，爱说爱笑。

和许笑男一起在报社家属院长大的王亚非，不但其父亲和许笑男父亲许少强是同事，他们两个也是市七中的同学。他回忆起当年许笑男和他说起的学生经历。"许笑男和我说过，从市七中转到中央音乐学院附中时，他上完文化课，还要去运动，再去图书馆看书。然后晚上还要练琴到 9 点 50 分，赶在 10 点宿舍洗澡水停之前跑回去。在别人眼里的这段'苦熬'的日子，他却当成了一段美好时光，他说旁边的琴房传来二胡或小提琴的声音，就像有问有答的乐曲对话。"

2009 年，许笑男考上中央音乐学院后，他在本科主修手风琴专业的基础上，又考取了作曲专业。其创作的手风琴独奏作品《春天的歌声》《游击队歌变奏曲》以及室内乐作品《秋叶的故事》（为手风琴、吉他与小提琴），已入选《中国手风琴新作品》（该 CD 被列入《"十二五"国家重点音像出版规划》）。其中《春天的歌声》还被列入哈尔滨之夏国际手风琴比赛的规定曲目；他参与改编的手风琴协奏曲《凤点头》，也被列入第十届中国音乐金钟奖手风琴比赛的决赛规定曲目。

2008 年由中国唱片深圳公司录制出版个人首张自由低音手风琴独奏专辑《日出》，2012 年由北京环球音像出版社出版独奏专辑《能量》。他还应邀到美国、俄罗斯、意大利、德国、塞尔维亚、黑山、葡萄牙、新加坡、我国香港等国家和地区举办专场音乐会。

此外，他还曾与常石磊合作其专辑《塞北的雪》、与龚琳娜进行过自由合作、参与李健的最新专辑制作，还参加过湖南卫视《天天向上》等栏目的录制……先后参与、录制了大量电视、电影等原声音乐。

尽管如此，许笑男仍然认为手风琴是他的魂与根，这正如无论走到多远的地方，秦皇岛仍是他的家一样，在这位青年人眼中，无论多么瞩目闪光的成绩，对他而言，远不是结果，而仍是征程与起点。

胡力夫：秦皇岛小伙闯荡京城影视圈

◎胡力夫，毕业于北京电影学院，电影投资人，专业电影制片人，2006年至今参与多部国产和进口影片的策划、制作、发行。作品包括《硬汉》《龙之战》《车在囧途》《秘术》《祖宗十九代》等。

86

2018年春节期间，影院进入贺岁片"大战"阶段，《捉妖记2》《西游记之女儿国》《红海行动》《唐人街探案2》四大贺岁片平分秋色，为中国电影贡献了几十个亿的票房，在这红火喧嚣的贺岁片之争中，有一部电影另辟蹊径，以穿越喜剧的经典类型，目前也夺得了1.7亿元的票房。

这就是相声演员郭德纲导演与德云社众弟子以及十几位一线明星友情出演的《祖宗十九代》。

这已经是郭德纲数次下海"触电"了，在以往电影票房并不太理想的情况下，此次他取得了较好的成绩，而大家并不知道的是，这些年来，与郭德纲一直合作并出品了包括《车在囧途》《祖宗十九代》等数部影视作品的制片人，竟然是一位秦皇岛青年人，而他这一年才刚刚30岁。

他就是胡力夫，电影《祖宗十九代》的制片人和第一出品人。

为了电影梦，少年闯京城

胡力夫是地地道道的秦皇岛人，从建设路小学上的小学，在秦皇岛七中上的初中，在秦皇岛一中上的高中，最后以优异成绩考上北京电影学院管理系，从事影视管理专业的学习。

该专业是影视行业的一座"标杆",极其难考。因为其属于艺术类专业,不但要进行艺术类的考试,高考的分数也很高,两层考核,均需要凤毛麟角般的才华才能胜任。胡力夫考入电影学院的那一年,秦皇岛只有两个人入选,他即是其中的一人。

高中学的是理科,然而对电影的热爱,使他作出了一个反常规的选择。对此,胡力夫的父亲胡志文则给予了支持。

胡志文是一位作家,也是一个艺术爱好者,所以对儿子从小痴迷于看电影这些事从不阻止,对他的选择也表示支持。作出这个决定,也是基于他对胡力夫能力的认可。

"胡力夫从小就聪明,情商高,可以说是一个人见人爱的孩子。他在上学的时候,文化课并不突出,但是他的爱好广泛,体育、文艺、各种集体活动,他都积极参加。小学时候,他就曾代表秦皇岛市参加了全省的国际象棋比赛,初中至高中期间,还是校足球队里的骨干球员,大学时,在运动会的短跑、长跑项目中都取得过名次。他的情商,在很小的时候就展现出来了。"

父亲的评价是准确的,正因如此,胡力夫自认为,在他求学、奋斗的路上,一直也没有扭曲个性、压抑天赋,这是他的幸运,也是来自家庭的理解。

进入电影学院之后,胡力夫珍惜这次机会,把学习与实践统一起来,在别的学生玩电脑、泡网吧、谈恋爱的时候,他已经开始进入片场,寻找各种各样能与电影亲密接触的机会,从大一开始,他就泡在片场,从场工干起,几乎尝试了剧组的每一个工种。这一干就直到毕业,也让他对电影工业流程有了深深的理解。

胡力夫在北京电影学院曾经当过学生会外联部部长,后来又担任学生会副主席,而且多次拿过奖学金,这些经历,既是他努力拼搏的结果,也为他以后走上制片人的工作岗位奠定了坚实的基础。

感动郭德纲,寻觅人生路

2010 年,胡力夫从北京电影学院毕业,在毕业之前,他已经开始"触电",他在 2009 年即拍摄了影片《幻象》。2010 年,作为执行制片人的胡力夫拍摄了电影《小站》。两部低成本的电影虽然没有太大的影响,但却为他成为制片人积累了经验,也让他懂得了制片人的职责所在。

胡力夫总结说:"从选择剧本、编剧、拟定片名、融资到导演与演员及技术团队的选择、后期宣发等,都要制片人操盘,制片人就是影片开始的第一人,以及影片收尾的最后一人。"

制片人差不多是世界上最辛苦的工作。24 岁的青年,凭着一腔热情踏入其中,虽然

苦与累，常常彻夜难眠，但他仍乐此不疲。他后来接触到了《车在囧途》的剧本，一下子被吸引了，而片中男主角的选择，他想到了郭德纲。

此时郭德纲在相声界如日中天，红极一时，他也想转型进入电影圈，但胡力夫一无背景，二无资历，想要打动这位大咖简直难如上青天。

为了请郭德纲出演，胡力夫充分发挥了自己的情商与韧性，多次去郭德纲家中邀请，锲而不舍的精神，终于让郭德纲为之感动，他对这个年轻人产生了惺惺相惜之情，终于同意担纲主演了《车在囧途》，并如愿地取得了良好的票房。

胡力夫虽然年轻，但是性格沉稳、持重，平时总是衣着整洁，谈吐与公关能力极强，这也是他能迅速地在浮躁的影视圈里结交朋友、获取人脉的关键，从《车在囧途》开始，胡力夫渐渐赢得了郭德纲的信任，也在影视圈认识了更多志同道合的人。

其后，胡力夫担任制片人的影片还有《秘术》（又称《秘术之盗墓江湖》）、《好命先生》、《我要幸福》、《欢乐喜剧人》等。这些影片多数都是与郭德纲团队合作的，他渐渐在京城的影视圈里站稳了脚跟。

成立新公司，成为出品人

古人说，三十而立。胡立夫早早地实现了这一梦想。成为单纯的制片人，已经不能满足他的梦想，有一家自己的公司，拍自己喜欢的电影，获得更大的主动权，才是他最想做的事。

2014 年，胡力夫成立了"北京一个文化传媒有限公司"，使他作为制片人有了自己更强有力的支撑和底蕴，成立公司后也多次与郭德纲合作。《祖宗十九代》就是由他作为出品人及制片人、郭德纲第一次作为导演的力作，并顺利地在强手如林的情况下拿到了进入 2018 年贺岁档的"入场券"。

胡立夫在微博上写道："过程都在导演的文字里了，太多的心情找不到辞藻形容，大年初一希望大家来观影，一部适合全家人观看的纯喜剧。"

这部电影因为云集了吴秀波、吴京、井柏然、王宝强、林志玲等众多明星，也成为郭德纲电影中有史以来阵容最强的一次，郭德纲也凭此华丽转身，跨界成了一个名副其实的导演。在大片云集、硝烟弥漫的贺岁档大战中，虽然排片并不理想，但也终于杀出了一条血路，赢得了观众的好评。

从年轻时热爱电影的追梦人，到成熟的制片人和电影出品人，胡力夫在电影的梦想之路上一路奋进，这个进入而立之年的青年人，也通过一部部的院线大电影，让自己的梦想走进了现实。

孙志升：记录家乡热土的行者

87

◎孙志升，1946 年重阳节生于江苏无锡，1965 年由北戴河中学考入中国人民大学新闻系。高级编辑，担任秦皇岛市历史文化研究会会长、秦皇岛市国学研究会副会长、秦皇岛市碣石研究会及徐福研究会副会长、北戴河区委文化顾问、中国长城学会常务理事等职。

20 世纪 50 年代初，年少的孙志升跟随家人，从风景如画的西子湖畔，迁到了有"西方美人"之称的北戴河海滨。辽阔的大海、独特的风景、淳朴的民风，让他很快融入其中。

北戴河是闻名中外的避暑胜地，自新中国成立以来，北戴河的中央领导避暑办公的地位，更成了全国人民心中的圣地。就在这里，孙志升度过了美好的年少时光。优美的自然环境，宁静优雅的老别墅，安静祥和的生活氛围，滋润着他的精神世界，丰富了他的思想感情。比邻北戴河文化馆的优越条件，又为他带来了读书看报、开阔视野的大好机会。

在那段日子里，白浪滔天的沧海，延绵起伏的长城，巍峨耸立的雄关，还有那错落相间的老别墅，就这样在他少年的心底，烙印下难以割舍的家乡情怀。

地域创作中坚守新闻理想

1965 年，孙志升以优异成绩考入了中国人民大学新闻系，如果说少年的美好生活赋予了他人生的情怀，大学的时光则奠定了他坚持一生的人生准则！

他至今依旧难以忘怀，昔日在人大的校园里，他和他的导师中国人民大学新闻系主

任罗列先生，探讨学科理念的情景。实事求是、坚持真相的新闻工作原则，就在此时，在他的心中生根发芽。

毕业后，孙志升到农村接受贫下中农再教育，当过农民、农村教员、公社干部、县委干部，后来调回秦皇岛，在团市委工作，一度具体负责青联、青旅的工作，后来归队从事新闻工作。这些经历极大地提升、开阔了他的视野。与此同时，北戴河在20世纪中国政治生活中的重要地位，也为他的创作和学术研究提供了独特的视角和切入点。

改革开放以来，国家对旅游业的发展高度重视。作为中国第一个开放的避暑地，早在20世纪初就被誉为"东亚第一避暑胜地"的北戴河，也揭开了神秘面纱，再度以开放的姿态迎接国内外游人。

孙志升以一个新闻记者的视角，登高望远，回顾历史，搜集材料，著成《大雨落幽燕——北戴河百年风云》一书。以真实的历史资料、详尽的描述，系统地梳理了避暑胜地北戴河的百年风云变幻、历史沧桑。

孙志升的创作道路和旅游息息相关。《秦皇岛旅游》《浪漫之旅秦皇岛》《北戴河，中国现代旅游业的摇篮》《中国旅游胜地北戴河》《到北戴河看老别墅》等著作应运而生。

除写书外，他还在《人民日报·海外版》《中国日报》《中国国家地理》《中华遗产》《地球》等中国著名报刊上发表了很多宣传秦皇岛、宣传长城的文章。

1984年，邓小平同志"爱我中华，修我长城"的题词，在全国进一步掀起了保护、修复长城的热潮。作为"天下第一关"所在地，秦皇岛市积极开展相关工作，孙志升有幸参与其中：相继筹建中国山海关长城研究会和中国长城学会，撰写了《关于成立中国山海关长城研究会的发起书》和《建立中国长城学会倡议书》，先后担任《长城学刊》副主编兼编辑部主任、《中国长城学会通讯》责编、《长城百科全书》编委与文学艺术分支主编、《长城志·文学艺术卷》主编，2020年，又担起《中国大百科全书》第三版长城专题编委会委员一职，任文学艺术分支主编。

在这一阶段他编写了《长城古诗二百首》《秦皇岛长城》《万里长城》《中国长城》《长城》等图书作品。结识了中国古建筑学家、长城专家罗哲文先生和红军老战士王定国等一批热爱长城、为长城事业无私奉献的老一辈长城人，为他们对长城事业终生不渝的精神深深感染。

数十年如一日，他用文字记录着北戴河、秦皇岛以及长城的百年风云，千载沧桑；他用情感和生命见证了家乡热土的改革开放、发展振兴！

在多年的研究和创作中，孙志升对秦皇岛地区的历史文化进行了深入的考证和研究。他将秦皇岛地区历史文化分为三大内容：一是对儒家文化产生深远影响的孤竹文化；二是对世界边际、对生命极限不断求索的碣石文化；三是见证北方游牧民族和历代中原王朝战争与和平的长城文化。这三大文化内容，正是构成秦皇岛地区数千年历史文化的骨骼和脉络。同时，他还对秦皇岛的旅游文化和红色文化进行了深刻的整理和总结，全面地展示了秦皇岛的独特优秀文化。

除了自己的著作外，他主编了《党和国家领导人在秦皇岛》《秦皇岛之源海港区》，与人合著《秦皇岛旅游》《直奉大战》《万里长城入海处——老龙头》等，合编《历史名人与秦皇岛》，参与编撰编审《秦皇求仙·徐福东渡·秦皇岛》《秦皇岛长城》《名人留迹秦皇岛》《秦皇岛古近代建筑》《天开图画成乐土——朱启钤与海滨公益会》等，对秦皇岛市历史文化文献整理起到了重要作用。

收藏学习中升华人格修养

如今，年过古稀的孙志升对秦皇岛地区文化的研究热情丝毫不减。同时，他把对历史文化的研究和个人爱好——古币和陶瓷的收藏更加密切地结合在了一起。早在 20 世纪 90 年代初，作为中国文物学会民间收藏委员会的首批会员，他就和几位朋友在中国万博城展出了他们的收藏品。在 1993 年由河北人民出版社出版的《秦皇岛金融志》一书中，他用自己藏品的实物照片，对冀东地区的历史钱币进行了全面的介绍，丰富了书的内容。

说起收藏，孙志升兴致盎然，对藏品和背后蕴含的文化信息，如数家珍。他认为："收藏是对历史的尊崇，应该把收藏作为一种学习、感知中华文明的过程与收获。""收藏是一门求真的学问，是一门求美的艺术，是对历史真相的探求。""藏品的真实价值在于它所展示的时代真相，不应该也不可能用金钱衡量。"

孙志升爱好收藏多年，而他收藏的动机却很简单，只是为了单纯的历史文化学习和研究。在他开始收藏之时，这个初心就从未有过一丝动摇。

2017 年暑期，河北对外经贸职业学院内建了一座钱币博物馆，馆藏文物由孙志升无偿提供。他希望这些"生不带来、死不带去"的历史文物，能够再度发挥热量，为更多的人，特别是年轻的朋友们带去一份生动的历史知识和文化传承。2021 年 6 月，孙志升毅然向东北大学秦皇岛分校无偿捐赠了 50 年来个人收藏的瓷器，共计 1200 组件，包括汉唐、宋元、辽金西夏、元、明清几代，器型种类丰富，纹样独特，系统完整，为学校民族学学科专业建设和中华优秀传统文化传承与创新提供了丰厚坚实的教学资源。

交往采访中，笔者印象中的孙志升，是一位秦皇岛地域文化、历史文化及长城文化领域的学术权威；是一位拥有率真、认真、求真品质的新闻工作者；更是一位关爱后辈、和蔼可亲的慈祥长者。他把自己的青春才华、毕生心血全部奉献给了秦皇岛——他成长、生活和热爱的家乡。他是当之无愧的精彩秦皇岛人！

关键：关城人心中的温情铁汉

◎关键，中共党员，现任秦皇岛市公安局交通警察支队六大队副大队长，秦皇岛市山海关区人民政府政协委员。自从警以来多次获评市公安局"优秀共产党员"、优秀公务员称号，荣立个人三等功5次；2014年度被河北省文明交通行动计划推进委员会办公室授予河北省实施"文明交通行动计划"工作先进个人；2020年度被市文明办评为秦皇岛市"志愿服务先进工作者"等。

88

2018年6月，收视率极高的中央电视台法制频道《天网》栏目以《暴雨之夜》为题，介绍了一起由交通事故引发的离奇疑案，在这起看似普通的交通事故中，细心、敬业的交警，通过一系列不易察觉的蛛丝马迹，破获了一起精心布局的诈骗案件。

在颇有故事性的破案经过中，负责侦破此案的一名普通交警走向荧幕，讲述了经办此案的经过。他就是秦皇岛市公安局交通警察支队六大队副大队长关键。

暴雨之夜，心细如发破疑案

2017年7月20日21时，关键所在的交警六大队指挥中心接到急救中心电话报警称，102国道山海关长寿山路口东侧500米处，有人遇车祸受伤严重。

接到报警后，主管副大队长关键带领值班民警迅速赶到现场。受当时天降大雨影响，除道路中心线上遗留的两只白色运动鞋外，无其他散落物及制动、接触痕迹，伤者张某立即被送至医院抢救，但于21日0时抢救无效死亡。

一起看似普通的交通事故造成人员伤亡的案件，本可以结案，但是，关键考虑到现场证据不足，特别是曾经做过刑警的敏锐感使他觉得，事情表面上看似太顺理成章，甚至有些蹊跷，总觉得哪里不对劲。

在大量走访排查，尤其是在寻找死者身份的过程中，诸多疑点开始出现：监控视频显示，在案发时间段内未发现任何行人通过事故现场。死者张某是辽宁省葫芦岛人，大雨夜为什么会出现在事故现场？又是如何到达现场的？一连串疑问使关键警觉地意识到死者可能不是步行到现场的，于是他组织事故中队民警成立"7·20"专案组，进行重新梳理，开展调查，从车辆着手继续查看现场录像。

经调查，他们从中发现了端倪：案发前，一辆小轿车出现在事故地点附近，一人（后确认为死者）下车在路边吸烟，小轿车则驶入马路对面无厂门的汽修厂院内。事故发生后该车驶出汽修厂，沿 102 国道向东行驶。

死者是从小轿车上下来的，小轿车停车的汽修厂位置可以清楚地看到事故发生，为什么驾驶人不下车，不报警，不追赶肇事车辆，而在有人报警之后选择离开？不合理呀！关键脑中闪出这个想法，便立即通过卡口监控追踪小轿车轨迹，发现事故发生后，小轿车沿 102 国道一路行驶到山海关边墙子卡口，被民警锁定车牌号为苏 LL83×× 的黑色奥迪轿车，也就是死者下车后，停靠在汽修厂的那辆小轿车！

同时，民警也回忆起在尸检时，死者腹部有一处溃烂的引流切口，这是否会和此案有什么联系？一个个不解的疑问，令案件一度陷入僵局。

组织专案组初步分析，关键判断张某具有故意发生交通事故的嫌疑。为查明张某的动机，关键立即安排民警到葫芦岛市对张某的户籍、社会关系、身体健康状况等情况进行全面调查。

通过对此案的全面深入调查，证实张某与两辆车牌号为辽 P 的货车相撞的行为存在主观故意，不属于意外交通事故。最主要的是，经查实，死者张某在案发前曾购买过大额人身意外保险，存在以造成本人意外死亡从而骗取意外保险的重大作案嫌疑。

为尽快查明案件全部事实，依法追究相关人员法律责任，专案组向市交警支队及市局法制支队申请移交，经批准后案件已移交山海关公安分局办理。

经承办案件的葫芦岛市公安局龙港分局警方反馈，"7·20"交通肇事案件中死者伙同他人预谋骗取巨额保险成立，涉案人员 16 名，已批准逮捕 14 人。此前该团伙已成功骗保 30 余起，涉案金额超过 150 万元。

一起普通的交通事故，引发了一个诈骗犯罪集团团伙的覆灭，这一破案过程被中央电视台《天网》栏目以《暴雨之夜》为题进行了报道。关键所在的六大队也因侦破这起"诈保"案件荣立集体三等功。

对于山海关人来说，关键的名字并不陌生，而他破获的类似案件，当然也不仅仅

如此。

2020年3月，大队指挥中心辅警在录入交通违法车辆信息时，发现一辆号牌为冀C976××的灰色SUV小型客车因驾驶人未按规定使用安全带被抓拍。但经综合平台查询无该号牌信息，无法录入系统。涉牌涉证因其存在严重的安全隐患一直是交警重点严厉打击的交通违法行为，张维民大队长得知情况后，第一时间找来了有刑警工作经验的关键参与案件查办。

经过连续多日监测和查看监控，关键发现，嫌疑车辆多在凌晨三四点左右出现，且车身倾斜，应该是载有重物，最主要的是司机开车故意躲避主要路口监控探头。关键判断该车不单纯为了躲避交警的处罚，还可能另有企图。

为了查出真相，关键带队连续熬了几个通宵，在该车经常出现的卡口沿线蹲守，终于发现嫌疑车辆。在锁定后，他们第一时间将情况通报给了山海关区公安分局，分局刑警大队的民警利用侦查技术手段继续缜密排查，取得更多线索。5月13日凌晨，交警六大队与山海关刑警队协同作战开展收网行动，成功将车辆查获。经初步审讯，犯罪嫌疑人交代：自2020年3月份以来，他同一团伙盗窃中铁山桥集团公司钢铁30余次。经统计此案涉案金额达100余万元。

此案破获过程同样登上了中央电视台《天网》栏目，以《暗夜之下》为题，央视对此进行了报道。

登上央视的交警关键，屡次带领民警力破要案，其破获的案件也多次被媒体报道，将秦皇岛市公安干警为民服务、从严执法的高尚品格和良好形象展现在公众面前，得到了群众极高的认可度、满意度。

建言献策，热心公益，铁汉也有柔情

除去警察的身份，关键还曾连续三届担任山海关区政协委员，为了让自己发挥委员的职能，在政协会上更好地为山海关区的发展建言献策，他时常利用节假日休息时间，带着相机、记录本到各街道对山海关辖区道路交通环境全面踏察，琢磨车流、车量、人流等相关指标，结合自己的本职工作和日常交通管理工作中总结的经验，提出了一些贴近关城实际情况和百姓生活的看法和建议，关键也因此被评为"十佳优秀政协委员"。

破案和执法的果断和硬气让关键给人以铁汉印象，然而铁汉亦柔情，他对待群众和弱势群体时是个爱心满满、温情似水的人。

2018年，在关键的发起下，成立了秦皇岛市滨海公益服务中心，关键带领400多名志愿者以"爱党爱国爱家园，真诚为民解忧难"为服务宗旨，积极参与青龙残疾人贫困户慰问、辽宁永安残疾贫困户旧衣物爱心捐赠、山海关敬老院慰问、助力高考义务接送考生、协助警察义务维持考场周边秩序、军供站多次义务劳动、八一慰问检查站官兵等一系列爱心服务活动，全力为关城人民做好事、办实事。

关键常说："没有持久的爱心，做不成长久的公益。"2005 年，山海关儿童保护中心分中心成立的时候，关键和妻子韩春丽来到中心，主动提出资助一个儿童。从此，10 岁的抑郁症儿童小苏每年都会得到他俩给的新衣服、文具、过年的红包。特别是在小苏 16 岁那年，腹部长了肌瘤，需要手术，关键夫妻两人轮流在市第一医院陪护孩子，并帮忙把医疗费用用绿色通道进行减免，又找到山海关区民政局赞助，剩下的费用由关键夫妻支付。小苏上大学时，他们一次性给了孩子 5000 元做生活费。直至现在，小苏在北京上班，关键夫妇也始终对她关怀备至。

"关键两口子可好了！这么多年，他两口子没少资助孩子们，花的钱都没数了，感谢像关键他们这样不求回报、伸出爱心之手、资助孩子们的好人。"山海关儿童保护中心分中心的张秀霞是山海关家喻户晓的"张妈妈"，提起关键，她激动地说。

疫情面前，他是最美的关城守护者

2020 年新冠肺炎疫情席卷全国，关键第一时间迅速投入到疫情防控中。他所分管的边墙子执勤点，是通向省内省外的咽喉要道、重要卡口。自启动一级勤务响应以来，48 岁的他以高度负责的责任心和态度，始终坚守在防控一线。在执勤点，因为长时间劳累受冻，关键复发胰腺炎，但是，他轻伤不下火线，硬忍着病痛没休息一天。在关键的带领下，交警六大队边墙子中队和滨海公益团队，双双获得"秦皇岛市最美抗疫青年集体"的荣誉称号。

2021 年，面对石家庄市和邢台市新冠肺炎疫情的肆虐，边墙子检查站作为省际检查站发挥着"过滤网"的职能，关键再一次带领边墙子执勤警力 24 小时扎根在疫情防控一线，带领边墙子中队共检查车辆 45000 余台，核查人员 58000 余人次，截至目前，山海关辖区保持着"零输入、零感染"的纪录，与他们的努力密不可分。

在疫情防控、复工复产和全市交通秩序提升"减量控大"的紧要时刻，关键又临危受命担负起六大队"减量控大"工作专班主任的职责。

关键组织警力以 102 国道、G228 省道及农村道路为主，开展全方位、全覆盖交通隐患排查。对排查出来的隐患点段建立台账及时"清零"，对不属交警部门职责的隐患点段，第一时间上报区政府协调相关部门及时整改。有力夯实了交通事故预防"百日会战"专项工作基础，从而实现了六大队全年交通事故四项指标的全面下降。

关键以严于执法的"出拳人"、建言献策的"好委员"、热心公益的"好心人"、疫情防控的"逆行者"的多重职责身份，守护着关城的安宁，奉献着关城的百姓。

田学农：他用老电影收藏旧时光

◎田学农，1976年高中毕业，随后下乡，三年后入职总后第六职工医院（现秦皇岛军工医院），1981至1982年在中国医科大学学习医用电子工程。从事本院的医疗设备档案管理与设备维护工作，兼职工会影视宣传、电力等工作。

89

　　周六，休息日，几个老电影爱好者来到田学农家楼下的一间下房，在这里面等待着他们的除了老田，还有老田亲手烹制的美食，当然，也有独具特色的一屋子的放映机、拷贝、录像带、光盘和各种各样的老式录音机、功放和电视机。

　　老电影爱好者们把这里当成了一个家，在这里怀旧、回忆，跻身于一堆老式电器中，似乎穿越了时光，回忆愈加迷人。

　　田学农将原来的两间车库改造成了他的老电影工作室，这里面有他最珍贵的藏品，完全可以建成一个小型综合性的老电影博物馆，秦皇岛历史上还从没有这样一个老电影的博物馆，这也是田学农的梦想，可惜的是，他一直没有找到合适的地方和合作者，以至于东西越来越多，下房内挤得满满的，几乎已经没有空隙了。

　　田学农就在这里，和朋友们相聚，看着这些藏品，就像是和时光这个老朋友天天见面。

　　生长在21世纪的青年人，可能已经忘记了那句经典的电影台词吧："为了胜利，向我开炮！"这是电影《英雄儿女》中男主人公王成面对敌人的豪言壮语，他曾激励了一代青年人为祖国的美好明天抛头颅洒热血，踏上奋斗的征程。在这些被激励的青年人中，田学农也是其中的一个。不过，与其他人有些不同的是，他在辛勤的工作之余，用另一种方式表达了对那个逝去年代的尊敬和憧憬，那就是收藏老电影。

田学农的父亲曾是一家军工医院的首任政委，20 世纪刚刚跨进 70 年代，他就去了父亲工作的地方。这是总后勤部下属的一所医院，也是大三线工程时期的产物，所在地处深山老岭中间，生活几乎与世隔绝，电影成了他最好的娱乐和休闲方式，对电影的热爱也由此开始。

"《英雄儿女》是我这一辈子最喜欢的电影，我曾在各种场合放映了这部电影数遍。"曾经担任过电影放映员的田学农说。而《英雄儿女》电影里王文清政委的形象，也酷似他的父亲，可能也是他喜欢这部电影的又一个理由吧。

论放映场次，田学农放电影的记录可以和任何一个电影院的放映员相提并论，但是他却又不是一个纯粹的电影放映员。从开始工作到现在，田学农一直在这所医院里从事医疗器械的维修和管理工作，过去医院一有放映电影的任务，几乎都由他来完成。收藏老电影和担任过电影放映员的经历，让这位电影发烧友与电影收藏者的身份开始紧紧连在一起。

田学农还记得自己看过的第一场电影是在 20 世纪 60 年代，影片名叫《带兵的人》，后来，他又看到了人生的第一场露天电影——纪录片《我国第一颗原子弹爆炸成功》。如今，这两部电影早已经被人们遗忘了，但田学农还清楚地记着当时初次进入电影院和露天片场时的情形。田学农说他从那时就爱上了电影，甚至想过当演员，从事表演，当发现这一梦想难以实现时，成为电影放映员成了让他梦寐以求的事。

所以，当他所在的部队医院电影放映组需要人手时，他立刻积极参加。20 岁那年，他圆了自己的梦。在这以前，响应知识青年"上山下乡"的号召，他去农村锻炼，有机会放映了人生中的第一部电影《朝阳沟》。

对老电影的收藏则始于 20 世纪 90 年代初期，收藏的电影是戏剧片《智取威虎山》，这是当时被称为"八大样板戏"的电影之一，唱段精彩，令他沉迷，童祥苓饰演的杨子荣英勇刚烈，也让他崇拜，当他从朋友那里得知可以从相关单位买到这部电影的拷贝时，毫不犹豫地掏出了 400 元钱，这在当时差不多就是他一个多月的工资。

从此他一发不可收，开始了老电影收藏之路。没过多久，他又有了意外的收获，从朋友手里买到了一架老式的 16 毫米电影放映机，当放映机"沙沙"转动时，伴随着影像和声音的出现，田学农特别激动，好像是青年时期的电影梦又回来了。

从 20 世纪 90 年代至今，田学农斥资数十万元，收藏了 100 多个电影拷贝，35 毫米和 16 毫米的电影放映机加起来也有 10 多套件，在秦皇岛民间收藏老电影的人中，堪称是佼佼者。虽然年代久远，但这些老放映机和老拷贝现在使用起来依然没有任何问题。

田学农收藏的老电影既有"文革"时红极一时的根据八大样板戏改编的革命题材的电影，也有《驯鹿女郎》《列宁在1918》《叶塞尼娅》《忠诚》《列宁在十月》等现在已经很难见到的译制电影。但田学农认为最珍贵的还是那些老的纪录片，例如《毛主席视察农村》《毛主席检阅百万革命大军》，鉴证"四人帮"罪行的《铁证如山》，等等。这些纪录片多拍于20世纪六七十年代，很多已经近于绝版，非常难找。

收藏这些老电影和放映机是一件很辛苦的事，最初是通过朋友帮助购买，后来又和外地的同行们进行交流、换购，近些年来，田学农更多地利用网络来订购。

从收藏老电影，到后来收藏老电器、磁带、录像带，田学农收藏的东西越来越多，在行业内也开始有了名气，田学农最津津乐道的一件轶闻是，当年冯小刚拍摄《唐山大地震》时，曾想租用他收藏的十四寸黑白电视机。在收藏路上，他也有过很多志同道合的朋友，例如锦州老兵义务电影放映队博物馆的刘成金馆长。

收藏是快乐的，但也有遗憾，毕竟这一类型的收藏在秦皇岛仍属于比较偏门的，很少有志同道合的同行者，这让老田多少有些寂寞。而现在露天电影场地逐渐减少，也让他过硬的放映技术以及拥有的那些放映设备得不到发挥。更多的时候，他也只能在社区里给街坊们自娱自乐一下。

在几十年的收藏过程中，从单纯的对老电影的热爱转向专业收藏者，田学农也有了自己在这一收藏领域的认识。他认为在数字电影风行的时代，这些以胶片为特点的老电影有较高的收藏价值，因为现在的放映设备、拍摄手法与过去胶片时代完全不同，从手动机械到电脑程序控制，很多老设备已经不再生产了，变成了文物。像井冈山系列、甘光系列、长江系列、松花江系列的放映机，都是极其珍贵的。

与更多依赖电脑技术的数字电影相比，胶片电影更像是传统的象征。一个是数字放映，一个是机械放映，这是两个时代的产物，而通过收藏这种形式，却把那个每秒二十四格的难忘时光储存下来了。

对于老电影的收藏，田学农说，那是属于我们这一代人青春时代的记忆，虽然已经不会重来，但同样醇厚。他殷切地希望有一天，会有一个属于自己的博物馆，让这些老电影的记忆不再蒙尘，能够彰显于世人眼前。

马晖：在酒业的天空里逆风飞扬

90 ◎马晖，秦皇岛市昌黎县人，高中毕业后分配到昌黎县糖酒公司工作，担任采购员；1996年调入秦皇岛市糖酒公司；2000年与同事合作经营酒香苑分店（购物超市）；2001年成立秦皇岛市天伦糖酒食品有限公司（股份制企业）；2013年至今，担任秦皇岛市天伦糖酒食品有限公司法人、总经理。

个子高高的，身材标准，年纪看上去要比实际年龄年轻些。话语不多，语速不快，给人一种"凡出言，信为先"的感觉。

身为秦皇岛市天伦糖酒食品有限公司总经理的马晖，他的创业成功之道，与他的为人一样，都与一个"信"字紧密相连。

初生牛犊不怕虎

马晖出生于昌黎县昌黎镇一街古塔寺街。古塔寺街，因为这里的一座古寺和一座古塔而得名。寺名源影寺，塔名源影寺塔，因寺而得名，是金代的佛塔。

古老的寺庙，古老的佛塔，古老的县城，古老的街巷，民风古朴雅拙。生于斯、长于斯的马晖，身上自来带着一股质朴的古风气度。

1989年，20岁的马晖从昌黎县三中职业技术学校文秘专业毕业，到昌黎县糖酒公司做了一名采购员。糖酒公司顾名思义，主营食糖和酒类，也兼营茶叶、饼干、罐头和糖果等。

"那时的采购员全国各地跑，一年有三分之二的时间都在外地。"从1989年到1996

年，7 年的采购员生涯，除西藏和新疆外，马晖几乎跑遍了全国。

20 世纪 90 年代，东北地区的治安一度较为混乱，社会上盗窃、抢劫案件时有发生。一般人提起去东北，心里都有些发怵。"初生牛犊不怕虎"的马晖，自恃胆子大，自告奋勇跑的第一单业务恰恰就是去东北的哈尔滨。

没承想，刚下火车，当地人就给他来了个"下马威"：吃个早点，开始说是 2 元，吃完就管你要 10 元。人生地不熟、不想招惹事端的他，只能硬着头皮掏钱。

更令马晖没想到的是，这一趟业务，一下子就把他拴在哈尔滨煎熬了一个多月。每天他只有一个事，就是催钱、等钱。直到年三十的头一天，钱款才最终结清。不过，这单业务最后的"战果"是弄到了一火车皮的双沟大曲，让公司赚了好几万元。这也让马晖品尝到了胜利的喜悦。

当时我国正处于计划经济的尾期，昌黎县糖酒公司属于三级站（省公司是一级站，市公司是二级站），没有权力从厂家直接拿货。但是马晖愣是凭着自己的韧劲儿和活泛劲儿，做到了直接从酒厂拿货。

他用七年时间打开市场

一家酒厂一家酒厂跑过来，马晖通过亲身体会，弄明白了酒厂的底细和实际情况。"那时候酒厂批酒都是由销售科说了算，几个人就管全国。全国各地糖酒公司的人都去拿货，排好长的队。"马晖常常是赶在上班前就早早来到酒厂，给销售科领导扫地、擦桌子。

没有卧铺，没有座位，有时一站就是十几个小时，实在累得不行就躺座椅下面；最远的时候到广西，坐了两天一夜的绿皮火车；火车路过"火炉"武汉，车厢里的温度高达 40 多度，背心跟水洗一样，晾干后上面结了一层白花花的盐碱……7 年时间里，马晖一次又一次不断进入火车这个"移动小社会""临时大家庭"。

洋河、双沟大曲、古井贡、郎酒……7 年时间里，马晖跑下了一个又一个名酒品牌。

7 年的摸爬滚打，也历练了马晖的业务能力和人生阅历，为他今后事业的开展奠定了基础。

1996 年，因为表现出色，马晖被选调到秦皇岛市糖酒公司。这个时候，市糖酒公司的经营已经开始走下坡路。马晖印象很深的是，公司与台湾合营了一个冷库，做冷冻食品，把资金都投入进去，最后却经营失败。

更让马晖没有想到的是，他到任之后仅仅 3 年多的时间，市糖酒公司就走到了"穷途末路"。

2000 年春天，市糖酒公司解体，马晖和其他职工一样，被一次性买断。他得到了买断的一次性补偿——12000 多块钱。

面对困境逆风而行

从那个春天开始，被迫失业的马晖不得不开始自谋生路。拿着那到手的可怜的 12000 多块钱，望向前路，31 岁的马晖不禁有些"拔剑四顾心茫然"。

幸好公司之前有位叫赵占林的老大哥已经提前一步下海，他很欣赏马晖的业务能力。在他的召集下，马晖东借西凑了十几万块钱，与另一个原来的同事一同入股，三人共同在老银桥商场内组建了"酒香苑分店"。"酒香苑"是原来市糖酒公司下属的一个批发门店，三个人的公司叫"酒香苑分店"，显然既昭示着一种传承，也带有借势发展的意愿。

公司一开始经营的商品种类比较多，有酒、挂面、糖果、饼干等。公司后来改名"天伦"，就是因为当时代理批发的一个福建比较火的饼干品牌——天伦饼干。

后来，公司的业务逐渐收拢，专营酒业批发。先是做超市，找下家。"那时候，家惠超市在碧海云天小区附近开了秦皇岛市第一个大型超市，我们就去谈供货，做专柜，做堆头。紧接着，超市开一家我们就谈一家，超市铺满以后，供货局面基本就打开了。"马晖回忆创业之初，不无自嘲地说自己从一个采购员变成了一个推销员，天天出去推销公司的商品。

做完超市之后做代理，找上家。2001 年，公司代理了自己的第一个酒类品牌——洋河大曲。这和马晖有着很大的关系。

还是早在昌黎县糖酒公司的时候，马晖就和洋河酒厂有过合作。他还记得第一次去酒厂，厂里的人就用普通洋河水烧了一壶水，晾凉了一喝，就和放糖了一样。甘泉出佳酿，好水出好酒，懂酒的人都知道好水对于酿酒的重要性。

洋河酒厂人的真诚，也给马晖留下了很深的印象。此番再度选择与洋河酒厂合作，还别有一份"患难见真情"的滋味在心头。"当时洋河酒厂的经营很困难。20 世纪 90 年代末，同样身为国有企业的洋河酒厂，赊给糖酒公司几个亿的酒，后来货款收不上来，资金链很紧张。我们是那时唯一一个主动上门与洋河合作的经销商。"马晖一方面割舍不下多年的老情义，另一方面也看好作为中国八大名酒之一的洋河酒的未来发展。

2002 年，在马晖的努力下，公司又代理了双沟大曲。2003 年，公司代理泸州窖酒系列，从婚宴用酒入手，一瓶酒搭送一瓶可乐，由此开启了泸州系列酒在秦皇岛地区至今销售不衰的神话。同一年，公司搬到了海阳路中医院对面，租了门脸，正式挂起了"天伦烟酒"的招牌。

要做就做有信誉的大品牌

2006 年，公司开始代理洋河酒业的"蓝色经典"系列（海之蓝、天之蓝、梦之蓝）。洋河酒业品牌知名度的迅速崛起，证明了马晖当年独到的眼光和正确的抉择。公司也由此进入一段快速发展与上升的阶段。2007 年，公司买下了位于海阳路与红旗路交叉口的公司现址的门市房，有了自己的根据地，并且最多时候开设了 7 家零售店。2013 年，公司又代理了一个重量级的名酒品牌——剑南春。

创业期间，又传来噩耗，公司的创始人也是大股东的赵占林因患上了间质性肺炎去世，其股份也经协商后转让给马晖，作为公司的大股东与掌舵人，马晖肩负重任，在这期间，又于 2015 年带领公司代理了汾酒品牌。他一直对大品牌情有独钟，在他看来："白酒品牌化经营模式日益凸显，目前全国一共 13 家白酒大品牌，占据了白酒市场的 83%。我们做大品牌，毕竟质量有保障，酒的工艺做得好，对人体的伤害也能小很多。"

"中国酒文化源远流长、博大精深，一直伴随着悠远的中国文明传承至今。"30 多年来，对酒文化的了解，对酒行业的了解，让马晖执着地热爱上了这个行业。

以信为本，不做"一锤子买卖"，马晖始终秉持着这样一个理念，对所有客户无论是大商场还是小商户，都一视同仁——承诺了就一定兑现。有时因为厂家政策的调整，无法兑现之前的承诺，他宁愿自掏腰包补偿。

在马晖的带领下，天伦公司始终承诺"假一赔十"，而不像有些商家刻意在文字上做文章，承诺"假一罚十"。30 多年来，公司做到了"零投诉"，并热心公益事业。公司的诚信与信誉度在业内有口皆碑。

孙显英：一生执着入党情

91

◎孙显英，高级工程师，曾任秦皇岛玻璃工业研究设计院副总经济师兼基建处处长等职务，并曾担任中国民主建国会河北省委委员、民建秦皇岛市委副主委、秦皇岛市政协常委、秦皇岛市社科联常委，现任秦皇岛市集邮协会副会长、鲁商联合会秘书长、市老科技工作者协会常务理事。

他经常活跃在秦皇岛的各种社会活动现场。作为评论员、特约嘉宾，他常常出现在秦皇岛电台、秦皇岛电视台《百姓关注》《港城事大家议》《电视问政》等节目中；作为政协委员，他多次提出提案，反映民声民意；作为市工商联"商会党员读书大讲堂讲师团"成员，他先后为上千名新党员和要求入党的积极分子讲党课……他就是孙显英。他自 19 岁开始向党组织递交申请书，在 48 年的时间里先后 10 次提出入党申请，这其中有着怎样的故事？

党员父母为他留下红色基因

孙显英的父母都是老革命。母亲在抗日战争时期就投身革命，那时她才 19 岁，在革命阵营中走过了几十年的历程，直到 1986 年光荣离休。孙显英说："母亲的亲身经历和实践证明，只有共产党才能救中国，才能建设社会主义和现代化中国。"

而父亲的经历更让孙显英佩服并成为他成长道路上的标杆。当年日寇的铁蹄踏进山东半岛，到处烧杀抢掠，父亲毅然加入了中国共产党，不久担任了文登营第一任乡长、区长，领导民众建立革命武装，发展抗日根据地。日寇对父亲恨之入骨，悬赏 1000 大洋

捉拿父亲。解放战争时期，父亲任职于胶东支援前线司令部，在战火纷飞的年代和战友们一起出生入死，浴血奋战。

新中国成立后，孙显英的父母又一起背起背包，作为南下工作团的成员跟随解放大军的步伐走到了湖南长沙，在岳麓山下建起了湖南省革命大学和省委党校，为党培养出一批又一批急需的地方干部。孙显英也因此出生在长沙这个有着光荣革命历史的城市。

在社会主义建设高潮中，为响应党支援三线重点工业建设的号召，1954年，孙显英的父母带领全家来到河南省洛阳市，参加了新中国第一座拖拉机厂的筹建。当时孙显英才4岁，被送进父母单位的托儿所，经常能见到热火朝天的大干场面。当第一辆"东方红"拖拉机披着红绸彩带开进原野时，父母被调到了北京，投身国家新的建设。孙显英说："1963年，父亲又被组织调到耀华玻璃厂主持日常工作，我们全家来到秦皇岛，从此便在这里落户。"

孙显英跟随父母来回"转战"，父母的言行和思想不断地影响着他："父母经常给我讲他们在战争年代的亲身经历，讲生活的艰辛，所以我从小受家庭影响很深，对党有深厚的感情。"

入党愿望历经磨难终实现

在孙显英收藏的资料里，有一份他认为最珍贵的"文物"，那是一个极具时代感的日记本，一行行漂亮的字体跃然纸上。这是他19岁时写的第一份入党申请书，他抄在了日记本上。

一心向党，然而他的入党愿望却由于父母的问题，受到了影响。"文革"中，父亲被打成"走资派"到车间"劳动改造"，后来又关进了"牛棚"；在市第五中学当书记的母亲也被关押起来；当过英雄的舅舅被打成右派，下落不明。政审不合格，孙显英的入党问题也只能搁浅，但他没有气馁。他想起了父亲经常对他说的话："努力做好自己！"

孙显英继承了父亲的许多优点。他说，父亲小时候成绩优异，后因家贫辍学，但从不放弃学习，后来当了领导干部，仍然自费到中国人民大学夜校学习，三年风雨无阻，拿到了本科专修班毕业证书。而孙显英初中没毕业赶上了"文革"，学校"停课闹革命"，他便买书苦读丰富自己，最终走进南开大学圆了大学梦。一路走来，孙显英一直品学兼优，在大学期间，他几次被评为优秀共青团员，但再次递交入党申请书，又因为政审问题没能通过。

大学毕业时，孙显英婉拒了老师让他留校任教的建议的邀请，回到了秦皇岛，在国家建材局所属的秦皇岛玻璃研究所从事科研工作。在与玻璃打交道的40多年的时间里，他从一个普通员工成长为技术人员、高级工程师，又从科研岗位走上管理岗位。他刻苦钻研技术，开展项目攻坚，参与的项目多次获得国家、省、市荣誉，逐渐成长为玻璃领域的专家。虽然孙显英工作出色，是单位发展党员的重点培养对象，但还是因为工作调动频繁等多种原因，入党问题一直悬而未决。

1996 年，孙显英加入了中国民主建国会。在民主党派里，他认真履行职责，积极参政议政，就城市建设、交通安全、民营经济等多方面问题撰写了上百件提案，建言献策，多项提案被市领导确定为跟踪督办提案，多次被评为优秀提案者、反映社情民意先进个人。他还用 4 年时间撰写了 65 万字的《秦皇岛·中国的玻璃城史话》一书，由人民日报出版社出版，填补了我市和国内空白，被评为市政府社科一等奖。他在书中写道："耀华是中国玻璃工业的龙头，跟着共产党走，没错……"

退休后，孙显英担任了新成立的鲁商联合会副会长兼秘书长，继续为社会服务。这期间，他认真为会员服务，积极参与社会公益事业，为边远山区的贫困村民和孩子送去温暖……

随着非公企业和社会组织党建工作不断加强，已从民主党派领导岗位退休、继续在商会发挥余热的孙显英心中埋藏已久的入党愿望再次被点燃，他再次递交了入党申请书。这次，他心随所愿，近半个世纪的追梦，终于在 67 岁实现了自己的入党愿望，如愿以偿地站在了党旗下。

用党课传承红色精神

在孙显英的荣誉证书中，有一个中共中央组织部发给他的 2000 元党费收据引起了记者的注意。这是他入党后的第一次党费。为什么要缴这么多党费？他不假思索地告诉记者：在我的思想中，我早就入党了！

入党前后，孙显英先后为市委组织部和统战部机关、为非公企业基层党组织干部培训班讲"不忘初心，牢记使命"的党课；他被聘为市工商联"商会党员读书大讲堂讲师团"成员，先后为近千名新党员和要求入党的积极分子讲授了《为什么要为共产主义而奋斗》《中国历史与中国共产党》《中国的政党制度》《筚路蓝缕，苦难辉煌》等党课。除此之外，孙显英还应邀去青龙县马圈子镇、到抚宁区深河乡等地，为那里的党员干部和周边十几个村的基层党支部书记上了党课。他说："用好红色资源，讲好红色故事，才能传承红色精神。"

不仅孙显英的父母是老革命，他的姑姑、姑父也是老革命。党课上，他饱含深情地介绍了大革命时期入党、抗日战争中牺牲的姑夫，介绍了在抗战烽火中参加革命，无论

在什么情况下都对党坚定信念的父母和姑姑，讲述了为党和人民作出贡献的老一辈共产党员的事迹，讲述了自己多年来不忘初心、矢志不渝的经历及体会。

2019年7月，孙显英被中共秦皇岛市委授予"全市优秀共产党员"称号。在全市表彰大会上，市长亲自为他颁发了荣誉证书。

2021年是中国共产党建党100周年。孙显英还有一个梦想，他要以此为主题做一个邮集，用邮票讲党史，让人们永远牢记党走过的光辉历程。作为市集邮协会的副会长，他还担负着普及集邮知识，让集邮进校园、进社区，传播集邮文化的责任。他还通过抖音直播间开办"邮票是小型的百科全书"系列讲座，利用邮票载体，普及科普知识，进行爱国主义教育，取得了良好的社会效果。

孙显英的人生是多彩的，而这多彩的人生，却因为对党的忠诚和执着，而变得更有价值和意义。

丁民军：以马为梦的北戴河人

92

◎丁民军，1956年生，毕业于河北建筑工程学院工民建专业，高级工程师；中国木结构产业联盟施工委员会主任委员，秦皇岛市马术协会主席，河北省马协副主席，国家马术协会单位理事。主编《中国马术全能赛规则》。

只要说起马，丁民军不自觉地就打开了话匣子：我喜欢马，那是因为马拥有坚定顽强的品质，是吃苦耐劳、勇往直前的代表，在历史的长河中，马文化有着举足轻重的地位……

作为秦皇岛北戴河国际英伦马术俱乐部的董事长，丁民军不但是一位商业奇才，更是一个天生爱马的人。他将自己的毕生心血都倾注于中国马术的发展上，并致力于开拓出一条适合中国马术发展的崭新道路。

如果不是他亲口告诉你他是谁的话，你绝对猜不到站在你面前的这个笑吟吟、充满活力的人已年逾六旬。今年已65岁但仍神采奕奕的丁民军在接受采访时说道："是爱马、养马，让我始终保持着龙精虎猛的心理状态！"

让我们把时光追溯到2001年吧。

那一年，丁民军在工作上受到了前所未有的阻力。方方面面的压迫感席卷而来，让他难以承受。好朋友便约他到草原上去散心。躺在绿油油的草地上，看到一群悠闲地吃着草的马儿时，他竟一见钟情般地爱上了那些马儿。

从此，老丁与马结了缘。在他的身边，逐渐聚集了一批爱马人士。为了给马一个家，也为了给爱马养马的人们一个交流聚会的场所，2008年，丁民军毅然成立了秦皇岛北戴

河英伦国际马术俱乐部。

这是一所马术文化与旅游健身相结合的俱乐部。丁民军孤注一掷，投资亿元，建成了这所坐落在新河路 19 号占地近 8 万平方米的国内较高水准的马术俱乐部。内有 25 栋木屋别墅，500 米的室外标准马场跑道，总占地面积达 2000 多平方米，还建成了可同时接待 700 人的室内马术馆，以及容纳 1500 多人的演艺大厅……这些数据足以说明英伦马术俱乐部规模之宏大、活动之丰富。

十几年长足的发展，俱乐部里面的骏马数量达到了 200 余匹。有速度王者之称的英国纯血马，有世界名驹之首的阿拉伯马，有日行千里的汗血宝马等世界名马，都在这里济济一堂。对老丁而言，每一匹马都是他的孩子，他给予它们最多的是关爱与陪伴，还有平等与尊重。

养马爱马的丁民军慢慢发现，虽然近年来国内经济和文化建设在快速崛起，马术运动也逐渐进入了人们的视野里和生活中，但适合大多数人的中国马术运动发展并不平衡，也不规范，制约着中国马术运动的发展步伐。

众所周知，我国幅员辽阔，中国马现有存栏高居世界第二，达到 700 多万匹，在马术比赛中速度赛最快的应属英国的纯血马，耐力赛最棒的应是法国的快步马，障碍赛数得上的是欧洲的温血马，即使盛装舞步表演也是最适合欧洲人的马，上述的这些马没有一匹是中国的。很显然，中国马并不适合这些比赛。

中国的马术运动需要改变，需要找寻适合国人的马术运动规则。这是丁民军一直以来的思考、梦想和他要终生为之奋斗的目标。

他的看法是，中国马术不应该是曲高和寡的，而是要每个人都能玩得来的，是高贵而不昂贵的。马种要改良，马术教育要普及，中国马的精神要率先在马术行业中充分展现。

马术运动怎么能够生存？怎么能够发展？丁民军有他独到的理解。他认为，不能单就马术而讲马术，应该让马术普及、鲜活起来。比如马术加教育、马术加文化、马术加体育，以及马术加旅游、马术加情景剧演出等，还要让马术进校园……这一切的一切，都应以我们本土自己的马术运动作为最大的载体，这才是中国马术人的奋斗意义与不可割舍的爱马情怀！

中国马产业和马术运动，一定要探索一条中国路，要有中国自己的马术比赛规则。这个规则门槛相对要低，场地相对简易，利于全民参与。要做到先普及再提高，给中国马一条可行的出路，绝不能搞成阳春白雪、高不可攀。

他坚定了咱们中国不能只走欧洲的竞技赛事，延用洋标准、推广洋规则、只给洋马做广告的老路子了。老丁要做一个适合中国国情的马术全能赛竞赛规则。

马术全能赛，是丁民军逐步摸索完善并倾尽全力推广的赛事。在秦皇岛北戴河国际英伦马术俱乐部的努力下，已经在全国做了几次观摩比赛，也成功举办了几场邀请赛，引起有关权威部门的高度关注，最重要的是得到了马术同行们的广泛认同。

在此基础上，推广中国马术全能赛，就是丁民军心中的中国梦！

为了这个梦，他的脑子里都是中国马术怎么能够发展、怎么能够普及、怎么能够提高。近期国家提出，要以中国十四亿人的生活消费为主体，这是一个很好的信号。目前所有的马术比赛项目诸如速度赛、场地障碍赛、西部绕桶赛、耐力赛、三项赛等都是沿袭其他国家的标准。欧洲占据着历史悠久、经验丰富的优势，让马术成了欧洲文化的一个代表。相比之下，老丁认为，既然单项比赛方面我们不占优势，那么不妨让其回归骑马的本真，降低门槛，搞出一个中国特色的马术赛事。他的想法是设立比赛机制，从观摩赛、邀请赛到联赛，层层递进。参赛成员可以是个人赛和团体赛。并设立相应的奖励机制，以吸引更多对马术感兴趣的人士前来观摩和比赛。经过权威认证，终于出台了中国《马术全能赛》的国家标准。

丁民军认为中国马的品种不具备与欧洲马同台竞技的先天条件，如果拼单项，基本是处在劣势的。但是如果拼十项全能，咱们中国马的优势就能够完全地凸显出来。

丁民军踌躇满怀，他准备请相关部门就中国马术搞一个大型的论证会，把中国马术全能赛真正地推广出去。要在各个省市之间打比赛，最终打入全运会，让中国人的全运会拥有自己的马术赛事。他相信，在不久的将来，中国马术一定会走出亚洲，走向世界，走向奥运会。要让国外的马术，也加入中国的马术行列中来。

在欧洲，马术被看作是真正的贵族必须学会的技能之一，英国小王子乔治在两岁的时候就开始学习骑马；而在上流社会的社交之中，赛马也是必不可少的节目。其中固然有复古和传承，更多是因为豢养一匹赛马，需要花费的资金就是一个巨大的门槛。

迄今为止，丁民军已经约见匈牙利、爱尔兰、新西兰等多个国家的马术行业同人一起研讨这个比赛形式，并用进口良马和国产马同场竞技，结果获胜的全是国产马。

丁民军说："中国马术需要聚集各国专业人士，共同讨论及分享成功，我们需要搭建这样的平台，为中国的马术运动和马匹管理提供解决方案。并开始进行马术运动员、教练员、裁判员的培训，调教训练赛马，迎战各项体育赛事。这对于中国骑手来说，是一个可以提高自己和了解更多信息的好机会，接下来我们会遇到怎样的挑战？这样的信息平台对我们非常有用，有利于我们做好应对的准备。"

北戴河国际英伦马术俱乐部成立至今已有十余年，一路走来有艰辛有喜悦，有汗水

有收获，多年以来唯一不变的是将中国马术文化传承下去的决心。英伦马术人作为马术使者，将马术文化传递给更多人，将马的精神传承下去，让骑士精神成为一种信仰。推广马术文化和马术教育，这也是丁民军成立马术俱乐部的初心，对老丁而言，要为国人引入全新的生活方式，让国人在物质生活满足后，在精神上有更新的享受与追求。

高端马的繁育，高端马场的建立，是一条漫漫长路，绝非一朝一夕就能完成的。为此，老丁成立了"黄埔军校"，通过与河北对外经贸职业学院合作办学，成立了河北省唯一一个"马术运动与管理专业"大专学历教育专科，已经连续招生三年，旨在培养一批专业的国家马术运动人才，继承马术文化并将其发扬光大！该专科实行自主招生，广纳全国爱马青年，人数不限，前提条件只有一个，那便是喜爱马！

老丁为了鼓励莘莘学子前来报名，开出了优厚的待遇，上学期间费用减免，毕业后工作不愁，他表示会竭尽全力为学生服务，将人才培养放在师徒制教育的第一位。"黄埔军校"采取的教学方法是师徒制教学，学生与他们各自的师傅签署《师徒制协议书》后，便展开接下来为期一年半的一对一式操作技能学习，技术的成熟、能力的提升，使得他们一年半后能够独立顶岗实习，成为北戴河英伦马术俱乐部未来发展的重要人才之一。

如果中国马术全能赛能够推广，那么，马术就不再是昂贵的运动；那么，丁民军对于中国马术和中国全民健康产业的贡献就是重大的；丁民军的中国马术梦，也终将变成现实，丁民军这个马的"奴隶"，爱马一生也是值得的。

刘梦瑜：从资深媒体人到地方文旅推广者

93

◎刘梦瑜，资深媒体人，跨界设计师，中国旅游商品大赛金、银、铜奖获得者，中国旅游协会旅游商品及装备分会常务理事，中国影视家协会会员，河北省作家协会会员，秦皇岛市政协第十一、十二、十三届委员，国家 T1 级电子商务讲师，秦皇岛市电子商务协会会长，秦皇岛市旅游协会文化和商品分会会长。

有人说，知性就是成熟、理性、睿智、大气的代名词，是一种内在的气质和悟性，是一颗仁爱之心的外在显露，无论言谈举止还是为人处世，都让人感觉很舒服，让人敬佩。与刘梦瑜相处就会联想到这个词：知性，那是一种追求与担当绽放出来的光芒。

感恩生活，以感恩回报家乡

几十年媒体工作经验，在人到中年后，又进入旅游文化行业中，如今，刘梦瑜运营着以旅游文创设计和活动策划为主业的秦皇岛市云视文化传播公司，同时也是致力于本土电商运营的互联网企业秦皇岛市云淘贸易有限公司的总经理，围绕着旅游和电商两个板块，她的事业范围远涉北京、宁夏等地。

她说话像是春风扑面，不疾不徐。

"如果以四季比喻人生，那么我的春天，是阳光明媚和风轻扬，我一直充满信心地走在求学路上；夏天，应该是花团锦簇流光溢彩，我刚刚大学毕业，在电视台做主持人、记者、导演，作为一个媒体人，这是事业的高光时刻；秋天，人到中年，有着沉淀之后的温厚，更有着重新出发的底气，以及面对收获的自信，我这又开始创业，走入了一个

新领域；冬天，等到了人生的暮年，我希望自己能够靠在椅子里，喝着茶，回忆这值得感恩的一生。"

"感恩"，这两个字频繁出现在她的谈话中。这个从小就品学兼优的人，说着倔强与不服输，更感恩着原生家庭的宽松自由，让她可以像一朵向阳花一样，恣意又率性地成长。她谈到初为媒体人，得到了领导以及很多同事的支持与帮助，让她做起事来顺风顺水。她感恩着那些一路走来陪伴她、扶持她的人，那时候，她还在秦皇岛电视台做了河北省内的第一档以自己名字命名的访谈类节目"梦瑜谈话"。在业内做了将近三十年，她响应国家号召，决心下海经商，作为一个资深媒体人，她把目光瞄准了研发设计旅游商品，特别是要致力于地方旅游商品的开发。

生于大海旁边，她爱大海，也爱故乡，为家乡做点什么，是她的梦想，也是一种感恩。她的这个梦想，得到了市旅游局以及各级领导和朋友的帮扶，让她能够一路茁壮成长。

在生活中处处追求美的她，也愿意把这份美好分享给大家。她在做电商的过程中，频繁接触各种商品，发现很多产品商品化较差，大多是粗放型，她希望能够把这些产品升级，向精细化发展。把产品商品化，把商品礼品化。她为地方知名品牌"海琪花"设计的《听海——夹心海苔》外包装获得第十一届中国特色旅游商品大赛"金奖"；以集发丝瓜为素材设计的《集丝络系列丝瓜产品》获得第十二届中国旅游商品大赛银奖；为宁夏青铜峡设计的《牛氏牛仔八宝·三枸面》获得第十二届中国特色旅游商品大赛银奖；《长城脚下是故乡——冀东传统食品》商品及形象设计获得2019首届河北省文创及旅游商品创意大赛"最具商业价值奖"……

追求美好，用美好打造精品

她的企业宣传册，自己的PPT，常常要在末尾写上一句话："人们需要生活，需要美好的生活，需要让生活更美好的商品。"这是她一直致力于其中的事业，对美的追求，更是她人生的信条。她本人钟爱琉璃，设计制作的琉璃作品，多件在国内各种比赛中斩获大奖，晶莹剔透的琉璃，加上匠心独运的设计，呈现出清新悠远、淡雅出尘的美。《始终——素白琉璃茶七品》获得第十届中国旅游商品大赛铜奖；《心海如墨——水墨琉璃茶具》获得第十一届中国旅游商品大赛银奖，这套作品呈现着琉璃与水墨的巧妙融合，通透，如同美玉，又似乎比玉石多了一些灵动与柔和，水汽氤氲，墨痕宛然，仿佛有一只神奇的笔，在轻巧地勾画涂抹，才带来了那样缥缈空灵的意韵。而作品《主客相欢琉璃杯》更是将中国文化中"和而不同"的人文理念融入其中，营造出"我住长城头，君自何方归？"诗一般的意境，获得了第十二届中国旅游商品大赛铜奖。2021 年 9 月，喜讯传来，由刘梦瑜设计，与秦皇岛市玻璃博物馆联合制作推出的"考古青年——君问归期琉璃茶具"又荣获 2021 中国特色旅游商品大赛金奖。

刘梦瑜是一个不论做什么事情都不遗余力的人，这缘于她骨子里的一份倔强，她说自己是很少说废话、很少做废事的人，是个靠谱的人！说起来容易，做起来也只能是甘苦自知。最初转型，她付出的辛苦超乎想象。一个没有任何经验的新人，第一件要做的事，就是多去了解商户的具体情况。她去县区，走进农户、合作社、企业，一走就是四五十家。她希望能够将各家商户的情况了然于心。做商品，又何止是做商品？台上一分钟，台下十年功，泪与汗，往往在别人看不到的地方。

在她的办公桌上，放着几本厚厚的笔记本，五颜六色，错落有致，翻开，里边密密麻麻地记录着工作计划、心得体会、重点难点突破点，有的本子眼看就用完了，有的才刚刚陪她启程。她对工作的认真负责，由此可见一斑。

做赛事活动是刘梦瑜在电视台练就的本行，近几年来成功承办了不少赛事活动。如，连续三届成功承办秦皇岛市旅游商品设计大赛；河北省第二届旅发大会旅游商品展总策划及运营方；河北省首届旅游和文化创意大赛秦皇岛赛区运营方；青铜峡市第三届文创及旅游商品设计大赛总策划及运营方；2020 河北省电商大赛秦皇岛赛区运营方……她本人更是连续四届出任"中式台球国际大师赛全球总决赛"总导演。辛苦自不待言，但不断地在台前幕后为全局思考，各种细枝末节地点滴打磨，指挥若定之前的准备，保证了一场赛事的趋于完美。刘梦瑜一直是一个对自己严要求的人，正是因为这个，她是连每个小细节都要关注的人。

执着善念，以善念惠及他人

刘梦瑜不只是拥有雅致美丽的外表，更有一颗善良美好的心，2020 年，一场疫情来势汹汹，这让她和许多人一样，留在了家里。正月十五左右，卢龙县一位红薯种植企业的老板跟她说，由于疫情的原因，在全民防控的特殊情况下，道路封堵，物流不便，烤薯店、酒店、各大市场都关闭了，红薯正面临严重滞销。她立刻行动起来，自己做公众号发朋友圈，又找闲居在家的员工和朋友帮忙推销，又联系机构，还开通了网上订货，一下卖掉了三万斤，间接卖掉了十万多斤，帮忙解决了一个大难题。当人们问到她这件事，她就一句话："好怕那么多的好红薯烂掉了啊，心疼。"

在她办公室的桌子上，还放着一个老虎枕，她说，那时她刚刚踏足商界，还走在到处去了解各种商品的路上。来到村子里，她看到了作为扶贫产品制作的老虎枕，20 块钱

一个的枕头，她一下子买了一百个。她说，看着那些辛苦制作枕头的女人们拿到属于自己的一份收入，她觉得很值得。"真正的善良要帮到骨子里。"她说，与直接拿钱做慈善相比，她更愿意那些女人能够通过自己的劳动得到收益。那些收入，不只是金钱那么简单，也许更是她们在家里扬眉吐气的资本。

力所能及，要给到别人，作为一个土生土长的秦皇岛人，她愿意为了这片深爱的土地作出一份贡献。大海潮起潮落，生生不息，刘梦瑜这样说。

吴和平：用邮票记录城市的"集邮达人"

94

◎吴和平，曾在海军部队服役21年，后转业到北京铁路局秦皇岛车务段先后任纪委书记、工会主席等职务；1964年开始集邮，曾在《中国集邮报》等多家媒体发表邮品收藏文章数百篇；2014年编著《邮苑拾韵》一书。

在网络、微信横行的年代，书信似乎已经成为一个古老、怀旧的联系方式，生活节奏匆忙的现代人，不知还有多少人在写信？又有多少人，还在延续着那与书信紧密相连的爱好——收藏邮票。

在吴和平的眼中，收藏邮票与明信片，既是一种爱好，也为一种情怀，从孤竹圣贤、秦皇求仙到沿海开放的港城强市，从绿皮火车，到蒸汽机车、高铁时代，吴和平用一只只具有鲜明时代烙印的藏品，记录了秦皇岛的历史变迁，也从一个收藏者变成了历史的见证者与记录者。

姐姐的馈赠，让他迷上了邮票

吴和平与新中国同龄。由于出生在革命军人家庭，他从小就与集邮结缘。记得邮递员隔三岔五地送来信函后，经常看着姐姐细心地把邮票从信封上剪下，泡在脸盆里，在洗净、晾干后，小心地用镊子夹着邮票放进邮册保存。

这些让姐姐为之着迷的邮票，也让他产生了深深的兴趣。1964年，姐姐上大学后给他留下两本邮册，让他视若珍宝。从此，他迷上了被称为"国家名片"的邮票，一晃就是50多年。

1968 年，吴和平入伍来到福建厦门海军部队。在 21 年的军旅生涯里，信函和邮票成为每天的期盼，他从邮票中不断感受到两地传书包含的世事沧桑和人情世故，集邮成为生活中的一种亲情寄托，也成为学习中启迪心灵的良师益友。

他在当政治指导员讲社会发展史"奴隶社会"时，战士们对"青铜祭器""司母戊鼎"等一连串生疏难记的名词感到很抽象。他拿出收藏的青铜器邮票当教材，使战士们对那些陌生的器物有了形象感。他用这些体会写成的文章《"邮票"派上了用场》，发表在 1983 年的《人民海军》报。由此开始，收藏邮票和写邮品文章，成了相辅相成的两大爱好。

铁路人生，让他变成了邮票达人

吴和平祖籍在山海关，生在吉林，长在广东，又服役在福建，后来转业回河北，一生走遍千山万水，但集邮的爱好始终伴随着他；而收藏祖国各地的邮票，则伴随了他一生。

在收藏邮票的过程中，也有过很多艰辛又极具情趣的故事。2008 年，为了收藏 12 枚足球比赛纪念封，在纪念封上加盖邮戳，每一场比赛结束后，他都会跑三趟把纪念封上三个不同的戳盖好。即使累得汗流浃背也乐此不疲。

1989 年，吴和平转业到铁路秦皇岛车务段工作，由于经常坐火车，对铁路产生了特殊的感情，于是他开始探索秦皇岛铁路建设等专题的集邮研究活动。他在当工会主席期间，多次举办"祖国颂""改革开放中的铁路建设"等邮展活动，教育职工爱党爱国爱铁路。2000 年 7 月，他策划、设计的"北戴河新站开通运营"纪念封，在铁道部和市政府举行的开通仪式上引起轰动，被多家新闻媒体报道，取得较好的社会效果。

随着中国铁路的大发展，秦皇岛也走进了铁路改革的历史进程。吴和平紧密结合铁路工作实际，积极报道铁路建设的发展成果，在《秦皇岛日报》《中国集邮报》发表《铁轨上的时代记忆》，用邮票讲述了从蒸汽机车、绿皮车，到内燃机车、红皮新型旅客列车；从电力机车、白皮动车，到中国铁路进入高铁时代。通过一张张邮票、首日封、明信片，也重温了铁轨上的记忆，展现了城市的时代变迁和铁路建设的跨越式发展。

他在"北戴河号"快速列车、秦沈客运专线、大秦铁路、津秦高铁、"秦皇岛号"高铁旅客列车开通运营的首日，都运用有关秦皇岛题材的邮票制作各种纪念封、片，加盖当日邮政戳和纪念戳，作为国家邮政史料的补充，使地方存世资料更为完整。而这些纪念封、片因具有艺术欣赏和资料收藏价值，成为秦皇岛时代变迁和铁路建设发展变化的见证物。

痴迷创作，用藏品记录城市的历史

2007 年，《秦皇岛集邮》创刊后，吴和平在集邮文化的学习交流上有了施展的天地。他从《秦皇岛集邮》第 2 期开始刊登邮文，至今在这个刊物上共刊登邮文 49 篇，成功地促进了藏友之间的学习和交流。

2009 年退休以后，他更加注重研究秦皇岛的历史文化。他常说，邮票不仅是传递书信的凭证，也是丰富多彩的百科全书。近几年来，他先后发表了《邮票展现古画风韵》《浓缩在邮票上的长征历史画卷》《邮票记录"一带一路"历史》等多篇文章，并运用大量邮政史料，通过对邮票的收藏，在邮品中体现了城市地域文化中的诸多内容：从孤竹圣贤道德梦、秦皇求仙入海梦、曹操统一中原梦、烬美罢工解放梦、大钊著说强国梦、伟人抒怀人间梦，再到沿海强市港城梦，深刻地展现了秦皇岛梦的历史文化渊源。

他在创作的《邮品见证秦皇岛的时代变迁》《从邮票看秦皇岛铁路的发展》《津秦高铁将秦皇岛纳入天津经济圈》《长城邮票讲述秦皇岛的故事》等文章中，以及相对应的藏品中，不仅向世人介绍了北戴河海滩、山海关长城等自然风光，还展示了秦皇岛解放和改革开放以来，秦皇岛港煤码头、秦皇岛输油管道、山海关桥梁厂、大秦铁路、秦沈客运专线、津秦高铁、亚运会帆船赛场、奥运会足球赛场等现代化建设的成果，一枚枚邮票犹如一件件史料，记录下秦皇岛走过的发展历程，折射着给秦皇岛带来的时代变迁。

他认为："邮文的创作只有扎根地域文化的沃土之中，充分吸取营养，才有可能使自己不断茁壮成长。只有贴近火热的生活，地域文化的历史、地理区域与地标，才会使你的作品厚重和鲜活。"

2015 年 6 月，为纪念秦皇岛集邮协会成立 30 周年，吴和平出版 24 万字的《邮苑拾韵》，为人们提供集知识性、趣味性和史料性于一体的文集，用以展示集邮文化的无穷魅力。对此，《中国集邮报》《河北集邮》《秦皇岛集邮》等报刊都作了报道。

2013 年，吴和平的家庭被评为河北省"书香家庭"；2016 年，被市开发区评为"书香成才——最美家庭"；2017 年 3 月，被秦皇岛市评为"最美家庭标兵户"；2017 年 9 月至 12 月，他在市开发区举办"岁月留痕、不忘初心"文学作品展，当天晚上，市电视台在《今日报道》用 6 分钟的时间作了报道，随后，《秦皇岛日报》《秦皇岛晚报》圆梦秦皇岛等相继报道；2020 年，吴和平一家被评为河北省和秦皇岛市文明家庭；2021 年被评为河北省最美家庭。

吴和平深情地说："珍爱朝夕相伴半个世纪的邮票，热爱渤海岸边这片生我养我的热土，是它们给了我生活的激情和创作的灵感。愿邮票永远伴我成长，我会继续用邮票书写美丽的秦皇岛。"

周庆信：红色血脉的传承者与讲述者

◎周庆信，满族，中共党员，河北青龙人。曾任青龙三家金矿党委书记，县纪检委常务委员。退休后，任青龙花厂峪红色文化研究会秘书长，抗日纪念馆馆长。20世纪90年代初开始文学写作，现为中国民间文艺家协会会员，河北省作家协会会员，秦皇岛文学院签约作家，秦皇岛特约党史研究员。

95

在青龙满族自治县花厂峪抗日纪念馆的门前，一身军装的周庆信，正在忙着为一拨又一拨的客人讲解，建党100周年来临之际，68岁的周庆信没想到自己成了"大忙人"，作为秦皇岛市"党史教育宣讲团"成员之一，每天在火炕上盘腿而坐、在炕桌前伏案备课成为他日常的工作。这位老革命的后代，早就已经把这里——他的父亲曾经浴血战斗过的地方，当成了自己的第一家乡。

离开舒适的青龙县城，离开温暖的家人，来到花厂峪这座深山里，一盏青灯，一间平房，不知不觉已经过去了12年，周庆信早已融入了这座山、这条沟，融入了这片英雄的土地，他以革命后人的形象，为人们讲述着这座革命圣地的历史，延续着革命先烈的血脉。

带着父亲临终嘱托走进深山

1988年4月18日，84岁的父亲周子丰在弥留之际拉着他的手说："你一定别忘了我跟你说的话，一定要去花厂峪，替我们这代人还了欠下老区人民的债……"老人十几天昏迷不醒，硬挺着没有咽气，一定要等出差在外的儿子赶回来，就是为了在临终前跟他交代这么一句。

周子丰，在当地是一个传奇人物，在少年周庆信的心中，也是一个英雄。

从小到大，周庆信就听村里的人讲过父亲的故事：1943 年至 1944 年，时任八路军七区队三连连长和凌、青、绥工委办事处联络科长的周子丰在花厂峪度过了刻骨铭心的岁月，他参加过龙头大捷、夜袭铅锌矿、抚宁城突围、老岭反扫荡、义院口伏击战、花厂峪阻击战等大大小小战斗近百场，劫军车、烧炮楼、拔据点、炸大桥……这里的每条沟谷都留下了他和战友们浴血抗战的足迹和英勇搏杀泼洒的鲜血。

解甲归田，父亲仍然没有离开这片他战斗过的土地。周庆信说，父亲时常在他耳边念叨的是"永远不能忘了老区人民，将来有点出息，要多为老区办点事"。

1989 年，周庆信第一次来到花厂峪村，从市区到这里，要开一个多小时车，公路还没通进来；老百姓住的还是五六十年代的旧房子；长城脚下乱草丛中，一块块青石堆起来的无名坟包里，长眠着 12 名烈士，他们是当年在长城阻击战中牺牲的，是父亲的战友……来到了这里，看着与县城差距甚远近的生活条件，周庆信突然理解了父亲让他来这里看看的用意，也理解了他总是说亏欠老区人民的含义。

"周子丰的儿子回来了！"得知周子丰的儿子回村"探亲"，村里几位老人都赶了过来，拉着他的手回忆起当年和他父亲并肩抗日的情景。父亲当年的房东老大叔知道他是周子丰的儿子，非要拉着他去家里看看，得知周子丰已去世的消息，这些老人们失声痛哭。那一刻，周庆信更坚定了自己的想法："一定要将父亲和战友浴血抗日、老区人民无私牺牲的历史传播出去，让更多的人记住他们！"

此时此刻，周庆信才意识到，自己的血脉早已和这个村庄紧紧相连，这里不仅仅有父辈的荣誉，还有着曾在抗战时期作出巨大牺牲的花厂峪人民的精神，他暗下决心，下半辈子，我属于花厂峪。

红色基地的"首席讲解员"

退休后的周庆信曾在河北毕氏集团下属的一家企业打工。一个偶然的机会，同样出身红色革命世家的集团董事长毕经安听到了周庆信讲述花厂峪的故事后，决定捐资 200 万元帮助筹建花厂峪抗日纪念馆。

2009 年，正值青龙规划围绕花厂峪抗日纪念馆的建设进行红色生态开发，从而带动老区人民致富，周庆信毅然辞掉在私企的高薪工作，扛着被褥来到山里，来到了花厂峪，开始为红色老区"打工"。

山里的条件太艰苦了，没有住的地方，没办公室，没电视、没电话，几乎是与世隔

绝。周庆信把办公、住宿的地点落在了一个小学的平房里，虽然交通不畅，但每天为纪念馆而奔忙的成就感很快就冲淡了周庆信的不适。买书查资料、深入山沟走访革命前辈、到各地知名纪念馆参观考察……半年多时间，周庆信经常忙得两三个月回不了县城里的家。县城里的家被盗了，只能委托亲戚帮忙去看看。对此，老伴孩子也曾颇有微词，但他并不在意。2010年7月，花厂峪抗日纪念馆正式开馆。开馆前，周庆信把一家老少四代50多口人特意召集到花厂峪村，成了纪念馆的首批参观者。抚摸着纪念馆内父亲在抗战时用过的马鞍，看着纪念馆内父亲的战友们和为抗战牺牲的花厂峪父老的遗物，周庆信眼含热泪，此刻，子女们终于理解了周庆信的执着。

如今，花厂峪抗日纪念馆已成为省市国防教育基地、秦皇岛爱国主义教育基地、革命传统教育基地和廉政文化教育基地。每当有团队进来参观，作为花厂峪纪念馆的馆长，周庆信也是当之无愧的"首席讲解员"，分析当时的抗战形势、讲解当时的抗战历史，周庆信声情并茂的讲解一点儿也不输给专业讲解员。特别是他从父亲那里得到的关于花厂峪鲜为人知的革命故事，打动了很多人。最长的讲解需要2个小时，赶上夏季最忙的时候，周庆信要从上午8点一直讲到下午5点，嗓子都讲哑了，腿都哆嗦了，他也依旧坚持着。

这座展馆，也让周庆信操碎了心。从纪念馆的建设到布展设计，从解说词的撰稿到为每名参观者的讲解，从各种资料整理到每个角度的卫生清理，他都亲力亲为，兢兢业业。而对于他来说，最高兴的是看见有更多的人来到了这里，了解了花厂峪。

周庆信说："就算是讲得次数再多，心里也乐意，人家来参观，我讲解得好，就是发挥红色教育基地的作用，这是花厂峪的光荣。"

让革命老区也能做出"大文章"

革命老区花厂峪，同样也是省级贫困村。裸露的大山将这个人口只有千余人的小山村分割得七零八落，全村九沟十八岔，很多年岁大的老人一辈子都没走出过大山……

为了让乡亲们脱贫致富，花厂峪确定了红色文化开发和绿色生态旅游齐步走的发展规划，这里偏远闭塞，却有着良好的自然生态和独特的红色基因，为了红色旅游开发，摸清旅游底数，周庆信拄着一根树枝走遍了花厂峪的山山岭岭、沟沟岔岔，哪里有什么景致，哪里有一簇天女木兰花，哪里有一尊怪石，哪一块地方曾经有过革命者的踪迹，他都清清楚楚。

周庆信曾向青龙林业局"化缘"，要来了价值5万元的板栗、苹果树苗，栽种在这片红色的土地上，若干年后这些果树结果，等于给了花厂峪一座"绿色银行"；周庆信给村里的 47 名党员上党课，讲解如何解放思想更新观念，鼓励大家走出去开阔眼界，做致富的带头人；周庆信带着党员和村民到安子岭乡东山村参观，看人家如何进行文明生态村建设；来花厂峪参观游玩的人多了，村里农家饭庄也多了起来，周庆信把大家召集到一起，讲解环境卫生、饭菜口味、接待礼仪……

因为历史和美景，游客纷至沓来，花厂峪成了红色旅游景区、生态旅游景区，带动了餐饮、住宿、家禽饲养、板栗及山野菜种植采摘各业，全村 1000 多口人，于 2017 年全部脱贫。

但周庆信却没有停止奋斗的脚步，除了抗日纪念馆和烈士陵园外，他的梦想是还想复建临抚凌青绥机关工委旧址，开发长城阻击战、藏粮洞等一系列遗址，让花厂峪的红色文化更加丰富。

为把花厂峪的红色文化记载下来，周庆信白天出现在纪念馆和陵园，晚上奋笔疾书，写故乡，说历史，在泪水与墨水的交织中，他先后创作出版了长篇纪实文学《花厂峪》《红色记忆》，连环画《铜墙铁壁花厂峪》（文字撰稿），并参与策划了电影《祖山魂》，撰写散文集《英雄赞歌》，等等，共计 140 多万字。由于不熟悉电脑，周庆信一直坚持手写，这 140 多万字的著作都是这样一个字一个字地从笔端淌出。

2011 年，首都师范大学一共来了 800 多名师生参观花厂峪抗日纪念馆，周庆信全程陪同讲解，他掌握资料之全面让首都师大的老师为之惊奇，于是约他来年到学校作几场报告。从此，周庆信又走出花厂峪，到各地市、大中小学校园一遍遍讲述花厂峪的历史，让更多人了解花厂峪的过去、现在和将来。今年，周庆信受邀加入了市里的"党史教育宣讲团"，正在准备宣讲报告。为了让花厂峪的故事传播更广，他近期又将发生在这里的每场战斗都编成了快板书。

12 年的时光，已经年近 70 岁的周庆信，虽然近年来也受着病痛的折磨，但他从没有停止过自己的脚步，他无数次地说，只要花厂峪还需要我，我就还要继续坚守在这里！这是我的家，也是我的根！

王治金：藏书人也想写家乡

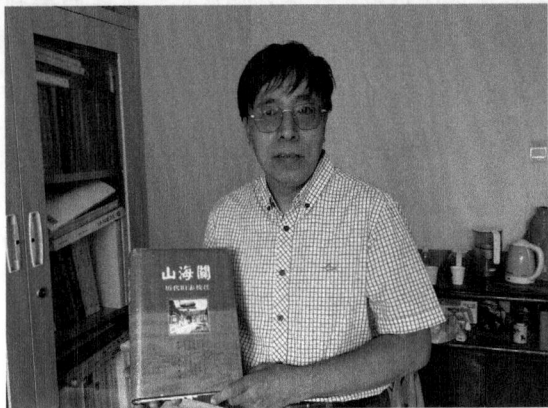

◎王治金，出生于东北，迁入秦皇岛近30年。现在企业人力资源部工作，近年关注明清时期的秦皇岛地方史实，多篇文章在《秦皇岛日报》发表。

96

他是一位管理人力资源的干部，也是一位书痴，无论是单位的办公室，还是书房的每一个角落，都堆满了书，书是他的精神世界，也是他的一生所爱。

平均每天读书三四个小时，年均阅读超过400本书……从十几岁开始，王治金像鸟儿衔草絮窝般一本本买书，也像投入大海的海绵一样，每天都在吸收着营养，历经几十年，如今藏书过万。用他自己的话说："这辈子没别的爱好，就是喜欢书！"

在王治金的家中做客，满眼都是书，谈的也都是书。书盈四壁、满室墨香，在我市的藏书人中，王治金认为自己也许不是藏书最多的人，但他却是收藏明清史书籍较多的人。十几年来，他买了大量的明清史料书籍，一说起对这一领域的读书、购书、藏书经过，性格内敛的王治金顿时神采飞扬。

王治金的父亲是一名画家，从小家里有很多美术、文学类书籍。在这样的家庭熏陶下，王治金兄弟几个都喜欢读书，从连环画《三国》《水浒》开始，一直到各种大部头。16岁时，王治金接爷爷的班，进了黑龙江省北安市一家兵工厂工作，当时他的工作主要是生产磨具。

"环境不错，我自己一个小屋，类似流水线那种，把材料放入机器，机器自动切割安装，这段时间我就看书。"因为还想继续深造，他随后又在长春光机学院干部专修班学习几年，也把读书的习惯一直坚持了下来。

1994 年，王治金调到秦皇岛市燃气公司工作，一干就是 20 多年。他不抽烟不喝酒，唯一的喜好就是看书。我市的五兴图书广场、龙媒书店等地方，他都是常客和"大主顾"，不但把秦皇岛的书店转遍了，还和这些书店的老板们交上了朋友，因公出差到全国各地时，王治金不游山玩水，而是必须去书店逛逛，每次都带几本感兴趣的书回来。

藏书越来越多，他按照工具、历史、文学等方向分类，哪类图书存放在哪里，王治金心里门儿清。为了看懂文言文，王治金买了多部字典、词典、语法书学习，如今畅读文言文书籍没有一点问题。这些年，王治金结识了几个同样爱好书籍的朋友，有时不好买的书会互相审换着看。因对《燕行录》感兴趣，他在一位编辑朋友处复制了电子版 100 卷，如获至宝。

读书多了，他也开始由读书爱好者向专业提升。他经常能够在一些书中找出错误，并进行批注，自己也培养了严谨、细致的学风，读书让他的阅历丰富，知识也更渊博，更重要的是还提高了个人的修养。

"我通过看书，性格比以前沉稳了很多，对有些事情看得很淡，对于做本职工作，也起到了促进作用。"

读书让王治金创作、写作水平都有了很大的提高，撰写政策性的文字和公文，他熟练精准，古诗词的水平也得以提高，更意想不到的是，读书让他爱上了家乡，对地域文化产生了兴趣，并逐渐转变为一名地域文化创作者。

王治金虽是黑龙江北安人，但在秦皇岛生活多年，他早已经把这里当成了家乡。多年前购得《山海关历代旧志校注》一书，让他第一次发现了山海关历史的博大与壮美，后来，他又收藏了董耀会主编的《秦皇岛历代志书校注》一书，对于秦皇岛的历史与文化有了更深入的了解。对历史类书籍的偏爱，再加上和秦皇岛当地文化人的接触，让他选择了读而优则写。手不释卷阅读大量书籍后，他走上了写作之路。

2017 年，王治金的《角山上的不速之客》一文在《秦皇岛日报》文史版发表，内容是描述清朝时朝鲜使者金昌业随燕行史来中国，途经我市角山的故事。因为视角独特，文章反响不错，在这之后，王治金笔耕不辍，陆续在《秦皇岛日报》上发表了 30 多篇文章。2011 年，在市里举办的诗歌创作大赛中，凭借一首现代诗《见证》获得三等奖。

也有人不理解，别人出去游山玩水、应酬交际的时候，他却天天躲在家里看书，图的是什么？王治金说："现在是信息碎片化的时代，但我却觉得有书相伴的日子，就是最好的时光。要是能再写写我生活的这片地方，那这些书就更没有白读。"

肖桂华：咱关城票友的"当家人"

◎肖桂华，原山海关人民医院放射科主任。现任秦皇岛市山海关古风民间艺术团团长、山海关诗词学会副会长，发表过若干文艺作品，曾被河北省委宣传部评定为2016年度燕赵文化之星。

97

京剧，是中国传统的艺术，京剧票友，是戏曲界的行话，意指会唱戏而不以演戏为生的爱好者，即对戏曲、曲艺非职业演员、乐师等的通称。

古城山海关，自从有了京剧以来，就以盛产京剧票友为荣，关城的京剧票友组织堪称历史悠久，1918年，山海关铁路员工就成立了"铁路公余俱乐部"，云集"生旦净末丑"行当的票友和琴鼓师，热闹非凡。1926年，驻关部队成立"榆关俱乐部"，军民京剧票友经常联谊演出，深受官兵和百姓欢迎。到20世纪三四十年代，关城票友的影响力越来越大，连全国著名武生邢玉昆也带领京戏班慕名而来，坐堂"厚正戏院"演出，与票友们进行艺术交流。

京剧是世代传承的艺术，京剧票友的精神也一直得到传承，在今天的山海关，提起肖桂华，喜欢京剧的朋友无不会伸出大拇指，为这位关城数得上的京剧票友点一个赞。

京剧票友们钦佩肖桂华，不仅仅是她喜欢京剧，还在于她给关城所有喜欢京剧的朋友提供了一个"家"，并且是他们的"当家人"。

每周二、四下午，在山海关区风荷云苑小区内，只要走到地下车库，就能听到悠扬悦耳的丝竹声，连同圆润、高亢的京剧唱念声。管弦声声，丝乐盈盈，给小区增添了一股韵味，也是古城京剧圈一道独特的风景。这里，是肖桂华的家，也是古风民间艺术团

-382-

的剧场。

从车库下去，你就会循着声音找到剧场的门。推门进去，一个专业的京剧班子正在那里，各种乐器都在奏响，京胡、京二胡、月琴、三弦、大中阮及底鼓、云锣等，文戏武戏的家什齐全。随着热烈、铿锵的音乐响起，一折《打渔杀家》开场了，"滚滚江水翻浪花，贫穷人家无冬夏，父女打渔度生涯……"票友唱得酣畅淋漓，听得人如痴如醉。

唱的人动情，奏乐的人用心，但绝不扰民，因为肖桂华把自己的地下车库进行了改装，房屋的隔板全是消音的，排练场设在车库里，将门关上，只隐隐有声音从地下传出，上面却极为安静，一幢楼房，就这样被隔成了物质与精神的两个世界，别有洞天。

这个小排练厅，也是肖桂华几十年如一日的精神家园，正是因为有了这个精神家园，64岁的肖桂华神采奕奕，身形苗条，古装扮相俊俏宜人，你完全看不出她实际的年龄。

"独乐乐不如众乐乐"，自小喜欢京剧的肖桂华，也为古城所有的京剧爱好者打造了一个精神家园。

肖桂华是山海关古风民间艺术团的团长。这个艺术团成立于2015年，现在有演员四五十人，都是关城各行业的退休职工。这些人被肖桂华团结、组织在一起，从京剧爱好者成为表演者，从一个民间团体，到在关城各种大型活动中表演，只用了短短几年时间。

每周二、四下午2点，大家都在这里活动，演练京剧；周三、五下午，是评剧的排练。数年来，风雨不误，从未间断，如此执着与坚持，离不开肖桂华的努力。

"咱这票房可有些年了，山海关人都知道。"肖桂华说，艺术团刚成立时没有固定地点，活动分散在公园里或城墙根下。2009年，肖桂华乔迁新居，在丈夫刘健智的支持下，将家中一楼堂厅和车库打通，进行了简单装修，不惜资金投入必备的舞台设施、空调，一个小小的"剧场"建成了，票友们自此有了遮风避雨的固定活动场所。

一位京剧票友对前来进行的采访记者说："多亏了肖大姐，她出钱，出力，啥事都揽了下来，要不，我们这团体，就成长不起来。"

肖桂华从小就喜欢京剧，她家里的几个兄长也都是京剧爱好者。她会唱、懂戏和乐器，还有写作功底，作品经常发表在报刊上，她将所有稿酬都用于票房活动；而家人的支持也是对她最好的鼓励。因为对京剧的热爱，剧团对所用服饰行头及乐器都很舍得投入。

说起票房日常活动，肖桂华首先感谢政府的支持，她说："刚成立时政府补贴不少，山海关的文化部门对我们的帮助太多了。"她更感谢自己的家人的支持，"这两年主要靠我爱人支持，团里所有开销，演出时的路费、饭费，我爱人都包啦，他说我们传承传统

文化非常有意义，愿意支持我们。"

在她的激励下，古风艺术团的成员们，人人都为自己的热爱尽心尽力。琴师李淮利退休前曾担任山海关区文化局局长，更是全身心投入票房的建设，自掏腰包买来高端音响设备……为提高票友们的演唱水平，肖桂华经常组织大家关注央视"戏剧频道"的"空中剧场"节目，购买录音磁带和DVD影碟学唱京剧，使票友唱得更加规范、演奏更上水平。

多年来，艺术团经常到驻关部队慰问演出，去工厂、农村、学校、社区，为群众普及京剧艺术服务演出，还参加各种公益活动的慈善义演。每年盛夏，艺术团在莲花湖、石河旺角文化广场的消夏京剧演出，更是群众在炎热夏季的最好消遣。

"老辈票友的传统要发扬，但也要创新。"肖桂华说。古风艺术团所涉剧目有《三娘教子》《贵妃醉酒》等历史剧，也有《红灯记》《智取威虎山》《沂蒙颂》等现代戏。这些戏曲曲目全是中华文化的瑰宝，值得反复学习、钻研。而山海关当地文化与民俗，也是这些"票友"们关注的热点，肖桂华自己就曾经写了不少反映古城民俗与家乡文化的戏曲、曲艺作品，多次在重大活动中演出，2021年疫情严重的时候，大家宅在家中无法排练，她也曾创作了反映"抗疫"的戏曲作品，赢得了人们的好评。

2020年夏季，央视《记住乡愁》摄制组来秦拍摄大型纪录片《山海关——巍巍雄关山海之城》，就选录了艺术团京剧演出的画面。2021年1月8日晚上，这套纪录片在央视4套播出，古风艺术团的成员们上了央视，这是让肖桂华特别自豪的事。

肖桂华说："京剧在山海关有悠久的历史，京剧票友也是山海关独有的民俗文化，我们一定要把这项艺术传承下去，让更多喜欢京剧的人加入进来。"

刘永池：他想写下一个村庄的历史

98

◎刘永池，1956 年出生，秦皇岛市庄河村人，2017 年后整理编辑本村历史，2019 年起在村志编辑部工作。

庄河，位于海港区驻操营镇，目前有 700 余口人，200 多户，村子不大。但在历史上，却曾经有过辉煌的时刻。对于 64 岁的刘永池来说，他今生最大的遗憾是没有赶上村庄最繁盛的时代，可退休之后，他却做了一次记忆的捡拾者，力图用自己的笔，记录下庄河曾经的光荣历史。

5 月下旬的一天，山雨欲来，我们来到了庄河与刘永池一起寻找从前的记忆。不过眼前的村庄，因为正在修自来水管道，已经挖得满目疮痍，老宅子静立在泥土与沟壑之中，如果不仔细探寻，极难发现。

这也正如刘永池多年来对庄河的整理，默默无闻，于无声中悄然进行。

"这是当年的头道街，这座老四合院始建于明末清初，叫养正堂，左面的是保障堂。"

"这里叫大钱庄，是过去姜姓家族为驻操营镇管理钱财的地方，这里就是过去的驿站，相当于如今的旅馆或招待所。据老人说，当时还有守城军官派兵把守。"

提起存留不多的老房子，刘永池如数家珍。

这些记忆来自童年时代，那个时候，他与庄里的孩子们玩耍，只要听到墙根下晒太阳的老人唠起过去的事儿，就会停下来听，很是着迷。这也为刘永池后来写他的"庄河记忆"打下了坚实基础。

梨花掩映下的垂雕荷花门四合院叫"玉树堂"，雕刻浑厚的垂莲古门楼，精致优美的宝相花、栩栩如生的瑞兽等石雕……近 500 年了，这些古建筑仍然轮廓清晰，古韵浓厚。

作为秦皇岛当地保留较完整的明清古村落之一，"养正堂""玉树堂"等建筑已经被列入秦皇岛市级文物保护单位，可以说每一个建筑里都有故事。这既是村庄的故事，也是明清民俗历史。

"我要把故事记录下来，否则将来它也许就会消失了。"

就是带着这种朴素的想法，刘永池开始了"庄河记忆"的撰写和整理，从小到大，刘永池一直在庄河生活，却也经常离开这里，因为开货车的职业属性，他需要走南闯北，2016 年，60 岁的他从大车司机的位置上退了下来，不能再像以前那样跑来跑去，安静下来，他开始重新审视家乡。

"庄河曾经多么辉煌。它的历史可以追溯到燕王朱棣扫北之时，有几百年了，后来基本由两大姓氏组成，清朝中期从山西与山东迁徙到这里的刘姓及更早的姜姓。据说，浙商姜家是戚继光任蓟辽总兵驻防山海关时，随同戚家军而来，姜姓有经商头脑，后来一直管钱物，大钱庄就是他们家的，当时还在东北地区和北京一带做买卖，是个大商号。政府有时的财政，也由他们来协助完成，直到晚清、民国时期，姜家才逐渐败落。"

"当时庄河有 6 条街巷，头 3 条街属于晚明时期建筑风格，后 3 条街则是到了清代才发展起来的。像养正堂、玉树堂、文德堂、乐善堂等这样规模的四合院当时就多达 13 处，这 13 个堂，都是大户人家的，气派、堂皇，一般人家都不敢叫堂。"

"西山根下通排 5 间房，5 根红色立柱一线排开，宽廊明檐、独门成院，叫'房'，是当时未出嫁的姑娘的深闺之意。"

这些知识，有些来自口口相传，也有些是刘永池自己查的资料。

村里的老人成为刘永池整理故乡记忆的源泉。但他最遗憾的是这些老人越来越少，例如姜家胡同"文德堂"的姜少俭，是位抗战军人，90 多岁了，阅历丰富，知道庄河的事儿也最多，遗憾的是前段时间去世了，这让村里的历史，也几乎由此中断。

刘永池决定担任历史的接续者和传承者。这也是他历时 4 年去写庄河记忆的初衷。为了记录庄河的历史，刘永池可没少下功夫。他白天寻访，晚上整理，因文化水平不高，不会的东西就靠上网查阅。有时候忙得忘记了吃饭，这几年家里的农活儿，很多都是老伴干的，在外地工作的儿子也很支持，帮了不少忙。

为了能够将庄河的历史文化尽早编撰成册，冬天的晚上妻子睡得早，为了不影响妻子，他就点着台灯，在炕中间立一张报纸挡光。刘永池的儿子在北京上班，晚上下班 11 点以后没事儿了，父子俩就开始视频，讨论庄河历史文化整理情况。

2018 年，刘永池历时 3 年的《庄河记忆》初稿完成，内容涉及庄河的起源、人物传说、建筑文化、特色饮食、革命故事与摩崖石刻等部分。其中石刻部分，除落款清楚地记载着"庚子之乱"时一位清明官员到此避难作"筱桃源"留念外，没有其他资料可借鉴，都是刘永池搜寻儿时的记忆与老辈人的口述完成的。

如今，刘永池还在完善他的庄河记忆，而他所做的另一项工作是义务讲解庄河的历史，带人们参观老宅子，这些年来，这样的事做了不知多少次了。

从 2019 年开始，驻操营镇政府安排刘永池为其辖下的 52 个行政村编写《村志》。尽管受新冠肺炎疫情影响，刘永池仍如期完成了全部《村志》的编写任务，但对于他来说，收集整理才刚刚开始，未来属于他的工作还有很多。

旅发大会以来，随着环绕长城公路的修建，交通便利了，庄河这个古村落文化逐渐被游人探知、了解……然而刘永池也无奈地发现，近年来，因为年久失修，再加上有些村民的不重视、不理解，有些古迹正在消失，有些也被人为地损坏，他特别希望有识之士能够帮扶庄河，保护这些文物，留住这些古建筑，留住这些乡愁。

来到一个老宅子前，一个村民正在向刘永池抱怨："别老带人上我们家看了，有啥用？也增加不了收入。"

刘永池微笑，说："别急，不看怎么知道这里有这么多好的东西，面包会有的，别急。"

范纪红：用爱心点亮生命

◎范纪红，秦皇岛东帆电子科技有限公司总经理，爱循环公益联合创始人，在爱心捐助、关爱弱势群体、保卫先进文化等各项活动中发挥了重要作用。曾先后获得"最美文化传播奖""最美公益捐赠奖""团队领袖奖"等荣誉。

99

范纪红，一位普普通通的创业者，也是一位爱心人士，她用自己的人生诠释了时代的精神和奋斗的意义。

范纪红的童年是在河南农村度过的。在改革的春风下，当地不少人家开始经商，范纪红一家也走上了勤劳致富之路。目睹父母的创业艰辛，七八岁的时候，耳濡目染，她也有了些市场意识的萌芽。放学到家，她就到父母的食品店里，帮父母卖货收钱。等到暑期放假的农忙季节，大人们都下地干活去了，别的同龄孩子在村里玩耍，她却每天中午帮村里人加工切面，可以挣到 5 元钱。她的勤快、利索，得到了村里人的夸奖，摸着自己劳动挣来的钞票，她更有一种发自心底的喜悦。

14 岁那年，一次意外事故，父亲脸部重度烧伤，病情危重，仅治疗护理费就需要1000 多元，这对于 20 世纪 90 年代初的一个农村家庭来说无疑是一笔天文数字。年仅 14岁的范纪红四处向人求助，最终她的孝心和真诚打动了父亲的一位朋友，借到了这笔钱。为了偿还这笔"巨款"，她放弃了学业，开始了在工厂打工还债的日子，一年的工夫，她不仅还清了欠款，还攒了 400 元钱贴补家用。这件事让范纪红变得更加自信，也有了出去闯一闯的念头。

18 岁那年，范纪红离家远行，去了改革开放前沿的广州，在广州市第一染纺厂打工。她进厂后，把老师傅们当成自己的亲人，虚心学习，短短一个月时间范纪红就熟练掌握了相关技术，成为工厂计件标兵。这段时间她开阔了视野，接受了当地的时尚观念和创业精神。

这年中秋，师傅带给她一盒包装精美的月饼："孩子，这是师傅奖励你的。"在异乡，听到这句充满暖暖温情的话语，她忍住欲滴的泪水，说："师傅，让我抱抱您吧！"这盒月饼也让踏入社会后的范纪红，体会到了人与人之间的情谊。为了报答一直悉心教导她的老师傅，每天吃最便宜的饭菜，用省下来的钱买了几盒保健品送给老师傅。老师傅握着她的手，夸她朴实、真诚、勤劳，是个好孩子。厂里的工人们也都对这个吃苦能干、真诚待人的小姑娘称赞有加。

日子忙碌而幸福，周末的时候，逛商场是范纪红最爱的一种休闲方式。工作之余，她自学服装设计，自己给自己搭配衣服，并购买了一台相机，很快把自己打扮成了当时的时尚潮人，让那个全身洋溢着青春活力和开放的气息、美丽大方女孩的倩影和南中国旖旎的风景，留影在照片中，成为她人生最幸福回忆。

尤其是月底，当她把工资的大部分寄给远在中原的家人，仿佛看到父母幸福的笑脸，她的世界，也幸福花开。

在秦皇岛找到人生方向

本以为自己会一生扎根广州，没想到1997年的一次旅行改变了她的命运。

碧海蓝天畔，宁静清新的南戴河，美丽而神秘的秦皇岛，深深地吸引着这位时尚的游客。从小就想看一看大海的她，终于实现了梦想。因为爱上大海，她爱上了这座城，不惜放弃在广州的优越工作，留在这里开始了新的生活。

有人曾经充满不解地问她："为何舍弃广州大都市的生活，来到北方港口城市秦皇岛？"她没有作答。人生充满很多的机遇，感到幸福就好。

一个偶然的机会，经朋友介绍她来到了轻工大厦一家家具公司上班，从事家具设计及销售工作。新的工作内容和空间都有了极大的拓展，她拿出拼命三郎的架势，竟到了废寝忘食的地步，每天闲暇时间，她总是捧着书本不断学习充电，从时尚杂志到成功学励志丛书，从新闻报刊到家居设计，从书本中吮吸营养，从网络中汲取知识，在阅读中，她痴迷上了家居装饰，爱上了家具设计。

结合广州"南漂"的工作经历和南中国风对意识的熏陶，她打破了传统坐等顾客上门的经营模式，率先走出店门寻找客户，用贴心的设计、真心的服务、热心的付出，打动着一批又一批的客户，许多客户是老客户介绍或者慕名而来，许多企事业单位都成了

她的合作伙伴。

2003 年她和丈夫一起创业，成立了秦皇岛东帆电子科技有限公司，凭借智能科技办公、智慧生活的先进理念开始在智能办公设备、安防监控及计算机网络工程、LED 显示屏工程及智能视频会议系统、定制智能化办公家具、净水设备租赁、打印设备维修站等领域辛勤拓展事业，并一直深耕于政府、金融、医疗、教育及其他企事业机关单位，帮助众多企业改善了办公环境。

全新的创业领域，压力很大，人手少，客户不多，没有专业的业务人员，怀有 7 个月身孕的范纪红要亲自拜访客户开拓市场。那天春雨蒙蒙，凉风习习，她去港务局电力公司，拜见当时的办公室主任，看见丝毫没顾及自己被雨淋湿的狼狈，却细致专业地介绍公司的业务和产品，办公室主任被范纪红的执着精神所感动，称赞她"精神可嘉"并与之建立合作关系，由于范纪红注重产品质量及售后服务，所以和港电力的合作一直延续至今，东帆科技公司一直是港电力的入围供应商。

18 年弹指一挥间，她一直坚持"承诺必践"的原则。从打工女到公司老板，客户增多了，业务量增大了，公司组建了新的团队，她还经常组织员工培训学习，提升 IT 技术和运维技能，并始终坚守初心，注重产品质量和售后服务，为公司制定了诚信、专业、融洽、创新、致远、共赢的经营理念。

桃李无言，下自成蹊。十几年来，她走南闯北，考察各品牌办公设备、电子产品，优选签约联想、爱普生、华为、惠普、四通、兄弟、品胜、得力、史密斯、海康、MAXHUB 等国内外知名品牌全面业务的合作伙伴，并一直秉持为客户提供性价比最优的产品服务，成为行业内享有盛誉的 IT 专业智能办公服务商。

用爱心分享幸福

十几年间，随着公司发展壮大，范纪红的事业也不断攀升，然而面对这样优异的成绩，范纪红为自己制订了更高的目标——把自己的幸福经验分享给更多需要的人。

2019 年她成为秦皇岛爱循环公益联合创始人，主动承担社会责任，投身公益事业，在爱心捐助、关爱弱势群体、弘扬先进文化等各项活动中发挥着积极作用。通过妇联组织的关爱妇女活动，为新世纪社区捐赠价值几千元的生活用品。疫情期间，又为北环路办事处辖区捐助几千元消毒液，为港城抗疫贡献出自己的力量。因为长年与父母分居两地，范纪红把对父母的孝顺和关爱，推己及人，通过爱循环组织志愿者队伍，多次去农村看望孤寡老人，送去生活物资。

范纪红还通过爱循环组织关爱着社会上的特殊群体——自闭症孩子，六一儿童节去自闭症学校，为孩子们购买积木、汽车玩具和绘画水彩笔等，孩子们不会表达，但却会用眼眸传递感动、信任，面对那一双双清澈如水的眼睛，她觉得付出再多、再累，也值。

对于年轻人而言范纪红更像个知心姐姐。她也参与了贫困学生的资助项目，为农村的寒门学子送上了自己的帮助和支持。

平凡的她，用义举汇聚成爱的长河。曾先后获得"最美文化传播奖""最美公益捐献奖""团队领袖奖"等荣誉。她先后参与过"与爱同行，守望相助""爱心驿站""为爱行走"等多项公益活动。

生活中的范纪红爱好广泛，特别喜欢摄影。2019 年受总代佳杰公司邀请参加"赋能创新数领未来"Hitachi Vantara 中国论坛，在北京全球直播大会上，名不见经传的范纪红用手中小小的相机，结识了众多大公司的区域代理巨头，他们被她拍摄的照片吸引，被她与众不同的经历和故事打动，被她的朴实和真诚感染，并成为她的"粉丝"。

在东帆科技公司，范纪红的办公室从来都是那么简单而朴实，但就在这里，每位慕名而来的客户朋友都能得到她亲人一般的热情关怀和帮助，在实现梦想追寻幸福的过程中，对待朋友，她热情真诚，乐于分享；既分享自己的人生经历、创业经验；也分享积极健康的生活方式、精神感悟。在分享中和朋友们互惠互利，一起进步成长，坚持做一个有良知、有思想、有品位、有灵魂、有行动力的人。

在追梦的路上，范纪红坚信——只有"改变"才能更好地生存！只有"蜕变"才能真正地飞跃！

张爱民：幸有闲庭安吾心

◎张爱民，号闲庭主人，祖籍南京，曾就读于北京旅游学院、燕山大学。曾就职于北辰集团和文化部。现为秦皇岛闲庭文化艺术发展有限公司董事长、华文园林古建工程公司顾问、中国建筑与园林艺术委员会理事、中国书画收藏家协会理事兼副秘书长、中国书法家协会华文创作培训基地主任等。

100

　　来山海关旅游的人们，在闻名海内的"天下第一关"城楼脚下，会发现一个别有风味的四合院，这里幽雅、静谧、充满墨韵书香，与喧闹的古城大街和景区形成了鲜明的对比。大门上面的"闲庭"两个字，透着一股古香古色。

　　推开这四合院的大门，你会发现，这里竟然是一座文化会馆。一庭四院，呈南北一排，由仿明清古建的四进院落贯通而成，不但有闹中取静的况味，馆里还有大量名人的书画真迹和古董收藏，它就坐落在山海关古城东，更是国内罕见的在景区氛围中以书法为主题的艺术馆。

　　从 2013 年创建以来，闲庭山海关中国书法艺术馆已经成为山海关、秦皇岛乃至河北省书画艺术的文化坐标，吸引着国内外大批书画、收藏爱好者和书画名家前来拜访、交流。山海关成为中国书法艺术之乡，闲庭也是功不可没。

　　艺术馆的创建者和主人名叫张爱民，作为一个藏于闹市之中的文化产业的掌舵人，他更愿意人们称自己为闲庭主人。

闲庭的"闲"：在传统文化享受岁月静好

闲庭主人十分低调，提及个人的事，只寥寥几句。但说起闲庭，却有无尽话题。

"1995 年，我 27 岁，从秦皇岛亚运村离开后，曾在文化部就职，后来曾领一班人马做园林古建筑工程，对于古建筑工程，我是情有独钟，也十分喜爱。"

2013 年因为一次机缘，闲庭主人意外得到了位于山海关天下第一关脚下的一处院落，用来做什么呢？做了多年文化工程，他曾经有个愿望，想寻个合适的场所陈列自己喜爱的文玩古董，方便同道交流探讨，更适合社会大众的文化熏染。虽然之前在京沪以及海港区、北戴河探查，但是不得其所。而位于古风浓厚的关城脚下，这个地方不是再合适不过了吗？于是立刻进行施工建设、环境再造，就有了"闲庭"。

巨大的几乎无底洞般的投资，沉重烦琐的方方面面的工作，这些都没有打消他对这一梦想的执着。在古城脚下，一项真正的文化工程破土动工，在当时，这样的手笔和项目并无先例，无论对于山海关区政府还是经营者来说，都是全新的尝试。

精心的设计与施工，细微到极致的匠心处理，让闲庭拥有了在这个城市独一无二的特质。而从此后，"闲庭主人"作为一个网名，成了他喜欢的称呼。

闲庭的正门是浙江书法耆宿沈定庵书写的匾额和楹联。正门内设"尚古砖廊"，收藏了 300 余块精美的铭文砖和纪年砖，这些展品是从藏家近千块东汉至民国古砖中选出的历代珍品，不同规制的砖瓦、依稀可辨的铭文，走过砖廊，便可走入深邃的历史、艺术的殿堂。

除了黑瓦白墙，画阁飞檐，闲庭又增添人工微湖和曲水照壁，一派江南园林风韵。为凸显所坐落的古城之历史沧桑感，又移种了几株数十年的老松树、老海棠、老山楂、老柿树，都是从外地觅得运回来移栽的。院内高大乔木和低矮灌木以及平地草花呈现立体观赏层次；春日的牡丹海棠、夏日的荷花石榴、秋日的银杏红枫、冬日的油松老藤也照顾到不同季节的色彩。

闲庭主人是古建筑营造施工的行家，这里的一砖一瓦、一草一木都体现着他的审美和情趣。让人赞赏的是，闲庭巧妙运用了借景这个中国传统园林的重要理念和技法，坐在院中，抬头就可以看到天下第一关的雄姿，一如拙政园借景北塔寺的玲珑宝塔。

为什么起名叫闲庭？主人解释说，无论是身体还是心灵，都会有多种状况，身体需要休养，心灵同样需要。这个闲庭就是给自己留的一个"后花园"。

闲坐庭院，看红尘往来，花开花谢，四时之景不同，而其心恬然自得。一个"闲"字里，体现了中国传统文化里独有的那一份安静与从容。

闲庭的"贤"：在群贤毕集中体会文化精粹

有了这样一处幽静闲适的所在，主人又将多年精心收藏的古砖、文玩、拓片、彩陶、瓷器、石、印章、书籍、香木、茶砖、绘画作品陈设其中，特别是书法，最为宏富。

闲庭艺术馆陈列着明清以至近现代各大名家书画真迹，创作者不仅包括书法名家巨子，而且不乏政、艺、文界名流。四个庭院中，每个院子里都有一个主题，并且搜罗完备。如津门书家专题收录了华世奎等天津四大书法家的作品；西泠印社专题，不仅收录了创社四君子的作品，还有历任社长的作品；近代三大高僧之虚云、印光、弘一法师的手迹，更是弥足珍贵。书法的面目也是多种多样，堂披、楹联、册页、扇面、尺牍，其中扇页就有明清百余位书家，观者常有意外惊喜。

虽然藏品珍琅满目，但闲庭主人最开始对书画作品并不感兴趣，更别说收藏了。20年前他初到文化部就职，接触的人和事都与文化艺术类相染，所在的公司也时常邀请一些书画家笔会雅集，可他一点也不"感冒"。后来从收藏启功开始，才慢慢地对书画渐生喜爱，广为搜罗并一发不可收。目前主人庋藏的甲骨、陶文，由汉至明清的纪年砖、铭文砖，明清直至近现代书法，串联起来就是一部书法史。有时为了集全一个专项得耗费四五年时间，但他乐在其中。

为了彰显书画本真，有的作品以立轴裸露方式展陈，尽管会造成一定程度质地、品相的损坏，但闲庭主人本着做公益事业和文化传播的原则奉献社会，回馈大众，他认为，秘不示人的"独乐乐"与探讨研究的"众乐乐"相比，后者才是"闲庭"的精义所在。

有了这样的场所和收藏，自然是"少长咸集，群贤毕至"。书法家们来得最多，中书协原主席苏士澍，全国著名书家郭子绪、刘金凯、刘恒、刘一闻、鲍贤伦，都来这里参观、授课、题字。还有著名作家莫言、熊召政，艺术家小香玉、佟铁鑫、汪正正，以及诸多社会名流。近些年来，闲庭已经进入更多人的视野和言谈之中，越来越受到大家的关注。

古砖砚雕刻创始人苑贵珉是改革开放后国内最早专注于汉魏六朝古砖的收藏家之一，藏品古砖数以万计，在听闻并参观了闲庭以后，他大为赞赏，并且作出一个大胆的决定，携带所有藏品，从绍兴搬到山海关居住，并成立了自己的工作室——"汉珍斋"，每天埋头于古砖和砖砚的研究。这也在一定程度上说明了闲庭的魅力所在……

闲庭的"不闲"：从"闲庭院落"到"闲庭模式"

众多名人纷至沓来，所为者何？

闲庭这样的优质文化场所，自然要承接、举办文化交流活动，请来全国顶级专家授课、讲座，同观众交流研讨，为书画文化和语言文化作普及推广。

自 2013 年起至今，闲庭共举办过几十场大型文化活动：河北书法名家邀请展暨中国书法家华文创作培训基地授牌仪式；艺萃闲庭文化沙龙之"碑拓鉴赏"、中国诗词大会第二季河北赛区选拔面试活动；"秦皇岛之夏——二十世纪书法经典展览""古城风情在，闲庭光影新""迎春摄影展""闲庭文化亲子体验营"，等等。

2016 年，举办刘一闻·鲍贤伦学术对话暨楹联书法展，书法家刘一闻、鲍贤伦进行学术对话，探讨书法理论中的创造与传承；2015 年首届全国青少年书法教师艺术修养提高班开讲，作为公益活动 50 名学员食宿全部免费，活动的成功举办引起教育部的关注，这项培训已经进行到第 6 年了，影响力日渐卓著。有了这样的成功，教育部在闲庭挂牌"国家语言文字推广基地""京津冀书法教育基地"，自然是水到渠成。除此以外，这里还是"中国书法家协会创作培训基地""中国书画收藏家协会创作培训基地"和"兰亭书会山海关研究院"所在地。有了丰富多彩的活动，有了这样的金字招牌，配备先进的多媒体设备，交流研讨活动充分展示出书法艺术内在和中华文化的博大精深。

举办的活动日益丰富，来宾的食宿就成为需要考虑的问题。2017 年，闲庭主人与山海关区政府合作，承接闲庭路对面的宾馆，书法主题酒店建立起来了。既然叫书法主题酒店，便是全部围绕着书法艺术展开——客房房间以国内知名书家书斋号命名，陈列装饰书家本人的墨迹、书籍和衍生品，使过往宾客有和书家亲炙之缘；餐厅结合古城老照片和本地书法家书写山海关的诗歌作品，勾勒出了典雅的中国风。

区别于其他主题酒店，不仅有主题设计和主题陈列，还强调教育研学。地下一层还设置了以书法篆刻操作为主、传统文化体验为辅的工作坊，让宾客互动体验从中收获知识。运营一年过后，大众点评上，好评如潮。

但在主人的心中，闲庭不仅仅是一个商业上的成功，他还有一个更大的想法，要推广"闲庭模式"，让闲庭走向全国，作为一个响当当的文化品牌，更要成为中国传统文化爱好者的朝圣之地。

在这个"野心"的推动下，2019 年年底由燕大宾馆改建而来的闲庭四艺生活馆（酒店）开始建设。不同的闲庭文化空间设定各自不同的文化主题，说"宋"是四艺生活馆主打品牌，通过焚香、点茶、挂画、插花宋人四艺，将宋人追求雅致的生活理念推至当下，为客人提供四艺体验专区和香、茶、画、花四艺专项沙龙服务。

四艺生活馆的闲庭汇推出"艺雅麈谈"，全国范围内聘请主讲人讲"宋"，第一期请来了"网红教授"戴建业，此后还打算引进宋代四大名窑讲座，并且走出去，把讲座办到秦皇岛以外的更广阔的天地。

继"闲庭·山海关书法酒店"和"闲庭·燕山大学四艺酒店"之后，2021年6月，闲庭与歌华集团合作，又在北戴河创办了秦皇岛歌华闲庭营地酒店，主要做营地大会。这样三家酒店分别以书法、宋文化和营地大会为特色，把"体验的参与，知识的融入"这个理念发挥得淋漓尽致。

三家酒店的创办，并不是里程的终点，闲庭主人还有更大的设想，比如筹建上海香绿轩女会、上海海派生活馆等。而且他的创意层出不穷：酒店开发游戏主题，引入邮票、连环画主题，将文化的内涵做透做足。

闲庭的出现，也为关城增添了新的文化生机，成为山海关乃至秦皇岛市的一处文化地标，一处心灵家园。如今，闲庭品牌声誉日隆，旁人也给出了极高的评价，甚至赞誉说"古有兰亭，今有闲庭""南有兰亭，北有闲庭"。

"闲庭"是一片风水宝地。让人感到神奇的是，从2013年修建闲庭到今天，闲庭主人痛苦了十几年的腰疾竟然不再发作，神奇痊愈。53岁的他向别人介绍自己时总要说才35岁，因为这是要刨去患病时那难以回首的十八载岁月啊。

在闲庭里品味人生，你的人生真的就会由此重启、与众不同。这就是文化力量的神奇。